Versöhnung. Geschichte eines Begriffs zwischen Vergessen und Erinnern

Peter Lang

Bruxelles · Bern · Berlin · New York · Oxford · Wien

Anne COUDERC, Corine DEFRANCE, Ulrich PFEIL (éd./Hg.)

La réconciliation
Histoire d'un concept entre oubli et mémoire

Versöhnung
Geschichte eines Begriffs zwischen Vergessen und Erinnern

L'Allemagne dans les relations internationales

Couverture : « La réconciliation des mères fera la réconciliation des peuples », affiche pour « La volonté de paix », Comité international d'action et de propagande pour la paix et le désarmement par la volonté des individus et des peuples, [1918], La Contemporaine, AFF20636.

Publié avec le soutien :
de l'Institut historique allemand
du LabEx EHNE
de l'UMR SIRICE/Paris
de l'Université de Lorraine (CEGIL)

Cette publication a fait l'objet d'une évaluation par les pairs.

Toute représentation ou reproduction intégrale ou partielle faite par quelque procédé que ce soit, sans le consentement de l'éditeur ou de ses ayants droit, est illicite. Tous droits réservés.

© P.I.E. PETER LANG s.a.
Éditions scientifiques internationales
Brussels, 2022
1 avenue Maurice, B-1050 Bruxelles, Belgium
brussels@peterlang.com ; www.peterlang.com

ISSN 2034-4929
ISBN 978-2-87574-489-0
ePDF 978-2-87574-494-4
ePub 978-2-87574-495-1
DOI 10.3726/b19675
D/2022/5678/46

Information bibliographique publiée par « Die Deutsche Bibliothek »

« Die Deutsche Bibliothek » répertorie cette publication dans la « Deutsche Nationalbibliografie » ; les données bibliographiques détaillées sont disponibles sur le site <http://dnb.ddb.de>.

Table des matières / Inhaltsverzeichnis

Versöhnung gestern und heute: Einleitende Bemerkungen zu einem sich wandelnden Begriff 13

Ulrich PFEIL

I. LE CADRE RÉFÉRENTIEL DE LA RÉCONCILIATION / DER REFERENZRAHMEN DER VERSÖHNUNG

L'idée et les méthodes de la réconciliation dans les traités de paix : Le point de vue d'un juriste 35

Romain LE BŒUF

Autour de la paix de Westphalie (1648) : Textes, images et rituels de réconciliation 53

Claire GANTET, *Marie-Thérèse* MOUREY

Réconciliation et théologie catholique : Liturgie, pastorale, culture au XXe siècle 75

Florian MICHEL

II. LA NOTION DE RÉCONCILIATION AU XIXE SIÈCLE : APPROCHES DIPLOMATIQUE, INTELLECTUELLE ET MÉMORIELLE / DER VERSÖHNUNGSBEGRIFF IM 19. JAHRHUNDERT: DIPLOMATISCHE, IDEELLE UND ERINNERUNSPOLITISCHE ANSÄTZE

Une réconciliation par la séparation ? Usages de la notion de réconciliation dans le règlement de l'indépendance grecque (1821-1832) 95

Anne COUDERC

Les mots de la conciliation germano-tchèque avant
et après 1848 115
Hélène LECLERC

III. RÉCONCILIATION ET SOCIÉTÉ CIVILE AU SEUIL DU XXE SIÈCLE / VERSÖHNUNG UND ZIVILGESELLSCHAFT AN DER SCHWELLE ZUM 20. JAHRHUNDERT

Für einen offensiv-konstruktiven Umgang mit der
Schuldfrage: Die Zeitschrift „Die Versöhnung" und ihr
gesellschaftspolitisches Engagement während und nach dem
Ersten Weltkrieg (1917-1919) 135
Nicolas MOLL

Nicht thematisieren – vergessen – aufarbeiten?: Die Rede von
»Versöhnung« und das »rapprochement franco-allemand«
in der Freimaurerei (1870-1930) 155
Joachim BERGER

IV. RÉCONCILIATION, SOCIÉTÉ CIVILE ET ORGANISATIONS INTERNATIONALES DANS LES ANNÉES 1920 / VERSÖHNUNG, ZIVILGESELLSCHAFT UND INTERNATIONALE ORGANISATIONEN IN DEN 1920ER JAHREN

„Conciliation à l'américaine": Transatlantische
Versöhnungsimpulse im Europa der 1920er Jahre 177
Helke RAUSCH

„Moralische Abrüstung" als Grundlage von Völkerversöhnung?
Die Völkerbundorganisation für intellektuelle Kooperation und
die Bemühungen um einen dauerhaften Frieden in den 1920er
und 1930er Jahren 195
Jonathan VOGES

Table des matières / Inhaltsverzeichnis

V. LA RÉCONCILIATION : LES ANTIDÉMOCRATES ET L'EXTRÊME-DROITE DES ANNÉES 1930 À LA COLLABORATION /
VERSÖHNUNG: DIE ANTIDEMOKRATEN UND DIE EXTREME RECHTE VON DEN 1930ER JAHREN BIS ZUR KOLLABORATION

Kollaboration des Geistes?: Verständigungsgedanken im Werk deutscher und französischer Antidemokraten der 1930er Jahre 217

Sebastian LIEBOLD

Internationalismus von rechts: „Deutsch-französische Versöhnung" unter nationalistischen Vorzeichen am Beispiel von Friedrich Grimm (1888-1959) 241

Dominik RIGOLL

VI. LA RÉCONCILIATION AU LENDEMAIN DE 1945 /
VERSÖHNUNG NACH 1945

Das Unversöhnbare versöhnen? Hermann Hoffmann und Bolesław Kominek über die Gestaltung des deutsch-polnischen Verhältnisses 265

Urszula PĘKALA

Traits d'union : La promotion visuelle du rapprochement franco-sarrois ou l'iconographie de la réconciliation (1945-1955) 285

Marie-Alexandra SCHNEIDER

De New York à Coventry : Un courant contemporain de réconciliation 305

Anne RAULIN

La réconciliation : Entre mémoire et oubli, entre passé et avenir. Un essai de conclusion 327

Corine DEFRANCE

Les autrices et les auteurs / Die Autoren und Autorinnen 349

Liste des illustrations

Abb. 1. Madeleine Vernet, Arc-en-Ciel. Contes pour la réconciliation, Levallois-Perret 1937 30

Fig. 1. © KHM Museumsverband, Wien 68

Fig. 2. *Neu erfundenes Freuden Spiel genandt Friedens Sieg* (1648) Friedeguld, l'allégorie de la Paix, chasse la Mort, la famine, l'injustice et la Discorde © Herzog August Bibliothek, Wolfenbüttel 71

Fig. 1. Représentation des ennemis irréconciliables : Eugène Delacroix, *la Grèce sur les ruines de Missolonghi* (1826) © Mairie de Bordeaux, Musée des Beaux-Arts, photographie F. Deval. 100

Fig. 1. Portrait de Bernard Bolzano © Wikicommons 123

Abb. 1. *Die Versöhnung*, 1. Dezember 1917, Zürich. 140

Abb. 1. Seite aus dem « Annuaire du Grand Orient de France », nach der Reproduktion bei: Ch[arles]-M[athieu] Limousin, Le Convent de 1908 du Grand Orient de France et la Réconciliation avec les Grandes Loges Allemandes, in: L'Acacia. Revue mensuelle d'études maç[onniques]. Bd. 6, Nr. 70, Okt. 1908, S. 215-222, 217. 162

Abb. 1. Ort der Verständigung auch von autoritär gesinnten Intellektuellen – Pariser Seine-Ufer (um 1927) 231

Abb. 1. *Paris-Soir*, 22 juin 1942, © gallica.bnf.fr / BnF 242

Fig. 1. Affiche de Paul Colin. Droits inconnus. Document consulté par l'auteure au Stadtarchiv Saarbrücken. Merci de bien vouloir transmettre toute information relative à ce document à l'éditeur et aux directeurs de la publication. ... 294

Fig. 2. Affiche de Bernard Villemot. Droits inconnus. Document consulté par l'auteure au Stadtarchiv Saarbrücken. Merci de bien vouloir transmettre toute information relative à ce document à l'éditeur et aux directeurs de la publication. ... 296

Fig. 1. New York, St. Paul's Chapel © Anne Raulin 307

Fig. 2. Cérémonie commémorative à la St. Paul's Chapel le 11
septembre 2006 © Anne Raulin 310
Fig. 3. Coventry : ancienne et nouvelle cathédrales
© Anne Raulin 315
Fig. 1. Le chancelier allemand Konrad Adenauer et le président
de la République française Charles de Gaulle
assistant à un office dans la cathédrale de Reims,
8 juillet 1962. © OFAJ. 332
Fig 2. Couverture de la revue collaborationniste et antisémite
Notre combat pour la Nouvelle France Socialiste, publiée
par le Comité d'action antibolchevique, décembre 1941. 340

Versöhnung gestern und heute

Einleitende Bemerkungen zu einem sich wandelnden Begriff

Ulrich PFEIL

„Die Versöhnung ist eine Gnade, die wir Deutsche nicht verlangen konnten, aber der wir gerecht werden wollen. Daran, an unserer Verantwortung, sollt Ihr uns messen. Unsere Verantwortung – sie gilt Europa! Das vereinte Europa ist die rettende Idee. Es ist die Lehre aus Jahrhunderten von Krieg und Verwüstung, von Feindschaft und Hass […]. Unsere Väter und Mütter haben aus der Geschichte gelernt. Über den Gräbern der Toten haben sie einander die Hand zur Versöhnung gereicht. Gemeinsam haben sie einen neuen Weg in die Zukunft gefunden – den Weg der guten Nachbarschaft, den Weg der Zusammenarbeit, mit Regeln für den Frieden, mit verbrieften Rechten für alle Menschen. Liebe Partner, liebe Freunde, den Geist der Versöhnung wollen wir bewahren! Den Weg der Gemeinsamkeit müssen wir weitergehen!"[1]

Dieser Auszug aus der Warschauer Rede von Bundespräsident Frank-Walter Steinmeier aus Anlass des 80. Jahrestages des Beginns des Zweiten Weltkrieges am 1. September 2019 gibt uns nicht nur einen Eindruck von den deutsch-polnischen Beziehungen[2], sondern verweist zugleich

---

[1] Rede von Bundespräsident Frank-Walter Steinmeier bei der Gedenkfeier der Republik Polen zum 80. Jahrestag des Beginns des Zweiten Weltkrieges in Warschau, 1.9.2019; https://www.bundespraesident.de/SharedDocs/Reden/DE/Frank-Walter-Steinmeier/Reden/2019/09/190901-Polen-Gedenken-Warschau.html [13.7.2021].

[2] Vgl. Tim LORENTZEN, „Wir vergeben und bitten um Vergebung". Das deutsch-polnische Versöhnungsgeschehen nach 1945 und die Rolle christlicher Erinnerungskultur, in: Ralf K. WÜSTENBERG, Jelena BELJIN (Hg.), Verständigung und Versöhnung. Beiträge von Kirche, Religion und Politik 70 Jahre nach Kriegsende, Leipzig 2017, S. 34–61; Friedhelm BOLL, Wieslaw WYSOCKI, Klaus ZIEMER (Hg.), Versöhnung und Politik. Polnisch-deutsche Versöhnungsinitiativen der 1960er Jahre und die Entspannungspolitik, Bonn 2009.

auf das aktuelle Verständnis von Versöhnung in den internationalen Beziehungen[3]. Die Waffen schwiegen zwischen beiden Ländern im Jahre 1945, doch nach den deutschen Verbrechen im Zweiten Weltkrieg und der anhaltenden Konfrontation während des Kalten Krieges fiel es beiden Ländern schwer, neues wechselseitiges Vertrauen zu entwickeln. Ein großer Fortschritt war es vor diesem Hintergrund, dass sich die Kirchen beider Länder um eine Annäherung zwischen beiden Gesellschaften bemüht hatten, was Steinmeier in einer zweiten Rede am gleichen Tag in Wieluń unterstrich:

> „Unrecht und erlittenes Leid können wir nicht ungeschehen machen. Wir können es auch nicht aufrechnen. Doch Polen hat Deutschland die Hand zur Versöhnung gereicht. Trotz allem. Wir sind zutiefst dankbar für diese ausgestreckte Hand, für die Bereitschaft Polens, den Weg der Versöhnung gemeinsam zu gehen"[4].

Der Bundespräsident stellte sich damit als offizieller Vertreter des deutschen Staates in die Kontinuität dieser gesellschaftlichen Bemühungen um Vertrauen und Versöhnung, die bereits vor dem Fall des Eisernen Vorhangs begonnen hatten. Doch erst nach dem Ende des Kalten Krieges gelang es Deutschen und Polen, in einen offenen Dialog über die traumatische Vergangenheit einzutreten, was die Bedeutung der Geopolitik für internationale Versöhnungsprozesse verdeutlicht. Insbesondere die Zivilgesellschaften beider Länder bemühten sich nach 1989/90, wie es Steinmeier andeutet, aus der Geschichte zu lernen und in gemeinsamen Projekten eine Konflikttransformation zu erreichen, die in eine friedliche Zukunft weist.

Zu den Schlüsselwörtern für das Verständnis von Versöhnung gehört in Steinmeiers Rede der Hinweis auf die Gnade. Sie verweist auf die christliche Dimension von Versöhnung, ist doch Gnade im theologischen Verständnis als eine Gunst oder ein Geschenk von Gott an die Menschen aufzufassen. Der barmherzige Gott vergibt den Menschen ihre Sünden und versöhnt sich mit ihnen. Gnade hat darüber hinaus

---

[3] Vgl. Lily GARDNER FELDMAN, Germany's Foreign Policy of Reconciliation. From Enmity to Amity, Lanham 2012; Corine DEFRANCE, Punir, réparer, réconcilier. Comment vivre ensemble après la guerre?; https://ehne.fr/fr/node/12450 [4.8.2021].

[4] Rede von Bundespräsident Frank-Walter Steinmeier Gedenkfeier zum 80. Jahrestag des Beginns des Zweiten Weltkrieges in der Stadt Wieluń, 1.9.2019; https://www.bundespraesident.de/SharedDocs/Reden/DE/Frank-Walter-Steinmeier/Reden/2019/09/190901-Polen-Gedenken-Wielun.html [3.8.2019].

eine rechtswissenschaftliche Dimension, die im mittelalterlichen Kirchenrecht noch eng an die theologische Auslegung angelehnt war. Das Gnadenrecht sah die Wiedererlangung der durch Sünde verwirkten göttlichen Gnade vor[5]. Im Zuge der Säkularisierung und der Gewaltenteilung in der Neuzeit wurde die Begnadigung rechtlich unterfüttert und sollte eventuelle Härten des Strafgesetzes kompensieren. Das Gnadenrecht unterliegt im modernen Rechtsstaat der Herrschaft des Rechts, sodass Willkür ausgeschlossen werden soll. Im Rahmen der verfassungsmäßigen Ordnung steht es im Ermessen des Gnadenträgers, ob Gnade im Hinblick auf das allgemeine Wohl gewährt werden kann. Ein Recht auf Gnade ist jedoch auch im Grundgesetz nicht vorgesehen, genauso wenig wie im Völkerrecht.

So wie sich der Einzelne der Gnade würdig erweisen muss, so musste Deutschland nach 1945 die politischen, rechtlichen und kulturellen Grundlagen für Versöhnung in einem selbstreflexiven Prozess über seine eigene Vergangenheit schaffen. Die Deutschen konnten Zeichen der Versöhnung senden, mussten aber auf das Angebot des ehemaligen Kriegsgegners zur Versöhnung warten, lassen sich doch weder Gnade noch Versöhnung einfordern.

Offizielle Reden[6] zu Versöhnung zeichnen sich in der Regel durch eine bilderreiche Sprache aus, was sie symbolisch in die Nähe von Versöhnungsgesten rückt. „Die Hand zur Versöhnung reichen", wie vom Bundespräsidenten oben verwandt, gehört zu den klassischen Metaphern in diesem sprachlichen Kontext. Sie ist ein Beispiel für die These, dass Versöhnung in nahezu allen Kulturen wohlklingende Konnotationen weckt: „Sie ruft Bilder wach, die die Wiedervereinigung des Getrennten, die Aufhebung von Entfremdung, die Lösung von Konflikten und die Entstehung neuer, intakter Gemeinschaft zum Inhalt haben"[7]. Im Französischen bedeutet *réconciliation* die Rückkehr zur Eintracht, zur Verständigung und zum Frieden, während in der deutschen Sprache „Versöhnung" und „Aussöhnung" mittlerweile synonym verwandt

---

[5] Vgl. Kurt ANDERMANN (Hg.), „Raubritter" oder „Rechtschaffene vom Adel"? Aspekte von Politik, Friede und Recht im späten Mittelalter, Sigmaringen 1997.

[6] Vgl. Hilmar SACK, Geschichte im politischen Raum. Theorie – Praxis – Berufsfelder, Tübingen 2016, S. 131 ff.

[7] Hans-Richard REUTER, Ethik und Versöhnung. Prinzipielles zu einem aktuellen Thema, in: Gerhard BEESTERMÖLLER, Hans-Richard REUTER (Hg.), Politik der Versöhnung, Stuttgart 2002, S. 15–36, hier S. 15.

werden und einen moralischen Anspruch mit einem pragmatischen Interesse verbinden. Sie basieren auf der Idee, „dass Täter für die von ihnen verschuldeten Schäden und Verletzungen eine Wiedergutmachung leisten, also Sühne tun. Sühne [...] ist ein Akt, durch den ein Gesetzesbrecher seine Schuld abtragen kann, falls er seine Tat bereut und dafür bestraft wird"[8].

Zeichen der Versöhnung können wie im Fall von festlichen Gedenkansprachen sprachlicher Natur sein („Auch Reden sind Taten oder können es sein"[9]), doch ist gerade die Geschichte von Versöhnungsprozessen reich an symbolischen Gesten. Sie sind wie Politikerreden ein kommunikativer Akt, auch wenn es sich um stumme Gesten handelt. Sie können Opfern eine „zumindest symbolisch-rituelle Genugtuung"[10] verschaffen, wenn sie eine ehrliche Geste der Demut, Reue[11] und Versöhnung sind[12]. So zeigte der Kniefall von Willy Brandt am Denkmal der Helden des Warschauer Ghettos am 7. Oktober 1970, dass oft nur das stumme Niederknien hilft, um unsägliche jahrhundertealte Streit- und Schulgeschichten aufzulösen[13]. Gerade weil die Geste des Bundeskanzlers keine Erklärung brauchte, konnte sie zu einer Bildikone in der Geschichte der internationalen Beziehungen werden und ist bis heute „ein Symbol von größter Wirksamkeit". Gesten sind jedoch nicht universell und unterscheiden sich, je nach kultureller, sozialer und vor allem auch religiöser Herkunft. Darüber hinaus sind sie wie Versöhnung dem historischen Wandel unterworfen, sodass Versöhnungsgesten der historischen Erklärung und Kontextualisierung bedürfen.

Gesten wie auch Reden im Zeichen der Versöhnung sind in den letzten Jahren inflationär geworden[14]. Peter Oliver Loew, Direktor des

---

[8] Lutz SCHRADER, Versöhnung; http://www.bpb.de/internationales/weltweit/innerstaatliche-konflikte/54748/versoehnung [3.3.2018].
[9] Dolf STERNBERGER (Hg.), Reden der Deutschen Bundespräsidenten. Heuss, Lübke, Heinemann, Scheel, München 1979, S. X.
[10] Barbara STOLLBERG-RILLINGER, Rituale, Frankfurt/M. ²2019, S. 153.
[11] Vgl. Gesine SCHWAN, Politik und Schuld. Die zerstörerische Macht des Schweigens, Frankfurt/M. ³2001, S. 234 f.
[12] Michel-André HORELT, Dramas of Reconciliation. A performance approach to the analysis of political apologies in international relations, Baden-Baden 2019.
[13] Vgl. Christoph SCHNEIDER, Der Kniefall von Warschau. Spontane Geste – bewusste Inszenierung?, in: Gerhard PAUL (Hg.), Das Jahrhundert der Bilder. 1949 bis heute, Göttingen 2008, S. 411–417.
[14] Vgl. Hans Henning HAHN, Heidi HEIN-KIRCHER, Anna KOCHANOWSKA-NIEBORAK (Hg.), Erinnerungskultur und Versöhnungskitsch, Marburg 2008.

Deutschen Polen-Instituts in Darmstadt, warnt in diesem Zusammenhang vor einem Abnutzungseffekt von Staatsakten, Kranzniederlegungen und Ansprachen, sodass er mit Blick auf die Zukunft vorschlägt, „ein neues Kapitel symbolischer Politik aufzuschlagen, ein Kapitel mit neuen Gesten"[15].

1. Definition

Die in den verschiedenen Sprachen zum Ausdruck kommende enge Verbindung von Versöhnung mit Begriffen wie Frieden, Verständigung, Zusammenarbeit, Sühne, Reue, Vergebung, Entschuldigung[16], Gerechtigkeit, Heilung und Wahrheit spiegelt die drei wichtigsten Dimensionen von Versöhnung: 1. der sozio-psychologische Aspekt[17]; 2. die religiös-ethische Dimension und 3. die politische Komponente. Diese drei Felder zeichnen sich durch unterschiedliche definitorische Akzentuierungen aus, was den unscharfen semantischen Gehalt und einen unkritischen öffentlichen Gebrauch fördert, sodass wir uns nun um eine definitorische Annäherung bemühen wollen.

Definitorisch zu unterscheiden ist zwischen interpersonaler und sozialer Versöhnung, die aber wiederum eng miteinander verbunden sind, ist doch soziale Versöhnung auf individuelle Träger und interpersonale Initiativen in spezifischen politisch-sozialen Kontexten angewiesen[18]. Diese Feststellung gilt auch für den sozio-psychologischen Aspekt als emotionale Komponente von Versöhnung[19], spielt sie sich doch nach Meinung

---

[15] Peter Oliver LOEW, Analyse: Kniefall, Denkmäler, Kränze, Gebete. Die Politik der Gesten und Bilder in den Außenbeziehungen Polens, 1.12.2020; https://www.bpb.de/internationales/europa/polen/analysen/322278/analyse-die-politik-der-gesten-und-bilder-in-den-aussenbeziehungen-polens [14.7.2021].

[16] Vgl. Christopher DAASE, Entschuldigung und Versöhnung in der internationalen Politik, in: Aus Politik und Zeitgeschichte 25/26 (17.6.2013), S. 43–49; DERS., u.a., Apology and Reconciliation in International Relations. The Importance of Being Sorry, London, New York 2016.

[17] Hierauf verweist auch Birgit SCHWELLING, Transnational Civil Society's Contribution to Reconciliation, in: DIES. (Hg.), Reconciliation, Civil Society, and the Politics of Memory. Transnational Initiatives in the 20th and 21st Century, Bielefeld 2012, S. 7–21.

[18] Vgl. Stephanie VAN DE LOO, Versöhnungsarbeit. Kriterien – theologischer Rahmen – Praxisperspektiven, Stuttgart 2009, S. 222 ff.

[19] Vgl. Ute FREVERT, Was haben Gefühle in der Geschichte zu suchen?, in: Geschichte und Gesellschaft 35 (2009) 2, S. 183–208.

des Soziologen Georg Simmel voll und ganz in der Psyche der Konfliktparteien ab[20]. Hieran anschließend kann Versöhnung als ein Aspekt von Zivilisierungsprozessen in Post-conflict-Situationen verstanden werden. Sie basieren auf kognitivem Lernen durch Erfahrungen, Emotionen, sozialen Interaktionen, der Verarbeitung von Informationen und dem Einsatz intellektueller Funktionen. Im Rahmen von Versöhnung sollen folglich Lernprozesse angestoßen werden, um negative Emotionen und Gefühlshaltungen zwischen Menschen zu überwinden. Neuere Studien zeigen dabei, wie die von Emotionen mitgesteuerten Überzeugungen, Werte, Normen, Erinnerungen und Identitäten als integraler Bestandteil rationalen und interessegeleiteten Handelns in den internationalen Beziehungen auch bei Versöhnungsprozessen als dynamische und konstruktivistische Faktoren mitgedacht werden müssen[21]. Versöhnung kann somit als Ausdruck von Emotionen verstanden werden, die wie Vertrauen und Verachtung, Freundschaft und Feindschaft in erster Linie sozial konstruiert sind und auf bisherigen Erfahrungen und zukünftigen Erwartungen beruhen[22].

Kontrovers wird diskutiert, ob es Versöhnung, Freundschaft, Brüderschaft, Frieden, Vertrauen oder gar Liebe zwischen Staaten geben kann oder hier nicht persönliche mit öffentlichen bzw. politischen Sphären verwechselt werden. So wie der damalige Bundespräsident Gustav Heinemann auf die Frage, ob er sein Vaterland liebe, lakonisch antwortete „Ach was, ich liebe keine Staaten, ich liebe meine Frau; fertig!"[23], so soll der frühere französische Staatspräsidenten Charles de Gaulle einmal gesagt haben: „Zwischen Staaten gibt es keine Freundschaft, sondern nur Interessen".

---

[20] Vgl. Georg SIMMEL, Der Streit, in: DERS., Soziologie. Untersuchungen über die Formen der Vergesellschaftung, Berlin 1908, S. 186–255.

[21] Vgl. Reinhild KREIS, Arbeit am Beziehungsstatus. Vertrauen und Misstrauen in den außenpolitischen Beziehungen der Bundesrepublik Deutschland, in: DIES. (Hg.), Diplomatie mit Gefühl. Vertrauen, Misstrauen und die Außenpolitik der Bundesrepublik Deutschland, Berlin u.a. 2015, S. 7–16, hier S. 8 f.

[22] Simon KOSCHUT, Macht der Gefühle. in: Zeitschrift für Internationale Beziehungen 22 (2015) 2, S. 7–33; vgl. auch Daniela SAXER, Mit Gefühl handeln. Ansätze der Emotionsgeschichte, in: Traverse 2 (2007), S. 13–26; Jan PLAMPER, „Geschichte und Gefühl". Grundlagen der Emotionsgeschichte, München 2012.

[23] Vgl. Hermann SCHREIBER, Nichts anstelle vom lieben Gott, in: Der Spiegel 3 (1969), S. 34.

Das auf der Bibel beruhende religiös-ethischen Verständnis von Versöhnung hat zwei Dimensionen: in seiner vertikalen Variante geht es um das durch Sünde gestörte Verhältnis zwischen Mensch und Gott; in seiner horizontalen wurde dieses Verhältnis auf die Beziehungen von Mensch zu Mensch übertragen[24]. Versöhnung setzt hier sowohl die Schulderkenntnis als auch die Bitte zur Vergebung voraus. Der Sünder muss ehrlich und von innen seine Tat bereuen; das Opfer muss auf Rache verzichten und dem Täter verzeihen:

> „Versöhnung kommt erst dann zum Ziel, wenn die Täter durch Schuldeinsicht und Reue zum Bekenntnis der Schuld und (soweit möglich) zu Akten der Wiedergutmachung geführt werden, und wenn sich andererseits die Opfer bereitfinden, das ihnen zugefügte Unrecht nicht zu vergelten und nachzutragen, sondern zu vergeben"[25].

Versöhnung soll dabei nicht zu einem *status quo ante* führen, kann an dem Opfer vollzogenes Unrecht doch zumeist nicht mehr rückgängig gemacht werden, wie der Straßburger Theologe Frédéric Rognon unterstreicht:

> „Versöhnung ist gleichbedeutend mit einer neuen Beziehung: die Worte reichen nicht, selbst die Verpflichtung nicht, nicht wieder anzufangen. Es braucht eine Geste, ein Verhalten, eine materielle oder symbolische Reparation, und eine wirkliche Neuaufnahme der Beziehungen. Mit anderen Worten ist Versöhnung eine Vergebung, die im Handeln und nicht allein nur durch Worte zum Ausdruck kommt"[26].

Die von kirchlichen Akteuren getragenen Versöhnungsinitiativen zwischen Individuen und Kollektiven befinden sich an der Schnittstelle von Religion und Politik in einem genuinen historischen Bezugsrahmen. Für die Historisierung sind vor allem jene Initiativen zu beachten, die

---

[24] Vgl. zum Verhältnis von Religion und Politik: Urszula Pękala, Deutsch-polnische Versöhnung an der Schnittstelle von Religion und Politik, in: Dies., Irene Dingel (Hg.), Ringen um Versöhnung. Religion und Politik im Verhältnis zwischen Deutschland und Polen seit 1945, Göttingen 2018, S. 9–48; vgl. auch Dies. (Hg.), Ringen um Versöhnung II. Versöhnungsprozesse zwischen Religion, Politik und Gesellschaft, Göttingen 2019.

[25] Reuter, Ethik und Versöhnung (Anm. 7), S. 22.

[26] Frédéric Rognon, Expiation, repentance, pardon et réconciliation: concepts religieux et valeurs des sociétés européennes contemporaines, in: Cahiers SIRICE 15 (2016), S. 15–23, hier S. 22.

mit dem christlichen Glauben begründet, von ihm motiviert und mit ihm legitimiert werden.

Im Gegensatz zum religiös-ethischen Versöhnungsgedanken ist beim politischen Ansatz Vergebung[27] kein notwendiges Element:

> „Versöhnung wird in der Regel verstanden als Prozess und Ergebnis, als Heilung von erlittenen Verletzungen, Verlusten oder Demütigungen auf der individuellen, interpersonellen oder gesellschaftlichen Ebene (Aussöhnung zwischen ehemals verfeindeten Gruppen oder Bevölkerungen unterschiedlicher politischer Einheiten)"[28].

Die politischen, gesellschaftlichen und kulturellen Prozesse der Versöhnung sind als Konflikttransformation zu verstehen, die neuen Gewaltakten vorbeugen sowie Struktur- und Einstellungsveränderungen hervorbringen will. Insofern kann Versöhnung als ein kontinuierlicher Prozess verstanden werden, der stetiger Pflege bedarf: „Der Versöhnungshorizont dekonstruiert den Gegner als solchen und eröffnet eine symbolische, zukunftsorientierte Kommunikation mit ihm"[29]. Dies gilt für innergesellschaftliche als auch für transnationale Prozesse der Versöhnung, die – auch wenn sie oftmals als „besiegelt" bezeichnet werden – nie abgeschlossen sind, wie der französische Jurist Antoine Garapon unterstreicht:

> „Nichts ist abwegiger als Versöhnung als einen Moment zu verstehen [...], wie ein Drama, das ein für alle Mal seine Auflösung im Schlussakt findet,

---

[27] Vgl. hierzu die sehr instruktiven Überlegungen bei: Sandrine LEFRANC, Politiques du pardon, Paris 2002; Christopher DAASE, Entschuldigung und Versöhnung in der internationalen Politik, in: Aus Politik und Zeitgeschichte 25/26 (17.6.2013), S. 43–49; DERS. u.a., Apology and Reconciliation in International Relations. The Importance of Being Sorry, London, New York 2016.

[28] Martina FISCHER, Friedens- und Versöhnungsprozesse im westlichen Balkan – Von den Schwierigkeiten des Umgangs mit gewaltsamer Vergangenheit, Berghof Working Papers, Nr. 4, Berlin 2008, S. 2; https://www.berghof-foundation.org/filead min/redaktion/Publications/Other_Resources/wp4d_mf_znf.pdf [21.12.2018]; vgl. auch Christiane WIENAND, Versöhnung, in: Nicole COLIN, Corine DEFRANCE, Ulrich PFEIL, Joachim UMLAUF (Hg.), Lexikon der deutsch-französischen Kulturbeziehungen nach 1945, Tübingen 2015, S. 475 f.

[29] Juan GUTTIERREZ, Friedens- und Versöhnungsarbeit. Konzepte und Praxis. Unterwegs zu einer dauerhaften, friedenschaffenden Versöhnung, in: Jörg CALLIESS (Hg.), Agenda for Peace: Reconciliation/Agenda für den Frieden: Versöhnung (Loccumer Protokolle 55/98), Rehburg-Loccum 1999, S. 152–196, hier S. 183.

um dann zur Normalität zurückzukehren. Die Versöhnung muss als eine nie endende politische Arbeit definiert werden"[30].

Um uns Versöhnung noch weiter zu nähern, soll im Folgenden auf den öffentlichen und wissenschaftlichen Gebrauch von verwandten Begriffen wie Annäherung, Verständigung und Versöhnung eingegangen werden. So lässt sich immer wieder beobachten, dass Annäherung und Versöhnung oftmals synonym benutzt werden. Dabei zeichnet sich jedoch Annäherung bei einem tieferen Blick auf den politischen Kontext in der Regel durch eine geringere emotionale Aufladung aus. Sie kann als ein erster Schritt nach einem Konflikt verstanden werden, um einen friedlichen Weg in die Zukunft zu finden. Mit Versöhnung verbindet die Annäherung, dass sie auf den verschiedenen Ebenen niemals abgeschlossen, asymmetrisch und unvollkommen ist. Über eine mentale Demobilisierung, d.h. nicht zuletzt den Abbau von Feindbildern im eigenen Kopf, können die Grundlagen für die Überwindung eines Dialoges der Tauben geschaffen und „Normen eines ‚zivilisierten' Verhaltens"[31] wiederhergestellt werden, um sich progressiv anzunähern. Im Gegensatz zur Annäherung kommt Versöhnung heute jedoch nicht ohne den Bezug auf die traumatische Vergangenheit und eine dialogische Erinnerungsarbeit aus[32].

Auch Verständigung vollzieht sich bisweilen in einem asymmetrischen Prozess und bedarf in einem ersten Schritt der Empathie, um adressengerecht auf die Positionen des Anderen einzugehen und in einen Dialog einzutreten. Verständigung kann nicht erzwungen werden, doch bedarf es eines wechselseitigen Einfühlungsvermögens, um die Positionen und die empfundenen Verletzungen zu verstehen.

Vertrauen hebt in den internationalen Beziehungen stärker auf Regeln und Institutionen ab, die eine kooperative internationale Ordnung gewährleisten und von den Nationalstaaten akzeptiert werden. Es gilt als emotionaler Kitt[33] des internationale Staatensystems und ist die Basis

---

[30] Antoine GARAPON, Préface. Les commissions Vérité-Réconciliation: une nouvelle forme politique, in: Etienne JAUDEL (Hg.), Justice sans châtiment. Les commissions Vérité-Réconciliation, Paris 2009, S. 17.

[31] John HORNE, Guerres et réconciliations européennes au XXe siècle, in: Vingtième siècle. Revue d'histoire 104 (2009) 4, S. 3–15, hier S. 8.

[32] Vgl. Aleida ASSMANN, Das neue Unbehagen an der Erinnerungskultur. Eine Intervention, München 2013, S. 197.

[33] Vgl. Ute FREVERT (Hg.), Vertrauen. Historische Annäherungen, Göttingen 2003; DIES., Vertrauensfragen. Eine Obsession der Moderne, München 2013.

für Freundschaft, die stärker „an die gemeinsame Verantwortung zur Kooperation und Solidarität" appelliert[34]. Beide brauchen Beständigkeit bzw. Verlässlichkeit und sollten nicht den tagespolitischen Aktualitäten unterworfen sein. Freundschaft kann durch Verträge und Gesten symbolisiert werden, bedarf aber auch des zwischengesellschaftlichen Miteinanders. Sie ist ein (potenziell reversibler) Zustand, entsteht in enger Verflechtung zur Annäherung, braucht vertrauensbildende Maßnahmen und kann schließlich einen Versöhnungsprozess einleiten.

Wie schon mehrfach angedeutet, nehmen Versöhnungsprozesse seit dem Ende des 20. Jahrhunderts Bezug auf eine traumatische Vergangenheit, in der sich Feindschaft und Hass zwischen zwei Völkern aufgebaut hat. Die in ihnen involvierten Akteure gehen von der Annahme aus, dass Feindschaft ein soziales Konstrukt ist und nicht zwangsweise über Generationen vererbt werden muss. So basiert das Verständnis von Versöhnung heute auf der Aufforderung zum Erinnern bei gleichzeitiger Ablehnung des Vergessens, auf dem Eingestehen von Verbrechen und der Anerkennung von Opfern, bisweilen auch auf Vergebung. Dieser Absicht liegt die Einsicht zugrunde, dass die Erinnerung kein einfacher Rückblick auf eine unveränderliche Vergangenheit ist, sondern die Einordnung und Interpretation von Vergangenem mit Bezug auf die jeweilige Gegenwart[35]. In der Praxis gehören daher dialogisches Erinnern und die gemeinsame Arbeit an der Erinnerung zum Arsenal der Akteure vor Ort. Kofi Ann sprach in Bezug auf Versöhnung sogar von der „höchsten Form des Dialogs"[36].

2. Forschungsstand

Wie Konflikte und Kriege hervorgerufen wurden, steht schon lange im Mittelpunkt der historischen Forschung zu den internationalen Beziehungen[37]. Was in der Vergangenheit unter Versöhnung verstanden

---

[34] Max THOLL, Wenn Staaten Freunde sein wollen, in: Der Tagesspiegel, 3.7.2017.
[35] Vgl. Christoph CORNELISSEN, Was heißt Erinnerungskultur? Begriff – Methoden – Perspektiven, in: Geschichte in Wissenschaft und Unterricht 54 (2003), S. 548–563.
[36] So die Definitionsformel des ehemaligen UN-Generalsekretärs Kofi Annan im internationalen Jahr der Versöhnung 2009.
[37] Vgl. Dieter LANGEWIESCHE, Der gewaltsame Lehrer. Europas Kriege in der Moderne, München 2019.

wurde und wie Versöhnung erreicht werden sollte, fand hingegen weniger Interesse. Diese Feststellung galt lange vor allem für die Forschung in Deutschland, wo Versöhnung ausschließlich ein Thema für Theologen zu sein schien. So sucht man das Stichwort „Versöhnung" auch in der 13. Auflage des „Handwörterbuches Internationale Politik" aus dem Jahre 2015 weiterhin vergeblich[38], wohingegen sich die angloamerikanische Friedens- und Konfliktforschung sehr breit mit Versöhnungsprozessen beschäftigt. Gewisse Forschungslücken konnten in den letzten Jahren sicherlich ausgeglichen werden[39], doch scheint die Geschichtswissenschaft der Versöhnung immer noch mit Zurückhaltung zu begegnen.

Hier mag es eine Rolle spielen, dass Versöhnung oftmals als ein utopisches Projekt bzw. als Projektionsfläche erscheint und nur sehr schwer zu fassen ist, wann und wodurch wer nun genau versöhnt ist. Diesen Charakter teilt Versöhnung mit den verschiedenen Friedenskonzepten, stellt sich doch auch hier die Frage, wann ein Friedenszustand erreicht ist[40]. Trotz der wiederholt vorgebrachten Kritik an der konzeptuellen Unschärfe, der semantischen Fluidität, den Widersprüchlichkeiten und Ambivalenzen sowie der unzureichenden Empirie hat sich in den letzten Jahren vor allem in der Politikwissenschaft ein breites und lebendiges Forschungsfeld herausgebildet, was nicht zuletzt an den eingefrorenen Versöhnungsprozessen während des Kalten Krieges, aber vor allem am deutlichen Anstieg von kollektiven Verbrechen wie im Jugoslawienkrieg in den 1990er Jahren und dem Völkermord in Ruanda 1994 lag[41].

Charakteristisch ist der hohe Grad an Interdisziplinarität, tummeln sich auf diesem Feld doch u.a. Theologen, Philosophen, Juristen, Politologen, Historiker, Soziologen und Psychologen, die sich mit verschiedenen Ansätzen der Versöhnung nähern. So wäre in Zukunft eine stärkere Verschränkung dieser Herangehensweisen wünschenswert, um präzisere methodologische Grundlagen zu legen[42]. Dass sich so viele

---

[38] Vgl. Wichard WOYKE, Johannes VARWICK (Hg.), Handwörterbuch Internationale Politik, Opladen 2015.

[39] Corine DEFRANCE, Ulrich PFEIL (Hg.), Verständigung und Versöhnung nach dem „Zivilisationsbruch"? Deutschland in Europa nach 1945, Brüssel 2016.

[40] Vgl. Johan GALTUNG, Die Zukunft der Menschenrechte. Vision: Verständigung zwischen den Kulturen, Frankfurt/M. 2000.

[41] Vgl. Gerd HANKEL, Ruanda 1994 bis heute. Vom Umgang mit einem Völkermord, Springe 2019.

[42] Vgl. zur Einführung: SCHWELLING (Hg.), Reconciliation, Civil Society, and the Politics of Memory (Anm. 17).

wissenschaftliche Disziplinen der Thematik angenommen haben, erklärt ihre oftmals diffuse Verwendung, vor allem in der Alltagssprache. Genauso ist im politischen Diskurs zu beobachten, dass moralisierende vergangenheitspolitische Argumente von Repräsentanten eines Kollektivs für eine offensichtliche Interessenpolitik genutzt werden, sodass symbolische Akte zu entleerten Ritualen ohne politische Relevanz und gesellschaftliche Realität verkommen.

Versöhnung ist darüber hinaus ein Querschnittsthema[43], sodass die wechselseitigen Bedingtheiten in unterschiedlichen zeitlichen, politischen, gesellschaftlichen und kulturellen Kontexten herauszuarbeiten sind. Sie berührt u.a. Fragen der Erinnerung[44], der Geschichtspolitik[45], der Gewaltforschung[46], der historischen Friedensforschung[47], der Sicherheitspolitik[48], der Deeskalation[49], der Wiedergutmachung[50] und der *Transitional Justice*[51].

---

[43] Vgl. DEFRANCE, Judging, Atoning, Reconciling (Anm. 3).

[44] Vgl. Sabine MOLLER, Erinnerung und Gedächtnis, Version: 1.0, in: Docupedia-Zeitgeschichte, 12.04.2010; http://docupedia.de/zg/moller_erinnerung_gedaech tnis_v1_de_2010; Christoph Cornelißen, Erinnerungskulturen, Version: 2.0, in: Docupedia-Zeitgeschichte, 22.10.2012; http://docupedia.de/zg/cornelissen_erinnerungskulturen_v2_de_2012; Cornelia SIEBECK, Erinnerungsorte, Lieux de Mémoire, Version: 1.0, in: Docupedia-Zeitgeschichte, 02.03.2017; http://docupe dia.de/zg/Siebeck_erinnerungsorte_v1_de_2017.

[45] Vgl. Stefan TROEBST, Geschichtspolitik, Version: 1.0, in: Docupedia-Zeitgeschichte, 04.08.2014; http://docupedia.de/zg/troebst_geschichtspolitik_v1_de_2014.

[46] Vgl; Felix SCHNELL, Gewalt und Gewaltforschung, Version: 1.0, in: Docupedia-Zeitgeschichte, 08.11.2014; http://docupedia.de/zg/schnell_gewalt_gewaltforsc hung_v1_de_2014.

[47] Vgl. Holger NEHRING, Friedensforschung in der Bundesrepublik Deutschland. Entwicklung und Debatten von den 1960er bis in die 1980er Jahre, in: DEFRANCE, PFEIL (Hg.), Verständigung und Versöhnung (Anm. 39), S. 711–734; Gertraud DIENDORFER, Blanka BELLAK, Anton PELINKA, Werner WINTERSTEINER (Hg.), Friedensforschung, Konfliktforschung, Demokratieforschung. Ein Handbuch, Wien u.a. 2016.

[48] Vgl. Eckart CONZE, Geschichte der Sicherheit: Entwicklung – Themen – Perspektiven, Göttingen 2017, S. 167.

[49] Vgl. Corinna HAUSWEDELL (Hg.), Deeskalation von Gewaltkonflikten seit 1945, Essen 2006.

[50] Vgl. Benno NIETZEL, Wiedergutmachung für historisches Unrecht, Version: 1.0, in: Docupedia-Zeitgeschichte, 27.08.2013; http://docupedia.de/zg/nietzel_wied ergutmachung_v1_de_2013.

[51] Anne K. KRÜGER, Transitional Justice, Version: 1.0, in: Docupedia-Zeitgeschichte, 25.01.2013; http://docupedia.de/zg/krueger_transitional_justice_v1_de_2013.

Heterogen ist auch das Feld der Akteure, denn neben Politikern gilt es Diplomaten, Beamte, Juristen, Kirchenvertreter, Sicherheitskräfte, Kaufleute, Wissenschaftler, Publizisten und zivilgesellschaftliche Mitglieder von NGOs in den historischen Fokus zu nehmen. Ihre Aktivitäten sind in der Regel nur schwer voneinander zu trennen und zeichnen sich durch ein hohes Maß an Interaktivität in einem transnationalen Kontext aus. Diese Reziprozitäten wirken sich nicht allein auf sich wandelnde Praktiken aus, sondern können auch die Konzepte und das Verständnis von Versöhnung verändern.

Divergenzen existieren zwischen Theoretikern und Praktikern, die gerne mit Handlungsanleitungen in Form von Best-Practice-Listen arbeiten. Diese wurden aus der Betriebswirtschaftslehre abgeleitet und sollen den beteiligten „Versöhnungsarbeitern" Orientierung bieten. Sie kommen bisweilen als Erfolgsrezepte bzw. -modelle daher und versuchen zu vermitteln, wie mit vergangenen Konflikten umgegangen werden sollte, um zu einer „gelingenden Versöhnung" zu gelangen. Diese normative Ausrichtung resultiert aus ihrer Anwendungs- bzw. Praxisorientierung, was nicht selten zu maximalistischen Empfehlungen führt, denen bisweilen die Sensibilität für die spezifische Situation vor Ort fehlt und zu einem inflationistischen Gebrauch des Begriffes „Versöhnung" führt[52].

In der Analyse von Versöhnungsprozessen und dem begriffsgeschichtlichen Umgang ist vor allem eine Verbindung zwischen Versöhnungsprozessen und der Natur der Konflikte herzustellen. Ausschlaggebend für die verschiedenen Umgangsformen mit gerade überwundenen Konflikten waren in der Regel die divergierenden Erscheinungsformen, Charakteristika und vor allem Erfahrungen von Krieg. Bei den Kabinettskriegen des 18. Jahrhunderts, bei denen die Ziele begrenzt waren und sowohl Menschen wie auch Sachwerte geschont werden sollten, handelte es sich in der Regel nicht um Volks- oder Nationalkriege. Anders sah es nach den Religionskriegen des 17. Jahrhunderts, den nationalistisch aufgeheizten Kriegen des 19. Jahrhunderts, den beiden Weltkriegen und den Völkermorden des 20. Jahrhunderts aus, denn zum einen war bei diesen Konflikten die Zivilbevölkerung stark in Mitleidenschaft gezogen worden und die Zahl der Opfer in eine bislang unbekannte Höhe geschnellt,

---

[52] Vgl. zur Kritik: SCHWELLING, Transnational Civil Society's Contribution (Anm. 17), S. 10.

zum anderen hatten sich sogenannte Erbfeindschaften aufgebaut, die neue Kriege befürchten ließen[53].

Neuere Studien zu transnationalen Versöhnungsprozessen legen den Schwerpunkt auf die vielfältigen Interaktionen zwischen Politik und Zivilgesellschaft[54]. Dabei gilt es vor allem zu beleuchten, welche Antriebe bei der Aufarbeitung der Vergangenheit „von unten" kamen, welche Fragen auf politisch-diplomatischer Ebene anfangs noch tabuisiert waren, dann aber als Folge des zivilgesellschaftlichen Engagements auf diplomatischer Bühne salonfähig wurden. Thesenhaft kann sicherlich formuliert werden, dass sich eigenständige lokale und regionale Aktivitäten durch eine wachsende Offenheit für eine differenzierte und schonungslose Auseinandersetzung mit den Gewalttaten auszeichnen[55]. Dabei gilt es auf den verschiedenen Ebenen stets, in Quellen nach Stellen zu suchen, an denen die Akteure von Versöhnung sprechen, denn nur so kann es uns gelingen, das zeitgenössische Verständnis von Versöhnung zu analysieren.

Der Ausgangspunkt für diesen Sammelband soll mit Blick auf die Forschung die Feststellung sein, dass Diplomatie, Friedensschlüsse und ihre Repräsentationen in der Frühen Neuzeit, insbesondere mit Blick auf den Westfälischen Frieden, umfassend untersucht worden sind[56]. Um die Versöhnungsprozesse in Europa nach 1945 besser zu verstehen, braucht es daher den Blick zurück. Dieser Band will den zeitlichen Schwerpunkt auf die begriffsgeschichtliche Entwicklung von Versöhnung im 19. und

---

[53] Vgl. Edgar WOLFRUM, Krieg und Frieden in der Neuzeit. Vom Westfälischen Frieden bis zum Zweiten Weltkrieg, Darmstadt 2003; Bernd HÜPPAUF, Was ist Krieg? Zur Grundlegung einer Kulturgeschichte des Krieges, Bielefeld 2013; Bruno CABANES (Hg.), Une histoire de la guerre du XIXe siècle à nos jours, Paris 2018.

[54] Vgl. Dominique TRIMBUR, De la Shoah à la réconciliation?, La question des relations RFA-Israël (1949-1956), Paris 2000; Jenny HESTERMANN, Inszenierte Versöhnung. Reisediplomatie und die deutsch-israelischen Beziehungen von 1957 bis 1984, Frankfurt/M. 2016; Bernard LUDWIG, Andreas LINSENMANN (Hg.), Frontières et réconciliation = Grenzen und Aussöhnung. L'Allemagne et ses voisins depuis 1945, Brüssel 2011.

[55] Vgl. Christine GUNDERMANN, Die versöhnten Bürger. Der Zweite Weltkrieg in deutsch-niederländischen Begegnungen 1945-2000, Münster 2014.

[56] Vgl. Irene DINGEL u.a. (Hg.), Handbuch Frieden im Europa der Frühen Neuzeit, Berlin 2021; Claire GANTET, Aufrufe an die Christenheit in der Friedenspublizistik um 1648, in: Henning P. JÜRGENS (Hg.), Dass Gerechtigkeit und Friede sich küssen. Repräsentationen des Friedens im vormodernen Europa, Bonn 2021, S. 9–27; https://doi.org/10.25360/01-2021-00035 [21.12.2021].

in der ersten Hälfte des 20. Jahrhunderts legen. Geographisch soll sich auf die zwischenstaatlichen Konflikte und ihre Überwindung in Europa konzentriert werden. Zu berücksichtigen ist dabei, dass das 19. Jahrhundert einerseits das Jahrhundert der Nationenbildung war, andererseits Vielvölkerstaaten wie Österreich an den Rand der Implosion kamen und verschiedene europäische Mächte ein Kolonialreich aufbauten, sodass auch der Umgang mit innerimperialen Konflikten und Bürgerkriegen unter die Lupe genommen werden muss.

3. Fragestellungen

Versöhnung hat eine lange Geschichte und beruhte über Jahrhunderte gerade nicht auf dem Erinnern, sondern auf der *damnatio memoriae*, dem heilsamen Vergessen[57]. Dieser Befund führt zu der These, dass der Begriff Versöhnung vielfältige begriffsgeschichtliche Wandlungen durchlaufen hat, seine Konzepte, Wahrnehmungen und das Bewusstsein von Versöhnung politischen, historischen, sozio-kulturellen und semantischen Umcodierungen unterworfen waren. So sind die Autoren dieses Bandes dazu aufgerufen, die jeweiligen individuellen und gesellschaftlichen Vorstellungen von Versöhnung in Bezug zu den sich verändernden sozialen Realitäten zu stellen[58]. Dabei gilt es, die Wirkung auf das politische Handeln in den Blick zu nehmen, um die zeitgenössischen Bezugnahmen auf Versöhnung in Politik und Gesellschaft zu identifizieren, die Bedeutungen zu dekonstruieren und die Konzepte aus verschiedenen Perspektiven zu historisieren. Was verstanden bestimmte Akteure zu einem gewissen Zeitpunkt unter Versöhnung? Wie erfolgten semantische und konzeptuelle Verschiebungen und welche Verbindungslinien existierten zwischen alten und neuen Vorstellungen? Zu wenig wissen wir dabei noch über die sich wandelnden Vorstellungen in Politik, Diplomatie, Wissenschaft und Öffentlichkeit, wie Versöhnung zu erreichen

---

[57] Vgl. Christian MEIER, Das Gebot zu vergessen und die Unabweisbarkeit des Erinnerns. Vom öffentlichen Umgang mit schlimmer Vergangenheit, München 2010.

[58] Dieser Sammelband geht auf die Tagung „Versöhnung zwischen Vergessen und Erinnerung. Geschichte eines bewegten Konzepts (Europa: 19. Jahrhundert und erste Hälfte des 20. Jahrhundert) zurück, die vom 20. bis 22. November 2019 am DHI Paris stattfand. Partner dieser Veranstaltung waren neben dem DHI Paris, das DHI Warschau, das Leibniz-Institut für Europäische Geschichte in Mainz, der DAAD Paris, das Labex EHNE, das SIRICE Paris und die Universität de Lorraine (CEGIL).

ist, was sie bewirken soll, in welchem Verhältnis sie zu anderen gesellschaftlichen Wertvorstellungen in unterschiedlichen Epochen stand und welche politischen Ziele mit ihr verfolgt wurden.

Die Beiträge dieses Bandes beschäftigen sich folglich weniger mit den Praktiken der Versöhnung nach konkreten Konflikten, sondern werden die Semantik und Symbolik einer Sprache der „Versöhnung" untersuchen, um Antworten auf die Frage zu geben, welche Worte, Gesten, Referenzen, Bilder etc. sowohl in der diplomatischen und juristischen „Sprache" als auch im politischen, gesellschaftlichen oder künstlerischen Bereich verwendet wurden. Ziel ist es, aus verschiedenartigen Quellen die Vielfalt der Vorstellungen und Darstellungen von Versöhnung, deren Akteure und Bedingungen im jeweiligen historischen Kontext zu rekonstruieren. Dabei gilt es zudem, die semantische und konzeptionelle Ausgestaltung von Frieden, Verständigung, Freundschaft, „Versöhnung" und anderen verwandten Begriffen zu hinterfragen und zu historisieren. Wenn wir oben konstatiert hatten, dass der Begriff Versöhnung in der Regel positive Assoziationen weckt, dann darf nicht außer Acht gelassen werden, dass faschistische und nationalistischen Kreise ihn in ihrem Kampf gegen den „Bolschewismus" ins Spiel brachten und Akteure der Kollaboration mit dem NS-Regime ihn im gesamten besetzten Europa übernahmen. Schon hier sei gesagt, dass wir auch in diesem Band nur ansatzweise analysieren können, warum gewisse Kreise den Aggressor und Besatzer mit offenen Armen empfingen, um ihm die Hand zur Versöhnung zu reichen[59]. Hier wird es auch in Zukunft noch weiterer Forschung bedürfen, um das Verhältnis von Versöhnung und Kollaboration systematischer aus den Quellen herauszuarbeiten. Genauso gilt es zu fragen, ob die Tabuisierung des Begriffs in vormals von Deutschland besetzten Ländern wie Frankreich einer Diskreditierung gleichkam. Da der Begriff nach einer Karenzzeit aber wieder Eingang in den Diskurs der politischen und zivilgesellschaftlichen Akteure fand, muss nach den sprachlichen Vorgehensweisen gefahndet werden, die Versöhnung wieder salonfähig machten. Mit diesen Fragestellungen verorten wir uns

---

[59] Vgl. zur Kollaboration in Europa: Werner RINGS, Leben mit dem Feind. Anpassung und Widerstand in Hitlers Europa, 1939-1945, München 1979; Klaus KELLMANN, Dimensionen der Mittäterschaft. Die europäische Kollaboration mit dem Dritten Reich, Wien u.a. 2019; Wolfgang BENZ (Hg.), Deutsche Herrschaft. Nationalsozialistische Besatzung in Europa und die Folgen, Freiburg 2022.

an der Schnittstelle einer Kulturgeschichte des Politischen[60] und der internationalen Beziehungen[61] einerseits und der historischen Semantik beziehungsweise der *histoire sociale des concepts* andererseits[62].

Ein wichtiger Analysekorpus werden für die folgenden Beiträge Friedensverträge sein, die sich gerade in der Frühen Neuzeit nicht auf einfache Denominationen beschränkten, sondern oftmals „Friedens- und Versöhnungsverträgen" oder „Friedens- und Freundschaftsverträgen" hießen, ab der zweiten Hälfte des 19. Jahrhunderts dann aber bewusst Versöhnung aussparten bzw. ostentativ den Verantwortlichen oder Schuldigen des Konflikts benannten[63]. Hier kann vorerst nur vermutet werden, dass sich Kriege und ihr Charakter sowie ihre Rückwirkungen auf die Gesellschaften veränderten, sodass auch diese bei den semantischen Transformationen eine wichtige Rolle spielten, nicht zuletzt infolge der Herausbildung von zivilgesellschaftlichen Strukturen im 19. Jahrhundert. Somit geraten neue Akteure in den Fokus, die als Vertreter von nationalen oder internationalen Organisationen und Milieus auch neue Akzente bei der Verwendung des Versöhnungsbegriffes setzen (u.a. pazifistische, feministische und religiöse Kreise).

---

[60] Vgl. Thomas MERGEL, Überlegungen zu einer Kulturgeschichte der Politik, in: Geschichte und Gesellschaft 28 (2002), S. 574–606; Ute FREVERT, Neue Politikgeschichte, in: Joachim EIBACH, Günther LOTTES (Hg.), Kompass der Geschichtswissenschaft, Göttingen 2002, S. 152–164; Barbara STOLLBERG-RILLINGER (Hg.), Was heißt Kulturgeschichte des Politischen?, Berlin 2005

[61] Vgl. Jürgen OSTERHAMMEL, Wilfried LOTH (Hg.), Internationale Geschichte. Themen, Ergebnisse, Aussichten, München 2000; Jost DÜLFFER, Wilfried LOTH (Hg.), Dimensionen internationaler Geschichte, München 2012; Robert FRANK (Hg.), Pour l'histoire des relations internationales, Paris 2012.

[62] Vgl. Jacques GUILHAUMOU, De l'histoire des concepts à l'histoire linguistique des usages conceptuels, in: Genèses 38 (2000), S. 105–118. Hans Erich BÖDEKER (Hg.), Begriffsgeschichte, Diskursgeschichte, Metapherngeschichte, Göttingen 2002; Achim LANDWEHR, Historische Diskursanalyse. Campus, Frankfurt/M. ²2018.

[63] Vgl. Karlheinz KOPPE, Der vergessene Frieden. Friedensvorstellungen von der Antike bis zur Gegenwart, Opladen 2001

Abb. 1. Madeleine Vernet, Arc-en-Ciel. Contes pour la réconciliation, Levallois-Perret 1937

Zu ihnen gehörte auch Madeleine Vernet (1878-1949), Schriftstellerin, Erzieherin und Vertreterin eines militanten und libertären Pazifismus. Unablässig führte sie vor, während und nach dem Ersten Weltkrieg einen „Kampf für Frieden und Versöhnung"[64]. Für sie war der Frieden keine Fatalität, sondern menschengemacht, sodass sie an die Frauen ihren legendären Aufruf richtete: „Ihr seid die Schöpferinnen des Lebens, so müsst ihr auch das Leben verteidigen"[65]. In Praxis und Theorie setzte sie sich für eine Erziehung der Kinder gegen den Krieg und gegen moralische Verwerfungen ein (Abb. 1). Sie schrieb Erzählungen, Berichte und Gedichte, in denen sie immer wieder die Frauen und Mütter zu einer

---

[64] Anna NORRIS, Le féminisme français à l'épreuve de la guerre. Madeleine Vernet: itinéraire d'une féministe pacifiste, in: Cahiers de la Méditerranée 91 (2015), S. 127–138, hier S. 129.

[65] Zitiert in Geneviève FRAISSE, Et si les mères désertaient la guerre ... Madeleine Vernet (1879-1949): pacifisme et féminisme, in: Les Cahiers du GRIF 14–15 (1976), S. 34–38, hier S. 35.

friedlichen Erziehung ihrer Kinder aufrief[66]. Im Vorwort zu Vernets Buch „Arc-en-ciel" schrieb der Romancier und enge Freund von Anatole France, Michel Corday (1869-1937), ganz in ihrem Sinne:

> „Nur die Erziehung kann den Seelen den Begriff des ‚unvermeidlichen Krieges' herausreißen [...]. So muss diese verabscheuenswürdige Losung verfolgt werden, verboten wie ein Frevel, wie ein Attentat gegen die menschliche Religion"[67].

Auch die 1920 initiierte Gründung der „Ligue des femmes contre la guerre" entsprang diesem Geist, genau wie das Plakat, das wir für das Cover dieses Sammelbandes ausgewählt haben: „La réconciliation des mères fera la réconciliation des peuples", abgedruckt in „La volonté de paix" von dem 1927 u.a. von Madeleine Vernet gegründeten „Comité international d'action et de propagande pour la paix et le désarmement par la volonté des individus et des peuples". Als das Buch „Arc-en-Ciel" 1933 erschien, hatten die Nationalsozialisten die Macht in Deutschland übernommen und erzogen die deutsche Jugend zum Krieg. Madeleine Vernet hatte sich in dieser Zeit von der pazifistischen Frauenbewegung entfernt, setzte ihren Kampf für den Frieden jedoch fort und engagierte sich in der „Ligue internationale des combattants de la paix". Hier musste sie erleben, wie der Pazifismus in Europa durch den sich radikalisierenden Nationalismus in die Ecke gedrängt wurde und den Kriegsausbruch 1939 nicht verhindern konnte.

Madeleine Vernet war mit ihrem Kampf für die „Befriedung der Geister" in der Zwischenkriegszeit nicht allein. Gerade über den Weg der Kinderbücher sollte eine friedlichere Zukunft aufgebaut werden, so u.a. auch in der 1923 erschienenen weltberühmten Tiergeschichte „Bambi", in der das Jungreh Marena sagt: „Versöhnung ist keine Dummheit, Versöhnung muss kommen"[68]. Der Blick zurück in die Geschichte der Versöhnung zeigt, dass der Wunsch nach Versöhnung eine lange Geschichte hat, er jedoch nur selten erfüllt wurde bzw. dauerhaften Frieden brachte. Welche Vorstellungen die Menschen in den verschiedenen Epochen vom Begriff „Versöhnung" hatten, das soll im Mittelpunkt der nun folgenden Beiträge stehen.

---

[66] Vgl. zur pazifistischen Frauenbewegung auch: Birte FÖRSTER, 1919. Ein Kontinent erfindet sich neu, Stuttgart 2018, S. 123.
[67] Michel CORDAY, Préface, in: Madeleine VERNET, Arc-en-Ciel. Contes pour la réconciliation, Levallois-Perret 1937, S. 5–8, hier S. 6 f.
[68] Felix SALTEN, Bambi, Berlin 1937 [EA 1923], S. 92.

I. Le cadre référentiel de la réconciliation / Der Referenzrahmen der Versöhnung

L'idée et les méthodes de la réconciliation dans les traités de paix

Le point de vue d'un juriste

Romain LE BŒUF

L'idée de réconciliation occupe une place désormais très importante dans le lexique de la diplomatie internationale. Il suffit d'un bref survol de l'actualité de l'Organisation des Nations Unies pour constater à quel point le terme est d'un emploi courant. Le même survol suggère que le mot, s'il fait l'objet d'usages variés, est constamment ou presque mobilisé dans des contextes l'associant étroitement avec la problématique du retour à la paix à l'issue d'un conflit armé. Cette association, il est vrai, n'a rien pour surprendre : la paix n'implique-t-elle pas, par définition, la réconciliation des belligérants ? L'évidence est trompeuse. La récurrence même de l'association des deux termes montre que la pratique les tient pour distincts. C'est ainsi que les différentes factions qui s'opposent dans le conflit au Mali concluent en 2015 un « accord de paix et de réconciliation ». Les exemples de cette juxtaposition abondent, du Forum for Peace and Reconciliation en Irlande du Nord au Palais de la paix et de la réconciliation achevé en 2006 au Kazakhstan. Faut-il voir dans l'association répétée de ces deux mots un simple goût pour le pléonasme ? Il s'agit plutôt d'interroger la nature des rapports qui unissent les notions de paix et de réconciliation. Cette approche devra permettre de délimiter le sens propre de chacune des deux notions et d'identifier ce qu'ajoute la notion de réconciliation à celle de paix.

Le texte même des traités de paix conclus à l'issue d'un conflit offre un corpus pertinent aux fins d'identification de l'emploi des notions. D'abord parce qu'il s'agit de textes juridiques, ce qui leur confère une dimension technique en principe exclusive du lexique incantatoire que l'on peut rencontrer dans d'autres types de documents diplomatiques[1]. Ensuite parce que le texte des traités de paix est par nature bi ou plurilatéral, et que les termes qui y sont employés traduisent un accord de l'ensemble des parties sur leur emploi. Enfin parce que la pratique de conclusion de traités de paix s'étale sur une très longue période, et qu'il est dès lors possible d'y isoler et d'y suivre les évolutions de la pratique.

De fait, les rédacteurs des traités de paix ont de longue date eu recours à l'idée de réconciliation. Ils ont constamment cherché à intégrer dans leurs accords des dispositions dont l'ambition était bien plus vaste, en tout état de cause, que la simple cessation des hostilités[2]. Toutefois, le terme même de réconciliation va longtemps rester anecdotique, comme un arrière-plan à la fois occasionnel et diffus. Ce n'est que de façon beaucoup plus récente qu'il va endosser une dimension systématique et structurelle pour le retour à la paix.

Pour expliciter cette chronologie, il faudra dans un premier temps identifier la manière dont l'idée de réconciliation s'est manifestée dans la pratique, en passant de l'ornement au concept, avant de déterminer, dans un second temps, les moyens assignés par les négociateurs à la concrétisation de cette idée, en passant du passé à l'avenir.

1. L'idée de réconciliation : de l'ornement au concept

Si les termes « paix » et « réconciliation » sont désormais habituellement associés, il serait faux de penser qu'il y a là une permanence de la pratique, et moins encore une nécessité ontologique. L'étude des traités conclus révèle au contraire des usages variés et des évolutions sensibles. Ces évolutions dans l'usage de la notion de réconciliation accompagnent des mutations qui affectent à la fois le droit international lui-même et la manière de penser le passage de la guerre à la paix.

---

[1] Sur les traités de paix en général et pour une étude de leur lexique, voir Romain Le Bœuf, *Le traité de paix – Contribution à l'étude juridique du règlement conventionnel des différends internationaux*, Paris, Pedone, 2018.

[2] Le Bœuf, *Le traité de paix...* (note 1), p. 277–278 : « il est important de remarquer que de nombreux traités de paix ne comportent pas de dispositions relatives à la cessation des hostilités. Il est donc pour le moins excessif d'affirmer que '[a]ll peace treaties tended to identify peace as mere absence of violence' ». La citation renvoie à Francesca Giovannini, «Pact, Treaties, and Agreements to End Specific Wars» in : Nigel Young (éd.), *The Oxford International Encyclopedia of Peace*, vol. 3, Oxford, Oxford University Press, 2010, p. 337.

L'idée et les méthodes de la réconciliation

1.1 Un usage inégal

Un usage fluctuant : 1648-1945

Le terme « réconciliation » se rencontre de façon ponctuelle dans les instruments relatifs au retour à la paix de l'époque moderne[3]. Sans figurer dans le texte même des traités, il apparaît dans les lettres de ratification du traité des Pyrénées de 1659 entre la France et l'Espagne[4], ainsi que dans celles relatives au traité d'Aix-la-Chapelle de 1668 entre les mêmes parties[5]. Dans chacun de ces cas, le roi de France désigne le traité ratifié comme étant un « Traité de Paix & Reconciliation ». Le qualificatif, cependant, n'est corroboré ni par le texte même du traité, ni par les termes de la ratification espagnole. Le terme figure ensuite dans le préambule du traité d'Utrecht de 1713 entre la France et la Grande-Bretagne, le traité étant fondé sur « le désir réciproque d'une réconciliation » entre les deux souverains[6]. D'une manière identique, l'année suivante, le préambule du traité de Rastatt entre la France et le Saint-Empire indique qu'« il a plu à Dieu, qui tient les Cœurs des Rois entre ses mains, de porter enfin les esprits des souverains à une parfaite réconciliation »[7]. La seule mention du terme réconciliation dans le corps même du traité apparaît à l'article 17 du traité de Paris de 1783 entre la France et la Grande-Bretagne, la Grande-Bretagne acceptant, aux fins de « réconciliation », de renoncer à tous ses droits et prétentions sur la ville de Dunkerque[8]. Le terme va ensuite disparaître de la pratique internationale : il

---

[3] La présente étude se fonde sur l'analyse d'un corpus comprenant les traités de paix conclus depuis 1948 et constitué à l'occasion d'une précédente recherche : sur la délimitation de ce corpus, voir LE BŒUF, *Le traité de paix...* (note 1), spéc. p. 53–57.

[4] *Traité des Pyrénées,* conclu entre l'Espagne et la France le 7 novembre 1659, publié in : Jean DUMONT, *Corps universel diplomatique du droit des gens,* Amsterdam, P. Brunel et G. Wetstein, 1726-1731, t. VI, part. 2, n° VIII, p. 264–280.

[5] *Traité d'Aix-la-Chapelle,* conclu entre l'Espagne et la France le 2 mai 1668, publié in : DUMONT, *Corps universel* (note 4), t. VII, part. 1, n° XXXV, p. 89–90.

[6] *Traité d'Utrecht,* conclu entre la France et la Grande-Bretagne le 11 avril 1713, publié in : DUMONT, *Corps universel* (note 4), t. VIII, part. 1, n° CLI, p. 339–342.

[7] *Traité de Rastatt,* conclu entre la France et le Saint-Empire romain germanique le 6 mars 1714, publié in : DUMONT, *Corps universel* (note 4), t. VIII, part. 1, n° CLXX, p. 415–421.

[8] *Traité de Versailles,* conclu entre la France et la Grande-Bretagne le 3 septembre 1783, publié in : Georg Friedrich de MARTENS, *Recueil des principaux Traités d'alliance, de paix, de trêve, de neutralité, de commerce, de limites, d'échange, etc.,* Göttingen, Dieterich, 1791-1801, t. II, n° 112, p. 462–471.

ne se rencontre pas dans les traités de paix conclus par la France révolutionnaire et la recherche menée aux fins de la présente étude n'en a révélé aucune trace dans les traités de paix conclus au XIXe siècle. La première moitié du XXe siècle est de même exempte de tout usage du terme.

La systématisation de l'usage : le virage des années 1970

Anecdote tombée en désuétude, la réconciliation va retrouver sa place dans le lexique diplomatique à partir des années 1970. Le terme figure en 1972 dans l'accord conclu à Simla entre l'Inde et le Pakistan en tant que l'un des objectifs de l'accord[9]. En 1973, il apparaît également dans l'accord de Paris mettant un terme à la guerre du Viêt Nam[10]. Il va par la suite proliférer pour devenir d'un usage courant dans les accords de paix conclus dès le début des années 1980 et, plus encore, à partir des années 1990.

Ainsi, une recherche du terme dans la base de données des accords de paix tenue par les Nations Unies révèle plus de 200 accords comportant le terme anglais « reconciliation » pour la période 1980-2020, toutes les aires géographiques étant concernées[11]. De façon significative, cette base ne renvoie aucun résultat pour la période antérieure[12]. De même, la base de données *PA-X*, tenue par l'Université d'Édimbourg, recense quant à elle sur la même période jusqu'à 450 accords comportant le terme réconciliation[13].

---

[9] *Accord de Simla*, conclu entre l'Inde et le Pakistan le 2 juillet 1972, publié en langue anglaise in : *International Legal Materials*, vol. 11, n° 5, 1972, p. 954–957, pt. 3 : « the prerequisite for reconciliation, good neighborliness and durable peace between them is a commitment by both the countries to peaceful coexistence respect for each others territorial integrity and sovereignty and noninterference in each others internal affairs, on the basis of equality and mutual benefit ».

[10] *Accord sur la cessation de la guerre et le rétablissement de la paix*, signé à Paris entre les États-Unis d'Amérique et la République démocratique du Viêt Nam, publié in : *Recueil des traités des Nations Unies*, vol. 935, 1974, n° 13295, p. 82.

[11] La base est librement consultable à l'adresse *peacemaker.un.org*.

[12] Il faut toutefois relever que la base est relativement incomplète : le premier accord recensé date de 1897 et les données sont particulièrement lacunaires pour la période antérieure à 1990.

[13] La base est librement consultable à l'adresse *peaceagreements.org*. La différence dans les résultats tient à une conception plus vaste de la notion d'accord de paix dans la base écossaise. Il est à noter que cette base ne recense aucun accord antérieur à 1990.

1.2 Un usage contextualisé

Le succès de l'idée de réconciliation dans ces dernières décennies s'explique par deux évolutions concomitantes : la première touche à la nature des conflits et à leurs enjeux ; la seconde touche à la manière d'appréhender leur résolution.

Un changement dans la nature des conflits

Il est devenu tout à fait banal de constater les changements très profonds qui ont affecté la nature des conflits internationaux au cours de la seconde moitié du XXe siècle[14]. La conflictualité interétatique, ou guerre étrangère, a cédé le pas aux guerres de décolonisation et aux guerres civiles. Or, la nature internationale ou interne des conflits paraît un facteur déterminant du recours à la notion de réconciliation lors de l'élaboration des instruments du retour à la paix : sur les quelque 200 accords mentionnant le terme « *reconciliation* » répertoriés par la base des données des Nations Unies[15], seuls quatre concernent des conflits interétatiques[16]. Tous les autres accords contenant le terme réconciliation sont liés à des conflits internes, c'est-à-dire à des guerres civiles. Encore faut-il remarquer qu'à l'exception du traité de 1980 entre le Salvador et le Honduras[17], les trois autres accords, s'ils sont formellement interétatiques, se rapportent à des contextes hérités de conflits initialement de nature interne,

---

[14] Pour une vue d'ensemble de l'évolution de cette question et de ses implications juridiques, et parmi une littérature abondante, voir Romain LE BŒUF, Julie TRIBOLO, « Régime(s) de paix, régime(s) de guerre : évolution et complexité des régimes d'exception en droit international », in : Rafaëlle MAISON et Olga MAMOUDY (éd.), *Autour de l'état d'urgence français – Le droit politique d'exception, pratique nationale et sources internationales*, Institut Universitaire Varenne, coll. Colloques et Essais, Paris, 2018, p. 137–154.

[15] Voir *supra*.

[16] Comme indiqué précédemment, la base est incomplète et ses résultats parfois erratiques : d'un côté, certains accords interétatiques mentionnant la réconciliation n'y figurent pas (notamment l'accord de Simla de 1970 entre l'Inde et le Pakistan ou l'accord de Paris de 1973 relatif à la Guerre du Vietnam) ; de l'autre, la recherche du terme réconciliation renvoie à certains accords qui pourtant ne comprennent ni le terme même, ni aucun synonyme proche. Ces carences demeurent toutefois sans incidence sur le constat du caractère très majoritairement interne des conflits mobilisant le registre de la réconciliation.

[17] Traité conclu à Lima le 30 octobre 1980 entre le Salvador et le Honduras, publié in : *Recueil des traités des Nations Unies*, n° 21856, vol. 1310, 1983, p. 237.

notamment dans le prolongement d'un mouvement de sécession : il en va ainsi de l'accord de 1992 entre les deux Corées[18], dans l'accord de Belfast de 1998 entre la Grande-Bretagne et l'Irlande[19] et de l'accord de 2012 entre le Soudan et le Soudan du Sud[20]. Le lexique de la réconciliation est donc très étroitement lié la nature interne des conflits : son emploi demeure marginal dans le cadre de conflits interétatiques.

Un changement dans les théories du rétablissement de la paix

L'évolution des formes de conflits n'est pas le seul facteur explicatif de la montée en puissance de l'idée de réconciliation dans la pratique contemporaine. La période postérieure à la Seconde Guerre mondiale a également été marquée par un renouveau théorique profond des réflexions relatives au retour à la paix. Très longtemps, la notion de paix a été envisagée de façon très étroite : la paix, c'est l'absence de guerre[21]. Si l'idée a de longue date été nuancée[22], c'est dans les années 1960 que

---

[18] *Accord sur la réconciliation, la non-agression, l'échange et la coopération entre le Nord et le Sud*, conclu le 13 décembre 1991 et publié par le Secrétaire général des Nations Unies le 25 mars 1992 sous la cote CD/1147.

[19] Accord conclu à Belfast le 10 avril 1998 entre le Royaume-Uni de Grande-Bretagne et la République d'Irlande. Le texte de l'accord figure dans la base de données *UN Peacemaker*. Le terme « réconciliation » figurait déjà dans la Déclaration conjointe de *Downing Street* du 15 décembre 1993.

[20] Accord conclu à Addis Abeba le 27 septembre 2012 entre le Soudan et le Soudan du Sud, Le texte de l'accord figure dans la base de données *UN Peacemaker*. Le terme « réconciliation » figurait déjà dans l'accord de paix de 2005 conclu entre les autorités du Soudan et le Mouvement populaire du peuple du Soudan.

[21] Au XVIe siècle, Alberico Gentili écrit ainsi que « la paix, c'est la fin de la guerre » (A. GENTILI, *De jure belli libri tres*, 1598, L. III, ch. I, « *De belli fine et pace* », cité in : Henri NÉZARD, *Albericus Gentilis, Contribution à l'étude des origines du droit international*, V. Giard et E. Brière, Paris, 1903, p. 27). Au XXe siècle, Hans Kelsen écrit dans un sens analogue que « [l]a paix est l'absence d'emploi de la force physique, de la violence » (Hans KELSEN, *Théorie pure du droit*, 2e éd., traduit par Charles EISENMANN, Dalloz, Paris, 1962, p. 52. Voir aussi Hans KELSEN et Robert Warren TUCKER, *Principles of international law*, 2nd éd., Holt, Rinehart and Winston, New York, 1966, p. 16). Pour un aperçu synthétique de la notion de paix en droit international, voir Romain LE BŒUF, « Paix », in : Valère NDIOR, *Dictionnaire de l'actualité internationale*, Paris, Pedone, 2020, p. 409.

[22] De nombreux auteurs ont donné à la paix un contenu positif, distinct de la simple absence de guerre, voir p. ex. Emer de VATTEL, *Le droit des gens, ou principes de la loi naturelle, appliquée à la conduite et aux affaires des nations et des souverains*, traduit par Paul ROYER-COLLARD, Jean-Pierre AILLAUD, Paris, 1835 (publication originale : 1758), t. II, L. IV, ch. I, par. 1, p. 292. Un célèbre professeur de droit

va s'opérer le changement le plus profond dans la représentation du phénomène de retour à la paix. Ce changement s'opère principalement sous l'influence du norvégien Johan Galtung. Dans l'éditorial du premier numéro du *Journal of Peace Research*, paru en 1964 et dont il est le fondateur, l'auteur formalise une opposition appelée à devenir classique : celle de la paix positive à la paix négative[23]. Tandis que la paix négative se réduit à l'absence de violences collectives, la paix positive est entendue par Galtung « comme un synonyme pour toutes les bonnes choses dans la communauté mondiale, particulièrement la coopération et l'intégration entre les groupes humains »[24]. Cette distinction bien connue a fait l'objet en 1976 d'une variation qui fait directement écho à l'idée même de réconciliation : Galtung oppose alors la paix « dissociative » de la paix qu'il appelle « associative »[25]. La paix dissociative est une paix fondée sur une séparation des adversaires : le cloisonnement – éventuellement autour de frontières naturelles, de zones démilitarisées, de forces d'interposition ou de murs – empêche tout contact, et dès lors toute violence, entre les protagonistes. Cette paix dissociative constitue une forme archétypale de paix sans réconciliation. À ce modèle de paix, Galtung oppose la paix associative qui, loin de chercher à séparer les adversaires, va précisément chercher à les rapprocher en favorisant les interdépendances. De là à l'idée de « réconciliation », il n'y a qu'un pas, vite franchi.

---

international du XIXe siècle écrit dans un sens analogue : « [l]a paix est une notion essentiellement juridique ; c'est l'achèvement de l'œuvre du droit ; c'est l'harmonie ; c'est l'ordre ; c'est le droit réalisé » (Ernest Nys, *Les origines du droit international*, Bruxelles, Alfred Castaigne, 1894, p. 264). Plusieurs auteurs ont relevé que l'opposition entre paix positive et paix négative a figuré, avant d'apparaître sous la plume de Johan Galtung en 1964, sous celle de Martin Luther King en 1956 : « Peace is not merely the absence of some negative force – war, tension, confusion, but it is the presence of some positive force – justice, goodwill, the power of the kingdom of God » (M. L. King, « When Peace Becomes Obnoxious – Sermon delivered on 18 march 1956 », in : *The Papers of Martin Luther King*, Jr, vol. III, Berkeley, University of California Press, 1997).

[23] Johan Galtung, « An Editorial », *Journal of Peace Research*, vol. 1, n° 1, Sage Publications, Ltd., 1964, p. 2.

[24] Johan Galtung, *Theories of Peace. Synthetic Approach to Peace Thinking*, Oslo, 1967, p. 12 (nous traduisons. L'original se lit ainsi : « as a synonym for all other good things in the world community, particularly cooperation and integration between human groups »).

[25] Johan Galtung, « Three Approaches to Peace: Peacekeeping, Peacemaking, and Peacebuilding », in : Id. (éd.), *Peace, war and defense: essays in peace research*, vol. 2, Copenhague, Ejlers, 1976, p. 282–304.

Galtung va immédiatement devenir la figure tutélaire du très prolifique champ des *Peace Studies* et ses théories vont essaimer aussi bien dans le domaine académique que sur le plan diplomatique. Le célèbre *Agenda pour la paix* publié en 1992 par le Secrétaire général Boutros Boutros Ghali leur confère une dimension à la fois politique et juridique qui va opérer un basculement profond dans les méthodes de pacification des Nations Unies[26]. À de nombreux égards, la notion de réconciliation a formé le pivot conceptuel de ce basculement[27].

De ce très rapide survol résultent deux conclusions, l'une quantitative, l'autre qualitative. Sur un plan quantitatif, on est passé d'un usage très clairsemé à un usage systémique à partir de la fin du XXe siècle. Sur un plan qualitatif, le terme réconciliation est passé d'un usage ornemental et platonique, c'est-à-dire sans incidence réelle sur le contenu du traité, à un usage véritablement conceptuel et structurant du retour à la paix, dans lequel l'idée de réconciliation détermine directement le contenu de l'accord.

2. Les moyens de la réconciliation : le passé et l'avenir

L'étude du contenu des accords de paix permet d'identifier les moyens assignés par les négociateurs à cet objectif de réconciliation. Le colloque qui a donné lieu au présent ouvrage plaçait la réconciliation entre l'oubli et la mémoire : il rend compte, de fait, des méthodes privilégiées dans la période qu'il se donne pour objet d'étudier[28]. Toutefois, dans la période contemporaine, la méthode consistant à se réconcilier malgré le passé tend à être supplantée par des méthodes prétendant se tourner vers le seul avenir.

2.1 Se réconcilier malgré le passé

Le juriste partage avec l'historien l'idée que le passé détermine le présent, en ce sens que tout comportement adopté à un moment donné

---

[26] *Agenda pour la paix, Rapport présenté par le Secrétaire général en application de la déclaration adoptée par la Réunion au sommet du Conseil de sécurité le 31 janvier 1992*, 17 juin 1992, Nations Unies, A/47/277.
[27] Sur le contenu de la méthode, voir *infra*.
[28] L'intitulé exact du colloque était *La réconciliation entre oubli et mémoire. Histoire d'un concept mouvant (Europe : XIXe et premier XXe siècles)*.

produit des effets de droit qui obligeront son auteur dans l'avenir. Le droit n'est en réalité jamais autre chose que l'appréhension d'un rapport causal. À l'issue d'une guerre, le passé fait obstacle aux relations entre les belligérants en ce qu'il constitue une source intarissable de réclamations de part et d'autre. Il s'agit alors, par la négociation, d'assigner à ce passé ses conséquences définitives afin de vider une fois pour toutes les oppositions. En ce sens, l'accord de paix se présente comme un instrument de liquidation[29] du passé. Longtemps, cette liquidation a procédé d'une méthodique organisation de l'oubli, avant que n'émergent au XXe siècle des revendications tendant à la conservation de la mémoire.

L'organisation de l'oubli

L'oubli a longtemps constitué le mécanisme par défaut des traités de paix. Il se manifeste dans sa forme la plus évidente sous la forme de l'amnistie. La plupart des traités conclus dans la période westphalienne comportent une clause de cette nature, formulée en des termes à la fois très forts et très généraux. La troisième disposition du traité de Münster, en 1648, offre une parfaite illustration du procédé :

> « Qu'il y ait de part et d'autre un oubli et une amnistie perpétuelle de tout ce qui a été fait depuis le commencement de ces troubles ; [...] que toutes les injures, violences, hostilitez, dommages et dépenses, qui ont été faites tant avant que pendant la guerre [...] soient entièrement abolies ; si bien que tout ce que l'un pourroit demander et prétendre sur l'autre pour ce sujet, soit enseveli dans un éternel oubli »[30].

Sur le plan juridique, une telle clause fait obstacle à toute demande fondée sur les comportements adoptés par les belligérants pendant la guerre. La victime de l'un de ces comportements est privée, par l'amnistie, aussi bien de son droit substantiel à réparation que de son droit procédural de soumettre l'affaire à un tribunal.

---

[29] Le terme, intimement juridique, étant à entendre comme l'« action de mettre fin à quelque chose de manière rapide et définitive » (C.N.R.S., *Trésor de la Langue Française, dictionnaire de la langue du XIXe et du XXe siècle*, Gallimard, Paris, 1971-1994, s.v. « Liquidation »).

[30] *Traité de Munster* entre la France et le Saint-Empire romain germanique publié in : *Recueil des traictés de confédération et d'alliance, entre la couronne de France, et les Princes et estats Estrangers*, Amsterdam, Pierre van Dick, 1664.

Au-delà de l'amnistie, les mécanismes de réparation eux-mêmes doivent être compris comme contribuant à l'organisation de l'oubli des événements liés à la guerre[31]. En effet, et en droit, la réparation anéantit les violations dont elle résulte. D'un côté parce qu'en compensant le tort causé, la réparation a précisément pour objet d'en faire disparaître les conséquences. De l'autre parce que la réparation, consacrée dans un traité, cesse d'être l'immédiate séquelle d'une violation passée pour devenir une simple obligation fondée sur un contrat. Cette conversion par le traité de paix d'une obligation délictuelle (fondée sur la responsabilité d'un fait commis) en une obligation contractuelle (fondée sur la conclusion d'un accord voulu) traduit en droit une opération dite de *novation*. La novation désigne la « substitution à une obligation que l'on éteint, d'une obligation que l'on crée »[32] : l'opération, du point de vue juridique, consiste bien en un effacement des violations commises aussi bien que des préjudices subis. Il y a peut-être ici une concurrence entre le droit et l'histoire : si l'histoire s'attache aux événements passés et à leur mémoire, le droit vise pour sa part à les terminer, de sorte qu'ils ne puissent plus produire d'effet dans l'avenir.

L'institutionnalisation de la mémoire

Que reste-t-il de la mémoire dans les traités de paix ? Au fond, pas grand-chose, si ce n'est le traité lui-même, comme preuve de cette opération de liquidation. Ce n'est que dans des cas rarissimes que l'accord de paix va faire expressément « acte de mémoire » : un des seuls exemples, dans un contexte d'ailleurs très spécifique, se rencontre dans l'accord conclu entre les puissances européennes et la Chine à la suite de la Révolution des Boxers de 1901. Certains diplomates européens avaient été molestés, ou mis à mort, par des révoltés chinois. Pour mettre fin au conflit avec les États européens, la Chine avait accepté un accord de

---

[31] Sur l'étendue formelle des réparations par opposition à leur étendue réelle, voir Le Bœuf, *Le traité de paix...* (note 1), p. 252-275 et, pour une étude dans le contexte plus spécifique du traité de Versailles de 1919, Romain Le Bœuf, « L'article 231 et la responsabilité de l'Allemagne », in : Emanuel Castellarin, Andrea Hamann (éd.), *Le traité de Versailles. Regards franco-allemands en droit international à l'occasion du centenaire*, Paris, Pedone, Paris, p. 75–100. Pour une étude générale des réparations de guerre, voir Pierre d'Argent, *Les réparations de guerre en droit international public : la responsabilité internationale des États à l'épreuve de la guerre*, Bruxelles, Bruylant, 2002.

[32] Gérard Cornu (éd.), *Vocabulaire juridique*, Paris, PUF, 2018, *s.v.* « Novation ».

paix – le Protocole des Boxers – par lequel l'Empereur s'engageait à faire ériger « un monument commémoratif, digne du rang du défunt, et portant une inscription en langues latine, allemande et chinoise »[33].

Toutefois, cette stratégie de l'oubli va être contestée dans la période récente. Les classiques clauses d'amnistie, longtemps tenues par les juristes pour inhérentes aux traités de paix[34], sont désormais critiquées. Là encore, la rupture est nette et, là encore, elle se situe entre la fin des années 1970 et la fin des années 1980. En 1977, lorsque les États adoptent le second Protocole additionnel aux Conventions de Genève, le texte comporte une clause relative à l'amnistie des belligérants[35] : selon le commentaire qu'en donne le Comité international de la Croix-Rouge, « [l]'objet de cet alinéa est d'encourager un geste de réconciliation qui contribue à rétablir le cours normal de la vie dans un peuple qui a été divisé »[36]. L'oubli est encore expressément envisagé comme un élément tendant à la réconciliation. Toutefois, à la fin des années 1990, l'amnistie

---

[33] *Protocole de Pékin* entre l'Allemagne, l'Autriche-Hongrie, la Belgique, l'Espagne, les États-Unis d'Amérique, la France, la Grande-Bretagne, l'Italie, le Japon, les Pays-Bas et la Russie d'une part, et la Chine d'autre part, publié in : Georg Friedrich de Martens, *Nouveau Recueil général de traités, conventions et autres transactions remarquables servant à la connaissance des relations étrangères des Puissances et États dans leurs rapports mutuels*, Göttingen, Dieterich, 1843-1875, 2ᵉ série, t. XXXII, n° 20, p. 94–100.

[34] Le Bœuf, *Le traité de paix…*(note 1), p. 252–275. Christian Wolff considérait ainsi que « [t]oute paix, après avoir réglé l'amnistie à l'égard du reste » emporte naturellement l'amnistie à l'égard du reste » (Wolff, *Principes du droit de la nature et des gens*, traduit par J. H. S. Formey, Amsterdam, M. M. Rey, 1758, t. III, ch IX, par. VIII, p. 324). Coleman Phillipson constate quant à lui que « [a]n amnesty clause is found in nearly all treaties of peace. […] It came to be regarded as an essential incident of the declaration of international peace » (Coleman Phillipson, *Termination of War and Treaties of Peace*, Londres, T. Fisher Uwin Ltd, 1916).

[35] Protocole additionnel aux Conventions de Genève du 12 août 1949 relatif à la protection des victimes des conflits armés non internationaux (Protocole II), adopté à Genève le 8 juin 1977, art. 6 § 5 : « À la cessation des hostilités, les autorités au pouvoir s'efforceront d'accorder la plus large amnistie possible aux personnes qui auront pris part au conflit armé ou qui auront été privées de liberté pour des motifs en relation avec le conflit armé ».

[36] Yves Sandoz et al. (éd.), *Commentaire des Protocoles additionnels du 8 juin 1977 aux Conventions de Genève du 12 août 1949*, Genève, Comité international de la Croix-Rouge, 1987, p. 1426. Sur les évolutions et l'opposition progressive du Comité aux amnisties, voir Naomi Roht-Arriaza, Lauren Gibson, « The Developing Jurisprudence on Amnesty », *Human Rights Quaterly*, vol. 20, n° 4, 1998, p. 865.

est majoritairement dénoncée comme contraire au droit international par la doctrine juridique[37] et fait l'objet de plusieurs condamnations sur le terrain judiciaire[38].

Sur un plan chronologique, les deux mouvements – celui de la montée en puissance de la réconciliation et de la condamnation de l'oubli – sont donc concomitants. Le droit international contemporain, sous l'effet de la logique de réconciliation, semble donc opérer un glissement progressif de l'oubli vers la mémoire. En rupture avec le formalisme juridique classique, la sanction même du crime ne suffit plus à son effacement. La question est alors celle de la nature exacte de cette concomitance entre la montée en puissance de l'idée de réconciliation et la remise en cause de l'oubli comme modalité de sortie des conflits : cette concomitance implique-t-elle une coïncidence (les deux mouvements étant simultanés mais sans rapports directs entre eux), une corrélation (les deux mouvements sont simultanés et liés en eux) ou une contradiction (les deux mouvements, quoique simultanés, reposent sur des finalités contraires) ? Cette question, qui est celle du rapport au passé, ne fera assurément pas l'objet d'une réponse univoque, et moins encore objective.

2.2 Se réconcilier grâce à l'avenir

Les polarisations qui peuvent exister autour des questions de la mémoire ne doivent pas occulter un dernier aspect plus indissolublement encore lié à l'idée de réconciliation : l'avenir. L'avenir constitue l'objet même de la réconciliation, qui doit permettre aux communautés précédemment antagonistes d'envisager un futur en commun. Dans cette opération, le passé apparaît le plus souvent comme un obstacle à surmonter. Toutefois, si l'avenir constitue assurément un puissant remède au passé, il paraît bien irréaliste de croire que les dividendes à venir suffisent à effacer les préjudices subis.

---

[37] Pour une étude de générale de la pratique récente et du mouvement de discrédit jeté sur l'amnistie, voir Rafaëlle MAISON, « L'amnistie en droit international », *Les Cahiers de l'Orient*, n° 2, Centre d'études et de recherches sur le Proche-Orient, 2009, p. 119–129. Pour une bibliographie plus étendue sur le sujet, voir LE BŒUF, *Le traité de paix...* (note 1), p. 558–562.

[38] Les refus d'application de mesures d'amnistie par les tribunaux, internes et internationaux, se multiplient, même s'il faut prendre acte de la diversité des motifs juridiques fondant ces refus. Sur ces questions, voir les analyses et références citées à la note précédente.

L'avenir comme remède au passé

Beaucoup moins évidente qu'il y paraît, la part de l'avenir dans les réflexions sur le retour à la paix a longtemps été réduite, la restauration de la situation antérieure à la guerre constituant le principal horizon des négociateurs. Cette logique était sous-tendue par l'idée, proprement juridique, de réparation telle qu'évoquée précédemment. Dans sa conception classique, « la réparation doit, autant que possible, effacer toutes les conséquences de l'acte illicite et rétablir l'état qui aurait vraisemblablement existé si ledit acte n'avait pas été commis »[39]. Les limites de cette approche formaliste de la paix en tant que restauration du passé ont été mises en lumière par Johan Galtung. Ce dernier considère la guerre comme étant le résultat d'un ensemble de structures politiques, sociales et économiques génératrices de violences. Les mêmes causes devant produire les mêmes effets, il estime logiquement dangereux de s'en tenir, à la fin d'un conflit, à une simple restauration d'un *statu quo ante bellum*, qui aurait dès lors pour objet paradoxal de rétablir les structures mêmes qui ont conduit à la guerre[40]. Les relations entre les belligérants doivent plutôt être reconstruites dans la perspective d'abolir ces structures de violence pour leur substituer une structure de paix, c'est-à-dire une structure politique, économique et sociale diminuant la probabilité de voir prospérer des rapports violents entre les communautés. L'idée n'est pas entièrement nouvelle : les traités de paix ont de longue date incorporé des mécanismes destinés à réorganiser les rapports entre les parties, que ce soit par la reconfiguration des rapports entre les familles royales par le jeu de mariages, par la modification des structures politiques d'un État vaincu ou par la modification du tracé de ses frontières[41].

---

[39] Cour permanente de Justice internationale, *Usine de Chorzów*, arrêt du 13 septembre 1928, Fond, Série A, n° 17, p. 47.

[40] GALTUNG, « Three Approaches to Peace: Peacekeeping, Peacemaking, and Peacebuilding » (note 25), p. 283: « When a war breaks out between two groups, a status quo has been interrupted; and one approach to the problem of war is the effort to reestablish the status quo ante [...]. It does not immediately ask whether status quo is worth preserving [...] or whether it possibly was even inferior to a violent encounter because of the structural violence built into it ». Plus loin, Galtung ajoute (dans une perspective légèrement différente) que cette méthode « preserves structural violence and (thereby) promotes direct violence in the long run » (p. 288).

[41] Sur les méthodes et l'étendues des transformations opérées, voir LE BŒUF, *Le traité de paix...* (note 1), p. 131s. Pour l'analyse théorique de ces transformations en tant que garanties de non-répétition du conflit, voir p. 271–275.

Toutefois, la pratique va changer à la fois d'échelle et de nature à la fin de la Seconde Guerre mondiale. Dès 1943, un ouvrage pose les bases théoriques de cette évolution : il a pour titre *A Working Peace System*[42]. Son auteur, le Britannique David Mitrany, est devenu la figure tutélaire d'un courant dit *fonctionnaliste*[43]. Le fonctionnalisme international promeut une paix établie non sur des déclarations politiques générales et abstraites, mais sur des coopérations directes et pratiques entre les différentes composantes de la population des États en conflit : une paix des sociétés et non des diplomates. Fort d'un demi-siècle de réflexions théoriques, ce courant est parvenu à s'imposer comme un élément fort de la pratique diplomatique contemporaine. Dans son Agenda pour la paix de 1992, le Secrétaire général Boutros Boutros Ghali engage ainsi les Nations Unies à promouvoir entre les belligérants des « projets concrets de coopération, dont le but [...] serait [...] de renforcer la confiance, condition décisive de la paix »[44]. On retrouve, là encore, une idée très proche de celle de réconciliation. Il évoque « des projets dans le cadre desquels les États joindraient leurs forces pour développer l'agriculture, améliorer les transports ou utiliser les ressources qu'ils doivent partager, comme l'eau ou l'électricité, ou encore des programmes qui permettraient de faire tomber les barrières entre les nations en facilitant les voyages ou les échanges culturels et en exécutant des programmes mutuellement bénéfiques, axés sur la jeunesse et l'enseignement »[45].

Illustration topique, le traité de paix conclu en 1994 – deux ans après l'Agenda pour la paix – entre Israël et la Jordanie est remarquable à cet égard : il instaure, en même temps que la paix, des coopérations agricoles, des collaborations scientifiques et culturelles, des mesures communes de protection de l'environnement et va même jusqu'à contenir des mesures relatives à la promotion du tourisme[46]. Soit un ensemble de collaborations de fait ayant pour objet de rapprocher les populations auparavant

---

[42] David MITRANY, *A Working Peace System, An Argument for the Functional Development of International Organization*, Londres, Oxford University Press, 1943.

[43] Pour une étude actualisée de ce courant, voir Guillaume DEVIN, « Que reste-t-il du fonctionnalisme international ? Relire David Mitrany (1888-1975) », *Critique internationale*, vol. 38, n° 1, 2008, p. 137–152.

[44] *Agenda pour la paix*, Rapport du Secrétaire général sur l'activité de l'organisation, Organisation des Nations Unies, 17 juin 1992, côte A/47/277, p. 18.

[45] *Idem.*

[46] Voir sur ce dernier point les articles 17 et 23 du traité de paix conclu entre Israël et la Jordanie le 26 octobre 1994 à Wadi Araba, ainsi que le procès-verbal annexé dans lequel les parties soulignent qu'elles « attachent une haute priorité au projet conjoint concernant le domaine des loisirs à la zone de Naharayim/Gaboura ».

antagonistes. Il y a là une rupture assez nette avec les traités de paix antérieurs, qui se bornaient, au titre de la coopération, à rétablir les canaux diplomatiques entre les belligérants par l'envoi d'ambassadeurs.

Ces évolutions sur le plan théorique vont rapidement connaître une consécration pratique et institutionnelle : les Nations Unies ont créé, en 2005, une Commission de consolidation de la paix qui a pour objet de planifier et de financer des projets destinés à mettre en contact les anciens adversaires à travers des projets concrets[47]. Ces projets peuvent présenter des caractères très divers, aussi bien par leur contenu que par leur ampleur. Cette diversité même atteste de l'intégration par les Nations Unies de cette logique fonctionnaliste et de l'attention portée à la mise en contact des diverses composantes des populations concernées : militaires, politiques, entrepreneurs, intellectuels, simples citoyens, etc. La Commission s'accompagne d'un Fonds permanent pour la consolidation de la paix qui permet de financer ces projets de façon rapide. La diversité des projets financés témoigne de la logique fonctionnaliste de l'institution et de l'importance consacrée à l'idée de réconciliation[48]. C'est peut-être la modeste contribution qu'un juriste accoutumé aux techniques actuelles des Nations Unies peut ici apporter à la réflexion des historiens : la réconciliation n'est pas seulement un processus tourné vers le passé et qui oscille entre « l'oubli et la mémoire » ; elle est aussi, et peut-être plus encore, un projet et une méthode tournés vers l'avenir.

L'avenir comme occultation du passé

Le risque, toutefois, est celui de l'excès inverse : l'accent mis sur l'organisation des relations futures des belligérants peut conduire à la tentation pure et simple d'une négation des oppositions passées. Ce risque, dont on connaît peu d'exemples sur le plan international, s'est manifesté de façon tout à fait patente dans le projet de paix présenté par les États-Unis en janvier 2020 à propos du conflit israélo-palestinien[49]. Ce projet, conduit par quelques proches du Président américain, invite de manière tout à fait explicite les protagonistes à se tourner résolument vers l'avenir et à

---

[47] Conseil de sécurité des Nations Unies, résolution 1645, adoptée le 20 décembre 2005.
[48] Une présentation détaillée de chacun des projets financés figure sur le site : http://mptf.undp.org/factsheet/fund/PB000.
[49] *Peace to Prosperity. A Vision to Improve Lives of the Palestinian and Israeli People*, janvier 2020, whitehouse.gov/peacetoprosperity.

laisser de côté les difficultés liées au passé : « Réciter les discours du passé n'est pas productif. Pour résoudre le conflit, la solution doit regarder vers l'avenir »[50]. La promesse univoque d'une croissance économique « historique »[51] se substitue alors à l'histoire complexe du conflit. La méthode, ici encore, n'est pas entièrement nouvelle et les grandes puissances ont souvent accompagné le retour à la paix de financements destinés à assurer la reconstruction et le développement économique des régions et des populations dévastées par la guerre. Cette aide a toutefois toujours été la contrepartie d'une reconnaissance et d'une forme minimale de sanction des violations commises : si les États-Unis préférèrent le plan Marshall au plan Morgenthau, l'Allemagne n'en supporta pas moins les jugements de Nuremberg et de nombreux autres dispositifs destinés à réparer les dommages causés aux Alliés[52]. L'aide au développement économique ne se substituait pas à la responsabilité et le souci de l'avenir n'avait pas pour corollaire l'abdication du passé. C'est précisément cette substitution que prétend opérer le projet de paix proposé par le Président américain.

Assurément, le conflit qui oppose Israël à la Palestine est enlisé depuis suffisamment longtemps pour justifier l'expérimentation de nouvelles approches, dans lesquelles le pragmatisme fonctionnaliste peut tenir un rôle important. Est-il pour autant pragmatique, dans la résolution d'un conflit vieux de 70 ans, de faire comme si l'histoire n'existait pas, ou comme si elle n'avait laissé aucune trace dans les structures des États, des territoires et des populations concernées ? Si ce passé ne trouve pas de réponse – dans la vaste panoplie que propose désormais le droit international – pourra-t-il ne pas resurgir à chacune des étapes de la mise en œuvre d'une paix qui irait trop ouvertement à son encontre ? Il est difficile d'opérer des césures dans la trame du temps, et c'est sans doute l'une des fonctions les plus fondamentales du traité de paix que de tisser

---

[50] *Idem*, p. 6 (nous traduisons. L'original se lit ainsi : « Reciting past narratives about the conflict is unproductive. In order to resolve this conflict, the solution must be forward-looking »). Le projet prévoit seulement que la solution doit être « respectful of the historic and religious significance of the region to its peoples ».

[51] *Idem*, p. 4 : « We estimate that combining this political solution with the economic vision for investments and government reforms that we have laid out will lead to *historic* economic growth » (nous soulignons).

[52] Sur les réparations de l'Allemagne à l'issue de la Seconde Guerre mondiale, voir Pierre d'ARGENT, *Les réparations de guerre en droit international public. La responsabilité internationale des États à l'épreuve de la guerre*, Bruxelles, Bruylant, 2002, p. 132s.

les liens entre la période qui le suit et celle qui le précède. Plus que les peuples, ce sont en réalité les époques qui doivent être réconciliées, de sorte que l'avenir promis trouve un enracinement solide dans le passé. Ignorante de son histoire, la paix a la fragilité de ce qui n'est planté qu'à la surface du temps.

Autour de la paix de Westphalie (1648)
Textes, images et rituels de réconciliation

Claire GANTET, MARIE-THÉRÈSE MOUREY

Des gens de lettres comparent la réconciliation à une jambe cassée raccommodée mais qui fait toujours mal lorsque la météorologie change, nous dit le *Grand Lexique universel* de Zedler, la plus ample encyclopédie du XVIIIe siècle : il y a eu rapprochement de deux parties qui naturellement devraient vivre en harmonie, mais la mémoire des maux reprend selon le temps[1].

Placée presque en tête des traités de Westphalie, la clause de l'« oubli & [l']Amnistie perpetuelle de tout ce qui a esté fait depuis le commencement de ces troubles » en est un aspect majeur, destiné à sceller un vivre-ensemble. Pour les contemporains, il est clair que les traités de Westphalie, signés à Münster et à Osnabrück, davantage qu'un traité international avec la Suède et la France, sont avant tout un texte interne à l'espace du Saint-Empire. Dès le début de la guerre de Trente ans, une feuille volante mettait en garde contre le risque que les tensions confluent en une guerre civile perpétuelle interne à l'Allemagne[2]. En 1648-1650, les programmes des fêtes de la paix font de cette dernière la gagnante des traités, et de la « discorde » [« Zwietracht »] la responsable du conflit ; de tels traits généraux, dans un conflit où amis et ennemis ne se laissent guère distinguer, semblent à même d'ouvrir symboliquement la reconstitution d'un tissu social et politique. La mémoire avait déjà connu une évolution sémantique à l'époque de la Renaissance. Elle ne désignait

---

[1] « Versöhnung », in : *Grosses Universal-Lexicon*, t. 47, Leipzig/Halle, Johann Heinrich Zedler, 1746, col. 1918-1920.

[2] [Johann STARICIUS], *Discursus politicus oder Rathliches Bedencken [...] Ob es heylsam unnd nutzlich sey im heiligen Römischen Reich Teutscher Nation/ Uniones und Bündnussen/ aufzurichten/ Einzugehen und zuschliessen*, s.l., 1618, p. 5 : « perpetuum bellum civile in visceribus & media Germania ».

dorénavant plus seulement une faculté de l'âme, à côté de l'imagination et de l'entendement, non plus seulement les souvenirs personnels de tel protagoniste qui en couche par écrit rétrospectivement la teneur, mais « un ensemble de souvenirs collectifs, plus ou moins confus et intenses, et constitutifs d'une identité politique et religieuse »[3]. À l'époque des guerres de Religion, dans la seconde moitié du XVIe siècle, la mémoire connaît une politisation. Tous les édits de pacification sont l'occasion pour la couronne française d'imposer un « oubli » des guerres récentes entre catholiques et protestants, dont l'application, contrôlée par des commissaires, est limitée faute d'infrastructures consensuelles. La clause de l'« oubli & [l']Amnistie perpétuelle de tout ce qui a esté fait depuis le commencement de ces troubles » des traités de Westphalie s'inscrit dans une telle publicisation de la mémoire et de l'oubli. Plus que l'oubli toutefois, elle vise la neutralisation de la vie publique par le silence imposé sur les maux du passé, précisément parce que sa mémoire, après trente années de violences sans précédent, est à vif : « toutes les injures, violences, hostilitez, dommages, & dépenses, qui ont esté faites & causées de part & d'autre, tant avant que pendant la guerre, de fait, de parole, ou par écrit, sans aucun égard aux personnes ou aux choses, soient entièrement abolies »[4]. L'amnistie de la paix de Westphalie ne peut donc que partiellement être rapprochée des clauses d'oubliance des guerres de Religion françaises : à savoir qu'il ne revient plus à un commissaire du roi de trancher sur ce qui relève de l'oubli, mais au Tribunal de la Chambre

---

[3] Paul-Alexis MELLET et Jérémie FOA, « Une 'politique de l'oubliance' ? Mémoire et oubli pendant les guerres de Religion (1550-1600) », *Astérion*, 15 | 2016 ; https://doi.org/10.4000/asterion.2829 [consulté le 21 juin 2021], qui soulignent la proximité de cette définition avec celle proposée par Maurice Halbwachs dans *Les cadres sociaux de la mémoire* (1925).

[4] Pour des raisons de lisibilité, la traduction française de 1684 est ici citée. La version latine originelle complète dit : « it utrinque perpetua oblivio et amnestia omnium eorum, quae ab initio horum motuum quocunque loco modove ab una vel altera parte ultro citroque hostiliter facta sunt, ita ut nec eorum nec ullius alterius rei causa vel praetextu alter alteri posthac quicquam hostilitatis aut inimicitiae, molestiae vel impedimenti quoad personas, statum, bona vel securitatem per se vel per alios, clam aut palam, directe vel indirecte, specie iuris aut via facti, in Imperio aut uspiam extra illud (non obstantibus ullis prioribus pactis in contrarium facientibus) inferat vel inferri faciat aut patiatur, sed omnes et singulae hinc inde tam ante bellum quam in bello verbis, scriptis aut factis illatae iniuriae, violentiae, hostilitates, damna, expensae absque omni personarum rerumve respectu ita penitus abolitae sint, ut quicquid eo nomine alter adversus alterum praetendere posset, perpetua sit oblivione sepultum ». Voir http://www.pax-westphalica.de/ipmipo/index.html.

Autour de la paix de Westphalie (1648)

impérial, formé de juges réputés, nommés pour l'essentiel par les états d'Empire et composé paritairement de catholiques et de protestants, selon le critère des possessions recensées au moment des deux années dites « normatives », 1618 et 1624[5]. L'oubli n'est plus un acte de détermination politique ancré dans un contexte fortement religieux, mais avant tout un instrument juridique.

Les traités de Westphalie ne contiennent toutefois pas d'injonction à la réconciliation, dans toutes les déclinaisons que l'idée recèle alors en latin (*reconciliatio, placatio, propitiatio*) [réconciliation, apaisement, bienveillance]. Est-ce à dire que la préoccupation en soit absente ? Comment exprime-t-on la réconciliation autour de 1648 ? Le *Grand Lexique universel* de Zedler, qui synthétise l'usage des mots entre le milieu du XVIIe et la première moitié du XVIIIe siècle, définit en ces termes la « Versöhnung » : « Réconciliation, est nommée ainsi en général un rétablissement de la bonne amitié entre personnes qui avaient cédé à la rancune et à l'animosité »[6].

La réconciliation revient à un recouvrement de l'amitié. Il en va ainsi en droit, poursuit la notice, dans les cas de retrouvailles de tel couple après une affaire d'adultère ; la réconciliation peut être pratiquée par des paroles ou par des actions performatives qui donnent une assurance. La notice renvoie par la suite, tout en la distinguant de l'emploi civil, à la dimension religieuse de la notion : la possible réconciliation des êtres humains avec Dieu grâce à la mort du Christ[7]. Elle identifie deux modes de réconciliation, par les paroles et par des rituels, tout en passant sous silence de possibles réconciliations collectives après une guerre.

La notice « Versöhnung » est complétée par un article « Versöhnlichkeit », définie comme une « réconciliation avec un ennemi » ou une

---

[5] Voir André STEGMANN, *Édits des guerres de religion*, Paris, Éditions Vrin, 1979 (Textes et documents de la Renaissance), et les analyses de Jérémie FOA, *Le Tombeau de la paix. Une histoire des édits de pacification (1560-1572)*, Limoges, Pulim, 2015.

[6] « Versöhnung », in : *Grosses Universal-Lexicon* (note 1) : « Versöhnung, Lat. *Reconciliatio*, Frantz. *Reconciliation*, wird insgemein eine jede Wiederergäntzung der Freundschafft unter Personen, die miteinander in Unwillen und Feindschafft verfallen gewesen, ernennet ».

[7] La notion est récurrente dans la Bible, particulièrement dans le Nouveau Testament, avec l'épisode du Fils prodigue qui scelle la réconciliation entre les deux frères ennemis (Luc, 15, 11-32), mais aussi dans les épîtres de Jean (1. Jean, 2) et de Paul (Rom. 5, 10 *sq*, 2 Co. 5, 19, Ephes. 2, 16), où la mort du Christ prend une dimension sotériologique : elle réconcilie les hommes avec Dieu.

« réconciliation fraternelle ». En son sens chrétien, la « Versöhnlichkeit » est l'aptitude de tout chrétien régénéré (ayant la grâce) à ne pas chercher de vengeance. Guidé par l'amour du prochain et par la raison, l'individu est poussé à pardonner les torts commis. C'est une propension à la paix issue d'une vertu rationnelle nécessitant purification du cœur et maîtrise des affects[8]. De sa complexité et des nombreuses entraves à sa mise en œuvre dans une société régie par le code de l'honneur où elle est perçue comme un renoncement à la violence réparatrice, témoigne la notice « Unversöhnlichkeit » [irréconciabilité], longue de… 63 colonnes[9]. Au-delà des mots, la réconciliation engage des rituels qui passent par des gestes des corps, des accolades, ainsi le « baiser de la réconciliation »[10]. Si la réconciliation repose sur la maîtrise des affects par la raison, elle-même éclairée par la religion, elle est pratiquée dans un registre chrétien reposant sur l'image du baiser de la paix et de la justice[11].

Dans le premier tiers du XIXe siècle, le *Dictionnaire allemand* des frères Jacob et Wilhelm Grimm conserve la même grille de fond, tout en omettant dorénavant le registre des affects et de la vengeance. Le retrait de l'ethos de l'honneur est également dénoté par l'absence de notices dédiées aux termes « Versöhnlichkeit » et « Unversöhnlichkeit ». La « Versöhnung » est définie comme la « restauration de relations amicales »[12] assortie d'émotions – des larmes[13] – et de rites : à nouveau le baiser de la réconciliation[14], mais aussi le vin et le verre de la réconciliation – cent bonnes années plus tard, le « Versöhnungsbecher » tient un rôle éminent auprès des représentants des Lumières tardives[15].

---

[8] « Versöhnlichkeit, Lat. *Placabilitas* », in : *Grosses Universal-Lexicon* (note 1), t. 47, 1746, col. 1843-1845.

[9] « Unversöhnlichkeit », in : *Grosses Universal-Lexicon* (note 1), t. 49, 1746, col. 2390–2452.

[10] « Versöhnung (Kuß der), *Osculum Reconciliatorium* », in : *Grosses Universal-Lexicon* (note 1), t. 25, 1740, col. 2094.

[11] Sur la sécularisation de cette image biblique, voir Valérie HAYAERT, « Le baiser de Justice et de Paix : du psaume à l'allégorie », in : Nathalie GOEDERT, Ninon MAILLARD (dir.), *Le droit en représentation(s)*, Paris, Mare & Martin, 2017, p. 143–151.

[12] « Versöhnung », t. 25, col. 1356 ; http://woerterbuchnetz.de/cgi-bin/WBNetz/wbgui_py?sigle=DWB&mode=Vernetzung&hitlist=&patternlist=&lemid=GV04272#XGV04272 [consulté le 2 avril 2020].

[13] « Versöhnungswort », in : *Grosses Universal-Lexicon* (note 1), t. 25, col. 1358.

[14] « Versöhnungskuz », in : *Grosses Universal-Lexicon* (note 1), t. 25, col. 1357.

[15] « Versöhnungsbecher », « Versöhnungswein », in : *Grosses Universal-Lexicon* (note 1), t. 25, col. 1356–1357. Voir aussi Christoph Martin WIELAND, *Der Teutsche Merkur*,

Ni Zedler, ni les frères Grimm ne thématisent la réconciliation des peuples. La réconciliation vise bien plutôt deux niveaux : individuel – la réconciliation des princes qui se jurent l'amitié dans le cadre d'une vie politique peu institutionnalisée et très personnalisée, où les princes peuvent susciter des sentiments d'amour ou de haine – et collectif (confessionnel, territorial et dynastique) – la restauration du quotidien, la guerre étant perçue comme une parenthèse du droit à laquelle il convient de mettre fin pour reconstruire l'harmonie brisée. La réconciliation est donc conçue comme conservatrice. Les textes produits et les rituels effectués autour de la paix de Westphalie répondent-ils à ces définitions ? Autour de 1648, la réconciliation relève en effet à la fois de la culture écrite et de la performativité rituelle[16]. Les uns confortent-ils les autres, ou doit-on relever une polysémie globale ?

1. Les traités de Westphalie : une réconciliation conservatrice

Les termes de la réconciliation ne sont pas employés explicitement dans les traités de Westphalie. Ces derniers ont néanmoins la particularité de déclarer dès le premier article la paix « chrétienne ». Les traités de paix contemporains sont certes annoncés par une invocation à Dieu ou à la trinité, ce qui les rapproche de la prestation traditionnelle d'un serment de fidélité. D'autres traités de paix formulent aussi le souhait de « la tranquillité de tout le monde Chrétien » (traités d'Utrecht en 1713). Dans aucun autre traité, toutefois, la paix n'est qualifiée de « paix chrétienne ». Le préambule des traités de Westphalie caractérise plus précisément la guerre de Trente ans par « l'épanchement de sang chrétien suivi de la dévastation de nombreuses contrées »[17].

Dans la paix de Westphalie, le terme de « chrétienté » recouvre trois significations globales, parfois mêlées : une convergence de l'Europe et de la chrétienté (une projection unitaire cristallisée par l'opposition à

1780 : « Kommt [...] zum brüderlichen Mahl und zum Versöhnungsbecher ». Repris dans *Oberon. Ein romantisches Heldengedicht (1780)*, 3. Gesang, 12: « Kommt, weil der Abend winkt, zum brüderlichen Mahl und zum Versöhnungsbecher ».

[16] Sur cette dernière, voir la synthèse de Barbara STOLLBERG-RILINGER, *Rituale*, Francfort/M., Campus, ²2019.

[17] « ...unde multa christiani sanguinis effusio cum plurimarum provinciarum desolatione secuta est » (préambule de l'IPO et de l'IPM).

l'Empire ottoman, le repoussoir permettant aux Européens de trouver une unité sinon fort défaillante) ; la perception des traités de Westphalie comme une paix de religion commune à trois confessions (catholicisme, luthéranisme, calvinisme) apte à définir un État supportant le pluralisme confessionnel ; enfin la quête d'un ordre social pacifié fondé sur la confiance. D'emblée aussi, la paix est thématisée par l'amitié. La première clause s'ouvre sur cette invocation : « Qu'il y ait une Paix Chrestienne universelle & perpetuelle, & une amitié vraye & sincere, entre sa sacrée Majesté Imperiale, la maison d'Austriche, & tous ses alliez & adherans, & les heritiers & successeurs d'un chacun »[18].

L'« amitié » des princes, en un temps où les relations internationales restent très personnalisées, représente leur réconciliation. Dans les traités de Westphalie toutefois, on s'applique aussi « au voisinage confiant et à l'entretien assuré des efforts de paix et d'amitié »[19]. Le but de la paix n'est plus la justice, comme dans l'allégorie traditionnelle du baiser de la paix et de la justice, une vertu cardinal consistant en la volonté de donner moralement à chacun ce qui lui est universellement dû, mais la sécurité collective. La paix ne relève plus d'une *pax temporalis* complémentaire de la *pax aeterna*, mais d'une *pax civilis*, d'une « concorde » scellée par le droit. Si la notion de réconciliation collective n'existe pas encore, l'idée est donc déjà présente.

L'« amitié vraie et sincère » doit reposer sur la confiance, c'est-à-dire sur une certaine constance et transparence de l'esprit[20]. Or, pour pouvoir se fonder sur la constance, l'amitié suppose l'oubli des crimes de guerre récents ou plutôt le silence public sur ces maux. En 1648, on redoute en effet fortement que la paix ne soit pas durable. Il s'agit donc d'interdire que quiconque remette en avant les motifs de 1618 pour relancer une guerre[21]. Sous le sceau de l'incertain, on s'attache à geler la géographie confessionnelle via la clause de l'année normative (« Normaljahr ») ; on

---

[18] « Pax sit christiana, universalis, perpetua veraque et sincera amicitia inter sacram Caesaream maiestatem... », Art. I IPO = § 1 IPM.

[19] « fida vicinitas et secura studiorum pacis atque amicitiae cultura », Art. I IPO = § 1 IPM.

[20] « Vertrauen. Lat *Fiducia* », Johann Heinrich Zedler, in : *Grosses Universal-Lexicon* (note 1), t. 48, Leipzig/Halle, 1746, col. 19–23. La confiance, c'est la *fiducia* et la fidélité la *fides* : elle renvoie à un moule chrétien. C'est aussi en ce sens que la paix de Westphalie est une paix chrétienne.

[21] La défiance reste forte entre les états allemands. Au niveau international, la guerre entre l'Espagne et la France se poursuit jusqu'en 1659, et la Première guerre du

Autour de la paix de Westphalie (1648)

fait primer la situation de fait sur les autres droits et on interdit le recours à la violence, y compris verbale et cléricale[22].

Ces clauses sont communes aux deux traités, le traité de Münster (*Instrumentum pacis monasteriensis* ou IPM) pour les relations entre l'empereur et la France, et le traité d'Osnabrück (*Instrumentum pacis osnabrugensis* ou IPO) pour les aspects proprement impériaux et la Suède. Ce dernier vise avant tout à restaurer, restituer ou compenser, bref à rétablir l'ordre et à le stabiliser, et non à créer du nouveau.

Les traités de paix sont ainsi profondément cohérents avec les définitions contemporaines de la réconciliation. Pas plus que le *Grand lexique universel* de Zedler n'envisage une tolérance moderne, le traité, à l'instar des nombreux textes diffusés sur la paix, n'emploie le terme de « tolérance »[23]. On peut relever une occurrence, dans un texte publié pour la fête de la paix civique de Hambourg, du terme de « Nebenchristen » [Frères chrétiens][24]. L'invocation à la chrétienté permet ainsi d'englober des communautés qui pratiquent la paix de façon séparatrice, à l'issue d'une guerre aussi vécue comme une guerre civile.

Nord, qui oppose la Suède à la Pologne-Lituanie, la Russie, le Danemark-Norvège, le Brandebourg et l'empereur, éclate entre 1655 et 1660.

[22] On réaffirme en les fixant les clauses de la paix de religion d'Augsbourg de 1555, considérées auparavant comme provisoires, en les aménageant à la nouvelle situation, et on n'invoque plus l'espérance d'un retour à l'unité de la foi. L'année normative gèle la possession des droits ecclésiastiques au 1er janvier 1624 (pour les catholiques et les luthériens) ou 1618 (pour les catholiques et les calvinistes).

[23] En 1740, le terme de tolérance est défini dans le « Lexique universel » de Zedler comme l'autorisation, par le prince, de communautés d'autres confessions ou religions, mais non comme reconnaissance de leur bien-fondé. Dans les nombreux sermons luthériens, le souhait d'une fête commune aux différentes confessions chrétiennes n'est attesté qu'en 1717, à l'occasion du deuxième centenaire de l'affichage des 95 thèses de Luther : « Gib deiner Kirche Frieden/ welchen die Welt nicht geben kann/ auf daß alle/ die sich Christen nennen/ in das künfftige ihre Jubel-Feste mit einander halten [...] mach doch endlich ein Ende an aller Uneinigkeit in der Christenheit/ daß es wieder/ nach deinem eigenen Wort/ ein Hirt und eine Heerde werde », *Jubel-Gebeth in Isny*, in : Ernst Salomon Cyprian, *Hilaria evangelica, Oder Theologisch-Historischer Bericht Vom Andern Evangelischen Jubel-Fest...*, Gotha, Weidmann, 1719, I, 792b ; Claire Gantet, « Paix civile, sensibilités confessionnelles et érudition moderne : le bicentenaire de la Réforme dans les territoires allemands », *Chrétiens et sociétés*, 23 | 2016, § 31 ; https://doi.org/10.4000/chretienss ocietes.4081 [consulté le 30 octobre 2021].

[24] *Frommer Hertzen Seufftzerlein und Christliches Bedencken/ Der bisanhero gehabten Haupt- und LandStraffen...*, Hamburg, Jacob Rebenlein, 1648, p. Aijb.

C'est bien comme tel qu'ils ont été reçus. La clause de l'année normative – alors que personne ne connaît la répartition précise des biens ecclésiastiques en 1624 ou respectivement 1618 – a donné lieu à de nombreuses commissions et enquêtes, voire à des procès auprès de la Chambre impériale de justice qui ont canalisé le conflit par le droit. On ne relève plus de heurts violents dans les années d'après-guerre malgré la précarité de la vie. L'intériorisation mémorielle n'en est que plus intense. Les luthériens célèbrent dans la paix la fin de peurs existentielles, la confirmation de la paix de religion d'Augsbourg de 1555, la restitution d'églises et d'écoles destinées à inculquer la « vraie foi » – comme si la paix devait rassembler ceux qui vivent à contrecœur ensemble. La clause d'amnistie a été immédiatement saluée par les contemporains, ainsi dans la ville d'Empire de Memmingen : « Est-ce que l'amnistie, avec l'oubli de ce qui fut infligé par une partie à l'autre tout au long de la guerre, n'est pas un merveilleux ingrédient constitutif de la si noble Paix ? »[25].

Les clercs augsbourgeois expriment cette acception de la paix comme construction juridique volontaire destinée à geler le temps de la guerre, dix ans plus tard dans l'appel « L'Europe chrétienne, aux Puissants couronnés qui sont ses fils » : en un avertissement solennel, ils requièrent l'enterrement, l'oubli et l'éradication de l'animosité, de la vengeance, des dommages et du traumatisme provoqués par la discorde[26].

---

[25] Bartholomäus REICHART, *Zwo Christliche Danck- und Friedens-Predigten*, Ulm, Balthasar Rühn, 1650, p. 390 : « Ist nicht die Amnistia unn Vergessenheit dessen/ was ein Theil dem andern/ zeit wehrenden Kriegs zugefüget/ ein herrlich Ingrediens unn Stück deß so Edlen Friedens ? ».

[26] Jakob STURM, Gustav Adolph JUNG, *Augspurgische Friedens-Freud und Krieges-Leid: Poetisch besungen und Rednerisch beklungen*, Nürnberg, Paul Fürst, 1663 (1ᵉ éd. 1660): « Das Christliche Europa An die gecrönte Potentaten als Ihre Söhne », p. 10–11:

« Es sey dann/ liebe Söhn/ es sey dann todt und ab
Vergessen/ außgetilgt/ verscharret in das Grab ;
Haß/ Groll/ Neid/ Feindschafft/ Rach/ und nachgetragne Püken/
Schad/ Nachtheil und Verlust/ mit denen Stücken
Woraus der Krieg entsteht: Es werd nicht mehr gedacht
An was vergangen ist und Zweytracht hat gedacht [...]
Es bleibt auch in vergeß in meines Hertzen Grab/
Noth/ Trübsal/ Kümmernüß/ die ich erlitten hab/
So vielmaltausend Ach/ Betrüben/ Grämen/ Sehnen/
Verzagen/ Zweiflen/ Angst/ und außgepreßten Thränen/
Schand/ Schaden/ Schmach und Hohn/ alls bleibe todt und ab
Vergessen/ außgetilgt/ verscharret in das Grab ».

Autour de la paix de Westphalie (1648)

La paix est particulièrement célébrée dans les villes libres d'Empire et les villes biconfessionnelles. C'est notamment le cas de Memmingen, où l'église Notre-Dame est partagée entre catholiques et luthériens par un *simultaneum* depuis le milieu du XVIe siècle. Les blessures y sont encore ouvertes, comme nous le dévoile un sermon qui préfère taire les quatorze mois de siège « pour ne pas rafraîchir les blessures et dommages vécus »[27]. Viennent en sus la peur existentielle continuelle et l'oppression psychique : « Elle (i.e. la guerre) nous impose un fardeau, nous oppresse par maints tourments, parfois aussi par des pensées tristes et mélancoliques qui nous pèsent beaucoup trop lourdement »[28].

La haine est encore forte vis-à-vis de l'empereur Ferdinand II (1578-1619-1637), en raison de l'Édit de restitution qui, en 1629, a engagé une vague de persécution à l'encontre des luthériens. Dans le sermon de la fête de la paix de 1652, les Augsbourgeois qualifient son successeur Ferdinand III (1608-1637-1657) d'empereur de la paix, tout en comparant Ferdinand II à Caligula. L'éloge de la paix d'Empire sous protection impériale revient aussi à adresser une admonestation à Ferdinand III, pour qu'il protège la paix de religion et règne en accord avec les états d'Empire rassemblés à la Diète. Dans les sermons de la paix qui appellent de leurs vœux un ordre civil pacifié et durable, les termes « Treue » [fidélité], « Vertrauen » [confiance], « treuer Wille » [volonté fidèle] reviennent constamment. Vers 1660 fleurissent les textes qui comparent l'action politique de restauration après une longue guerre au rôle de la confiance entre médecin et patient dans la guérison. L'oubli ou le silence public

---

[27] Christoph Mack, *Danckpredigt/ Uber dem lang gewünscheten/ unnd nun durch Gottes Gnad/ erlangeten Edlen Frieden*, Ulm, Balthasar Rühn, 1650, p. 173–174 : « Wann nun der Herr auch uns hat erfahren lassen viel und grosse Angst/ da das verderbliche Kriegswesen nicht anders/ als ein schädlicher Sündfluß/ wil nur rechnen von 1634. nach der Nördlinger Schlacht/ viel tausent/ tausent Menschen/ theils durch Hunger/ andere durch Pestilentz/ viel eben viel durch das Schwerdt gefressen und vertilget. Er hat uns jetzt 14. Monat lang mit harter Belägerung/ mag derselben in specie nicht gedencken/ *damit ich die Wunden und empfangene Schäden nicht erfrische*/ mit schwerer Einquartirung/ daran viel ehrliche Burger werden lang zu däwen haben / und doch kümmerlich verschmertzen/ heimbgesucht/ und uns aber der Fried herfür blicket ».

[28] Id., *Die Andere Danckpredigt/ Gehalten den 11. Octobris, Anno 1649. uber der Entledigung der Stadt Memmingen/ von ChurBayrischen Soldaten*, Ulm, Balthasar Rühn, 1650, p. 223 : « Er [d.h. der Krieg] legt uns ein Last auff/ er beschweret uns mit mancherley Drangsal/ zuweilen auch mit trawrigen melancholischen Gedancken/ die uns als ein schwerer Last viel zu schwer werden ».

est inséré dans une gaine chrétienne, mais aussi – ou précisément plutôt parce qu'il est – l'objet de tensions. Car l'oubli postulé par les textes va de pair avec une intense pratique mémorielle attachée aux moments les plus traumatiques de la guerre : la paix réconcilie par la démarcation mutuelle.

Au fil des ans toutefois, tandis que la paix commence à s'avérer durable, les sermons prêchés lors de la fête de la paix d'Augsbourg distinguent les différentes dimensions de la paix : paix internationale et paix d'Empire, unité de l'autorité temporelle, absence de heurts publics, paix domestique. À partir de 1667, ils mentionnent en filigrane que les luthériens ne forment qu'un groupe dans la ville et dans le gouvernement de la ville. Au total, les traités, sont foncièrement conservateurs ; ils ont été guidés par l'idée d'une réconciliation confessionnelle, par le respect de la séparation toutefois englobée dans un projet établi dans la durée.

2. Les rituels de la réconciliation : images, objets et gestes

2.1. Les célébrations de la paix : une paix par la séparation ?

Les célébrations de la paix sont néanmoins complexes. Plus de 200 fêtes ont honoré la paix, avant tout dans les aires protestantes et entre 1650 et 1654, au moment où, les troupes étant démobilisées, la paix devient effective. La célébration de la paix frappe par son caractère massif et durable (parfois jusqu'à nos jours) mais aussi sélectif. Elle prend aussi des formes très diverses : la prière domestique [« Hausandacht »], les fêtes confessionnelles (protestantes, mais aussi catholiques), des banquets [« Friedensmahl »], parfois aussi des spectacles de nature variée (entrées solennelles, défilés, comédies, ballets, pantomimes, et même joutes stylisées, sortes de « jeux de la guerre »), donnés soit dans un cadre restreint, soit largement ouverts à la population, en milieu urbain notamment.

Les fêtes institutionnalisées commémorent, à travers la paix, des événements traumatiques de la guerre : c'est la mémoire de la guerre que l'on entend institutionnaliser en célébrant la paix. Ainsi, la première fête de la paix d'Augsbourg est organisée le 8 août 1650, date-anniversaire de l'application de l'Édit de restitution à la ville le 8 août 1629. L'empereur Ferdinand II, au faîte de ses victoires, imposait une version maximaliste de la paix de religion d'Augsbourg de 1555, et l'évêque du diocèse d'Augsbourg avait décidé d'appliquer cet édit même à la ville libre, ce qui revenait à en expulser le clergé et à interdire le culte protestant. À travers la paix, les luthériens célèbrent donc l'événement le plus traumatique de la guerre pour eux. Dans d'autres villes, on constate une coïncidence similaire entre la célébration de la paix et le souvenir de sièges ou de persécutions.

Les fêtes ont ainsi une mission interne mémorielle conservatrice. La guerre a duré trente ans, une génération entière : on redoute que la jeunesse ait perdu les cadres sociaux traditionnels et que la violence reste comme incrustée dans la société. On veut éduquer, redresser la jeunesse en lui inculquant le souvenir des malheurs et notamment de la persécution religieuse, pour l'endurcir dans la mémoire de ces valeurs. Le clergé craint en effet que la paix interconfessionnelle des juristes ne soit le prélude d'un mouvement de sécularisation de la vie publique. Au fil du temps de paix, force est de remarquer la rareté, voire l'absence de conflit violent interconfessionnel, comme si la violence se fait dorénavant seulement virulence, comme si donc les différents acteurs intériorisent les règles de la paix civile. On ne peut donc qualifier la réconciliation par la seule séparation.

La célébration catholique de la paix est isolée et rarement concertée. Très engagé dans une reconstruction pacifiée du Saint-Empire, le prince-électeur de Mayence Johann Philipp von Schönborn fait célébrer une fête à Wurtzbourg où il est évêque. À Mayence même, la paix est honorée le 11 novembre 1649 dans la cathédrale avec une procession, des prêches et un *Te Deum*. Longtemps, les historiens ont interprété la protestation pontificale contre les traités de Westphalie comme le chant du cygne de l'action de la papauté sur la scène internationale : le pape se serait coupé définitivement de la vie internationale, marquée dorénavant par l'affrontement d'États souverains égaux en droit, en vertu de ce que les politologues nomment encore le « tournant westphalien ». Les historiens ont non seulement contesté à juste titre l'anachronisme de ce concept, mais souligné en outre la complexité de la diplomatie pontificale[29]. Tandis qu'Urbain VIII

---

[29] L'idée d'un « tournant westphalien » remonte à l'article de Leo GROSS, « The Peace of Westphalia, 1648-1948 », in : *The American Journal of International Law*, 42/1 (1948), p. 20–41, qui repose sur l'historiographie dépréciative des traités de Westphalie élaborée au XIXᵉ siècle, à l'ère des États-nations. Selon cette thèse, reprise et

est à l'initiative des négociations et que le nonce de Cologne Fabio Chigi est nommé médiateur, le pape s'en détourne pour se concentrer sur l'Italie en proie à la progression de l'Espagne. Son successeur en 1644, Innocent X, ne promeut la médiation qu'entre les puissances catholiques, tandis que Chigi, sans intervenir directement dans les négociations, cherche à gagner les diplomates à une ligne intransigeante. Dès novembre 1648, Chigi et le pape échangent des notes condamnant les traités de paix au nom du droit canonique. Loin toutefois de chercher à entraver le processus de paix civile, ils ne rendent publique leur protestation que dans un Bref notifié aux nonces en août 1650, après le recès d'exécution de la paix de Nuremberg avec la France (26 juin 1650) et la Suède (2 juillet 1650). En tant que médiateur de paix, le pape entend en effet surtout s'affirmer comme chef spirituel[30]. Un certain embarras caractérise donc la position catholique, partagée entre l'acceptation de la solution civile et le refus de concessions confessionnelles.

Des célébrations de la paix sont organisées par les conseils de ville de certaines villes d'Empire pour affirmer leur identité et manifester leur relative autonomie. À Francfort-sur-le-Main, la ville des couronnements impériaux, la paix est honorée par un concert spirituel dans l'église des franciscains déchaussés, avec trois chœurs et un basso continuo sur le modèle de la musique vénitienne. Dans la métropole commerciale de

---

orchestrée notamment par Bertrand Badie dans les années 1980, les traités de Westphalie seraient l'expression d'un ordre international fondé sur l'affrontement d'États souverains, qui aurait disparu dans les conflits partiellement ethniques et religieux de la fin du XXe siècle. Les historiens ont depuis longtemps souligné l'anachronisme d'une telle interprétation de la paix de Westphalie qui ne lient aucunement les notions de territoire et de souveraineté. Voir récemment Claire GANTET, « Der ambivalente Friede: Der Westfälische Friedenskongress in der französischen Historiographie », in : Dorothee GOETZE, Lena OETZEL (éd.), *Warum Friedenschließen so schwer ist. Frühneuzeitliche Friedensfindung am Beispiel des Westfälischen Friedenskongresses*, Münster, Aschendorff, 2019, p. 37-50.

[30] Guido BRAUN, « The Papacy », in : Olaf ASBACH, Peter SCHRÖDER (éd.), *The Ashgate Companion to the Thirty Years' War*, Surrey, Ashgate, 2014, p. 101–113. Mark Hengerer a souligné la politique impériale de pragmatisme confessionnel propre à Ferdinand III sur ses territoires propres, et les tensions face à la papauté quant au statut des terres d'Empire situées en Italie. Mark HENGERER, *Kaiser Ferdinand III. (1608-1657)*, Vienne et al., Böhlau, 2012.

Autour de la paix de Westphalie (1648)

Hambourg, une fête de la paix est organisée le 15 septembre 1650 avec un concert spirituel composé pour l'occasion[31].

Les traités de Münster et d'Osnabrück ont disposé de la paix mais non réglé les modalités de la démobilisation des armées qui restent dans le pays et pillent plus que jamais, faute de solde. Un congrès se réunit à cette fin à Nuremberg entre avril 1649 et juillet 1650, durant lequel la ville, foyer de l'humanisme, devient un centre diplomatique : des représentants de l'empereur, de la Suède, de la France et de nombreux états d'Empire y siègent et élaborent deux textes finaux qui deviennent loi d'Empire. À l'obtention d'un recès intérimaire, un « repas de la paix » [Friedensmahl], est organisé le 25 septembre 1649 par Charles-Gustave de Deux-Ponts, généralissime suédois et représentant de la Suède (futur roi de Suède entre 1654 et 1660) : les représentants se retrouvent dans la salle de l'hôtel de ville de Nuremberg, richement décorée, entre quatre chœurs, pour démontrer leur amitié. Comme l'a montré Sabine Ehrmann-Herfort, cette fête est multi-médiale. Un tableau de Joachim von Sandrart la commémore, diffusé par différentes gravures (l'une d'elles étant reprise dans la grande chronique *Theatrum europaeum* éditée par Matthäus Merian en 1663). Elles montrent des moments différents unis dans une composition d'ensemble : un banquet au centre (un des plats a la forme d'un temple de Janus), un lion au fond qui de sa gueule verse du vin au peuple à l'extérieur, quatre groupes de musiciens sur des scènes ou des galeries, et aux quatre coins de la pièce, des chanteurs, des violonistes et des trompettistes. Les noms des 53 musiciens sont indiqués dans un texte conservé au Germanisches Nationalmuseum : le tableau et les gravures commémorent un événement qui a réellement eu lieu.

Ce banquet en musique reprend un modèle italien mis en œuvre à Venise. On joue notamment le *Gloria in excelsis deo* de la *Messa e salmi concertati op. 4*, du compositeur vénitien Giovanni Rovetta (1596-1668), et des influences françaises sont également perceptibles. On manifeste par-là la réconciliation européenne. Le banquet des diplomates dans l'hôtel de ville est doublé d'une fête populaire, dans laquelle un lion en bois verse du vin à la population.

---

[31] Thomas SELLE, *Lobet den Herrn (Ps. 150)*, Geistliches Konzert, Hamburg 1650, in : *Friedens-Seuffzer und Jubel-Geschrey. Music for the Peace of Westphalia 1648*, Manfred Cordes, Weser-Renaissance, 1998.

Le banquet est suivi, le 4 juin 1650, par un feu d'artifice glorifié par des poètes de « L'ordre floral de la Pegnitz » (*Pegnesischer Blumenorden*) créé en 1644 pour fonder une identité culturelle sur la pratique et l'enrichissement de la langue allemande. C'est une véritable culture baroque qui s'y exprime. Le devenir humain est inséré dans l'ensemble des quatre éléments (terre, eau, ciel, feu). Les instruments de musique associés à la guerre comme les tambours y sont mis à feu. Un « castel » représentant la guerre est lui aussi incendié. Un nouveau feu d'artifice est organisé cette fois par l'empereur, à la conclusion du recès principal, le 16 juin 1650, selon la même symbolique. Les fêtes de Nuremberg donnent ainsi à voir une culture baroque de la dilapidation, mais aussi la fête de réconciliation comme violence symbolique et comme rite de passage ouvert, de la guerre vers la paix.

2.2. Images et objets de la réconciliation

Traditionnellement, on représente la paix au moyen de deux allégories : celle de la corne d'abondance, source inépuisable de bienfaits héritée de l'Antiquité grecque, et celle du temple de Janus hérité de l'Antiquité romaine. À l'époque romaine, les portes du temple étaient fermées en temps de paix et ouvertes en temps de guerre, si bien que la divinité pouvait dès le début des hostilités porter chance aux combattants romains, et en temps de paix abriter le dieu pour qu'il veille sur Rome. À l'époque de la Renaissance, ces deux motifs ornent l'architecture monumentale. Sans être complètement absents, ils sont néanmoins peu présents dans les textes parus en l'honneur de la paix de Westphalie. La paix n'ayant pas un répertoire figé, on s'empare même d'images de la guerre que l'on réemploie en illustrations de la paix.

Ainsi la plaque d'une gravure diffusée en 1632 pour justifier l'alliance de Gustave-Adolphe avec les princes-électeurs de Saxe et de Brandebourg, engageant entre 1631 et 1635 la seule phase de la guerre de Trente Ans qui a vu se heurter un camp protestant au camp catholique, est réutilisée pour montrer Ferdinand III (sous l'aigle impériale) entouré de l'enfant Louis XIV et de la jeune Christine de Suède, dans la même posture debout sur un trèfle, une plante vigoureuse axée sur la solidarité des feuilles. L'ordre des personnages respecte leur âge mais aussi leur rang sur la scène internationale, l'empereur étant doté d'un prestige supérieur au Roi très chrétien, alors placé sous régence, et à la reine Christine de Suède. Les trois personnages sont entourés de civils qui montrent la communauté juridique établie par la paix et la participation essentielle des états à la réconciliation générale.

Or, loin de rester l'objet de gravures commentées [« Flugblätter »] en un sens luthérien, ce motif des trois chefs d'État unis sur un trèfle et entourés de civils a inspiré plusieurs hanaps ou « Versöhnungsbecher » – des gobelets peints en émail et munis d'un couvercle servant à boire en l'honneur de quelqu'un ou quelque chose, ici de la réconciliation. L'un d'entre eux, daté de 1651, représente les trois souverains sur le trèfle, entourés de personnages agenouillés : d'un côté un évêque catholique ou un abbé avec une mitre, le bâton de berger et la tonsure, de l'autre un pasteur luthérien aisément reconnaissable à sa fraise et à son habit noir, chacun d'entre eux étant accompagné de deux laïcs (Figure 1). La paix représentée est donc une paix internationale, une paix religieuse et une paix civile. Les trois protagonistes centraux sont surmontés de Dieu, représenté de façon anthropomorphe, et de deux anges. Les banderoles proclament « Ehre sey Gott in der Höe » [« Gloire à Dieu dans les Cieux »], « Friede auff erdem » [« Paix sur la terre »], « Dem Menschen ein Wolgefallenn » [« Une réjouissance pour les humains »] d'après l'histoire de Noël selon Luc 2, 14, ici réinterprétée dans le sens d'une paix certes accordée par Dieu, mais avant tout terrestre ou civile. Au dos du verre est placée une prière composée pour l'occasion, d'inspiration luthérienne tout en étant dénuée de polémique.

Fig. 1. Hanap de la paix. Kunsthistorisches Museum Wien, Kunstkammer, Inv.-Nr. KK-10255 © KHM Museumsverband, Wien

L'expert de verres en émail Hans-Jürgen Schicker a décompté quinze variations différentes de ce modèle, fabriquées notamment dans les verreries de Thuringe : trois réalisées dès 1649, quatre en 1650, trois en 1651 et une chaque année jusqu'en 1656. Leur provenance révèle une large circulation géographique dans les mains de clercs protestants, de diplomates et de nobles. L'un de ces « Friedensbecher » [gobelets de la paix] (1652) est entré dans la collection du pasteur luthérien Jacob von Melle (1659-1743) de Lübeck et a été transmis de père en fils durant plusieurs générations ; un autre (1649) a été fabriqué sur la commande d'Andreas Odtendörffer, membre de la corporation des forgerons, et porte les armes du burgraviat de Magdebourg ; un autre encore (1651) se trouve dans le château du duc de Dessau, un autre enfin (datant de 1654) a été en possession d'une famille noble du nord de la Hesse, les Diede zum Fürstenstein, et le dernier (de 1655) a fait partie du cabinet de curiosités du margrave de Bade[32]. L'exemplaire de 1651 qui a été commenté par Gerd Dethlefs porte la marque de Nicolaus Friedell Müller von Nähla, de Haag. Il pourrait s'agir de la commune de Haag, à huit km au sud de Bayreuth, Nähla (aujourd'hui Naila) étant situé près de Hof en Franconie, près des verreries de Thuringe. De tels verres en émail ont donc été des objets de collection pour des religieux et des laïcs aisés.

Le hanap manifeste la réconciliation : les trois souverains se tiennent la main, unis sur le trèfle qui évoque le triptyque amour-espérance-foi et sous un Dieu qui répand un geste de bénédiction. Si le terme de réconciliation n'apparaît pas dans la prière qui ne nomme aucun camp, cette dernière brode sur le thème de la sécurité retrouvée, conjure tout abus de la paix et lance indirectement un avertissement, comme le souligne l'intertextualité suggérée par la banderole horizontale qui comprime plusieurs psaumes de reconnaissance du peuple pour l'aide divine en dépit de ses péchés (un motif luthérien) : « il est bon de se fier au Seigneur et non de compter sur les princes » (Ps. 118). Face à la désunion encore fraîche des princes, seul Dieu peut garantir la paix : cela sonne comme une admonestation à l'égard des princes, responsables de la paix civile. Les formules peintes sur ces verres ont été dites, au moins dans le cadre des corporations, en guise de toast lors de banquets où l'on a bu à la paix durant quelques années[33]. Les images ont donc circulé et été adaptées à des objets maniés lors des cérémonies de réconciliation.

2.3. La paix par les corps

Les spectacles dansés que l'on y effectue ne font pas que visualiser la paix, mais opèrent également la réconciliation des corps à travers une

---

[32] Hans-Jürgen SCHICKER, « Friedenshumpen aus den Jahren 1649 bis 1656. Bestand und Provenienz », *Der Glasfreund*, 68 (2018), p. 8–9. Ce paragraphe s'appuie sur les stimulantes descriptions de Gerd DETHLEFS, « Friedenhumpen aus den Jahren 1649 bis 1656. Deutung und Vorlagen », *ibid.*, p. 8–14.

[33] Comme le relève toutefois Gerd Dethlefs, de tels verres n'ont pu survivre au temps que dans la mesure où ils étaient relativement peu employés. Qu'il soit chaleureusement remercié de ses indications.

performance pacifique. À la cour de Brunswick-Wolfenbüttel, un spectacle donné en 1642 à l'occasion de la paix séparée avec l'empereur est repris en 1648. Le *Neu erfundenes Freuden Spiel genandt Friedens Sieg [Spectacle réjouissant récemment inventé, nommé Victoire de la Paix]*, dont le texte est dû à Justus Georg Schottel, est dansé par de jeunes enfants princiers. Le livret comporte de très jolies illustrations, dont une représente l'entrée solennelle de l'allégorie de la Paix, qui chasse la Guerre et la Discorde, puis sa sortie [Fig. 2]. Dans sa dédicace, Schottel utilise l'expression « aus-sühnen » [expier], mais insiste surtout sur la fin de la misère, de la pauvreté et des souffrances que signifie cette paix.

À Münster, dès 1645, un *Ballet de la Paix* est représenté à plusieurs reprises par des membres de la délégation diplomatique française, en privé et en public, notamment devant le Conseil général de la ville[34]. Le texte du livret est dû à François Ogier, aumônier du comte d'Avaux, plénipotentiaire de la France. Si les exécutants, incarnant des types allégoriques (le Temps, Cérès, l'Abondance, la Discorde, la Paix) ou sociaux (paysans, marchands, bourgeois de Münster et servantes), sont tous français, des diplomates suédois et impériaux sont présents dans l'assistance ; ils ne peuvent manquer la signification du texte attribué à Mercure : « Aux Traittes, aux sermens, aux contracts ie preside/ Des plus grands differens je suis Mediateur/ Vous n'aurés point de Paix si ie n'en suis l'auteur ;/ Ie suis son Courrier & son Guide »[35]. Le Mercure français renvoie bien sûr au roi de France et au rôle que la France entendait jouer dans les négociations. Par ailleurs, la Paix descend du ciel sur terre pour inviter les humains à reconstruire son temple qu'ils ont détruit – et on peut supposer que les décors, même succincts, donnaient à voir les prémices de cette reconstruction. Le ballet, en tant que forme esthétisée d'un rituel, s'intègre ainsi parfaitement au contexte du cérémonial des négociations,

---

[34] *Ballet de la Paix Dancé à Munster le 26 fevrier 1645*, reproduit par Helmut LAHRKAMP, « Französische Ballettaufführungen während des Friedenskongresses zu Münster (1645 und 1646) », in : Joseph PRINZ (dir.), *Ex officina literaria. Beiträge zur Geschichte des westfälischen Buchwesens*, Münster, Regensberg, 1968, p. 227–242. Voir Jürgen GRIMM, « Ballets dances in Munster: François Ogier, Dramatist », *Dance Research*, 2002/2, p. 27–37.

[35] Voir Helmut LAHRKAMP, « Französische Ballettaufführungen » (note 34), citation A 3 ; Clemens PECK, « Diplomatische Performativität der Friedensspiele am Nürnberger Exekutionstag », in : Dorothee GOETZE, Lena OETZEL (dir.), *Warum Friedenschließen so schwer ist. Frühneuzeitliche Friedensfindung am Beispiel des Westfälischen Friedenskongresses*, Münster, Aschendorff, 2019, p. 273–290.

Fig. 2. *Neu erfundenes Freuden Spiel genandt Friedens Sieg* (1648) Friedeguld, l'allégorie de la Paix, chasse la Mort, la famine, l'injustice et la Discorde. ©Herzog August Bibliothek Wolfenbüttel.

en vertu du système de communication performative qui veut que les actions ritualisées rendent réelles ce qu'elles montrent et énoncent[36].

Dans le cadre des nombreuses festivités organisées pour la paix entre 1648 et 1650, les ballets sont indispensables, dans la mesure où ils sont exécutés par des aristocrates, membres de cours princières ou des patriciens des villes, et non par des baladins professionnels, à l'instar du spectacle donné en décembre 1649 à Stockholm, *La naissance de la paix*. Ce ballet est devenu célèbre en raison de l'identité de l'auteur présumé du texte du livret, René Descartes, qui avait au reste rencontré Ogier à La Haye auparavant. Là encore, le texte souligne les misères et souffrances endurées durant de trop longues années par le menu peuple ; mais il insiste aussi, par le rapprochement effectué entre l'anniversaire (de la naissance) de la reine Christine et la naissance de la Paix, sur le rôle majeur dévolu aux dieux terrestres, dont Pallas, qui rétablit la Justice – allusion transparente à la souveraine. Les sujets des spectacles sont bien sûr propices à aborder la nécessité de mettre fin aux conflits par une « réconciliation » qui, si elle ne dit pas encore son nom, en dessine néanmoins les contours. Lorsque la Paix chasse la Guerre ou la Discorde, puis exécute une danse avec les nations personnifiées (l'Allemagne, la France, la Suède), il faut y voir la figuration théâtralisée d'une constellation paisible et harmonieuse entre des partis hier encore hostiles. La performativité des corps donne à voir l'idée abstraite de la puissance et de la concorde retrouvée, particulièrement à travers Mercure, qui incarne la pratique de la diplomatie, préparant l'avènement de la paix. Par la suite, alors même que le spectre de la guerre semble écarté, des ballets de la paix seront régulièrement donnés, à Wolfenbüttel en 1660 (pour un baptême princier[37]) puis en février 1675, dans un contexte de conflits latents[38], ou encore à La Haye en 1668 ; dans ce dernier cas, qui thématise la brouille entre la Hollande et l'Angleterre, le prince Guillaume d'Orange, alors

---

[36] Marie-Thérèse MOUREY, « Der Körper als Medium höfischer Kommunikation am Beispiel des Hofballets », in : Axel WALTER (éd.), *Medien höfischer Kommunikation. Formen, Funktionen und Wandlungen am Beispiel des Gothaer Hofes*, Leiden, Boston, Brill 2015, p. 491–513.

[37] *Ballet de la paix, représentant sa douceur contre les incommodites de la guerre...* ; *dancé en l'an 1660 pour l'arrivée de M. Gravel*. Wolfenbüttel.

[38] *Die Fürtrefflichkeit des Friedens, in einem Ballet*, Wolfenbüttel, Weiss 1675.

âgé de 18 ans, danse précisément le rôle du dieu Mercure qui rétablit la paix, malgré son inclination guerrière[39].

À Nuremberg, en juillet 1650, est représentée une œuvre de Sigmund von Birken, *Teutscher Kriegs Ab- und Friedenseinzug [Retraite de la guerre allemande et Entrée de la paix]*[40]. Dans ce spectacle (mi-défilé allégorique, mi comédie), les rôles sont tenus par les jeunes fils des patriciens de la ville. La Paix et la Justice s'y donnent un baiser de concorde et de fraternité, et les paroles de la Justice intiment à l'Allemagne – c'est-à-dire concrètement aux Allemands présents, notamment ceux qui sont en mesure, au sein du Conseil de la ville, de prendre des décisions favorables à la réconciliation – l'ordre d'observer de la bienveillance envers ses frères.

Conclusion

La réconciliation, qui n'est pas explicitement nommée en 1648, est une affaire difficile. Le traité des Pyrénées conclu entre la France et l'Espagne le 7 novembre 1659, auquel on attribue communément la première occurrence de la réconciliation dans un traité de paix, est certes plus précis ; il ne la mentionne néanmoins pas. N'y sont invoquées que la « bonne, sincere, entiere et durable paix et fraternité » (préambule) entre les monarques et leurs successeurs, qui « s'entr'aymeront comme bons Freres » (article 1)[41]. Signé entre deux souverains seulement, et qui plus est de la même confession, le traité des Pyrénées est plus simple que la paix de Westphalie. En 1713, le terme de « réconciliation » fait une apparition fugace dans le préambule du traité d'Utrecht, où il s'applique aux princes uniquement[42] : loin d'ouvrir l'ère de la réconciliation des peuples,

---

[39] *Ballet de la paix, dansé par S.M. Le Prince d'Orange à La Haye, au mois de Février 1668. À La Haye, chez Hillebrandt van Wouw, Imprimeur Ordinaire de son Altesse Monseigneur le Prince d'Orange* : « Contre mes inclinations/ Qui me feroyent aymer la Guerre ; / Pour le bien de toute la Terre/ Je vien la terminer entre ces Nations ».

[40] *Teutscher Kriegs Ab- und Friedenseinzug: in etlichen Auffzügen bey allhier gehaltenem [...] Freudenmahl*, Nuremberg 1650.

[41] Traité des Pyrénées, in : Jean-Pierre MAURY, Digithèque de Matériaux Juridiques et Politiques, Université de Perpignan ; https://mjp.univ-perp.fr/traites/1659pyrenees.htm [consulté le 30 avril 2020]. Formule reprise telle quelle dans le traité de Nimègue de 1678 qui ne mentionne pas plus la réconciliation.

[42] « D'autant qu'il a plu à Dieu [...] d'inspirer en son temps aux Princes le désir réciproque d'une réconciliation qui fît cesser les malheurs qui désolent la terre depuis

le traité d'Utrecht s'inscrit encore dans la tradition de l'« amitié » entre les princes.

En 1648, l'oubli est l'une des facettes de la pacification, lorsque la mémoire des maux du passé est vive et que la méfiance vis-à-vis des princes reste forte. Autant que la clause de l'oubli et le texte des traités, la pratique juridique à laquelle ils ont donné lieu a scellé la réconciliation en induisant une « juridicisation du conflit ».

Si la paix de Westphalie est foncièrement conservatrice, les rituels de réconciliation ne se résument pas à la paix « par la séparation », bien que fort présente dans les pratiques confessionnelles. Le sacré et le profane y coexistent bien plus qu'ils ne sont exclusifs l'un de l'autre. Force est de relever en outre la diffusion des pratiques de réconciliation, qu'on ne saurait pas résumer à une politique par en haut opposée à des pratiques par en bas, et la circulation des motifs entre images et pratiques. Enfin, on ne peut que constater le caractère ambivalent de certaines pratiques, comme la destruction violente des symboles de la guerre. La spécificité des rituels de réconciliation autour de la paix de Westphalie est ainsi à rechercher dans leur ambivalence, laquelle laisse place à la continuité et au changement, à l'ordre et au désordre, à la structure et à sa négation ou son dépassement dans la durée.

---

si longtemps » ; https://mjp.univ-perp.fr/traites/1713utrecht.htm [consulté le 30 avril 2020].

Réconciliation et théologie catholique

Liturgie, pastorale, culture au XXe siècle

Florian MICHEL

Esquisser, pour le XXe siècle, une histoire de la théologie de la réconciliation au sein de la culture catholique est un défi délicat à relever. Il faudrait parvenir à tenir à la fois les enjeux exégétiques, canoniques, pastoraux, liturgiques, catéchétiques, intellectuels, etc. Le sujet, massif, concerne en effet l'intime du croyant ; il relève également de la pastorale des sacrements et de la pastorale de masse telle qu'elle se déploie à travers les « liturgies de masse » que l'Église, « société de masse »[1], organise durant les pèlerinages ou les grands rassemblements ; il témoigne aussi de ce qu'Henri de Lubac appelait les « aspects sociaux du dogme » (1938), qui s'observent à la fois à l'échelle d'une personne, dans la vie d'une communauté et dans les enjeux des relations internationales. En christianisme, la théologie de la réconciliation repose sur un diagnostic anthropologique propre. Par sa faute, à cause de son péché, l'homme est en rupture avec son prochain et avec Dieu ; la réconciliation, avec lui-même, avec son prochain, avec son Dieu, est à la fois le chemin et le terme du salut ; le pardon de Dieu sera à la mesure du pardon accordé à son frère. « Pardonne-nous nos offenses comme nous pardonnons aussi à

---

[1] Sur les « liturgies de masse », la « culture de masse » et l'Église comme « société de masse », voir Étienne GILSON, *La société de masse et sa culture*, Paris, Vrin, 1967. Le quatrième chapitre du volume d'Étienne Gilson est consacré aux « liturgies de masse » : « L'Église du Christ [...] est, avec celle d'Abraham dont elle a assumé la mission et assuré la relève, le type parfait de la société de masse, à laquelle tous ses membres appartiennent au même sens, au même degré, dotés des mêmes moyens et promis à la même fin surnaturelle, puisque le vrai chef de cette société est Dieu lui-même, devant qui tous les hommes sont égaux. Dès sa création, l'Église a voulu être ce qu'on nomme aujourd'hui une société de masse, où tout chrétien serait inclus au même titre que les autres, jouissant comme eux de tous les privilèges attachés à la qualité de membre du seul fait qu'ils seraient intégrés au groupe par le baptême et la foi en Jésus-Christ ».

ceux qui nous ont offensés » : la prière du « Notre Père », la prière parfaite que Jésus Christ enseigne à ses disciples, inscrit en effet au cœur du christianisme le pardon et la réconciliation, la remise de dettes dans le grec des *Évangiles*, qui sont corrélés, proportionnés au pardon que l'homme pécheur est lui-même susceptible d'accorder à son prochain.

Le thème de la réconciliation croise en conséquence maintes questions, qu'il ne sera pas possible cependant de suivre dans toutes leurs implications. Nous voudrions seulement dégager quelques définitions et proposer quelques jalons de la chronologie pour tenter d'historiciser le sujet.

1. Un thème biblique traditionnel revitalisé au XXe siècle

Le thème et le terme de la réconciliation (καταλλαγή dans le grec paulinien) sont très présents dans la *Genèse*, les *Évangiles*, les *Épîtres* et sous la plume des docteurs de l'Église. On peut songer notamment à l'histoire de Joseph, le fils de Jacob, devenu esclave en Égypte à cause de la jalousie de ses frères. Le récit de la *Genèse* s'achève par la réconciliation familiale : toute la famille de Jacob se trouve réunie en Égypte, sauvée par Joseph de la famine ; Jacob, entouré de tous ses enfants, bénit la descendance de Joseph. Célèbre également est la parabole de la réconciliation entre le père et le fils prodigue : le fils cadet, une fois ruiné, une fois l'héritage paternel gaspillé, après avoir désiré manger « les caroubes des porcs », s'en revient dans la maison de son père, qui l'accueille dans la joie et prépare un « veau gras » : « Il fallait festoyer et se réjouir » (Luc, 15, 32). La réconciliation du père et du fils cadet s'exprime par la célébration d'une fête et suscite en retour la jalousie du « fils aîné ». La réconciliation fraternelle, dont l'exigence est formulée par l'évangéliste saint Matthieu, est la pierre angulaire de la dénonciation du pharisaïsme : « Va d'abord te réconcilier avec ton frère, puis, reviens, et alors présente ton offrande » (Matth., 5, 24–25). Saint Paul de Tarse, dans ses *Épîtres*, rappelle avec insistance la réconciliation de l'homme avec Dieu par la médiation christique, et souligne en corollaire le « ministère de la réconciliation » confié par le Seigneur à ses apôtres (2 Co 5). Pour Paul, la réconciliation devient synonyme de rédemption, puisque Dieu répare, par l'incarnation de son Fils, l'inimitié entre les hommes et Dieu. Dans la traduction de l'épître aux Romains de la Bible de Jérusalem, on peut lire :

« Si, étant ennemis, nous fûmes réconciliés à Dieu par la mort de son Fils, combien plus, une fois réconciliés, serons-nous sauvés par sa vie, et pas seulement cela, mais nous nous glorifions en Dieu par notre Seigneur Jésus Christ par qui dès à présent nous avons obtenu la réconciliation » (Romains 5, 10-11).

Dans la seconde épître de Paul aux Corinthiens :

« Et le tout vient de Dieu, qui nous a réconciliés avec Lui par le Christ et nous a confié le ministère de la réconciliation. Car c'était Dieu qui dans le Christ se réconciliait le Monde, ne tenant plus compte des fautes des hommes, et mettant en nous la parole de la réconciliation. Nous sommes donc en ambassade pour le Christ ; c'est comme si Dieu exhortait par nous. Nous vous en supplions au nom du Christ : laissez-vous réconcilier avec Dieu » (2 Corinthiens 5,18-20).

La théologie paulinienne de la réconciliation a donné naissance, comme il se doit, à une ample exégèse.

Saint Augustin d'Hippone dit de l'Église qu'elle est un « monde réconcilié »[2]. L'histoire des deux cités, la cité céleste et la cité terrestre, est celle de la division des hommes entre des fins distinctes, l'amour de Dieu et l'amour de soi ; la fin des temps ne sera en aucune façon le moment de la « réconciliation » impossible des deux cités ; mais il y a chez Augustin l'idée d'une « société universelle », formée de toutes les nations et de tous les peuples, et appelée à habiter la cité céleste, en laquelle toutes les élus sont réconciliés. Saint Benoît de Nursie rappelle avec clarté, dans le quatrième chapitre de la règle qu'il donne à tous les moines et qui a façonné le monachisme occidental, que la réconciliation, littéralement le retour dans la paix, « avant le coucher du soleil », compte parmi les « instruments des bonnes œuvres » : « prier pour ses ennemis dans l'amour du Christ ; rétablir la paix avant le coucher du soleil avec celui dont nous sépare la discorde [« cum discordante ante solis occasum in pacem redire »], et ne jamais désespérer de la miséricorde de Dieu »[3].

Les docteurs du moyen âge ont défini la réconciliation comme n'étant « rien d'autre que la réparation de l'amitié », c'est-à-dire un pardon réciproque des offenses, qui nécessite justice et pénitence. Saint Thomas d'Aquin explique ainsi dans le *Commentaire des sentences* : « Oportet quod homo sicut Deo, ita proximo reconcilietur. Reconciliatio autem

---

[2] SAINT AUGUSTIN, *Sermo* 96, 7, 8, *Patrologie latine*, vol. 38, col. 588.
[3] Règle de saint Benoît de Nursie, ch. 4, 71-73.

nihil aliud est quam amicitiae reparatio. Manente autem causa dissolutionis amicitiae, amicitia reparari non potest ». Ce que l'on peut traduire ainsi : « L'homme doit ainsi se réconcilier avec son prochain comme avec Dieu. La réconciliation n'est rien d'autre que la réparation de l'amitié. Mais, si la cause de la rupture de l'amitié demeure, l'amitié ne pourra pas être réparée »[4]. La réconciliation est ainsi à penser dans la perspective d'une amitié tout à la fois rompue et réparée. Elle est définie dans un mouvement analogue à celui du Notre Père, « sur la terre comme au Ciel », puisqu'il faut – « oportet » – se réconcilier avec son prochain comme avec Dieu : « sicut Deo, ita proximo ». Elle suppose préalablement l'élimination de la cause de la rupture de l'amitié.

Pour retracer l'histoire du thème de la fin du moyen âge jusqu'au XIXe siècle, il faudrait évoquer par exemple les efforts de saint Ignace de Loyola, qui a tenté de réconcilier les communautés ennemies [« ad dissidentium reconciliationem »], d'homme à homme, de famille à famille, de ville à ville. Les premiers jésuites en firent l'un des axes de leur apostolat. Saint François de Sales espérait aussi une « réconciliation » entre catholiques et protestants, « par voie douce, paisible et assurée »[5]. Il semble toutefois que l'on puisse observer que dans la période la plus contemporaine, jusqu'à la veille de la Seconde Guerre mondiale, la notion semble être tombée en désuétude dans le vocabulaire français de la théologie catholique. On en veut pour signe l'absence d'entrée « réconciliation » dans le *Dictionnaire de théologie catholique* publié à Paris en 1937[6]. Pour cerner le thème de la réconciliation dans ce dictionnaire de référence, il faut en fait passer par des entrées voisines et recourir notamment à l'article « Amour des ennemis », paru dans le tome 5 (1913). En 1987-1988, on trouve en revanche une entrée substantielle « réconciliation » dans le *Dictionnaire de Spiritualité*[7], ainsi que dans l'encyclopédie *Catholicisme. Hier. Aujourd'hui. Demain*[8]. Le vocable « réconciliation » semble donc

---

[4] Saint Thomas d'Aquin, *Commentaire des Sentences*, livre IV, distinction 15, question 1, article 5, solution 2.

[5] Lire J.-M. Aubert, « Réconciliation », *Catholicisme. Hier. Aujourd'hui. Demain*, 15 volumes, Letouzey et Ané, 1988, col. 564–573.

[6] Voir le tome 13 du *Dictionnaire de théologie catholique*, qui comporte les entrées des lettres Q et R, de « Quadratus » à « Rosmini », Paris, Letouzey et Ané, 1937.

[7] Pierre Adnès, « Réconciliation », *Dictionnaire de Spiritualité*, Paris, Beauchesne, tome 13, 1987, col. 236–246.

[8] Aubert, « Réconciliation » (note 5).

émerger comme *objet* théologique à un moment à définir entre la fin des années 1930 et les années 1980. Il paraît se dégager par distinction d'autres notions qui lui sont étroitement associées.

Pour donner, à gros traits, un aperçu de ces divers articles publiés dans des encyclopédies catholiques de référence, on pourrait caractériser ainsi la réconciliation. Elle relève de la vertu théologale de la charité et dépasse la simple « conciliation », dont elle se distingue fortement, puisque la « conciliation » est de l'ordre de l'accommodement et ne suppose pas l'amitié, ni le dépassement des haines, tandis que la « réconciliation », fondée sur la justice, vise plus haut, en quelque sorte, et exige de ce fait, comme une pédagogie, pénitence, miséricorde et pardon, en vue de la restauration du lien comme avant la faute. À lire l'article « Amour des ennemis » dans le *Dictionnaire de théologie catholique* (1913), on peut également déduire que la réconciliation se distingue de la prescription évangélique de l'amour des ennemis, au sens où la réconciliation en serait la forme la plus éminente et la plus pure. *A minima* l'amour des ennemis invite en effet à donner ce que le *DTC* désigne sous le nom de « signes communs de bienveillance » « dus à tout homme, fût-il notre mortel ennemi »[9]. Si un ennemi nous salue, il faut saluer ; si un ennemi mendie, il faut donner l'aumône ; un boulanger doit vendre son pain à son ennemi sans le refuser parmi ses clients ; un médecin a obligation de soigner son ennemi (mais non pas de *devenir son ami*) ; par amour pour ses ennemis, il faut s'abstenir du sentiment de haine et de tout désir de vengeance ; il ne faut pas se réjouir du malheur qui arrive à nos ennemis, etc. La réconciliation va au-delà, puisqu'elle exige le dépassement et la résolution de l'inimitié. Elle exige davantage que la justice et le pardon, qui ne sont que des moyens. Tandis que le pardon exige de *ne plus tenir rigueur*, sans nécessaire réciprocité, et que la justice ne demande que de rendre ce qui n'est pas à soi, la réconciliation se présente comme une forme parfaite, comme un achèvement. Elle est en quelque sorte un pardon parfait et réciproque, qui remet à neuf la relation. Elle relèverait, toujours selon les catégories de l'article « amour des ennemis » du *Dictionnaire de théologie catholique*, où cependant le terme de réconciliation n'est pas employé, des « témoignages spéciaux d'amitié et de bienveillance », qui, donnés aux

---

[9] L. Desbrus, « Ennemis, (amour des) », *Dictionnaire de théologie catholique*, tome 5, Paris, Letouzey et Ané, 1913.

ennemis, vont « au-delà de ce qui est prescrit pour s'élever, à l'exemple des saints, jusqu'à la perfection de la charité »[10].

Sur le plan du magistère de l'Église, on observe tout au long de la seconde moitié du XXe siècle l'intégration lente et sûre de la « théologie de la réconciliation » au sein de la doctrine sociale de l'Église.

Le pape Pie XII jouait du thème *moderato*. Ses prises de parole en public semblent désigner la « réconciliation » comme mission apostolique dévolue avant tout aux laïcs. Dans un discours au corps diplomatique, en décembre 1949, Pie XII qualifie le Vatican de « citadelle de paix et de réconciliation »[11]. Pour les laïcs, il en fait un objectif de leur apostolat, en 1951 et à nouveau, dans les mêmes termes, en 1957 : « S'il est une puissance au monde capable [...] de disposer les âmes à une franche réconciliation et à une fraternelle union entre les peuples, c'est bien l'Église catholique. Vous pouvez vous en réjouir avec fierté. À vous d'y contribuer de toutes vos forces »[12].

Avec le pape Paul VI (1963-1978), le thème de la réconciliation semble finir par couvrir presque tous les enjeux du message chrétien, avec une déclinaison profuse : réconciliation avec soi-même, avec ses frères et sœurs, avec la création, avec l'Église, entre les peuples et les États, avec le Créateur. Dans un message daté du 8 décembre 1974, et rédigé en vue de la « journée de la paix », instituée le 1er janvier de chaque année depuis 1968 sur une suggestion de Raoul Follereau[13], Paul VI s'exclame que la réconciliation est devenue « le mot magique » :

---

[10] *Ibid.*

[11] « Discours du pape Pie XII au corps diplomatique près le Saint-Siège », mercredi 28 décembre 1949, publié dans *Discours et messages-radio de S.S. Pie XII*, XI, Onzième année de pontificat, 2 mars 1949-1er mars 1950, p. 347–348, Typographie Polyglotte Vaticane. Le discours est publié en première page de *L'Osservatore Romano. Édition hebdomadaire en langue française*, 1950 n° 4 p. 1, et dans *La Documentation catholique* 1950, n° 060, col. 79–82, Paris, Bayard.

[12] « Discours du pape Pie XII aux participants au premier congrès mondial de l'apostolat des laïcs », dimanche 14 octobre 1951 », publié dans *Discours et messages-radio de S. S. Pie XII*, XIII, Treizième année de Pontificat, 2 mars 1951-1er mars 1952, p. 293–301, Typographie Polyglotte Vaticane. Voir également le « Discours du pape Pie XII aux participants au deuxième congrès mondial de l'apostolat des laïcs », samedi 5 octobre 1957, publié dans *Discours et messages-radio de S. S. Pie XII*, XIX, Dix-neuvième année de Pontificat, 2 mars 1957-1er mars 1958, p. 455–473.

[13] PAUL VI, 8 décembre 1967 ; http://www.vatican.va/content/paul-vi/fr/messages/peace/documents/hf_p-vi_mes_19671208_i-world-day-for-peace.html [consulté le 30 octobre 2021] : « La paix est dans le génie de la religion chrétienne, puisque, pour

Réconciliation et théologie catholique

« La réconciliation ! Hommes jeunes, hommes courageux, hommes responsables, hommes libres, hommes bons, y pensez-vous ? Ce mot magique ne pourrait-il entrer dans le vocabulaire de vos espérances, de vos succès ? Voilà notre message et notre souhait pour vous tous : la réconciliation est le chemin vers la paix »[14].

En 1985, Jean-Paul II écrivait que la réconciliation était « la synthèse originale et transcendante de l'éthique chrétienne » et de « la spiritualité de la Nouvelle Alliance en Jésus Christ »[15]. En 2004, agrégeant les interventions dispersées des papes successifs, le *Compendium de la doctrine sociale de l'Église* consacre de nombreux paragraphes à promouvoir une « société réconciliée dans la justice et dans l'amour » et à définir ce que l'Église entend par réconciliation :

« L'Église enseigne qu'une paix véritable n'est possible que par le pardon et la réconciliation. Il n'est pas facile de pardonner face aux conséquences de la guerre et des conflits, car la violence, spécialement quand elle conduit "jusqu'aux abîmes de l'inhumanité et de la détresse", laisse toujours en héritage un lourd fardeau de douleur, qui ne peut être soulagé que par une réflexion approfondie, loyale et courageuse, commune aux belligérants, capable d'affronter les difficultés du présent avec une attitude purifiée par le repentir. Le poids du passé, qui ne peut pas être oublié, ne peut être accepté qu'en présence d'un pardon réciproquement offert et reçu : il s'agit d'un parcours long et difficile, mais pas impossible »[16].

---

le chrétien, proclamer la paix c'est annoncer Jésus-Christ ; "Il est notre paix" (*Ep.* II, 14) ; son Évangile est "Évangile de paix" (*Ep.* VI, 15) : moyennant son sacrifice sur la croix, Il a accompli la réconciliation universelle, et nous, ses disciples, nous sommes appelés à être "des artisans de paix" (*Mt.* V, 9) ». Le message de Paul VI ne comporte pas d'allusions explicites à un conflit en particulier ; certains accents laissent cependant percevoir que le Pape est très soucieux de la guerre du Vietnam : « Nous prêchons la paix parce que Nous ne voudrions pas qu'il Nous soit jamais reproché par Dieu et par l'histoire de Nous être tu devant le péril d'une nouvelle conflagration entre les peuples, qui – comme chacun sait – pourrait prendre des formes imprévues de terreur apocalyptique ».

[14] Paul VI, 8 décembre 1974, message pour la journée mondiale de la paix et pour l'année 1975 : « La réconciliation, chemin vers la paix » ; https://w2.vatican.va/content/paul-vi/fr/messages/peace/documents/hf_p-vi_mes_19741208_viii-world-day-for-peace.html [consulté le 30 octobre 2021].

[15] Jean-Paul II, « Reconciliatio et paenitentia », *Documentation Catholique*, Paris, Bayard, 1985, 1887, p. 27.

[16] *Compendium de la doctrine sociale de l'Église*, Rome, Libreria Éditrice Vaticana, Rome, n° 517.

Ce nouvel accent pastoral et théologique mis sur la réconciliation n'est pas sans susciter des interrogations, puisque le thème, sans être neuf, résonne *de tonalités neuves* au lendemain de la Seconde Guerre mondiale. À titre d'hypothèse, nous voudrions formuler la suggestion suivante. Les traumas engendrés par les guerres successives, guerres mondiales, Guerre froide, guerres coloniales, invitent l'Église à développer tout à la fois une pastorale et une théologie de la réconciliation, qui en retour a des incidences majeures sur le plan social et culturel.

2. Phénoménologie de la réconciliation

Le thème de la réconciliation est à vrai dire perceptible au lendemain de la Première Guerre mondiale. Il faudrait par exemple évoquer avec précision les efforts du Sillon de Marc Sangnier en faveur de la réconciliation franco-allemande[17], ou développer les intuitions des philosophes catholiques dans les années 1930. Entre l'Allemagne et la France, note par exemple le philosophe Jacques Maritain en 1933, il n'y aura « pas de paix sans leur réconciliation, d'abord intellectuelle et spirituelle »[18]. Le terme est à entendre à la fois dans la perspective de la « Primauté du spirituel » (1927) et dans un sens œcuménique avant l'heure : au même moment Maritain participe ainsi, par exemple, à des dialogues avec le théologien protestant Karl Barth. La paix ne sera pas seulement le fruit d'une réconciliation politique ou diplomatique – ce ne sont là, en quelque sorte, que la surface gesticulante des acteurs sur la scène de l'histoire. La formule de Maritain entend pointer les « forces profondes » – l'intelligence, la culture, le spirituel – qui commandent, à son analyse, l'histoire et les relations entre les peuples.

La réconciliation mûrit pendant le temps même de la Seconde Guerre mondiale – le point est à souligner –, avec des figures comme l'abbé Franz Stock, « l'aumônier de l'enfer », « le supérieur du séminaire des Barbelés »[19], ou comme l'abbé René de Naurois, « l'aumônier de la France Libre », qui lors du Débarquement distribue la communion sur les plages

---

[17] Olivier PRAT, « "La Paix par la jeunesse". Marc Sangnier et la réconciliation franco-allemande, 1921-1939 », *Histoire@Politique*, vol. 10, n° 1, 2010 ; https://www.cairn.info/revue-histoire-politique-2010-1-page-4.htm [consulté le 30 octobre 2021].

[18] Jacques MARITAIN, « Carnet de Jacques Maritain. Journal de 1933 », *Cahiers Jacques Maritain*, n° 76, juin 2018, p. 72.

[19] René CLOSSET, *Franz Stock, aumônier de l'enfer*, Paris, Fayard, 1998 ; *Journal de guerre, 1942-1947. Écrits inédits de l'aumônier du mont Valérien*, Cerf, 2017. Le procès de béatification de F. Stock est ouvert, à Chartres et Paderborn.

de Normandie, confesse et console les mourants et les blessés, y compris les Allemands. « Je lui parlai dans sa langue : *Krieg ist schrecklich, nicht wahr ? Für uns alle ! Ich bin ein Priester, ein Feldgeistlicher, ein Priester.* [...] L'homme se trouvait être un catholique. Je sentis comme une paix venue de l'au-delà nous envahir »[20]. En un sens, à l'échelle d'une personne, le témoignage de René de Naurois vérifie les principes augustiniens de la guerre, en soi détestable, mais qui, quand elle est juste, est entreprise sans haine et a pour fin unique de rétablir la paix et la justice. Les soldats ennemis sont aussi, malgré tout, avant tout, des frères qu'il faut tenter de sauver d'eux-mêmes. On observe encore aujourd'hui dans la nef de la basilique de Vézelay les vestiges d'une série de croix qui datent de la « Croisade de la Paix » prêchée par le P. Doncœur en 1946 : au sortir de la guerre, pour le huitième centenaire de la croisade lancée par Bernard de Clairvaux, les chrétiens de quinze pays, Allemagne incluse, organisent un pèlerinage international en signe de réconciliation des peuples chrétiens.

La prédication de la réconciliation connaît une très large diffusion au lendemain de la guerre et rencontre une forme d'accélération dans les années 1970, au point de devenir un lieu commun de la pastorale catholique. La réconciliation chemine par des lieux multiples et par des événements. Pour les relations internationales, le sommet symbolique est sans doute la messe de réconciliation qui se tient à Reims le dimanche 8 juillet 1962, avec la présence dans le chœur de la cathédrale du général Charles de Gaulle et du chancelier Konrad Adenauer, pour « sceller » dans le sacré de la liturgie, et dans le marbre devant la cathédrale, la réconciliation franco–allemande. La dimension à la fois pionnière et pédagogique de l'événement est à souligner. Le public visé par le symbole est la jeunesse des deux pays : au premier rang, derrière les deux hommes d'État, on observe ainsi la présence des mouvements scouts, qui ont été nourris, après la guerre, au lait de la réconciliation franco-allemande au nom d'un imaginaire chrétien transnational[21].

Le thème de la réconciliation circule aussi par des noms de lieux et des noms de paroisses, dont le toponyme « Notre Dame de Réconciliation » est assez commun. La grande avenue qui conduit à la basilique

---

[20] René de NAUROIS, *Aumônier de la France libre. Mémoires*, Paris, Perrin, 2019, p. 265.
[21] Laurent DEOM, « La réconciliation franco-allemande dans la littérature scoute », in : Gérard CHOLVY (éd.), *Le scoutisme. Un mouvement d'éducation au XXᵉ siècle. Dimensions internationales*, Montpellier, Université Paul Valéry, 2003, p. 157–179.

Saint-Pierre de Rome ne porte-t-elle pas ainsi le nom de « via della conciliazione » ? Le thème circule aussi par les communautés monastiques. La communauté œcuménique de Taizé est ainsi créée au cœur de la Seconde Guerre mondiale, dans un village de Bourgogne. Son lieu de prière, inauguré en 1962, s'appelle « l'église de la Réconciliation »[22]. Taizé organise des « veillées de la réconciliation »[23]. Roger Schutz (1915-2005), le fondateur, entendait réconcilier, en lui-même et dans la communauté monastique, les fractures religieuses et linguistiques, afin de vivre un christianisme *réconcilié*, un œcuménisme de la *réconciliation*. À Taizé, on prie et on chante dans toutes les langues européennes.

La réconciliation passe également par la liturgie, les rites et les sacrements. Deux sacrements sont particulièrement concernés, celui de l'eucharistie et celui de la « confession ». La réforme liturgique mise en place après le deuxième Concile de Vatican a été un moment majeur du renouveau pastoral. Le sacrement de l'eucharistie a pour effet la réconciliation d'une communauté. Cette perspective est accentuée, quand, en vue de l'année sainte de 1975, deux nouvelles prières eucharistiques, validées par la Congrégation du Culte divin, sont rédigées et portent le titre *De Reconciliatione*. Il s'agit nettement, dans le projet pontifical, de susciter des « messes de réconciliation », dans des circonstances diverses : tensions communautaires, guerre civile, conflits sociaux. Il s'agit, indiquent les préliminaires des prières eucharistiques, d'« orienter les fidèles vers le mystère de la réconciliation ». La dimension politique, naïve ou prophétique selon les points de vue, est très marquée dans la préface de la seconde prière eucharistique *De Reconciliatione* : « Au sein de notre humanité encore désunie et déchirée, nous savons et proclamons que tu ne cesses d'agir et que tu es à l'origine de tout effort vers la paix. Ton Esprit travaille au cœur des hommes : et les ennemis enfin se parlent, les adversaires se tendent la main, des peuples qui s'opposaient acceptent de faire ensemble une partie du chemin »[24]. Le célébrant demande ensuite à Dieu de « faire disparaître les causes de nos divisions », et conclut, juste

---

[22] « L'Église de la Réconciliation a cinquante ans » (9 août 2012) ; https://www.taize.fr/fr_article14230.html [consulté le 30 octobre 2021].

[23] « Veillées de réconciliation » (22 mars 2008) ; https://www.taize.fr/fr_article6603.html [consulté le 30 octobre 2021].

[24] Voir le livret intitulé *Prières eucharistiques pour la réconciliation, pour assemblées d'enfants, pour des circonstances particulières*, Desclée-Mame, 1974. Le livret publie le décret du 1er novembre 1974 de la Congrégation pour le Culte Divin, qui fixe le texte et les normes d'usage de ces nouvelles prières eucharistiques.

avant l'élévation, avec des accents très augustiniens : « Daigne rassembler un jour les hommes de tout pays et de toute langue, de toute race et de toute culture, au banquet de ton Royaume ».

La réforme liturgique[25] suscite également une nouvelle désignation du sacrement de la « confession » ou de la « pénitence », désormais appelé « sacrement de la réconciliation » à partir de 1974. L'appellation « confession », associée à l'aveu de la faute et au mobilier, devenu alors désuet, des « confessionnaux », marque le mode oral, et auriculaire, de son administration. On parle également de « sacrement de pénitence » pour souligner l'une des conditions d'obtention du pardon. L'absolution des péchés confessés est en effet conditionnée par la réalisation de la pénitence, fût-elle symbolique. Après 1974, sans que les autres désignations disparaissent, il s'agit de souligner davantage l'effet spirituel du sacrement et de le désigner non plus selon son mode d'administration ou sa condition d'obtention, mais selon sa finalité propre et de resituer le « sacrement de la réconciliation » dans la perspective du mystère du salut : avouer la faute pour obtenir miséricorde et se réconcilier avec Dieu.

L'évolution de la perspective pastorale suppose un catéchisme renouvelé, c'est-à-dire convoquant un imaginaire et une pédagogie de la réconciliation. Dans la littérature catholique de jeunesse, les enjeux de la réconciliation sacramentelle font ainsi l'objet de catéchèse spécifique, souvent illustrée par la parabole du père et du fils prodigue. La réconciliation passe aussi par des chants. Il existe ainsi une partition intitulée « Messe de la Réconciliation », qui désigne une mise en musique spécifique de toutes les parties de la messe[26].

Sur le plan culturel, la dimension réconciliante de l'eucharistie – « il fallait festoyer » – est portée au cinéma en 1987 dans le classique *Festin de Babette* de Gabriel Axel, à partir de la nouvelle de Karen Blixen : une communauté puritaine, sur une côte essuélée du Danemark, déchirée par des reproches mutuels, des jalousies, des amertumes, des infidélités, se réconcilie à l'occasion du festin eucharistique complètement exotique, avec préparation d'une soupe à la tortue, de cailles en sarcophage, etc., concocté par la cuisinière française.

---

[25] Sur le contexte de l'ensemble, voir F. Michel, *Traduire la liturgie*, Paris, CLD, 2013.
[26] Compositeur : l'abbé Michel Wackenheim, prêtre de l'archidiocèse de Strasbourg (né en 1945).

Sur le plan social, la dimension politico-religieuse de la réconciliation est également forte. Les Églises tendent à se positionner comme des forces de justice, d'équilibre et de médiation. Après des traumatismes nationaux, on observe en certains pays la constitution de « commissions de vérité et réconciliation », en Afrique du Sud avec Mgr Desmond Tutu ou, par exemple au Togo, sous la présidence de Mgr Nicodème Barrigah-Benissan. Elle prend parfois des formes populaires. Ainsi, en mars 2021, avec le voyage du pape François en Irak, dans une société brisée par vingt années de guerre. Ou au Mozambique, en septembre 2019, quand le pape François, venu prêcher la réconciliation après la guerre civile, est accueilli dans un gymnase par une assemblée de six mille jeunes scandant, en portugais, « Réconciliation, réconciliation » : « Le pape a appelé son auditoire à "la paix" et à "la réconciliation", indispensables pour empêcher que la manière d'écrire l'histoire ne soit "une lutte fratricide" ». Alors que d'énormes gisements de gaz devraient faire du Mozambique dans les années à venir l'un des premiers exportateurs, François a demandé aux dirigeants du pays de veiller à mettre les richesses "au service de tous, surtout des plus pauvres" »[27].

3. Encadrer et proposer la réconciliation

Au-delà de cette phénoménologie de la réconciliation depuis la fin de la Seconde Guerre mondiale jusqu'au pape François, nous voudrions formuler quelques observations et souligner quelques moments cruciaux de la chronologie.

La première observation est qu'en droit canon le terme « réconciliation », tout en les incluant, ne recouvre pas exactement les phénomènes aperçus. Le terme est en effet susceptible de concerner, également, des personnes et des lieux. On évoque ainsi, sur le plan canonique, la « réconciliation » d'une église, d'une chapelle ou d'un cimetière après une profanation (canon 1205 et 1211), que la « réconciliation » vient réparer. Il s'agit alors d'une liturgie pénitentielle consistant en aspersion d'eau bénite et en prières dont les formules sont prévues par le rituel. Pour les personnes, on parle également en droit canon de la réconciliation des relaps et des hérétiques repentis. Elle est alors l'antonyme de

---

[27] Cécile CHAMBRAUD, « Le pape François prêche la réconciliation au Mozambique », *Le Monde*, 6 septembre 2019.

Réconciliation et théologie catholique

l'excommunication et signifie avant tout réconciliation avec l'Église et réintégration en son sein des pécheurs pénitents. Selon les moments historiques, et selon les situations personnelles, la réconciliation en ce sens peut inclure l'abjuration des erreurs, une pénitence privée ou publique, une profession privée ou publique de la foi, un délai de patience, la réparation du scandale public, avec un rituel spécifique – imposition des mains, onction du Saint-Chrême, absolution des péchés. Le lien est très fort en ce sens entre confession de la foi, pénitence, absolution et réconciliation.

En théologie, deuxième remarque, le thème de la réconciliation comporte des enjeux christologiques, c'est-à-dire liés à la personne même du Christ, ecclésiologiques, liés à la définition de l'Église, missiologiques, liés à la mission et à l'annonce évangélique, moraux, et bien sûr sociaux. Sur chacun de ces points, il y a une abondante bibliographie, qui ne peut guère être l'objet d'une synthèse. Le Christ, l'Homme-Dieu, est la personne divine en laquelle l'humanité est réconciliée avec Dieu. L'Église se définit comme le lieu de la réconciliation par les sacrements. « Elle doit être signe et source de réconciliation parmi les peuples », comme le formule Paul VI dans son discours du 23 octobre 1974[28]. À ce titre, l'Église reconnaît et encourage des formes de réconciliation non sacramentelle, comme à Assise, en 1986, lors de la rencontre interreligieuse, où la réconciliation se situait au cœur des prières communes. La réconciliation emprunte alors des perspectives œcuméniques et interreligieuses. À l'égard des musulmans, par exemple, Jean-Paul II s'était rendu en août 1985, au Maroc pour rencontrer Hassan II et pour prononcer, devant des dizaines de milliers de musulmans, les paroles fameuses – « nous adorons le même Dieu ».

Dans son discours moral, l'Église développe également une éthique de la réconciliation du pécheur avec soi-même. En ce sens, le discours inclut respect de soi et de son corps, renoncement, ascèse, conversion intérieure, examen de conscience, conscience de sa faute, charité et patience envers soi-même, etc. Elle est tournée bien sûr également vers les autres, vers les prochains et les frères, avec ce que cela comporte d'exigences de justice mais aussi, au besoin, de correction fraternelle dans la charité.

---

[28] Paul VI, « Droits de l'homme et réconciliation. Message du Pape et des Pères synodaux au monde » ; https://w2.vatican.va/content/paul-vi/it/speeches/1974/documents/hf_p-vi_spe_19741023_appello-diritti-uomo.html [consulté le 30 octobre 2021].

Dans sa pédagogie, l'Église insiste également sur les *moyens* de la réconciliation : les sacrements, les institutions, les familles, définies idéalement par Paul VI, comme le « lieu de l'apprentissage de la réconciliation », mais aussi les jubilés et les années saintes.

À cette panoplie de la réconciliation, il faudrait ajouter les efforts concrets, sur la scène internationale, de médiation de la diplomatie (ou de la para-diplomatie) pontificale pour éviter les guerres civiles ou apaiser les tensions internationales. Les exemples abondent pour la période contemporaine : les voyages pontificaux, la diplomatie des bons offices de Sant'Egidio[29], ou encore très concrètement, les accords Cuba-USA, sous double médiation canadienne et vaticane entre 2012 et 2015[30].

Troisième observation : la période 1974-1984 fut sur le plan pastoral le temps des hautes eaux du projet pontifical de réconciliation, avec des paroles fortes de Paul VI et de Jean-Paul II. Dans les constitutions conciliaires, on relève en fait assez peu d'occurrences des termes *reconciliare* et *reconciliatio*. Il y en a treize en tout dans le vaste corpus textuel produit par les textes officiels du deuxième Concile de Vatican. Le plus souvent, il s'agit de simples citations des *Épîtres* de saint Paul. Les perspectives sont les suivantes : théologie sacramentelle, « ministère de la réconciliation », relations entre chrétiens et juifs, œcuménisme. Le développement massif de la théologie de la réconciliation est en fait postérieur au Concile, et date, plus précisément, du milieu des années 1970.

En 1974, dans le contexte de la réforme liturgique, la publication du nouvel *Ordo Paenitentiae* développe le premier l'histoire du salut à la lumière du « mystère de la réconciliation ». Le 23 octobre 1974, Paul VI donne également un important discours sur les « droits de l'homme et la réconciliation ». Le 8 décembre 1974, Paul VI lance son appel « La réconciliation, chemin vers la paix », pour appeler à l'année sainte de 1975. Il publie l'exhortation apostolique « Paterna cum benevolentia » [« Avec une bienveillance paternelle », décembre 1974], qui est la plus longue élaboration doctrinale sur le sujet dans une perspective à la fois

---

[29] Sur Sant'Egidio, lire notamment les travaux de Marie Balas : « "C'est différent des diplomates et des chercheurs". Genèse et institutionnalisation d'un hybride : les médiations de Sant'Egidio », *Les Champs de Mars*, vol. 26, n° 1, 2015, p. 123–135. https://www.cairn.info/revue-les-champs-de-mars-irsem-2015-1-page-123.htm [consulté le 30 octobre 2021].

[30] Lire par exemple « Le pape au cœur du rapprochement entre Cuba et les États-Unis », *Le Monde*, 18 décembre 2014.

externe et interne (menaces de schisme intégriste, sorties massives dans le contexte de l'effondrement postconciliaire, réductions à l'état laïc, autorité romaine contrariée par certains synodes nationaux, etc.). En 1975, c'est « l'année de la réconciliation » par excellence, au sens où l'année sainte est placée sous le signe de la réconciliation. Dix à douze millions de pèlerins se rendent à Rome. Les témoins décrivent des foules jubilaires compactes. L'historien Alphonse Dupront en a livré un témoignage et une analyse de premier ordre :

> « La dynamique de la réconciliation se veut être de communion. Le mot dit en effet rupture : dans une démarche progressive de la personne à la société et de la société à Dieu, le pape, avec un courage inspiré, ouvre les voies du dépassement. Pour le pèlerin de l'Année Sainte en mal de soi ou dévoré par le "siècle", c'est la réconciliation avec soi-même, la conquête de la paix intérieure, retrouver en lui l'amour, "le vrai, le pur, le fort, le chrétien". Dans son exister et son agir quotidien, c'est servir la réconciliation à tous les niveaux, dans la famille, communauté, nation, église, monde œcuménique et pourquoi pas, – dépassant toutes les dialectiques d'affrontement ou de lutte, le Pape n'hésitera pas à ajouter : dans la vie sociale. Pour l'entière société des hommes, face à l'atroce réalité de la guerre, la réconciliation, c'est la volonté de tout faire pour que soit la paix. Au temps de la 'mort de Dieu' enfin, la réconciliation, c'est vivre l'existence du Dieu souverain et l'ordre même de sa création »[31].

En 1978, c'est la publication en français de *Célébrer la pénitence et la réconciliation*, qui est la traduction de l'édition typique latine publiée en 1974 par le Saint-Siège. En octobre 1983, pour le synode des évêques, Jean-Paul II choisit comme thème « La réconciliation et la pénitence dans la mission de l'Église ». Le pape polonais lance à son tour, non sans surprendre, une nouvelle année sainte, pour le 1950ᵉ anniversaire de la Rédemption. Le 2 décembre 1984 paraît la publication de l'exhortation apostolique post-synodale *Reconciliatio et Paenitentia*. Le pape y évoque une « nostalgie de réconciliation ». L'Église a pour mission la réconciliation *ad intra* et *ad extra* : « Dans tous les cas, l'Église promeut une réconciliation dans la vérité, sachant bien qu'il n'y a pas de réconciliation ni d'unité possibles en dehors de la vérité ou contre elle ». Le texte est préfacé en français par le cardinal Jean-Marie Lustiger.

---

[31] Alphonse DUPRONT, « Année sainte 1975. Tradition et modernité », in : *Paul VI et la modernité dans l'Église. Actes du colloque de Rome (2-4 juin 1983)*, Rome : École Française de Rome, 1984, vol. 72, p. 352.

Dernière remarque : la pastorale de la réconciliation trouve à se décliner, depuis Rome, vers les diocèses. Le cardinal Lustiger fut ainsi pour l'archidiocèse de Paris, mais dans une perspective universelle, un artisan remarquable du projet de réconciliation, tel que le Saint-Siège entendait le promouvoir, à l'échelle locale de la pastorale de la réconciliation, dans sa dimension sacramentelle bien sûr, mais aussi sociale, raciale et historique. Pour Lustiger, le cardinal d'origine ashkénaze, la réconciliation porte en germe les enjeux de la « repentance ». Pas de réconciliation, sans vérité, ni reconnaissance de responsabilités. Les interventions du cardinal Lustiger sont nombreuses sur le sujet. Ainsi, le 8 octobre 1981, lors de la séance annuelle de rentrée du Comité des évêques allemands, à Bonn, Lustiger propose une longue réflexion sur l'Europe, ses péchés, la violence de son histoire, la « mauvaise conscience des anciens », le « silence des pères », « la révolte des fils », la division de l'Europe[32] : « Tout peut être expié ; nous en avons la foi. Tout peut être réconcilié : nous en avons l'espérance » ; « Le peuple élu de Dieu, poursuit-il, célèbre aujourd'hui même le Jour de la Grande Expiation, Jom Kippour. Quelle repentance et quelle expiation les nations chrétiennes devraient-elles manifester pour recevoir le pardon des innombrables innocents massacrés ? [...] Sans le Christ, il n'est pas d'avenir spirituel pour l'Europe qui fut chrétienne. Il est celui qui peut encore réconcilier nos destinées en guérissant nos meurtrissures historiques ». En 1983, à Vienne cette fois, lors des « Vêpres pour l'Europe », une croix est érigée sur la Heldenplatz, « pour faire mémoire de l'histoire sanglante et tourmentée de l'histoire de l'Europe », comme une prise de responsabilité historique de l'Église, « invitée à faire mémoire de sa propre histoire en prenant mesure, à la fois, du péché et de la grâce »[33]. Le 15 juin 1986, à Notre Dame de Paris, lors d'un temps solennel de « recueillement et de prière pour la justice, la paix et la réconciliation en Afrique du Sud », Lustiger préside l'office, à la demande et en présence de Javier Perez de Cuellar, secrétaire général de l'ONU. Trois mille personnes assistent à l'événement. Des prières œcuméniques et un concert spirituel sont célébrés « afin d'empêcher la violence et d'éviter que l'Afrique du Sud ne bascule dans le désastre [...]. Le bien suprême des sociétés, c'est la paix et il n'y a pas de paix sans la justice »[34]. Lustiger

---

[32] Texte paru dans la revue *Présence et dialogue*, Paris, n° 305, 24 octobre 1981 ; Archives Institut Jean-Marie Lustiger, Paris.

[33] Jean-Marie LUSTIGER, « Réconciliation et paix », *Nouvelle revue théologique*, Bruxelles-Tournai, mai-juin 1984, vol. 106, p. 321.

[34] Dépêche AFP ; Archives Institut Jean-Marie Lustiger, Paris.

lance alors un appel à la prière et à la pénitence pour la paix et la fin de l'Apartheid. En février 1991, Jean-Marie Lustiger publie un article intitulé « La réconciliation est le secret de la paix » dans *L'Osservatore Romano* : l'archevêque souligne alors l'urgence d'un « progrès dans le pardon, dans l'amour, dans la réconciliation. Demain, il faudra que les hommes se réconcilient. Condition et secret dans la paix »[35].

Conclusion

Les horreurs des guerres mondiales ont suscité en Europe un profond désir de réconciliation, qui, du fait du moment civilisationnel et de ce qu'Alphonse Dupront désigne par le terme de « besoin anthropologique de sacralisation »[36], a emprunté un cheminement, un vêtement, une logique religieuse pour se déployer, loin de la surface laïque ou séculière, en visibilité, en profondeur symbolique et en sacralité.

Au mitan des années 1970, cela donne naissance à une ample théologie et à une active pastorale de la réconciliation, dont Paul VI et Jean-Paul II sont les principaux artisans. Cela donne aussi au christianisme de révéler l'une de ses latences, qui était à peine perceptible quelques décennies plus tôt. Cela rejoint ce que Chesterton pouvait écrire dans les années 1930 : l'Église est à la fois « futuriste » et « opportuniste », au sens respectable du terme, au sens où l'Église saisit le moment opportun en puisant dans ses « réserves de passé » et dans ses « jachères théologiques », pour trouver des « réserves de trésor spirituel ». La notion, investie par les pasteurs – Paul VI, Jean-Paul II, le cardinal Lustiger par exemple – semble assez peu traitée en revanche par les intellectuels catholiques. Son pouvoir de mobilisation sur les masses est grand ; sa puissance symbolique est forte ; sa richesse conceptuelle et analytique est sans doute moindre. La réconciliation parle au cœur plus qu'à la raison.

La théologie de la réconciliation est-elle pour autant une naïveté politique, une théologie politique angélique, une utopie contre-babélienne sans pertinence pour le monde des hommes ? Au temps long de la lutte des classes, des totalitarismes et du rapport de forces perpétuel, le discours de la réconciliation révèle un idéal, un horizon d'attente et d'espérance, qui est sans doute difficile, pour quelques-uns, à partager ou

---

[35] Jean-Marie Lustiger, in : *L'Osservatore Romano*, Rome, 26 février 1991, n° 8, p. 2.
[36] Dupront, « Année sainte 1975. Tradition et modernité » (note 31), p. 350.

à entendre, dès lors que la perspective eschatologique de la réconciliation semble perdue. L'agneau habitera-t-il un jour avec le loup, comme le promet le prophète Isaïe (11, 6) ? Le chevreau se couchera-t-il près du léopard ? Le lion mangera-t-il, enfin, du fourrage ? L'improbabilité est de moindre importance que la promesse formulée et l'horizon ainsi dessiné. De nos épées forgerons-nous des socs de sorte que l'on puisse, enfin, aller se reposer sous nos figuiers (Isaïe, 2, 4) ? Rien n'est moins sûr, également, mais du moins, l'invitation et la promesse sont lancées. Suggérer à la victime de pardonner à son bourreau, et exiger du bourreau qu'il demande pardon et fasse *pénitence,* apparaît rarement comme le sentier de la prudence politique ou simplement humaine. Pour le dire autrement, en dehors de l'eschatologie et de l'anthropologie chrétiennes, comment *fonder* le projet de réconciliation ?

Quoi qu'il en soit, souvenons-nous de la fin de la formule de saint Thomas d'Aquin évoquée plus haut : si demeure la cause de la rupture de l'amitié, la réconciliation est impossible. La pastorale de la réconciliation suppose précisément une conception réaliste, c'est à la dire à la fois patiente et confiante, de la vertu du temps écoulé. La réconciliation, pour reprendre les mots du *Compendium,* est en effet « un parcours long et difficile, mais pas impossible »[37]. En conservant à l'esprit que la réconciliation n'est pas dissociable de la pénitence, il s'agit parfois, humblement, de poser une pierre d'attente et de demeurer dans la *disposition* de la réconciliation.

---

[37] *Compendium de la doctrine sociale de l'Église,* Rome, Libreria Éditrice Vaticana, Rome, n° 517.

II. La notion de réconciliation au XIXe siècle : approches diplomatique, intellectuelle et mémorielle / Der Versöhnungsbegriff im 19. Jahrhundert: diplomatischer, intellektueller und erinnerunspolitischer Ansatz

Une réconciliation par la séparation ?

Usages de la notion de réconciliation dans le règlement de l'indépendance grecque (1821-1832)

Anne COUDERC

Le terme de réconciliation ne fait pas partie du vocabulaire des relations gréco-ottomanes ni d'ailleurs des relations gréco-turques, même dans les périodes de rapprochement[1]. Pourtant, il n'a pas été absent des discussions et des textes relatifs à la question grecque pendant la guerre d'indépendance entre 1821 et 1832 : deux accords internationaux ont en effet affirmé sa nécessité d'une façon centrale. Il s'agit du protocole russo-britannique de Saint-Pétersbourg sur les affaires de Grèce, signé le 4 avril 1826, et du traité de Londres du 6 juillet 1827 qui proposa une solution internationale à la crise et encadra le processus de création de l'État grec entre 1827 et 1832.

La conception de ces deux textes par certaines des Puissances du Concert européen invite à replacer la question grecque et son internationalisation dans le contexte général de la décennie des années 1820, qui a constitué une indéniable charnière. La période a commencé, dans une Europe organisée selon l'ordre du congrès de Vienne et encore largement soumise à l'influence de la Sainte Alliance, par la répression des

---

[1] La première phase de rapprochement entre la Turquie et la Grèce après la guerre gréco-turque de 1920-1922 fut scellée par le *Pacte d'amitié, de neutralité et d'arbitrage* de 1930, qui ne concerna cependant que le niveau gouvernemental ; la phase qui impliqua d'avantage les sociétés civiles, initiée lors des tremblements de terre qui affectèrent successivement la Turquie et la Grèce en 1999, est généralement décrite en termes de *détente*, de *rapprochement* et de *coopération*. *Cf.* sur ces sujets Gilles BERTRAND, *le conflit helléno-turc*, Paris, Maisonneuve et Larose / Institut français d'Études anatoliennes, 2003 et Ali ÇARKOĞLU et Bary RUBIN (éd.), *Greek-Turkish Relations In An Era of Détente*, Londres et New York, Routledge, 2005, en particulier Ahemt O. EVIN, « Changing Greek Perspectives on Turkey: An Assessment of the post-Earthquake Rapprochement », p. 4-20.

révolutions libérales d'Italie et d'Espagne : répressions menées par les interventions militaires de l'Autriche et de la France, avec l'appui du tsar. Mais la révolte grecque contre le sultan et le conflit sanglant qui s'ensuivit vinrent compliquer le jeu et tendirent les rapports de forces à tous les niveaux des États et des sociétés européennes[2]. La déclaration d'indépendance grecque, en 1822, était en effet attentatoire à l'ordre territorial de l'Europe ; elle mettait en cause la souveraineté du sultan, alors que l'Empire ottoman était intégré à la communauté internationale et lié par des traités aux autres États d'Europe[3]. Au-delà, l'enlisement de la crise grecque, la violence des atrocités commises de part et d'autre, la résurgence d'un foyer révolutionnaire, le développement fulgurant d'un philhellénisme qui embrasa toutes les sociétés, les obstacles au commerce aussi, que les combats sur mer provoquaient, incitèrent les représentants du Concert européen à tenter de trouver des solutions à la crise et à les proposer aux parties en conflit.

Cependant, les intentions étaient contradictoires : alors que le conflit entre les Grecs et les forces du sultan faisait rage, l'opinion publique philhellène, depuis toutes les parts de l'Europe, réclamait de plus en plus fort aux gouvernements d'agir en faveur des Grecs ; mais toute entreprise d'intervention était incompatible avec le respect dû à la souveraineté d'un État indépendant qui ne demandait aucune aide pour faire face à ce qui était, de son point de vue comme du point de vue du droit en vigueur, un conflit intérieur. L'équilibre européen était aussi menacé : la Grande-Bretagne, soucieuse de préserver l'Empire ottoman, craignait de plus en plus que la Russie ne profitât des troubles pour entrer en guerre contre le sultan, ce qu'elle fit en fin de compte, en 1828. Ainsi, les « affaires de Grèce » se caractérisèrent-elles d'emblée par un conflit d'une violence

---

[2] *Cf.* pour des présentations récentes de la guerre d'indépendance grecque Nikos SIGALAS, « Grèce, Guerre d'indépendance » in : François GEORGEON, Nicolas VATIN et Gilles VEINSTEIN (éd.), *Dictionnaire de l'Empire ottoman*, Paris, Fayard, 2015, p. 506–509 et Kostas KOSTIS, *History's Spoiled Children: the Story of Modern Greece*, Londres, Hurst & Co, 2018, chapitre 2.

[3] Anne COUDERC, « L'Europe et la Grèce, 1821-1830. Le Concert européen face à l'émergence d'un État-nation », *Bulletin de l'Institut Pierre Renouvin* n° 42 – Automne 2015, *Du « Concert européen » au concert mondial, 1815-2015*, sous la direction de Jean-Michel GUIEU et Hélène HARTER, p. 47–74. [http://www.cairn.info/revue-bulletin-de-l-institut-pierre-renouvin-2015-2-page-47.htm] ; *cf.* aussi, pour le détail des aspects diplomatiques soulevés par la révolution grecque en Europe, Édouard DRIAULT, *Histoire diplomatique de la Grèce de 1821 à nos jours*, tome 1er *L'insurrection et l'indépendance (1821-1830)*, Paris, PUF, 1925.

Une réconciliation par la séparation ?

extrême sur le terrain et, au niveau européen, par un véritable dilemme qui engendra des tensions entre les Grandes Puissances mais aussi au sein des sociétés, entre les peuples et leurs gouvernements.

Dans ce contexte, quels furent les enjeux de l'usage, restreint mais mis en exergue, de la notion de réconciliation ? Que révèlent les sources sur les acceptions que ses utilisateurs lui donnèrent dans la négociation diplomatique ? Il conviendra de saisir les usages qui en furent faits dans la période mais aussi de tenter de mesurer les intentions des utilisateurs ; en particulier, il s'agira d'évaluer dans quelle mesure la notion affichée de *réconciliation* fournit à ses auteurs un horizon propre à déterminer une solution particulière, au-delà notamment de la classique recherche d'un retour à la « paix » et à la « tranquillité de l'Europe », expression de l'ordre conservateur dans les actes internationaux de la période.

Un sondage des mots employés et des idées couramment répandues à propos du conflit gréco-ottoman sera tout d'abord présenté pour la période étudiée. On recherchera en particulier, autant dans les textes publics grecs, ottomans et européens, les termes qui ont visé à caractériser les relations entre les parties en lutte et la nature des relations qu'un retour à la paix devait permettre d'instaurer. Une deuxième partie sera consacrée à l'usage explicite du mot « réconciliation » dans les sources diplomatiques ; l'accent sera mis sur le contexte, historique et sémantique, d'apparition de ce terme et sur le sens que celui-ci put revêtir dans la recherche de solutions. Le troisième temps de l'étude interrogera les intentions des représentants des chancelleries et questionnera, plus largement, le cadre européen de la réconciliation qui fut producteur de cette notion.

1. Ennemis irréconciliables : le point de vue des parties en lutte

L'usage de la notion de réconciliation, rare mais réel pendant la crise grecque, est à première vue très surprenant. L'idée la plus largement répandue parmi les Grecs – mais aussi dans toute l'Europe philhellène – était bien au contraire qu'il existait, dans la personne du sultan, un ennemi de la civilisation tout entière, conçu et représenté comme irréconciliable. Pendant toute la décennie de la révolution et de la guerre d'indépendance, les Grecs justifièrent en effet leur lutte par l'impossibilité de toute vie commune avec les « Turcs » : leur combat fut vécu et montré comme une guerre à mort qui rendait définitivement incompatible l'occupation d'un même territoire, malgré un long passé de vie commune au sein de l'Empire ottoman.

C'est en ces termes en effet que débute l'*Acte d'indépendance* des Hellènes du 15/27 janvier 1822 :

> « La nation grecque prend le ciel et la terre à témoin que, malgré le joug affreux des Ottomans qui la menaçait d'une *ruine entière*, elle *existe* encore. Pressée par les mesures aussi iniques que *destructives* que ces tyrans féroces, après avoir violé leurs capitulations ainsi que tout esprit d'équité, rendaient de plus en plus oppressives, et qui ne tendaient à rien moins qu'à l'*anéantissement* du peuple soumis, elle s'est trouvée dans la nécessité absolue de courir aux armes pour mettre à l'abri sa propre *conservation*. Après avoir repoussé la violence par le seul courage de ses enfants, elle déclare aujourd'hui devant Dieu et devant les hommes, par l'organe de ses représentants légitimes réunis dans le congrès national, convoqué par le peuple, son indépendance politique. [...] Grecs, vous avez voulu secouer le joug qui pesait sur vous, et vos tyrans *disparaissent* tous les jours du milieu de vous ! »[4].

L'idée ici affirmée est donc que l'existence même des Grecs, leur conservation, ne sont possibles que par la disparition de l'autre : il est frappant que cette déclaration d'indépendance évoque presque plus le régime ottoman que la nation hellène elle-même, sa nature semblant ainsi révélée et définie par antithèse. On peut aussi remarquer dans ce texte que les termes affirmant la différence et l'incompatibilité des deux ennemis ne relèvent pas de l'ethnicité ; des arguments de ce type ne se développèrent que plus tard, dans d'autres évolutions de la question nationale. La définition que les Grecs faisaient d'eux-mêmes pour se distinguer des sujets du sultan relevait plutôt de l'appartenance religieuse, les Chrétiens étant individualisés dans l'Empire ottoman par une organisation particulière, mais surtout de l'identité politique qui, au début du conflit, constituait le point essentiel de leur affirmation en tant que nation. Ainsi le sultan ne symbolisait-il pas un peuple ennemi pour les Hellènes soulevés mais il incarnait la tyrannie, dénoncée explicitement dans la déclaration d'indépendance, contre laquelle l'ensemble des populations chrétiennes de

---

[4] Début de l'*Acte d'indépendance* des Hellènes, Épidaure 15/27 janvier 1822. Traduction publiée par Dufau, in : *Collection des constitutions, chartes et lois fondamentales des peuples de l'Europe et des deux Amériques*, Supplément, chez Pichon et Didier, 1830 et mise en ligne par la Digithèque de l'université de Perpignan, https://mjp.univ-perp.fr/constit/gr1822i.htm. Mots mis en italiques par nous.

l'Empire était invité à s'élever. Et c'est précisément parce qu'elle reposait sur un conflit d'ordre politique que la guerre des Grecs contre le sultan ne souffrait aucune possibilité de compromis puisqu'elle était représentée et vécue comme l'antagonisme entre deux opposés, le droit contre l'arbitraire, la liberté contre la tyrannie. Le progrès de l'un signifiait, par définition, le recul et la destruction de l'autre, ainsi que la Constitution grecque de 1827 l'affirmait à son tour explicitement :

> « La Nation hellène [...] proclame [...] son existence et son indépendance politiques, et pose, comme il suit, les principes fondamentaux de son organisation politique : [...]
> Chapitre II. Du territoire hellène
> 2. L'État hellène est un et indivisible.
> 3. Il se compose d'éparchies [provinces].
> 4. Sont éparchies de l'Hellade toutes celles qui ont pris et qui prendront les armes contre la dynastie ottomane »[5].

Par ailleurs cet indépassable clivage politique présent dans les textes grecs sous-tend aussi la grande majorité de la production littéraire, artistique et historiographique européenne et philhellène, et ce presque jusqu'à nos jours. Ces œuvres, à l'instar de celles de Delacroix ou de Victor Hugo, ont sans doute contribué à essentialiser le conflit, en lui conférant une dimension générale, en accusant sa portée religieuse voire en le racialisant. Leurs représentations, construites sur un dualisme manichéen, évoquent elles aussi des figures d'ennemis radicalement opposés, interdisant toute idée de conciliation et *a fortiori* de réconciliation. Il en va ainsi, pour n'évoquer que les œuvres les plus emblématiques, de *La Grèce sur les ruines de Missolonghi*[6] de Delacroix (Fig. 1). L'allégorie de la Grèce sacrifiée, pâle et blanche, tire une grande partie de son caractère du contraste avec ce qui l'entoure et qui s'oppose à elle : le Maure enturbanné et couvert d'armes, d'or et d'étoffes orientales rougeoyantes, régnant dans un paysage de ruines ensanglantées sur lequel il a planté son étendard. La Grèce apparaît ainsi dans le tableau comme façonnée par la mise en scène

---

[5] *Constitution politique de la Grèce votée par la troisième Assemblée nationale de Trézène le 1ᵉʳ mai 1827*, in : Alexandre SVOLOS (éd.), Τα Ελληνικά Συντάγματα 1822-1975/1986 [*Les constitutions grecques 1822-1975/1986*], Athènes, Stochastis, 1998, p. 135 (traduction AC).

[6] Eugène DELACROIX, *La Grèce sur les ruines de Missolonghi*, 1826, Bordeaux, Musée des Beaux-Arts, n° d'inventaire Bx E 439.

d'une opposition entre civilisation et barbarie, chrétienté et islam, occident et orient, mais aussi blancheur et noirceur.

Fig. 1. Représentation des ennemis irréconciliables : Eugène Delacroix, *la Grèce sur les ruines de Missolonghi* (1826) © Mairie de Bordeaux, Musée des Beaux-Arts, photographie F. Deval.

Et c'est bien aussi sur cette confrontation fondatrice que Victor Hugo construit l'un des poèmes les plus importants des *Orientales*, « Navarin », qui célèbre la destruction de la flotte ottomane par les escadres russe, britannique et française, tout en la mettant en perspective avec les bombardements d'Alger et la libération de ses esclaves chrétiens par Duquesne, sous Louis XIV, en suggérant un antagonisme séculaire :

> « Enfin ! – C'est Navarin, la ville aux maisons peintes,
> La ville aux dômes d'or, la blanche Navarin,
> Sur la colline assise entre les thérébyntes[7],
> Qui prête son beau golfe aux ardentes étreintes
> De deux flottes heurtant leurs carènes d'airain.
>
> Les voilà toutes deux : – la mer en est chargée,
> Prête à noyer leurs feux, prête à boire leur sang.
> Chacune par son dieu semble au combat rangée :
> L'une s'étend en croix sur les flots allongée ;
> L'autre ouvre ses bras lourds et se courbe en croissant.
>
> Ici l'Europe : enfin l'Europe qu'on déchaîne !
> Avec ses grands vaisseaux voguant comme des tours.
> Là, l'Egypte des Turcs, cette Asie africaine,
> Ces vivaces forbans, mal tués par Duquesne,
> Qui mit en vain le pied sur ces nids de vautours ! »[8].

Ces thèmes mis en avant par l'art et la littérature philhellènes rejoignent ceux qu'exprimèrent les Grecs dans leur lutte pour l'indépendance – en partie aussi parce que ceux-ci s'adressaient à l'Europe dont l'aide était espérée. L'antagonisme absolu et la destruction de l'autre comme condition d'existence furent affirmés dans ces œuvres philhellènes autant que dans les textes de la révolution grecque, mais ils étaient désormais portés à l'échelle de toute l'Europe, de toute la civilisation qu'elle incarnait, voire à l'échelle du monde. C'est ainsi que se dessina autour de la question grecque, avec le recul géographique de l'Empire ottoman dans le contexte de la « question d'Orient », une grande ligne de fracture autant imaginée que physique entre le monde chrétien et le monde musulman, entre l'Europe et cet Orient qu'elle avait imaginé et « créé » – pour reprendre les termes d'Edward Saïd[9]. Désormais, par la progressive dissociation des Chrétiens et des Musulmans à l'œuvre pendant la révolution grecque puis au fur et à mesure des indépendances des

---

[7] *Sic.*
[8] Victor HUGO, « Navarin » partie III, *Les Orientales*, Paris, Charles Gosselin, 1829, p. 86–87.
[9] Edward SAÏD, *L'Orientalisme. L'Orient créé par l'Occident*, Paris, Seuil, 1980.

nouveaux États issus de l'Empire ottoman, l'Orient, toujours considéré comme hors de la civilisation, fut de plus en plus exclusivement identifié à l'islam et au monde asiatique : l'essentialisation du combat des Grecs pour leur indépendance, rendant inenvisageable tout germe de réconciliation, contribua à susciter et amplifier, à terme, un antagonisme porté à l'échelle du monde[10].

Dans la logique ottomane aussi, toute idée de réconciliation était sans objet, mais pour d'autres raisons. Celle-ci aurait en effet nécessité de reconnaître dans les Hellènes une entité en capacité de traiter avec le gouvernement du sultan, alors que, sujets ottomans, ils étaient uniquement considérés comme un groupe de révoltés, de ce fait assimilés à des « bandits », et qui plus est comme des « infidèles ». Ils avaient en effet rompu le pacte de soumission qui formait, selon la loi coranique, la condition de leur protection par le souverain musulman après la conquête et leur reddition. Le souverain leur ayant enlevé cette protection du fait de leur révolte, ils retrouvaient dans cette logique leur ancien statut d'infidèles et se trouvaient en état de guerre avec l'Islam ; ceci signifiait concrètement que le souverain, ou son représentant, n'empêcherait pas ses soldats de mettre à sac leurs villes et villages, ni de choisir parmi eux des esclaves, pendant la « reconquête » : c'est ainsi que fut conçue la reprise du Péloponnèse par Ibrahim, fils du pacha d'Égypte appelé à l'aide par le sultan en 1825, ce qui fit dire aux représentants des Grandes Puissances que le conflit en cours était une « guerre d'extermination[11] ». Au contraire d'une réconciliation qui présupposait de fait une négociation des parties menée sur un même pied, le retour à la paix ne pouvait ainsi passer, du point de vue ottoman, que par une soumission des révoltés, suivie d'un éventuel *pardon* du sultan[12].

---

[10] Voir, sur l'accélération de ce processus en 1878, Anne COUDERC, « 1878, guerre russo-turque » in : Pierre SINGARAVÉLOU et Sylvain VENAYRE (éd.), *Histoire du monde au XXe siècle*, Paris, Fayard, 2017, p. 327–330.

[11] Ce terme est explicitement employé dans les deux textes présentés *infra* notes 12 et 13 pour justifier l'intervention des Puissances.

[12] Ce développement reprend la présentation de la logique ottomane développée par Nikos SIGALAS in : Anne COUDERC, Nikos SIGALAS, « Navarin, 20 octobre 1827. Les paradoxes d'une défaite sans guerre », in : Corine DEFRANCE, Catherine HOREL, François-Xavier NÉRARD (éd.), *Vaincus ! Histoires de défaites. Europe, XIXe-XXe siècles*, Paris, Nouveau Monde éditions, 2016, p. 106–129, ici p. 110.

2. La perspective des Grandes Puissances : retrouver les conditions d'une coexistence

Dans cette affaire, la notion de réconciliation fit pourtant bien son apparition pendant le conflit, dans deux actes diplomatiques publics qui exprimaient de façon explicite et centrale un objectif de « réconciliation ». Ce fait est particulièrement remarquable car ces textes furent les piliers du règlement international de la question grecque. Il s'agit en premier lieu du Protocole de Saint-Pétersbourg du 4 avril 1826[13] par lequel la Russie et la Grande-Bretagne s'entendirent pour trouver une solution à la crise grecque qu'elles comptaient présenter, sous la forme d'une médiation, aux deux parties en présence. Le second acte est le traité de Londres du 6 juillet 1827[14], qui reprit presque mot pour mot ce premier texte et qui fut signé et appliqué, au nom de toutes les Puissances du Concert européen, par la France, la Grande-Bretagne et la Russie. Il a jeté les bases d'une solution internationale à la crise et a fourni, entre 1827 et 1832, le cadre juridique du processus de création et de reconnaissance de l'État grec. Après un préambule affirmant le caractère international et européen de la solution proposée, le traité affirmait dès son premier article un objectif de réconciliation :

> « S. M. le roi de France et de Navarre et S. M. le roi du Royaume Uni de la Grande-Bretagne et d'Irlande, ayant d'ailleurs reçu de la part des Grecs l'invitation pressante d'interposer leur médiation auprès de la Porte ottomane, et étant, ainsi que S. M. l'empereur de toutes les Russies, animées du désir d'arrêter l'effusion de sang et de prévenir les maux de tout genre que peut entraîner la prolongation d'un tel état de choses, ont résolu de combiner leurs efforts et d'en régler l'action par un traité formel, dans le but de rétablir la paix entre les parties contendantes, au moyen d'un arrangement réclamé autant par un sentiment d'humanité que par l'intérêt du repos de l'Europe.

---

[13] *Protocole relatif aux affaires de la Grèce, signé à Saint-Pétersbourg, le 4 avril 1826*, AMAE, 22MD (Mémoires et documents Grèce) n° 11 ; *cf.* entre autres publications, Georg Friedrich von MARTENS, Frédéric SAALFELD, *Nouveau recueil de traités d'alliance, de paix, de neutralité [...] et de plusieurs autres actes servant à la connaissance des relations étrangères des puissances et États de l'Europe [...] depuis 1808 jusqu'à présent [...]*, tome VII, 1ère part. (1820-1827), Göttingen, Dieterich, 1829, p. 41–44.

[14] *Traité pour la pacification de la Grèce conclu entre l'Angleterre, la France et la Russie et signé à Londres le 6 juillet 1827 avec un article additionnel en date du même jour*, AMAE, 22MD n° 11 ; *cf.* entre autres nombreuses publications, Gabriel NORADOUNGHIAN, *Recueil d'actes internationaux de l'Empire ottoman*, Paris, F. Pichon, 1897-1903, t. 1, p. 130–134.

> À ces fins, elles ont nommé leurs plénipotentiaires pour discuter, arrêter et signer ledit traité, [...] lesquels, après s'être communiqué leurs pleins pouvoirs, trouvés en bonne et due forme, sont convenus des articles suivants :
> Art. 1er
> Les puissances contractantes offriront à la Porte ottomane leur médiation, dans la vue d'amener une réconciliation entre elle et les Grecs »[15].

Le traité de Londres scella donc un accord entre les Puissances pour proposer à la Porte une médiation qui, à terme, aboutit à la formation de l'État grec[16]. La solution contenue dans le traité de Londres pour parvenir à une « réconciliation » prévoyait de permettre aux Grecs de se regrouper dans un territoire relevant toujours de l'Empire ottoman mais bénéficiant d'une large autonomie – le principe de l'indépendance n'ayant été retenu que plus tard, en 1830. Cette solution de 1827 avait un précédent, celui de la Serbie qui s'était soulevée à deux reprises entre 1805 et 1815 et pour laquelle un statut d'autonomie avait été admis par le sultan en 1816, ce qui avait permis le retour à la paix tout en maintenant l'intégrité territoriale de l'Empire. Mais en 1827 la Porte refusa catégoriquement la médiation des Puissances et résista ; la solution du traité de Londres lui fut finalement imposée par la force, après la bataille de Navarin de 1827 et à l'issue de la guerre russo-ottomane de 1828-1829.

L'emploi explicite de la notion de « réconciliation » exprima ainsi exclusivement la position des chancelleries européennes, sans refléter celle des Grecs ou des Ottomans, ni même celle de l'opinion publique philhellène. Qui fut l'auteur de l'introduction de ce mot ? Il était *a priori* russe ou britannique, puisque le protocole de 1826, dans lequel on compte trois occurrences du terme en moins de deux pages, était le prototype du traité de Londres de 1827. Or l'enquête dans les archives[17] a montré que l'emploi du terme a été relativement fréquent dans les discussions diplomatiques qui ont précédé la signature de ce protocole. En

---

[15] *Ibid.*
[16] Couderc, « L'Europe et la Grèce... », art. (note 3), p. 66–67.
[17] L'enquête a principalement été menée dans les fonds du MAE, 22MD (Mémoires et documents Grèce) n° 8 [1821 à 1826], 53MD (Mémoires et documents France) n° 699, 721 à 723 (pour le congrès de Vérone, 1822), 8CP (Correspondance Politique Angleterre) n° 615 à 621 (1822-1827), et, en ligne, dans les fonds du Foreign Office relatifs à la crise grecque : Public Record Office, Kew-FO Various Ministers' and Officials' Papers/Canning, George. Memoranda on policy towards Greece, 800/230 (1824-1826) et 800/231 (1826-1827).

Une réconciliation par la séparation ? 105

remontant dans la correspondance diplomatique, il a été possible d'identifier l'important mémoire *Sur la pacification de la Grèce* produit par le cabinet de Russie le 9 janvier 1824 comme étant certainement le premier document à appliquer cette notion de réconciliation à la question gréco-ottomane[18]. Les propositions que ce mémoire contenait pour la crise grecque ne furent pas retenues par les autres Puissances mais il n'en fut pas moins le point de départ de la réflexion qui conduisit au protocole de Saint-Pétersbourg et au traité de Londres. Ce mémoire russe de janvier 1824 a en effet fourni une sorte de cadre de référence à la recherche d'une solution internationale ; il fut repris et discuté par les ministres des Cours européennes de Metternich à Canning, qui réutilisèrent à leur tour le terme de « réconciliation ». Leur correspondance constitue ainsi un petit corpus de textes diplomatiques échelonnés de 1824 à 1826 mentionnant à la suite des diplomates du tsar la « réconciliation » comme but à atteindre. Son étude permet de sonder le sens que la notion pouvait revêtir pour des diplomates et des hommes d'État européens confrontés à la crise grecque.

Le long mémoire russe de janvier 1824, qui prenait en considération l'ensemble de la crise internationale engendrée par la révolution grecque, annonçait un double objectif, qui devait selon son auteur atteindre deux réconciliations successives.

Le mémoire faisait tout d'abord allusion aux vives tensions que l'insurrection grecque de 1821 avait occasionnées dans les complexes relations russo-ottomanes. Le soulèvement hellène avait en effet commencé en Moldavie et en Valachie, principautés danubiennes relevant de l'Empire ottoman mais en partie investies par la Russie depuis 1812 ; or, dès le soulèvement dans ces provinces, la Porte y avait envoyé des troupes et mené la répression contrairement aux accords en vigueur ; la Russie avait alors rappelé son ambassadeur à Constantinople et l'Empire ottoman avait de son côté pris des mesures restrictives contre le commerce et la navigation des bâtiments russes dans ses eaux. La Grande-Bretagne, qui

---

[18] AMAE, 22MD/8, *Mémoire du cabinet de Russie sur la pacification de la Grèce*, 9 janvier 1824, f° 27 *sqq*. Le mémoire fut expédié par Nesselrode aux gouvernements alliés ; l'auteur n'est jamais désigné plus précisément dans les sources ni dans la publication détaillée des sources diplomatiques russes de Grégoire YAKSCHITCH « La Russie et la porte ottomane de 1812 à 1826 », trois livraisons dans la *Revue Historique*, ici deuxième livraison, tome 93 fasc. 2, 1907, p. 283–310, notamment p. 285. Édouard DRIAULT l'attribue quant à lui explicitement à Nesselrode, (note 3), p. 223.

redoutait une nouvelle guerre russo-turque, joua avec succès un actif rôle de médiation pour résoudre ces tensions[19]. Or c'est dans la perspective d'un rétablissement des relations diplomatiques que l'auteur du mémoire russe de 1824 utilisa d'abord le terme de « réconciliation » :

> « Dès que l'Empereur eut appris à Czernovitz que l'habileté et l'énergie de Lord Strangford avaient triomphé des longues hésitations du Divan, et que le commerce de la Mer Noire allait enfin être délivré des entraves qui en avaient presque interrompu le cours, il se hâta de prendre une première mesure de réconciliation. Sa majesté impériale envoya le Conseiller d'État actuel Miniaky à Constantinople et fit déclarer que si les Turcs tenaient leurs promesses par rapport à la liberté de leur navigation et s'ils complétaient l'évacuation des Principautés du Danube, aussitôt un Ministre de Russie reparaîtrait dans la capitale de leur Empire »[20].

La « réconciliation » entre la Russie et l'Empire ottoman apparaît conçue, dans ce cas de figure, comme un simple retour à la situation antérieure ; elle devait signifier pour l'auteur la reprise des relations diplomatiques dans un cadre juridique de reconnaissance mutuelle. Or ce cadre avait été précisément désigné, au cours de la dispute internationale qu'avait occasionnée la crise grecque, comme l'appareil ayant permis jusque-là une « coexistence » des Puissances européennes et de l'Empire ottoman. La lecture des sources révèle en effet l'importance fondamentale de la notion de « coexistence » pour comprendre celle de « réconciliation » dans les usages diplomatiques de la période. Ainsi, lors de la rupture des relations russo-ottomanes en 1821, le tsar avait-il invité les autres Puissances « à soutenir de leur coopération morale et matérielle les mesures que la Russie se verrait forcée de prendre si la Porte [...] violait les conditions de sa coexistence avec les États de l'Europe chrétienne et civilisée »[21]. Cet argument fut repris non sans ironie par les diplomates ottomans eux-mêmes, dans une réponse à Lord Strangford qui leur avait été envoyé par Canning en juillet 1822 pour négocier les conditions du retour d'un ambassadeur russe dans l'Empire ottoman :

---

[19] *Cf.* sur la rupture des relations diplomatiques entre la Russie et l'Empire ottoman, DRIAULT, Histoire diplomatique (note 3), p. 131-221.
[20] *Mémoire du cabinet de Russie, op. cit.*, f° 27.
[21] Mémoire récapitulatif russe de 1826 reproduit in : YAKSCHITCH, «La Russie» (note 18), seconde livraison, p. 6.

> « La Russie a déclaré que la conduite de la Porte, de l'avis de toutes les puissances alliées, rendait désormais impossible sa *coexistence* en Europe. Et maintenant nous devons prier la Russie d'envoyer un ministre à Constantinople et lui demander comme une faveur de montrer ainsi à l'Europe qu'elle daigne nous juger dignes de *coexister* avec elle ! »[22].

La réconciliation qu'invoquait en premier lieu le mémoire russe de 1824 était donc pensée comme le retour à une situation antérieure de coexistence, définie sur la base légale des traités.

Le second objectif présenté dans le mémoire russe était de trouver une solution à la question grecque elle-même ; c'était la première tentative du genre, car les Puissances avaient jusque-là attendu que le sultan réglât lui-même la question, en l'incitant seulement à la modération. Or, sur ce point aussi, le terme de « réconciliation » apparaît une seconde fois dans le mémoire, d'une façon plus développée : le retour pur et simple à la situation antérieure de cohabitation[23], ne semblait, dans ce deuxième cas, plus possible à envisager :

> « Puisqu'une négociation tendante [*sic*] à réconcilier la Turquie avec la Grèce paraît indispensable et que par conséquent on doit se préparer à l'ouvrir, il semble naturel d'examiner quels peuvent être les besoins, les convenances et les vœux légitimes des Turcs ainsi que des Grecs, afin de combiner des propositions que les uns et les autres aient raison d'accepter.
> Or, il est évident que les Turcs ne consentiraient jamais à reconnaître l'indépendance politique de la Grèce, sous quelque forme que ce fût.
> Il n'est pas moins évident que, de leur côté, les Grecs ne consentiraient jamais à rentrer dans la position où ils étaient à l'égard de la Porte avant la guerre.
> C'est donc dans un terme moyen que se trouve la solution du problème ; et nul doute que si ce terme moyen est justifié par des exemples, s'il permet de démontrer aux Turcs qu'en y accédant ils se borneraient à faire des concessions qu'ils ont faites dans les mêmes circonstances et aux Grecs, que

---

[22] Conférence à Constantinople du 27 juillet 1822, citée in : DRIAULT, Histoire diplomatique (note 3), p. 180. En italiques dans le texte.

[23] Terme employé par le ministre des Affaires étrangères et chef du gouvernement français Richelieu, commentant en marge les instructions du ministre britannique Castlereagh à son ambassadeur à Constantinople datées du 28 octobre 1821 : « Et ces deux peuples, qui sont dans un tel état d'irritation et d'hostilité peuvent-ils être ramenés à cohabiter paisiblement la même terre ? », cité in : DRIAULT, Histoire diplomatique (note 3), p. 162.

par leur adhésion, ils obtiendraient tout ce qu'ils ont droit d'obtenir, on se ménage les meilleures chances de succès. [...] ».

« Tels sont les principes d'après lesquels le cabinet de Russie pense qu'on pourrait procéder à la pacification de la Grèce, et il lui paraît possible de prouver que, sagement appliqués, ces principes concilieraient les intérêts bien entendus des Turcs, des Grecs, et de l'Alliance européenne »[24].

Ainsi, après le constat selon lequel il n'existait pas de retour possible à la situation d'origine, la « réconciliation » souhaitée devait donc résulter d'une tentative de « conciliation » par l'acceptation de « concessions » mutuelles.

Cette fin de réconciliation fut reprise, à partir de ce mémoire de 1824, par les chefs de gouvernement et diplomates des Puissances du Concert européen, en en liant le sens, comme dans ce mémoire, à ceux de « conciliation », terme juridique régulièrement employé dans les sources depuis le début de la crise, et de « compromis » ou de « concessions ». Une dépêche du 17 avril 1824 du cabinet de Vienne à son ambassadeur à Saint-Pétersbourg, le comte de Lebzeltern, reprit ainsi l'idée que ce projet russe « concilierait les intérêts bien entendus des Turcs, des Grecs et de l'Alliance européenne »[25], et par ailleurs une lettre de Canning au secrétaire du gouvernement provisoire de la Grèce du 1er décembre 1824 mentionnait le projet russe de réconciliation comme un « projet de compromis »[26]. Bref : les occurrences du terme de « réconciliation », apparemment inexistantes pour la Grèce avant 1824, furent récurrentes et commentées à plusieurs reprises dans la correspondance diplomatique à partir du mémoire russe, jusqu'à figurer dans le traité du 6 juillet 1827 qui fixa la feuille de route des Grandes Puissances pour régler la crise gréco-ottomane. Cependant, force est de le constater : l'emploi du mot ne fut accompagné d'aucune réflexion explicite autour de ce qu'il pouvait signifier au-delà d'une solution la plus proche possible de la situation antérieure. La « réconciliation » des sources diplomatiques avait bien pour but d'éviter de donner toute signification nouvelle à la relation des parties en conflit. À ce titre, il est intéressant que la notion ait été reçue

---

[24] *Ibid.*, f° 31 verso.

[25] AMAE 22MD/8, dépêche du cabinet de Vienne à son ambassadeur à Saint-Pétersbourg, le comte de Lebzeltern, 17 avril 182[4] [erreur de datation dans la copie du MAE, corrigée dans la table des matières].

[26] AMAE 22MD/8, traduction d'une lettre de M. Canning au secrétaire du gouvernement provisoire de la Grèce, 1er décembre 1824.

de cette façon aussi en Grèce même : la version en grec du protocole de Saint-Pétersbourg de 1826 et du traité de Londres de 1827 traduit le terme de « réconciliation » non par celui que l'on utilise de nos jours en grec, qui renvoie à l'idée d'une instauration de l'« amitié »[27], mais bien par un terme renvoyant à la « conciliation » et au « compromis »[28]. Sans nul doute cette acception dans le français diplomatique, confirmée par sa traduction en grec, permet-elle de conclure que la réconciliation désignait, dans la période considérée, un simple retour à une situation de coexistence qui avait précédé le conflit ou, à défaut, une nouvelle forme de coexistence, la plus proche possible de la situation antérieure et rendue réalisable par des concessions mutuelles.

Mais pourquoi, alors, le terme de « réconciliation » jusqu'alors absent des textes diplomatiques au sujet de la Grèce fit-il ainsi irruption en 1824 et que put représenter son apparition dans la correspondance et les actes des Grandes Puissances de l'Europe ? La réponse est à rechercher dans ce que cette notion put avoir de nouveau pour les Grandes Puissances elles-mêmes.

3. Les enjeux européens de la réconciliation

Nous avons vu qu'après plusieurs années d'un attentisme justifié par le respect des traités et le souci du maintien de bonnes relations avec l'Empire ottoman, pendant lesquelles les Grandes Puissances avaient espéré que le sultan et les Grecs viendraient à bout de leur conflit par la « conciliation », elles décidèrent progressivement d'intervenir et qualifièrent alors le résultat recherché de leur intervention par ce terme de « réconciliation ». La question même d'intervenir – ou pas – avait été, à

---

[27] Le mot dans la langue grecque contemporaine pour désigner la réconciliation est συμφιλίωση [symphiliosi], littéralement « mise en place de l'amitié mutuelle » ; ce terme, dont les racines remontent au grec hellénistique, existait donc théoriquement au XIXe siècle, mais les attestations de son usage sont plus récentes. Je remercie Sophie Vassilaki de m'avoir confirmé ce dernier point.

[28] Traduction reproduite dans Alexandre SOUTZO, *Recueil des documents authentiques relatifs au droit public extérieur de la Grèce*, 1858, p. 4, 6 et 18. La traduction de « réconciliation » y est συνδιαλλαγή [syndiallagí], « conciliation », dont la racine repose sur la notion d'échange. Le dictionnaire de référence de la langue grecque de Georges BABINIOTIS définit ce terme comme le « fait de trouver une solution à un problème qui a opposé deux ou plusieurs parties, en général par des concessions mutuelles ».

propos des révolutions des premières années de la décennie, une source de discorde entre les Puissances et la question grecque avait à son tour occasionné des tensions au sein même des sociétés européennes, en particulier entre mouvements philhellènes et gouvernements conservateurs. La réconciliation paraît donc avoir été, pour les représentants des Grandes Puissances, ce qui devait caractériser les nouvelles formes de leur action, le but de leur politique, précisément lorsqu'elles entreprirent de concevoir une intervention combinée.

Ainsi les instructions que Canning donna au duc de Wellington, chargé d'aller négocier le protocole russo-britannique à Saint-Pétersbourg en 1826, montrent – s'il en est besoin – combien ses motivations dépassaient la question du conflit entre Grecs et Ottomans :

> « Il faut s'attendre à ce que la simple question de l'équilibre des pouvoirs, qui n'avait pas suffi, en 1791, à inciter le Parlement à contrôler les progrès de la Russie vers la Turquie avant que le nom de Grèce ait été entendu dans l'histoire moderne récente, réconcilierait désormais le Parlement avec une alliance active avec la Turquie, impliquant, dans ses conséquences, l'hostilité non seulement envers la Russie, mais envers les Grecs »[29].

C'était bien la paix entre les Puissances mais aussi la paix intérieure britannique qui était en jeu dans cette alliance avec la Russie. Trouver une solution de compromis tendait ainsi à réconcilier l'Europe elle-même, après les importantes tensions intérieures et internationales apparues dans les années 1820.

Enfin, il faut s'interroger sur la teneur du compromis qui devait, pour Canning comme pour le tsar, rejoints l'année suivante par la France, permettre le retour à la paix de l'Europe. Son but premier était explicite pour tous : l'établissement « d'un ordre des choses », un ordre européen durable, ainsi que l'affirmait une note française commentant le protocole anglo-russe du 4 avril :

---

[29] Public Record Office/F. O. 800/231, f° 14, *Instructions given to the Duke of Wellington, proceeding to St Petersburgh, in February, 1826* signé Canning : « It is to be expected that the simple question of balance of power, which was insufficient, in the year 1791, to induce the Parliament to check the progress of Russia towards Turkey before the name of Greece had been heard in recent modern history, would now reconcile Parliament to an active alliance with Turkey involving, in its consequences, hostility not only to Russia, but to the Greeks ».

« L'avenir [...] ne pourra être assuré qu'au moyen de l'établissement d'un ordre des choses dans les lieux auxquels il devra être appliqué, qui offrira aux deux parties en opposition un espoir fondé de stabilité. Pour atteindre ce but, tout genre d'illusions sur les hommes et sur les choses, toutes les vues secondaires ou d'un intérêt étranger au but de la pacification et aux parties qu'il s'agira de réconcilier, devront être écartés des conseils des Puissances ; la justice et la prudence devront seuls leur servir de guides »[30].

Cet ordre européen était fondé sur les conceptions politiques largement partagées dans l'Europe des restaurations :

« Assurer, sans effusion de sang, les droits de l'humanité, régler, pour de longues années, des relations qui, dans leur ancien état, si on parvenait à les rétablir, occasionneraient par la force des choses, d'autres réactions non moins déplorables, paralyser l'influence des révolutionnaires dans toute la Grèce, consolider et compléter la paix du monde, tel aurait été l'ouvrage de l'Alliance et sa gloire serait une des plus utiles et des plus belles que la Providence divine puisse accorder aux Monarques et à leurs Gouvernements »[31].

L'intervention européenne dans les Affaires de Grèce visait donc à l'étouffement du ferment révolutionnaire qui non seulement s'était levé dans cette partie de l'Empire ottoman, mais qu'entretenaient les volontaires libéraux venus en renfort du reste de l'Europe après l'écrasement des révolutions italiennes et espagnole. En lui-même, ce but de stabilité dans la paix à conclure impliqua déjà une vigoureuse intervention dans l'organisation politique des Grecs, issue d'une révolution qui avait proclamé une république. De façon concrète, l'application du traité du 6 juillet 1827 déboucha sur la décision d'installer, à la tête de l'entité grecque à créer, un prince issu d'une famille régnante européenne, dont l'autorité ne fut pas même tempérée par un texte constitutionnel.

L'ordre européen que les Puissances s'imposèrent impliquait aussi une intervention dans l'ordre intérieur ottoman : la conception d'une paix durable était européenne alors que l'Empire ne pouvait la considérer que comme une trêve dans la guerre sainte. Elle signifiait ainsi la fin de l'ordre ottoman fondé sur la loi islamique et concluait un processus déjà engagé depuis l'époque moderne[32].

---

[30] AMAE, 22MD/8, *Note sur les affaires de Grèce*, 1826. Il s'agit d'un commentaire français du protocole anglo-russe de 1826, après sa communication à Paris.

[31] *Ibid.*

[32] Gilles Veinstein, *Histoire turque et ottomane*, résumés des cours professés au Collège de France, année 2005-2006, *La diplomatie ottomane en Europe. I. Les*

Surtout, la solution proposée par les Puissances, qui était de créer un territoire grec autonome dans l'Empire ottoman, visait explicitement à obtenir une réconciliation par la « séparation entière des individus des deux nations »[33]. Le compromis ainsi envisagé était en soi extrêmement habile : sans doute lourd de conséquences à long terme, il permit à tous les acteurs de surmonter la crise et d'accéder à une solution. Il n'y était en effet pas question de séparation de deux nations, impossible à admettre par le sultan et contrevenant à la politique de *statu quo* en Europe : comme, seule, une autonomie des Grecs était initialement prévue, les « deux nations » restaient ensemble dans l'Empire ottoman, qui en théorie n'était donc pas atteint dans sa structure. Les individus uniquement étaient séparés, par le regroupement des Hellènes sur un territoire qui, en droit, devait rester ottoman. Chacune des deux parties invitées à faire des concessions recevait ainsi une satisfaction partielle, et leur coexistence était maintenue au sein de l'Empire : les représentants des Puissances eurent ainsi beau jeu d'affirmer au gouvernement ottoman que rien ne serait changé par rapport à la situation antérieure[34].

Cette solution de « réconciliation » entérinait pourtant, du fait du compromis que représentait la séparation des individus, l'impossibilité d'envisager une future vie commune : par là-même elle validait, en satisfaisant aux revendications des Grecs, le principe de dissociation des différentes composantes de la société ottomane et balkanique qui depuis des siècles avaient vécu ensemble. Elle contribua à la transformation de l'ordre social qui prévalait encore au début du XIXe siècle dans cette région d'Empire et à la renégociation des rapports entre les différentes parties de la société ottomane en cours de nationalisation.

Conclusion

Ces dernières constatations invitent, en conclusion, à envisager la notion de réconciliation dans les années 1820 comme un horizon d'action

---

fondements juridiques, p. 6. Consultable sur https://www.college-de-france.fr/site/gilles-veinstein/index.htm.

[33] Protocole de Saint-Pétersbourg du 4 avril 1626, (note 13) et Traité de Londres du 6 juillet 1827, (note 14).

[34] *Protocole d'une conférence entre le Reis Efendi et les représentants de France, d'Angleterre et de Russie tenue à la Sublime Porte le 24 novembre 1827 pour la question grecque*, in : Noradounghian, Recueil d'actes (note 14), p. 144–160, en particulier p. 151.

de l'Europe et pour l'Europe elle-même : la « réconciliation » apparut dans les textes que produisirent les Puissances au moment où celles-ci tendirent à surmonter, par des compromis, la désunion qu'avait entraînée la crise des révolutions libérales et où elles cherchèrent à apporter une réponse concertée et commune aux grandes affaires européennes. Introduite par les Puissances à l'intérieur de l'espace et du monde ottoman, cette politique de réconciliation, par les concessions mutuelles qu'elles y imposèrent et qui tendirent à faire coexister l'ancien ordre de l'Empire et le nouvel ordre des nations, le transforma en contribuant à la progressive dissociation de ses parties.

Mais la réconciliation contribua tout autant à la transformation de l'ordre européen lui-même. En tant que solution offerte à l'Europe tout entière, elle fut en effet la réconciliation – soit la conciliation permettant la coexistence – du conservatisme, issu de la Sainte Alliance, et d'un certain libéralisme modéré, incarné par la politique britannique. L'État grec, autonome puis déclaré indépendant en 1830, fut progressivement reconnu par l'Europe mais en tant que monarchie absolue de droit divin. Un nouvel équilibre européen fut ainsi trouvé à partir du règlement de l'indépendance grecque où le libéralisme politique, savamment combiné au conservatisme monarchique encore dominant, entrouvrit la porte, sous certaines conditions, à la possibilité d'émergence de nouvelles nations.

Les mots de la conciliation germano-tchèque avant et après 1848

Hélène LECLERC

La révolution de 1848/49 constitue un moment charnière, un tournant[1] des relations entre Tchèques et Allemands en Bohême, scellant la rupture entre les deux nationalités qui se tournent dorénavant vers des options politiques divergentes voire antagonistes. D'après l'historien Jan Křen, qui a forgé le concept de « communauté conflictuelle » [konfliktní společenství / Konfliktgemeinschaft], le conflit de nationalités *stricto sensu* ne se cristallise en Bohême véritablement qu'à partir de 1848[2]. L'année de la révolution s'accompagne à ses débuts de l'accord de libertés politiques, dont celle de la presse le 15 mars 1848, et permet aux différentes nationalités de la monarchie autrichienne d'exposer leurs revendications. Les Tchèques, sous l'égide de l'historien František Palacký (1798-1876), définissent alors un programme politique, qui entraîne *de facto* la rupture entre Allemands et Tchèques. Ce programme est celui de l'austroslavisme, fondé sur le refus de l'intégration des Pays tchèques dans un État national allemand et sur le maintien de l'Autriche, qu'il s'agit cependant de réformer afin de tenir compte des différentes nationalités[3], tandis que les Allemands de Bohême se partagent progressivement entre partisans

---

[1] Voir Hans Peter HYE, « 1848/49: Die Wende in der Habsburger Monarchie », in : Detlef BRANDES, Dušan KOVÁČ, Jiří PEŠEK (éd.), *Wendepunkte in den Beziehungen zwischen Deutschen, Tschechen und Slowaken 1848-1989*, Essen, Klartext, 2007, p. 37–84.

[2] Jan KŘEN, *Die Konfliktgemeinschaft: Tschechen und Deutsche 1780-1918*. Aus dem Tschechischen von Peter Heumos, Munich, Oldenbourg, 1999. Par cet oxymore, l'historien tchèque tente d'appréhender la relation complexe qui unit les Allemands aux nations d'Europe centrale. Selon lui, l'Europe centrale formait à partir du XVIIIe siècle une communauté historique avec les Allemands, même si ce lien, qu'il décrit comme « organique », fut bouleversé maintes fois par des conflits et antagonismes qui culminèrent dans les deux guerres mondiales (p. 12).

[3] Sur l'austroslavisme, voir notre synthèse : Hélène LECLERC, « Le Dualisme ou la fin de l'austroslavisme ? », in : Thierry CARPENT (éd.), *Nation, nationalisme(s),*

d'une Grande Allemagne et défenseurs d'une Autriche indépendante de l'Allemagne. À un discours bohémiste[4], c'est-à-dire visant à intégrer Tchèques et Allemands, tous considérés comme des Bohèmes [Böhmen], au sein d'une même nation bohème, discours encore prédominant avant 1848, succèdent à présent des discours nationalistes de moins en moins enclins à la conciliation.

Cette contribution s'appuie sur un certain nombre de résultats présentés dans une recherche précédente consacrée au discours bohémiste et aux motifs et stratégies de conciliation développés par des écrivains allemands de Bohême, notamment dans le discours littéraire, dans les années 1815 à 1848[5]. Elle propose de prolonger l'analyse, non seulement en élargissant le cadre chronologique et en s'intéressant à l'après 1848, mais aussi en considérant d'autres types de sources. Il s'agira d'évaluer la dimension de tournant de l'année 1848 également à l'aune de l'usage qui est fait des concepts de conciliation ou réconciliation ou du champ lexical dont ils relèvent.

1. Méthode et sources

Méthodologiquement, une analyse de discours portant sur l'ensemble de la presse allemande et tchèque en Bohême autour de 1848 serait

---

identité(s). *Les rapports des Allemands d'Autriche-Hongrie avec les autres nationalités de l'Empire et les Allemands du Deutsches Reich (1867-1918)*, Nancy, CEGIL, coll. Le Texte et l'Idée, 2012, p. 75–87.

[4] On peut définir brièvement le bohémisme avec Steffen Höhne comme « un modèle d'intégration dans les Pays tchèques qui tente de dissiper les divergences et intérêts nationaux des Tchèques et des Allemands au profit d'un patriotisme territorial supranational et qui, pour cela, part du principe de l'égalité des habitants de Bohême d'ascendance tchèque et allemande, égalité comprise au sens d'une égalité de droits et qui s'exprime aussi, même si ce n'est pas de façon prioritaire, au niveau linguistique », Steffen HÖHNE, « Böhmische Utopien: Der Bohemismus-Diskurs in der Zeit der Restauration », in : Walter KOSCHMAL, Marek NEKULA, Joachim ROGALL (éd.), *Deutsche und Tschechen. Geschichte, Kultur, Politik*, Munich, Beck, 2003, p. 625.

[5] Hélène LECLERC, *Une littérature entre deux peuples. Écrivains de langue allemande en Bohême 1815-1848*, Toulouse, Presses Universitaires du Mirail, 2011. L'étude porte principalement sur un groupe d'écrivains et publicistes qui se sont positionnés en médiateurs entre Allemands et Tchèques : Karl Egon Ebert, Wolfgang Adolf Gerle, Karl Viktor Hansgirg, Moritz Hartmann, Carl Herloßsohn, Uffo Horn, Siegfried Kapper, Leopold Kompert, Alfred Meißner, Josef Wenzig.

pertinente[6], mais elle dépasserait le cadre limité de cet article. L'étude se concentrera donc sur un échantillon de textes représentatifs et sur le courant bohémiste, plus particulièrement sur l'héritage, la circulation et la transmission des idées du philosophe, mathématicien et professeur de religion pragois Bernard Bolzano (1781-1848) chez quelques écrivains et intellectuels qui présentent la caractéristique d'avoir proposé une réflexion sur la problématique du conflit germano-tchèque, voire des solutions (Fig. 1). Elle portera sur le lexique de la conciliation et sur les inflexions relevées dans les textes sélectionnés. Seront étudiées les cinq personnalités et sources suivantes :

> Le comte Joseph Mathias Thun (1794-1868), auteur de la célèbre formule souvent utilisée pour définir le bohémisme : « Ni Tchèque, ni Allemand, mais Bohème ». En 1845, il publie la brochure *Der Slawismus in Böhmen*[7] [Le slavisme en Bohême] dans laquelle il défend le mouvement national tchèque, qu'il distingue du panslavisme[8]. Il rejette le qualificatif de « Čechomanie », qui devient populaire dans la presse du *Vormärz* pour disqualifier le nationalisme tchèque jugé outrancier et radical, donc illégitime, et reproche aux Allemands leurs tendances germanisatrices.

> L'écrivain allemand de Bohême Karl Egon Ebert (1801-1882), qui publie en mai 1848 dans le journal pragois *Bohemia* un long article intitulé « Wohlgemeinte Worte zur Lösung der Mißverständnisse zwischen den Deutschen und den Slawen in Böhmen[9] ». [Paroles

---

[6] La thèse d'Adéla Hall consacrée à un autre tournant des relations germano-tchèques que furent l'année 1897 et les décrets Badeni fournit un bel exemple : Adéla HALL, *Deutsch und Tschechisch im sprachenpolitischen Konflikt: eine vergleichende diskursanalytische Untersuchung zu den Sprachenverordnungen Badenis von 1897*, Francfort/M., Peter Lang, 2008.

[7] Joseph Mathias Graf von THUN, *Der Slawismus in Böhmen*, Prague, J. G. Calve'sche Buchhandlung, 1845.

[8] Le panslavisme était fondé sur l'idée d'une nation slave unique qui serait placée sous la tutelle de la Russie. Les représentants du mouvement national tchèque avaient pris leurs distances vis-à-vis de la Russie dès 1831, au moment de la répression du soulèvement polonais, mais l'amalgame entre panslavisme et nationalisme tchèque était alors répandu et visait à discréditer le mouvement national tchèque. Les Hongrois en particulier agitaient volontiers ce spectre.

[9] Karl Egon EBERT, « Wohlgemeinte Worte zur Lösung der Mißverständnisse zwischen den Deutschen und den Slawen in Böhmen », in : Franz KLUTSCHAK, *Bohemia*, Prag, Gottlieb Haase, 1843-1848, ici n° 79–82, 18–22 mai 1848. Ebert fait partie de ces écrivains de langue allemande en Bohême qui contribuèrent à la

bien intentionnées afin de résoudre les malentendus entre Allemands et Slaves en Bohême].

Le comte Leo Thun (1811-1888), futur ministre de l'Instruction de l'ère Bach de 1849 à 1860, auteur en 1842 d'un volume intitulé *Über den gegenwärtigen Stand der böhmischen Literatur*[10] [De l'état actuel de la littérature tchèque], qui est une défense de la littérature en langue tchèque, puis en 1849, donc après la révolution dont il dresse le bilan pour la monarchie autrichienne et le problème germano-tchèque ou germano-slave, de *Betrachtungen über die Zeitverhältnisse insbesondere im Hinblick auf Böhmen* [Considérations sur les circonstances actuelles, en particulier en Bohême], qui est présenté comme une traduction depuis le tchèque[11]. C'est sur ce deuxième texte que se concentrera l'analyse.

Joseph Wenzig (1807-1876), qui publie en 1860 *Grundideen der Erziehung im nationalen Charakter*[12] [Fondements pour une éducation respectant le caractère national]. Wenzig est encore connu aujourd'hui pour être l'auteur de deux livrets d'opéra du compositeur tchèque Bedřich Smetana. Issu d'une famille germanophone pragoise, il s'est illustré à la fois comme écrivain, traducteur, défenseur de la langue et de la culture tchèques et comme pédagogue.

Le scientifique tchèque Jan Evangelista Purkyně (1787-1869), auteur en 1867, soit au moment de la conclusion du Compromis austro-hongrois, douloureusement vécu par les Tchèques qui espéraient une solution trialiste tenant compte des Tchèques et non des seuls Hongrois, d'une brochure publiée en tchèque et en allemand, *Austria polyglotta*[13].

---

redécouverte du passé mythologique tchèque ; son épopée *Wlasta*, publiée en 1829, fit alors sensation. Pour une analyse complète de cet article, voir LECLERC, *Une littérature entre deux peuples* (note 5).

[10] Leo Graf von THUN, *Über den gegenwärtigen Stand der böhmischen Literatur und ihre Bedeutung*, Prague, Kronberger und Řiwnač, 1842.

[11] Leo Graf von THUN, *Betrachtungen über die Zeitverhältnisse insbesondere im Hinblick auf Böhmen*. Aus dem Böhmischen, Prague, Verlag der J. G. Calve'schen Buchhandlung, 1849.

[12] Joseph WENZIG, *Grundideen der Erziehung im nationalen Charakter*, Leitomischl, Verlag des Anton Augusta, 1860, 43 p.

[13] Jan Evangelista PURKYNĚ, *Austria polyglotta*, Prague, Druck und Verlag von Dr. Ed. Grégr, 1967, 59 p. ; v Praze, Tiskem a Nákladem Dra. Ed. Grégra, 44 p.

Les mots de la conciliation germano-tchèque 119

Ces cinq personnalités appartiennent à la même génération. Ce sont tous plus ou moins d'anciens disciples de Bolzano ou ils se réclament de lui, directement ou indirectement[14]. Tous peuvent apparaître comme des figures de la médiation et tous portent une très grande attention aux questions relatives à l'éducation et à l'enseignement des langues, ce qui introduit la question de savoir si la conciliation peut s'apprendre ou s'inculquer. On a avec ces cinq personnalités deux représentants de la grande aristocratie de Bohême, dont la tradition est celle d'un patriotisme territorial et supranational[15], un écrivain allemand de Bohême qui a fait partie de ceux qui ont encouragé dès les années 1820 le Réveil national tchèque et qui se présente comme un « Bohême », par-delà la langue d'expression[16], un pédagogue et écrivain, modèle du passeur entre les deux langues[17] et un scientifique tchèque.

2. L'héritage de Bernard Bolzano

Revenons sur le diagnostic posé par Bolzano dans les années 1810. Le philosophe est alors professeur de religion à l'université de Prague (il

---

[14] Même si Miroslav Hroch juge qu'il ne faut pas exagérer l'impact des thèses de Bolzano chez ses contemporains (Miroslav Hroch, *Na prahu národní existence*, Prague, Mladá Fronta, 1999), il n'en reste pas moins, d'après Jiří Kořalka, qu'une grande partie de la scène publique cultivée des années 1820-1850 en Bohême a grandi sous l'influence du philosophe pragois et entretenu une correspondance avec lui ; parmi ces personnalités, J. Kořalka cite Ebert. Voir Jiří Kořalka, « F. Palacký und die böhmischen Bolzanisten », in : Helmut Rumpler (éd.), *Bernard Bolzano und die Politik. Staat, Nation und Religion als Herausforderung für die Philosophie im Kontext von Spätaufklärung, Frühnationalismus und Restauration*, Vienne, Böhlau, 2000, p. 203.

[15] Ce patriotisme territorial qui s'affirme à la fin du XVIII⁰ siècle doit avant tout se comprendre comme une opposition au centralisme joséphiste qui tendait à réduire les privilèges des États de Bohême. Voir Leclerc, *Une littérature entre deux peuples* (note 5), p. 47–49.

[16] « ich bleibe [...] – ob deutsch oder slawisch sprechend – ein Böhme », Ebert, « Wohlgemeinte Worte » (note 9), n° 79, 18 mai 1848.

[17] Bien qu'issu d'une famille germanophone, Wenzig incarne un bilinguisme germano-tchèque qui se rencontrait alors plutôt chez les Tchèques ; Václav Maidl, « Landespatriotismus, Nationalitätenwechsler und sprachlich-nationale Divergenz », in : Steffen Höhne, Andreas Ohme, Andreas (éd.), *Prozesse kultureller Integration und Desintegration. Deutsche, Tschechen, Böhmen im 19. Jahrhundert*, Munich, Oldenbourg, 2005, p. 33. À la fin de sa vie, il opta même pour le tchèque comme langue d'écriture.

est révoqué en 1820 pour avoir professé des idées critiques quant à l'organisation sociale de l'État autrichien) et en tant que tel, il lui incombe de prononcer des exordes dominicaux destinés à présenter aux étudiants l'exégèse d'un passage de la bible et à leur délivrer un certain nombre d'orientations[18]. Dans un contexte de tensions croissantes et d'altercations et bagarres entre étudiants, Bolzano formule alors dans ces discours d'édification l'idée d'une nation bohème unique composée de deux branches, une branche tchèque et une branche allemande. Il interprète la nation d'un point de vue moral et conçoit l'État comme une esquisse de la tâche qui incombe à l'humanité et qui consiste à réaliser le royaume de Dieu sur terre. Le principe fondamental en est l'égalité entre les citoyens. Quels sont dès lors les mots de Bolzano ? L'échantillon étudié est constitué des trois discours d'édification de 1816 réunis sous le titre *Über das Verhältnis der beiden Volksstämme in Böhmen*[19] [De la relation entre les deux peuples de Bohême]. Une première approche lexicométrique donne les résultats suivants :

Termes positifs	Nombre d'occurrences	Termes négatifs	Nombre d'occurrences
Liebe, lieben [amour, aimer]	5	Abneigung [aversion]	3
		Erbitterungen [aigreurs]	1
		Haß [haine]	20
Friede [paix]	3		
Einigkeit [unité], Vereinigung [union]	3	Uneinigkeit [absence d'unité]	4

---

[18] Kurt F. STRASSER, « Cabale und Liebe. Der politische Gehalt der Erbauungsreden », in : RUMPLER (éd.), *Bernard Bolzano und die Politik* (note 14), p. 61.
[19] Bernard BOLZANO, *Über das Verhältnis der beiden Volksstämme in Böhmen. Drei Vorträge im Jahre 1816 an der Hochschule zu Prag gehalten*, Amsterdam, Editions Rodopi, 1969.

Termes positifs	Nombre d'occurrences	Termes négatifs	Nombre d'occurrences
		Zwist, Zwistigkeit [dissension]	3
		Spaltung [division]	1
		Streit [dispute]	1
Eintracht [harmonie]	3	Zwietracht [discorde]	5
Gemeinschaft [communauté], Gemeinsinn [sens de l'intérêt commun]	5		
verträglich [conciliant]	2		
freundschaftlich [amical]	1		
Gleichheit [égalité]	1		
aussöhnen [réconcilier]	3		
Total	26		38

Statistiquement, les termes relevant du conflit l'emportent, avec une nette prédominance du mot « Haß » [haine]. Il s'agit d'un terme récurrent, pas seulement chez Bolzano, pour décrire la relation germano-tchèque, notamment dans la presse de 1848. Comme il s'agit d'homélies, il n'est pas surprenant que la sémantique religieuse soit très marquée, mais le terme « réconcilier » [aussöhnen] est paradoxalement peu utilisé comparativement aux autres vertus et sentiments à prôner. Notons toutefois qu'il s'agit d'un verbe, donc d'une action à accomplir, pas d'un état donné ou existant, mais d'un état vers lequel tendre, contrairement à presque tous les autres termes employés qui sont majoritairement des substantifs et adjectifs. La conciliation chez Bolzano est donc une injonction et elle passe nécessairement par l'apprentissage de la langue de l'autre, comme on le voit dans ce passage célèbre et fréquemment cité d'un autre discours datant de 1810 :

> « Abolissez la séparation entre vous ! Tchèques et Allemands ! Il vous faut constituer un seul peuple ; vous ne pouvez être forts que si vous vous unissez dans l'amitié ; vous devez vous regarder et vous embrasser en frères ; que l'un apprenne la langue de l'autre, simplement pour être davantage son semblable ; que l'un partage ses conceptions et ses connaissances avec l'autre, fraternellement et sans compter ! »[20].

L'impératif de Bolzano est soutenu par le recours multiple à l'exclamation, par la répétition du verbe modal « müssen » [devoir] et par l'utilisation du subjonctif I, mode exprimant à la fois le souhait et l'injonction. On peut se demander dans quelle mesure, selon les terminologies proposées par Barbara Cassin, ce passage relève du discours « illocutoire – performatif – performanciel » qui « suffit à faire quelque chose » (le mur entre Tchèques et Allemands s'abat quand Bolzano prononce son injonction ; la réciprocité entre les deux peuples s'actualise dans la langue qui renonce aux catégories nationales en leur préférant les pronoms indéfinis *l'un… l'autre*) et non plus seulement du discours « perlocutoire – rhétorique – persuasif » qui consiste à faire faire quelque chose aux autres[21].

---

[20] « Weg denn mit dieser Scheidewand! Böhmen und Deutsche! Ihr müsst ein Volk ausmachen; ihr könnt nur so stark sein, wenn ihr euch freundschaftlich vereiniget; als Brüder müsset ihr euch ansehen und umarmen; es lerne der Eine die Sprache des Anderen, nur um sich desto gleicher zu stellen; es theile der Eine seine Begriffe und Kenntnisse dem Anderen brüderlich und ohne Vorenthaltung mit! », cité par Eduard WINTER, *Die Sozial- und Ethnoethik Bernard Bolzanos*, Vienne, Verlag der österreichischen Akademie der Wissenschaften, 1977, p. 80.

[21] Barbara CASSIN, *Quand dire, c'est vraiment faire. Homère, Gorgias et le peuple arc-en-ciel*, Paris, Fayard, 2018, p. 214.

Fig. 1. Portrait de Bernard Bolzano © Wikicommons

Que devient cette injonction bolzanienne chez les cinq personnalités retenues ?

3. Joseph Mathias Thun

Le discours de Joseph Mathias Thun fait très nettement écho à Bolzano. Dans sa brochure de 1845, les termes de « Liebe » [amour], « Eintracht » [harmonie], « Bruder » [frère] dominent eux aussi et la langue est également considérée comme un instrument et non comme un absolu.

> « On rêve d'unité linguistique comme d'un moyen pour pouvoir aimer notre patrie dans l'unité et pour pouvoir nous aimer les uns les autres ; cependant, afin d'être certain de ne pas y parvenir, on concocte ce moyen de réconciliation dans la boîte de Pandore, au lieu de laisser le temps décider de la possibilité d'une fusion en une nationalité »[22].

Thun emploie deux termes intéressants, qu'on ne trouvait pas chez Bolzano : « Versöhnung » [réconciliation] et « wechselseitig » [réciproque], que l'on retrouvera chez Purkyně. « Versöhnung » s'applique ici

---

[22] « Einheit der Sprache träumt man sich als Mittel, um einig unser Vaterland und uns wechselseitig lieben zu können; damit dieses Ziel aber ganz gewiß nicht erreicht wird, braut man dieses Versöhnungsmittel in der Büchse Pandoras, statt es der Zeit zu überlassen, ob die Verschmelzung zu einer Nationalität möglich ist », Graf von Thun, *Der Slawismus in Böhmen* (note 7), p. 11–12.

à la prétendue panacée que serait une « langue unique », et non plus le bilinguisme prôné par Bolzano et Thun. Le terme de « Versöhnung » est dévoyé de son acception positive et apparaît comme presque ironique, une ironie qu'on retrouve dans la presse de 1848, notamment dans la revue *Der Komet* (1830-1848) publiée à Leipzig par l'écrivain originaire de Bohême Carl Herloßsohn (1804-1849), qui commente en 1848 la tenue d'une « grande fête de réconciliation » [Versöhnungsfest] entre Tchèques et Allemands à Prague fin mai 1848[23]. On a donc une connotation finalement négative de la réconciliation dont certains perçoivent déjà qu'elle est utilisée comme un slogan et vidée de son contenu profond. Un autre terme intéressant utilisé par Thun est le verbe « sich vertragen », qu'on pourrait traduire par « concilier, s'entendre » : « Il faut que nous finissions par nous entendre au sein de cet héritage commun. Allons donc ! Faisons la paix dès à présent en tant que frères ! Soyons tous des Bohèmes »[24]!

Comme chez Bolzano, la conciliation est assortie d'une injonction, selon des modalités discursives identiques (verbe modal « müssen » [devoir], impératif et particule illocutoire « denn ») ; ici aussi, on trouve un verbe. La proximité avec la citation de Bolzano est patente.

4. La révolution de 1848 et l'appel de Karl Egon Ebert

Le début de la révolution de 1848 s'accompagne d'une inflation du terme de « concorde », qui devient un lieu commun. Il est de bon ton de célébrer la concorde – même la légion des étudiants tchèques se fait nommer « svornost » [concorde] – et la fraternité entre Tchèques et Allemands[25]. La révolution pragoise débute en effet par une assemblée pacifique à l'initiative des radicaux pragois des deux nationalités qui passe toutefois vite sous le contrôle des libéraux tchèques. Les radicaux,

---

[23] Voir LECLERC, *Une littérature entre deux peuples* (note 5), p. 295 et 297.

[24] « Wir müssen endlich uns in dem gemeinsamen Erbe vertragen. Nun denn! So vertragen wir uns jetzt schon als Brüder! Laßt uns alle Böhmen sein! », Graf von THUN, *Der Slawismus in Böhmen* (note 7), p. 22–23. Il s'agit de la conclusion de la brochure, mais c'est dit dès la page 6 : « Wir alle sind ja Kinder einer Mutter, wenn auch von verschiedenen Vätern, wir alle sind ja Böhmen – nicht erzwungene Duldung, Liebe sei das Band, was uns vereint » [C'est que nous sommes tous les enfants d'une même mère, même si nous n'avons pas le même père, nous sommes tous des Bohèmes – que l'amour, et non l'obligation de tolérance, soit le lien qui nous unisse].

[25] Voir LECLERC, *Une littérature entre deux peuples* (note 5), p. 284–288.

ou « repealistes » pragois, représentants des étudiants, des artisans et ouvriers, étaient convaincus de la nécessité de collaborer avec la bourgeoisie libérale. De cette réunion émerge un comité de vingt-quatre membres, le Comité Saint-Venceslas, chargé de rédiger une pétition à l'adresse de l'empereur ; c'est aussi au cours de cette réunion que retentit le slogan « Čech a Němec jedno tělo ! » [Tchèque et Allemand, un seul et même corps ![26]]. La pétition commune étant rejetée par l'empereur, les Tchèques en rédigent une nouvelle, seuls cette fois, qui est acceptée en partie. Cela constitue le premier facteur de rupture entre Tchèques et Allemands, le second étant le refus de l'historien Palacký, le 11 avril 1848, de participer aux travaux préparatoires du Parlement de Francfort et donc d'envisager que les Tchèques rejoignent un État national allemand. La situation se détériore encore avec l'organisation en Bohême des élections pour le Parlement de Francfort, les Tchèques y étant opposés alors que les Allemands se mobilisent pour qu'elles aient lieu. C'est dans ce contexte de tensions qu'Ebert publie son long article. Dans le titre de ce texte, il utilise un euphémisme : « malentendus » [Missverständnisse], pourtant il ne décrit rien d'autre qu'un conflit violent susceptible de conduire à l'anéantissement :

> « Si jamais le combat – Dieu nous en garde – devait se transformer en un combat matériel, mené avec de véritables armes, si les deux branches linguistiques de notre patrie devaient se détruire au point où il ne resterait plus qu'un tiers de la population totale, il n'en demeurerait pas moins inévitable au terme de cette longue lutte destructrice, puisque dans ce tiers restant les deux éléments nationaux seraient certainement encore présents, qu'ils se réconcilient de nouveau, bien qu'affaiblis numériquement des deux côtés, et qu'ils continuent à vivre l'un à côté de l'autre. Par conséquent, un tel affrontement serait terrible et cependant vain [...], on se serait haï un moment pour apprendre ensuite, sur les tombeaux d'une génération, à s'aimer de nouveau, ou du moins à se supporter mutuellement ».[27]

---

[26] Otto URBAN, *Die tschechische Gesellschaft 1848-1918*, 2 vol., aus dem Tschechischen übersetzt von Henning Schlegel, Vienne, Böhlau, 1994, p. 44.

[27] « Sollte der Kampf, was Gott verhüte, je ein materieller, mit wirklichen Waffen geführter, werden, und sollten sich beide Sprachstämme in unserem Vaterlande so weit aufreiben, daß nur ein Drittheil der Gesammtbevölkerung übrig bleibe, so wäre es, da in diesem Drittheil gewiß immer noch beide National-Elemente vorhanden seyn würden, am Ende nach langem Vernichtungsstreite dennoch unausweichlich, daß sie, obwohl von beiden Seiten numerisch geschwächt, sich wieder versöhnten, und neben einander fort bestünden. Ein solcher Kampf würde daher schrecklich

Il ne s'agit plus de « sich vertragen », mais de « sich ertragen », non plus concilier, mais se supporter.

La violence est dorénavant manifeste, néanmoins la réconciliation est présentée comme quelque chose allant de soi après le conflit, un passage obligé en quelque sorte, les hommes ne sachant vivre perpétuellement en guerre ! En dépit de cette posture optimiste, voire utopique, Ebert n'est pas naïf ; envisageant le pire pour l'éviter, il réfléchit aux modalités d'une entente entre ceux qu'il appréhende, à l'instar de Bolzano, comme deux « branches linguistiques » [Sprachstämme] d'une même nation. C'est là que surgit le terme de « Vermittlung » [médiation] : « afin de permettre, dans la pratique, une médiation entre points de vue extrêmes »[28]. Or, ce terme n'est pas utilisé dans le contexte des relations germano-tchèques avant 1848, sauf pour évoquer la médiation entre littératures germanique et slave, selon le projet humaniste poursuivi par les revues pragoises *Ost und West* ou *Libussa*[29]. En revanche, à partir d'avril 1848, quand la concorde commence à se craqueler, on le recense de plus en plus. Le journal *Constitutionelles Blatt* invite par exemple le 2 avril 1848 à « concilier les deux éléments », c'est-à-dire Tchèques et Allemands [die beiden Elemente vermitteln].

---

seyn und dennoch fruchtlos [...], man hätte sich eine Zeitlang gehaßt, um sich über den Gräbern einer Generation wieder lieben, oder doch gegenseitig neuerdings ertragen zu lernen », Ebert, « Wohlgemeinte Worte » (note 9), *Bohemia*, n° 81.

[28] « um eine Vermittlung extremer Ansichten auf praktischem Wege zu ermöglichen », *ibid.*, *Bohemia*, n° 82.

[29] La revue littéraire *Ost und West* (1837-1848) de Rudolf Glaser avait pour programme la médiation en Europe centrale, entre l'ouest germanique et l'est slave, par le biais de la littérature. Sur cette revue, voir Alois Hofman, *Die Prager Zeitschrift „Ost und West". Ein Beitrag zur Geschichte der deutsch-slawischen Verständigung im Vormärz*, Berlin, Akademie-Verlag, 1957 ; Steffen Höhne, « Nationale Antagonismen in Böhmen. Überlegungen zum Programm von Ost und West », in : *Brücken. Neue Folge. Germanistisches Jahrbuch für Tschechien–Slowakei*, 2001/2002, p. 61–85 ; Leclerc, *Une littérature entre deux peuples* (note 5), p. 72–74. Dans un même esprit hérité des Lumières, *Libussa* (1842-1860), fondée par Paul Aloys Klar, entendait promouvoir un patriotisme bohème, les talents littéraires allemands et tchèques et contribuer au bien commun. Voir Regina Fasold, « Paul Aloys Klars' Jahrbuch "Libussa" (1842-1860) », in : *Brücken. Neue Folge. Germanistisches Jahrbuch*, 1991/1992, p. 19–26 et Leclerc, *Une littérature entre deux peuples* (note 5), p. 74–76.

5. Leo Thun

Le texte de Leo Thun qui paraît en 1849 ne contient pas de termes relevant du champ lexical de la conciliation, pas plus que celui de 1842. On n'y recense que le terme de « Verständigung »[30], entendu au sens de capacité à comprendre l'autre quand il parle sa langue et non au sens d'entente. Il s'agit d'un plaidoyer pour la monarchie autrichienne, pour son maintien face à la vague révolutionnaire et nationaliste. L'idée de l'État national relève pour Thun de l'utopie, qui constate que les nationalités en 1848 se sont révoltées contre le régime politique sans pour autant, selon lui, se dresser les unes contre les autres. La réponse de la monarchie doit donc être celle d'une « impartialité nationale », l'égalité de droits entre Tchèques et Allemands ayant été obtenue en 1848 : « Une égale bienveillance, un zèle égal, en un mot : l'impartialité nationale est le critère du vrai patriotisme en Bohême, de même que – a fortiori – dans l'ensemble de la patrie autrichienne ; elle est la condition d'une politique sage »[31].

La notion de « wahre Vaterlandsliebe » [véritable amour de la patrie] fait directement écho à Bolzano qui plaidait pour un « vrai patriotisme », qui est une vertu à distinguer d'un « faux nationalisme », lequel exagère les mérites du pays. Pour Bolzano, la racine du problème en Bohême est la différence de niveau d'instruction entre Tchèques et Allemands et le vrai patriotisme suppose alors une égalité stricte dans ce domaine, qui passe par l'enseignement des deux langues à tous[32]. Leo Thun plaide lui aussi pour la généralisation de l'enseignement des deux langues du royaume, mais :

> « N'attendons pas cependant que cet objectif soit atteint grâce aux seules écoles. La vie doit participer à cette tâche, donner l'impulsion et offrir l'occasion d'apprendre et de pratiquer la langue qui n'est pas la sienne ; autrement la maîtrise de cette langue ne sera rien de plus qu'un fait exceptionnel »[33].

---

[30] Graf von THUN, *Betrachtungen* (note 11), p. 59.

[31] « Dieses gleiche Wohlwollen, dieser gleiche Eifer, mit einem Worte: nationale Unbefangenheit ist der Maßstab wahrer Vaterlandsliebe in Böhmen, wie in höherem Grade noch im österreichischen Gesammtvaterlande; sie ist die Bedingung einer weisen Politik », *ibid*, p. 56.

[32] Voir LECLERC, *Une littérature entre deux peuples* (note 5), p. 45–46.

[33] « Man erwarte aber nicht, daß durch die Schulen allein dieses Ziel erreicht werden wird. Das Leben muß mitwirken, muß Anstoß geben, und Gelegenheit bieten, die

La conciliation est conçue comme un processus, quelque chose qui s'apprend au quotidien, dans la pratique, ce n'est pas un savoir théorique dispensé à l'école. Thun, visionnaire sur ce point quand on connaît les conséquences des décrets Badeni de 1897 qui voulurent imposer la maîtrise des deux langues à l'ensemble des fonctionnaires des Pays tchèques, y compris dans les régions largement germanophones[34], en tire la conclusion suivante :

> « C'est pourquoi ce n'est pas la constitution qui doit imposer que quelqu'un ne puisse être employé en Bohême s'il ne maîtrise les deux langues du pays. [...] Il suffit amplement que la somme des connaissances linguistiques des différentes personnes chargées collectivement du traitement des affaires garantisse à chaque peuple la possibilité d'un échange direct, dans sa langue, avec le gouvernement »[35].

Thun plaide pour la patience ; le temps viendra où les fonctionnaires en Bohême maîtriseront les deux langues. Exiger cela tout de suite serait dangereux et contre-productif : on aurait des fonctionnaires certes bilingues mais incompétents. Thun entrevoit, tout comme Ebert, la possibilité d'une guerre entre Allemands et Slaves. L'élément déclencheur en serait la précipitation des Slaves à vouloir obtenir le pouvoir politique. Thun dénonce les dangers de partis nationaux, selon lui voués à l'échec et au désastre en Autriche où seuls des partis *politiques* rassemblant diverses nationalités autour d'un programme *politique* seraient légitimes :

Sprache, die nicht die eigene ist, zu erlernen und zu üben, sonst wird deren Kenntnis nie mehr, als eine Seltenheit sein », Graf von Thun, *Betrachtungen* (note 11), p. 59–60.

[34] Ces ordonnances linguistiques déclenchèrent une vague de protestations de la part des partis allemands, conduisant à une crise parlementaire et à la démission du ministre-président Badeni en novembre 1897, laquelle provoqua à son tour de violentes manifestations de la part des Tchèques et la proclamation de l'état d'urgence à Prague. Les ordonnances Badeni, loin d'apaiser les relations entre nationalités, contribuèrent donc au contraire à envenimer de façon considérable le conflit germano-tchèque.

[35] « Deshalb soll nicht die Verfassung festsetzen, daß in Böhmen Niemand angestellt werden dürfe, der nicht beider Landessprachen mächtig ist. [...] Es genügt vollkommen, wenn nur die Summe der Sprachkenntnisse der verschiedenen Personen, deren Zusammenwirken zur Erledigung der Geschäfte ohnehin nothwendig ist, jedem Volk die Möglichkeit eines unmittelbaren Verkehres mit der Regierung in seiner eigenen Sprache verbürgt », Graf von Thun, *Betrachtungen* (note 11), p. 60 et 62.

« C'était un rêve ! Mon rêve de l'unité des Slaves. Je me réveillai : le Reichstag de Kremsier était dissous, les Slaves pestaient sur les Allemands, les Allemands sur les Slaves [...].
De même que les Slaves de Bohême et d'Autriche ne veulent plus être gouvernés exclusivement par des Allemands, les Allemands d'Autriche et de Bohême n'accepteront jamais d'être gouvernés seulement par des Slaves. C'est pourquoi aucun parti national ne l'emportera plus sans provoquer de nouvelle guerre »[36].

C'est sur ce risque de guerre que Thun conclut son livre. Il ne parle pas de (ré)conciliation, mais anticipe au contraire les conflits à venir.

6. Joseph Wenzig

Quelque dix ans plus tard, Joseph Wenzig propose une solution pédagogique pour permettre à tous de vivre ensemble. Il est intéressant de constater que Wenzig reprend en exergue de son ouvrage la même citation de Wolfgang Menzel que Leo Thun avait choisie dans son volume de 1842 :

« Le véritable cosmopolitisme, pour lequel les esprits les plus purs et les plus nobles se sont enthousiasmés, ne peut être obtenu ni par le renoncement à toute nationalité, ni par la dictature d'une seule nation, mais uniquement par un accord harmonieux entre les différentes nationalités, où chacune laisse l'autre exister et la respecte. S'il en découle, pour les peuples, des devoirs les uns vis-à-vis des autres, il en ressort également des devoirs des peuples vis-à-vis d'eux-mêmes, sur lesquels nous devons mettre l'accent car ils ont été très souvent, et particulièrement ces derniers temps, ignorés »[37].

---

[36] « Es war ein Traum! Mein Traum von der Einigkeit der Slaven. Ich erwachte: der Reichstag in Kremsier war aufgelöst, die Slaven schimpften über die Deutschen, die Deutschen über die Slaven [...] So wie die Slaven in Böhmen und in Österreich nicht mehr ausschließlich von Deutschen regiert werden wollen, so werden es die Deutschen in Österreich und in Böhmen nie dulden, nur von Slaven regiert zu werden. Darum wird keine nationale Partei mehr siegen, ohne dadurch nur neuen Krieg hervorzurufen », *ibid.*, p. 107 et 111. La Diète de Kremsier (Kroměříž), parlement pour la première fois élu, devait élaborer un projet de constitution pour l'Autriche ; la question de l'égalité des langues et des différentes nationalités en fut l'un des grands enjeux, mais avant même que les travaux de rédaction de la constitution soient achevés, la Diète fut dissoute par l'empereur François-Joseph.

[37] « Der wahre Kosmopolitismus, für den die reinsten und edelsten Geister geschwärmt haben, kann weder durch ein Abstrahiren von aller Nationalität, noch durch die

Le véritable cosmopolitisme ne saurait procéder d'une renonciation des nations à leur nationalité mais d'un accord harmonieux conclu entre elles. La métaphore musicale ne relève sans doute pas du hasard, la musique étant souvent sollicitée comme vecteur de conciliation en vertu de son pouvoir unificateur, abolissant les frontières linguistiques[38]. Le vocabulaire de Wenzig est nettement bolzanien : « Humanität » [humanité], « Menschenliebe » [amour du prochain], « Gemeingeist » [sens du bien commun] sont les termes-clefs, sa réflexion s'inscrit dans l'héritage chrétien (« L'éducation respectant le caractère national doit se faire, tout entière, dans l'esprit de la religion chrétienne »[39]). Wenzig évite les termes de « Vermittlung » [médiation] ou « Versöhnung » [réconciliation], il n'évoque pas le conflit non plus. Celui-ci s'étant aggravé, la stratégie de conciliation semble être désormais le non-dit, l'ellipse.

7. Jan Evangelista Purkyně

La dernière personnalité considérée, Purkyně, est un proche de Leo Thun[40]. Purkyně fut le directeur de la section des sciences naturelles du Musée national de Bohême, dernier endroit où l'on pouvait entendre des conférences en tchèque pendant l'ère Bach (1849-1859) qui fut synonyme de germanisation de la vie publique autrichienne. Purkyně fut un défenseur acharné du tchèque comme langue d'enseignement. Thun était alors ministre de l'Instruction. La brochure *Austria polyglotta* est parue dans les deux langues. Les deux versions concordent très largement, l'une semble la traduction de l'autre, à quelques détails près. Ce texte, rédigé

Dictatur einer einzigen Nation, sondern nur durch eine harmonische Zusammenstimmung der verschiedenen Nationalitäten, von denen jede die andere gelten lässt und achtet, erreicht werden. Folgen hieraus Pflichten der Völker gegen einander, so folgen daraus doch auch Pflichten der Völker gegen sich selbst, auf die wir den Accent legen müssen, da sie so oft und namentlich in neuerer Zeit verkannt worden sind », Exergue de Graf von THUN, *Über den gegenwärtigen Stand der böhmischen Literatur* (note 10) et de WENZIG, *Grundideen der Erziehung* (note 12).

[38] Voir LECLERC, *Une littérature entre deux peuples* (note 5), p. 243–247.
[39] « Die gesammte Erziehung mit nationalem Charakter ist im Geiste der christlichen Religion vorzunehmen. »,WENZIG, *Grundideen der Erziehung* (note 12), p. 43.
[40] Erna Lesky a souligné la proximité intellectuelle et idéologique entre Purkyně et Thun. Voir Erna LESKY, *Purkyněs Weg. Wissenschaft, Bildung und Nation*, Vienne, Hermann Böhlaus Nachf., Kommissionsverlag der österreichischen Akademie der Wissenschaften, 1970, p. 18–22.

dans le contexte du Compromis austro-hongrois et de l'immense déception qu'il représente pour les Tchèques, interpelle d'emblée par la phrase mise en exergue :

> Nur der Geist ist es,
> der alle Gegensätze versöhnt.
> Duch jest
> Jenž smíří protivy.
> [Seul l'esprit réconcilie tous les contraires]

L'ouvrage est donc placé sous le signe de la réconciliation. Mais on aurait tort d'y voir un gentil plaidoyer pour l'entente germano-tchèque. Il s'agit d'un texte militant qui entend peser sur la réorganisation constitutionnelle de la Cisleithanie, c'est-à-dire la partie « autrichienne » de l'Autriche-Hongrie, qui incluait les Pays tchèques. Le Compromis austro-hongrois a été scellé mais les lois constitutionnelles ne sont promulguées qu'en décembre 1867, le texte paraît dans cet entre-deux. Il ne s'agit pas ici de développer l'argumentaire de Purkyně qui plaide pour l'égalité des langues et l'apprentissage pour tous de l'ensemble des langues de la monarchie (tout de même au nombre de neuf) comme panacée absolue[41], mais de relever les mots employés. Chez Purkyně, qui réclame une « politique de l'amour » de la part du gouvernement autrichien, on trouve un écho frappant aux idées et au vocabulaire de Bolzano. Comme lui, il prône l'éducation et l'apprentissage de la langue de l'autre : « Le moyen le plus efficace pour rapprocher différentes nationalités consiste à ce qu'un peuple apprenne à connaître l'autre peuple et apprenne à l'estimer et à l'aimer. On obtient ce résultat principalement en apprenant la langue de l'autre peuple »[42].

Purkyně reprend lui aussi les termes bolzaniens de « Humanität » [humanité], « Liebe » [amour], « Friede » [paix], « Verträglichkeit » [aptitude

---

[41] Voir Hélène LECLERC, « *Austria polyglotta* : la situation des nationalités en Autriche–Hongrie vue par le Tchèque J. E. Purkyně en 1867 ou comment cohabiter harmonieusement ? », in : Hélène LECLERC (éd.), *Cultures nationales en Autriche–Hongrie (1867-1918). Contacts, confluences et transferts*, Nancy, CEGIL, coll. Le Texte et l'Idée, 2013, p. 9–22.

[42] « Das ausgiebigste Mittel zur Näherung verschiedener Nationalitäten besteht darin, dass ein Volk das andere kennen lerne und lerne es achten und lieben. Das wird hauptsächlich durch Erlernung der Sprache des anderen Volkes erzielt », PURKYNĚ, *Austria polyglotta* (note 13), p. 43.

à la conciliation], avec toutefois un usage plus important du terme de « Versöhnung » [réconciliation] (on relève trois occurrences dans la brochure) et en introduisant la notion de « Wechselseitigkeit » que l'on peut traduire par « réciprocité » qui apparaissait dans la brochure de Joseph Mathias Thun en 1845. Ce terme connaît une véritable inflation dans les dernières pages du texte de Purkyně (six occurrences). L'emploi du mot est parfois redondant, à tel point que, pour la dernière occurrence, la version tchèque renonce à l'adjectif : « wechselseitiges Verständnis der Nationen » [compréhension mutuelle des nations] devient en tchèque « dorozumění mezi národy » [compréhension entre les nations]. L'effet injonctif d'appel à une entente active, paritaire, égalitaire apparaît ainsi comme plus appuyé dans la version destinée au public allemand, celui-ci étant peut-être davantage enclin à négliger cette parité. Par le martèlement du terme de « réciprocité », l'auteur rappelle que la conciliation doit se faire entre deux parties égales.

Conclusion

Autour de 1848, il est finalement peu question de réconciliation, mais plutôt – toujours – de conciliation au sens d'effort pour vivre ensemble. Chez les défenseurs d'une identité bohême, l'accent reste mis sur la problématique linguistique et scolaire et sur le nécessaire apprentissage de la langue de l'autre. Sur ce plan, 1848 n'est donc pas un tournant, mais la rupture politique que la révolution entraîne entre Allemands et Tchèques en Bohême rend cet impératif plus sensible. Après 1848, le vocabulaire de la conciliation est moins présent dans les textes tchèques, le discours bohémiste est et reste davantage revendiqué par des Allemands ou des aristocrates rétifs au nationalisme quel qu'il soit. Pour Jiří Rak, le bohémisme est voué à l'échec dès 1848 puisque la seule base possible en est le bilinguisme, dorénavant majoritairement rejeté des deux côtés[43]. La collaboration des Tchèques et des Allemands au sein de la Diète de Kremsier (Kroměříž) avait certes conduit à un compromis démocratique entre les différentes représentations nationales, mais la dissolution de ce parlement porta un coup sérieux à ces initiatives conciliatrices.

---

[43] Jiří Rak, « Welche Sprache sprechen die Bohemisten? », in : *Brücken. Neue Folge. Germanistisches Jahrbuch für Tschechien–Slowakei*, 2000, p. 59–70, ici p. 69.

III. Réconciliation et société civile au seuil du XXe siècle / Versöhnung und Zivilgesellschaft an der Schwelle zum 20. Jahrhundert

Für einen offensiv-konstruktiven Umgang mit der Schuldfrage

Die Zeitschrift „Die Versöhnung" und ihr gesellschaftspolitisches Engagement während und nach dem Ersten Weltkrieg (1917-1919)

Nicolas MOLL

„Die Versöhnung", so lautet der programmatische Titel einer Wochenzeitschrift, die zwischen August 1917 und Juni 1919 in Zürich herausgegeben wurde. Sie war in ein breites internationales Netzwerk eingebettet, deren zentraler Protagonist der aus Österreich stammende Rudolf Broda (1880-1932) war. In den kriegs- und friedenspolitischen Diskussionen während und nach dem Ersten Weltkrieg war es das dezidierte Anliegen der Zeitschrift, für eine „Wiederversöhnung der Völker" und einen dauerhaften Frieden einzutreten.

Doch was verstand sie genauer darunter? Anders gefragt: Welche Vision(en) von Versöhnung vertrat die Zeitschrift, und was schlug sie konkret vor, um eine solche zu erreichen? Aufbauend auf der inhaltlichen Analyse der Zeitschrift werde ich dabei einem Aspekt besondere Aufmerksamkeit widmen: Inwieweit wurde die Schuldfrage am Ausbruch des Weltkriegs thematisiert und als hinderlich oder förderlich für die angestrebte Versöhnung und Friedensordnung angesehen? Davor werde ich generelle Informationen zur Zeitschrift geben und sie abschließend in den allgemeinen Kontext des friedenspolitischen Aktivismus zur Zeit des Ersten Weltkriegs einordnen, um besser zu verstehen, inwieweit „Die Versöhnung" und ihre Haltung etwas Spezifisches im Vergleich zu anderen Initiativen und Positionen dieser Zeit darstellte.

1. Rudolf Broda und die Zeitschrift „Die Versöhnung"

Der Hauptakteur hinter der Zeitschrift „Die Versöhnung" (Abb. 1) war der in Wien geborene Soziologe, Publizist und Friedensaktivist Rudolf Broda. Er lebte zwischen 1907 und 1914 in Paris, zog nach Kriegsbeginn nach Bern und in den 1920er Jahren in die USA, wo er 1932 starb[1]. Der kosmopolitischen und sozialdemokratischen Ideen nahestehende Broda wurde von Zeitgenossen als „sehr betriebsam"[2] und „unermüdlich"[3] beschrieben. Zudem galt er als ein Meister der Vernetzung: Bereits im Jahrzehnt vor dem Krieg baute er ein beeindruckendes Netzwerk internationaler intellektueller Kooperation auf, das humanistischen, sozialprogressiven und pazifistischen Ideen verpflichtet war, und das sich in und um von ihm gegründete Organisationen und Zeitschriften artikulierte, insbesondere die „Dokumente des Fortschritts" und den „Bund für die Organisierung menschlichen Fortschritts"[4]. Als er nach Ausbruch des Krieges 1914 Paris verlassen musste, führte er von der Schweiz seine Arbeit fort: Für den „Bund für Menschheitsinteressen" (BfM) (Neubenennung des „Bundes für die Organisierung menschlichen Fortschritts") gab er nun die Zeitschrift „Die Menschheit" und in französischer Sprache „La voix de l'humanité" heraus. Im August 1917 gründete er zusammen mit dem Verleger Charles L. Hartmann

---

[1] Eine ausführliche Gesamtuntersuchung zu Brodas Leben und Werk steht noch aus. Zu Broda allgemein siehe Reinhold WAGNLEITNER, Rudolf Johann Broda, in: Helmut Donat, Karl HOLL (Hg.), Die Friedensbewegung. Organisierter Pazifismus in Deutschland, Österreich und in der Schweiz, Düsseldorf 1983, S. 55 f.; May B. BRODA, Mein Großvater Rudolf Johann Broda (1880-1932): Jurist und Soziologe – Sozialdemokrat – Pazifist. Eine biographisch-publizistische Chronologie, Zürich 1990 / 2011 / 2020, unveröffentlicht. Ich danke May B. Broda, Bernhard Tuider, Tina Schröder und dem Bundesarchiv Bern für Hinweise und Unterstützung bei den Vorarbeiten zu diesem Text.

[2] Carl Schmitt, Schreiben an das Kriegsministerium, 23.3.1916, in: Ernst HÜSMERT, Gerd GIELSER (Hg.), Carl Schmitt. Die Militärzeit 1915 bis 1919. Tagebuch Februar bis Dezember 1915, Aufsätze und Materialien, Berlin 2005, S. 560.

[3] [Hans] WEHBERG, Rudolf Broda †, in: Die Friedens-Warte 32 (August 1932) 8, S. 238 f.

[4] Die eindrucksvolle internationale Vernetzungsarbeit Brodas vor dem Krieg analysieren detailliert Christope VEBRUGGEN, Julie CARLIER, Laboratories of Social Thought: The transnational advocacy network of the Institut International pour la diffusion des expériences sociales and its *Documents du progrès* (1907-1916), in: W. Boyd RAYWARD (Hg.), Information Beyond Borders: International Cultural and Intellectual Exchange in the Belle Époque, Routledge 2014, S. 123–142.

eine weitere Zeitschrift mit dem Titel „Die Versöhnung" und wurde zu ihrem Chefredakteur ernannt. Einige Monate später wurden beide Zeitschriften vereinigt: Die „Menschheit" ging in der „Versöhnung" auf⁵. „Die Versöhnung" existierte also in einem bestimmten organisationspolitischen Kontext, in erster Linie eng verknüpft mit dem von Broda präsidierten „Bund für Menschheitsinteressen" und des „[Schweizerischen] Komitees für Vorbereitung des Völkerbundes", das 1917 vom BfM gegründet wurde⁶.

Wie schon Brodas Zeitschriften und Organisationen aus den Vorkriegsjahren waren auch „Die Versöhnung" und der ihr zugrunde liegende BfM sehr stark international ausgerichtet und in ein transnationales Netzwerk eingebettet, das Intellektuelle, Autoren und Parlamentarier aus den Staaten der verschiedenen Kriegsparteien und aus den neutralen Ländern umfasste. Im „Internationalen Ehrenausschuss" des BfM saßen z.B. mit Friedrich Wilhelm Foerster einer der wichtigsten Friedensaktivisten aus dem Deutschen Reich sowie prominente Parlamentarier aus verschiedenen Ländern vornehmlich aus dem sozialdemokratisch-sozialistischen Spektrum, wie Ramses MacDonald aus England, Jean Longuet aus Frankreich und der Reichstagsabgeordnete Eduard Bernstein. Nicht alle davon schrieben in „Die Versöhnung", Autoren gab es auch viele andere, und auch diese kamen aus verschiedenen Ländern, wie z.B. der Schweizer Auguste Forel und Leopold Katscher aus Ungarn, zwei enge Mitstreiter Brodas, der in England lebende französische Antikriegs-Aktivist Augustin Hamon sowie der Exil-Russe Ferdinand von Wrangel⁷. Gleichzeitig hatten der BfM und „Die Versöhnung" eine starke Schweizer Basis: Broda unterhielt sehr gute Kontakte zu Parlamentariern, Intellektuellen und Pazifisten aus der Schweiz, was

---

5   V.14, 8.11.17: An unsere Leser.
6   Ab der Nummer 14, 3.11.17, wurde die „Die Versöhnung" im Untertitel dann auch als Organ dieser beiden Organisationen bezeichnet. Mit der Übernahme durch den BfM schied Charles Hartmann als Herausgeber aus.
7   Was den Frauenanteil betrifft, so befand sich unter den in der Zeitungsleiste genannten 30 Mitgliedern des Vorstands und des Internationalen Ehrenausschuss des BfM nur eine Frau, „Frau Waldhartd-Bertsch, Bern", über die ich keine weiteren Angaben finden konnte. „Die Versöhnung" veröffentlichte allerdings auch Stimmen zur und aus der internationalen Frauenfriedensbewegung, wobei keine von ihnen zu den regelmäßigen Autorinnen gehörte. Generell engagierte sich Broda sehr für feministische Themen, siehe dazu für die Zeit vor dem Krieg VERBRUGGEN, CARLIER, Laboratories of Social Thought (Anm. 4), S. 133–137.

die dortigen Behörden freilich nicht daran hinderte, ihn als ausländischen Aktivisten potentiell verdächtig erscheinen und beobachten zu lassen[8]. Die internationale Ausrichtung zeigt sich auch darin, dass „La voix de l'humanité" alle zwei Wochen als französischsprachige Beilage der „Versöhnung" erschien[9].

Zwischen August 1917 und Juni 1919 erschienen insgesamt 92 Ausgaben der als Wochenzeitschrift angelegten „Die Versöhnung", mit einem Umfang von jeweils zwischen 4 und zwölf Seiten[10]. Die Zeitschrift veröffentlichte Meinungsartikel, Analysen und Betrachtungen zu Krieg und Frieden im Allgemeinen, zu aktuellen politischen Entwicklungen und zur zukünftigen Friedensordnung, gleichzeitig auch Nachrichten über friedenspolitische Aktivitäten zivilgesellschaftlicher und intellektueller Kreise in verschiedenen Ländern sowie in der Rubrik „Versöhnliches" Geschichten über zwischenmenschliche Verbundenheit über nationale Grenzen und Feindschaften hinweg. Auch wenn sie sich als Sprachrohr der hinter der Zeitung stehenden Organisationen definierte, verstand sie sich gleichzeitig als Forum für die Diskussion verschiedener Meinungen: So warf sie regelmäßig eine aktuelle politische Frage auf und veröffentlichte die dazu eingeholten Meinungen[11]. Dadurch konnte für manche der Eindruck von Beliebigkeit entstehen, wie es anfangs ein Autor formulierte: Die Zeitschrift sei für ihn zu sehr „bloßer Sprechsaal von Ansichten und Erörterungen und Wünschen"[12]. Aber insgesamt hatte sie eine klare redaktionelle Linie mit gewissen Grundpositionen,

---

[8] Siehe Bundesarchiv Bern, E21#1000/131#8701*: Personalbogen von Anarchisten, Kommunisten, Sozialisten, Nationalisten, Mitgliedern von Minderheitenbewegungen usw., A-Z, Dossier „Rudolf Broda".

[9] Dabei handelte es sich um die bereits vorher existierende französische Schwesterausgabe von „Die Menschheit". Sie war keine Übersetzung der deutschen Ausgabe, sondern enthielt eigene Texte, mit teilweise denselben Autoren. Während ich „Die Versöhnung" komplett durcharbeiten konnte, habe ich für die VdH nicht alle Ausgaben in Archiven einsehen können, sodass ich mich für den vorliegenden Beitrag auf die Analyse von „Die Versöhnung" beschränkt habe. Inwieweit sich beide Ausgaben inhaltlich unterschieden, bedürfte einer gesonderten Untersuchung.

[10] Wegen kriegsbedingten Papiermangels erschien die Zeitschrift ab Januar 1918 teilweise in einem Zwei-Wochen-Rhythmus (siehe z.B. V.47, 29.6.18: An unsere Leser).

[11] Siehe z.B. V.10, 6.10.17: Eröffnen die Noten Deutschlands und Österreichs die Möglichkeit von Friedensverhandlungen?, mit 13 Antworten aus sechs Ländern, oder V.64/65, 23.11.18: Der geschichtliche Wert des Wilson'schen Programms, mit elf Stellungnahmen aus fünf Ländern.

[12] V. 15, 10.11.17, H. Wyss, Das einige Europa.

wie noch darzulegen sein wird. Auch muss noch einmal betont werden, dass „Die Versöhnung" Teil eines Gesamtengagements war: Broda und seine Mitstreiter wollten durch ihre Organisationen und Zeitschriften etwas bewirken; sie beschränkten sich nicht auf Schreiben, sondern hielten Vorträge, initiierten und beteiligten sich an Konferenzen, arbeiteten mit anderen Friedensaktivisten zusammen, machten Lobbyarbeit gegenüber Politikern, erarbeiteten mit ihren Organisationen konkrete friedenspolitische Forderungen und Vorschläge, über die dann auch in „Die Versöhnung" berichtet und die mitunter auch in Buchform veröffentlicht wurden[13].

Über die Auflage liegen keine Angaben vor, und auch ihre genaue Verbreitung ist schwierig nachzuvollziehen. Die Zeitschrift wurde von Zürich aus über Post an ihre Abonnenten verschickt, innerhalb der Schweiz, und auch in die verschiedenen kriegsführenden Länder: Letzteres war bis Kriegsende zum einen technisch schwierig und zum anderen fielen pazifistische Zeitschriften dort immer wieder der Zensur zum Opfer. „Die Versöhnung" war kein Massenblatt, aber die Tatsache, dass sie in Deutschland teilweise beschlagnahmt wurde, zeigt, dass sie auch von den kriegsführenden Behörden nicht als belanglos angesehen wurde[14].

---

[13] So wurde z.B. in V.28, 16.2.18 der „Vorentwurf einer Verfassung des Welt-Völkerbundes" als Material für das „Schweizerische Komitee für die Vorbereitung des Völkerbundes" veröffentlicht, und in V.88, 10.5.19 eine Anzeige für das soeben erschienene Buch „Die soziale Versöhnung" von Paul Tissot und Karl Zimmermann, ein „Sonder-Abdruck aus ‚Versöhnung'".

[14] In V.10, 6.10.17, schrieb Broda in einer Redaktionsnotiz, dass „Die Versöhnung" in Deutschland verboten wurde. Zur Zensur pazifistischer Zeitschriften aus der Schweiz in Deutschland siehe HÜSMERT, GIELSER (Hg.), Carl Schmitt (Anm. 2), S. 560 f.

Abb. 1. *Die Versöhnung*, 1. Dezember 1917, Zürich (Ausschnitt).

2. Versöhnungspolitische Grundpositionen

Wie ist zu erklären, dass die Zeitschrift ausgerechnet im Sommer 1917 gegründet wurde und was sagt dies über ihre Ziele aus? In der ersten Ausgabe erklärte Broda, dass sich nach drei Kriegsjahren die psychologische Situation in Europa geändert habe: Kriegsmüdigkeit sei entstanden, der „Geist des Hasses" habe nachgelassen, ebenso der Glaube, Friede könne nur durch komplette Niederwerfung des Gegners hergestellt werden, und gleichzeitig werde der „große Gedanke der Völkerversöhnung" stärker, nicht nur bei Pazifisten, was z.B. in der Friedensresolution des Deutschen Reichstags vom Juli 1917 zum Ausdruck komme. Daraus ergebe sich auch der Sinn der Zeitschrift:

> „Die Aufgabe unseres Blattes ‚Die Versöhnung' soll es sein, diese psychische Entwicklung noch mehr zu einer ihrer selbst bewussten, planmäßigen, und allseits und nicht nur bei einer Mächtegruppe sich auswirkenden zu gestalten. Eine Schar von Mitarbeitern ist um uns versammelt, welche beiden kämpfenden Lagern und den verschiedenen neutralen Ländern angehören. Schon die Übereinstimmung in ihren Aufsätzen und Zielsetzungen wird

dem aufmerksamen Leser zeigen, wieviel Gemeinsamkeit der Kultur-Ideale trotz alledem sich bewahrt hat, wie töricht die von rechts und links ausgesprengten Legenden sind, als ob das gegnerische Volk ein barbarisches sei usw. Unsere Mitarbeiter selbst und ihre Gefolgschaft von Lesern in den einzelnen Ländern werden so lernen, einander wieder mehr zu achten, und ihr gemeinsamer Ruf möge dann hinausgehen zu den vom Kriegsrausch befreiten Massen: ‚Lasst das kindische Spiel von unfruchtbarem Hass und Werte zerstörenden Krieg! (...) Verständigt euch wieder!'"[15]

Der Leitartikel enthielt keine explizite Definition des Begriffs „Versöhnung" und auch im Folgenden veröffentlichte die Redaktion keinen programmatischen Text im Sinne von „Das ist für uns Versöhnung". Aber er lässt bereits ahnen, was die Zeitschrift darunter verstand und was sie erreichen wollte: Versöhnung war zunächst und vor allem eine Geisteshaltung, der „Geist der Versöhnlichkeit", den es zu stärken und zu verbreiten galt, um den so dominierenden „Geist des Hasses" zu bekämpfen – Versöhnung also als das Gegenteil von Hass, und als Gegenmittel zum Hass und die diesen schürende Propaganda und Lügen[16]. Trotz des Hasses sei Versöhnung dabei keine Illusion, sondern möglich – das illustriere bereits als solche die internationale Zusammensetzung der Zeitschrift und der darin veröffentlichte Inhalt. Die Rubrik „Versöhnliches" scheint mir die Idee der Zeitschrift besonders gut zu verkörpern, mit kurzen Geschichten, die zeigen sollten, dass Menschlichkeit in allen Kriegsländern weiter existierte und die gleichzeitig Propaganda und Lügen als solche entlarven sollen. So heißt es beispielsweise in dieser Rubrik im Dezember 1917, dass in London ein englischer Soldat offiziell geehrt wurde, „weil er sieben deutsche Matrosen bei heftigem Feuer rettete", und diese Dekoration sei „ein schönes Beispiel für die humanen Gefühle der englischen Matrosen, und weist die von der deutschen Presse erhobenen Anschuldigungen, dass sich die britischen Matrosen weigern, den im Kampf verunglückten deutschen Matrosen zu helfen, glatt zurück"[17].

In zahlreichen Artikeln verschiedener Autoren wurde in den folgenden zwei Jahren das Thema Versöhnung immer wieder behandelt, wobei trotz verschiedener Argumente und dem Hervorheben unterschiedlicher

---

[15] V.1, 4.8.1917, R. Broda, Unsere Aufgabe.
[16] Siehe z.B. auch V.3, 18.8.17, P. de Mathies, Ein Appell an das Gewissen Europas („Die Versöhnung der Völker wird rasche Fortschritte machen, sobald die gegenseitige Verhöhnung einmal aufhört").
[17] V.18, 1.12.17.

Aspekte folgende Grundposition der Zeitschrift erkennbar ist: Versöhnung sei trotz des Hasses, der sich im Krieg entwickelt habe, nicht nur möglich, sie sei deswegen auch umso notwendiger. Diese Versöhnung dürfe sich nicht auf Eliten beschränken, sondern müsse eine Versöhnung der Völker sein und könne nur durch Gleichberechtigung zwischen Ländern und Nationen erreicht werden sowie durch die Demokratisierung von Staaten und die Entwicklung von sozialer Gerechtigkeit – in diesem Sinne müsse die „internationale Versöhnung" Hand in Hand gehen mit der „sozialen Versöhnung"[18]. Dieses Engagement für Versöhnung artikulierte sich auch im Eintreten für sehr konkrete Ziele: innenpolitisch für soziale Reformen und Unterstützung für demokratische Bewegungen, z.B. in Deutschland und anfangs auch in Russland; international gegen die Idee eines Sieg-Friedens und für einen Ausgleichs- bzw. „Verständnisfrieden ohne Sieger und Besiegte"[19]. Immer mehr zum Hauptthema wurde der Völkerbund als Alternative und Gegenmittel zur „Anarchie im Völkerleben"[20] und als einzige Garantie für einen stabilen und gerechten Frieden.

Bezeichnenderweise gab sich die Zeitschrift 1918 den zusätzlichen Untertitel „Internationale Tribüne der Völkerbundbewegung"[21] und trat für einen wirklichen Bund der Völker ein. So erklärt es sich, dass sie nach Kriegsende die Pariser Friedenskonferenz und das dort entwickelte Völkerbundkonzept sehr stark kritisierte, zog es doch die besiegten Länder nicht mit ein, was im Widerspruch zur Forderung nach Gleichberechtigung stand. Darüber hinaus sah „Die Versöhnung" im Völkerbund nur einen Diplomatentreffpunkt und kein Weltparlament der Völker, sodass

---

[18] Siehe z.B. V.2, 11.8.17, C. ZIMMERMANN, Die Vereinigten Staaten von Europa; V.81, 8.3.19, H. WENGER, Ein Central-Völkerbunds-Organ; V.82, 15.3.19 bis 87, 26.4.19, P. TISSOT, Die soziale Versöhnung.

[19] V.73, 18.1.19, R. BRODA, Wann kommt die Wiederversöhnung der Völker; siehe auch z.B. V.2, 11.8.17, H. GEISLER, Wege zur Völkerversöhnung und V.30, 2.3.18, F. LEWALD, Die Gefahren des Sieges.

[20] V.70, 28.12.1918: An unsere Leser.

[21] Erstmals in V.61, 26.10.18. Unter den zahlreichen Artikeln zur Bedeutung eines Völkerbunds für die Errichtung eines dauerhaften Friedens siehe z.B. V.22, 29.12.17, R. BRODA, Präzisionen zum Völkerbundgedanken; V.66, 30.11.18, C. ZIMMERMANN, Nicht der Friede bringt den Völkerbund, sondern der Völkerbund den Frieden.

er im Widerspruch zur Forderung nach Demokratisierung der Staatenwelt stand[22].

Zusammenfassend lässt sich festhalten, dass sich die Zeitschrift einerseits für ein Prinzip und eine Haltung einsetzte (Versöhnung), verbunden mit sehr konkreten Zielen (Verständigungsfrieden, Völkerbund). Prinzip und Ziele standen für „Die Versöhnung" in einem engen Verhältnis, könne doch nur ein Geist der Versöhnung einen Verständigungsfrieden und einen wahren Bund der Völker ermöglichen. Gleichzeitig könne nur ein Verständigungsfrieden bzw. ein Völkerbund zu einer wahren Versöhnung als Grundlage für einen dauerhaften Frieden verhelfen. Dieses Ziel war das Leitmotiv von Broda und seinen Mitstreitern[23]; ihre Zeitschrift sollte daher ein Diskussionsforum bieten, um die Ideen von Versöhnung, Verständigung und die Umsetzung des Völkerbundes zu konkretisieren. Sie war somit das Medium ihres gesellschaftspolitischen Engagements.

3. Kriegsschuldfrage und Versöhnung

Inwieweit war das Versöhnungskonzept der Zeitschrift verbunden mit der Idee des Vergessens oder „Beschweigens" (Hermann Lübbe) kontroverser und schmerzvoller Themen? Anders gefragt: Wie ging die Zeitschrift mit der im und nach dem Weltkrieg so allgegenwärtigen und kontroversen Kriegsschuldfrage um? Ging sie überhaupt darauf ein?

Broda und seine Mitstreiter waren sich bewusst, wie problematisch das Thema für das Versöhnungsziel sein konnte:

„Wer es darauf abgesehen hat, dass die ersten schüchternen Versuche zu einer Verständigung unter den Kriegführenden sofort rettungslos scheitern, der braucht nur die Schuldfrage in den Vordergrund zu stellen"[24].

Aber daraus folgerte die Zeitschrift nicht, man solle das Thema lieber ignorieren. Nicht nur weil die Frage ohnehin omnipräsent war, sondern weil sie sie als ein wesentliches Instrument zur gegenseitigen Hetze und

---

[22] Siehe z.B. V.75, 1.2.19, B. DE JONG VAN BEEK EN DONK, Offener Brief an A.G. Gardiner; V.77, 15.2.19, R. BRODA, Die Hindernisse für das Entstehen eines wahren Völkerbunds; V.81, 8.3.19, G. GROSCH, Der Grundgedanke des Völkerbundes; V.85, 5.4.19, J. DE KAY, Der Geist der Internationale in Bern.

[23] Siehe z.B. V1, 4.8.17, H. SCHERRER, Wofür kämpft man? und V.70, 28.12.18: An unsere Leser und alle Freunde des Völkerbunds!

[24] V.10, 6.10.17, E. PLATZHOFF-LEJEUNE, Zur Schuldfrage.

zur Verfestigung des Hasses ansah. Konsequent wandte sich die Zeitschrift immer wieder explizit und dezidiert gegen die allseits dominierenden Kollektiv- und Alleinschuldzuweisungen sowie gegen Ideen von Rache und Kollektivbestrafungen, denn all dies würde nur neuen Hass säen und sei ein zentrales Hindernis für eine Versöhnung der Völker[25]. Aber der Zeitschrift genügte es nicht, ex-negativo zu argumentieren und Hass predigende Haltungen zurückzuweisen; sie verfocht auch einen proaktiv-konstruktiven Zugang zu dem Thema, denn dies könne einen wichtigen und positiven Beitrag zur Versöhnung leisten. So erschien bereits in der ersten Ausgabe ein Text des Schweizer Pfarrers Eduard Platzhoff-Lejeune, in dem es unter anderem hieß:

> „Was braucht es, um den Geist der Völkerversöhnung aus den Seelen der einzelnen in das Gewissen der Völker zu verpflanzen? (...) Es braucht vor allem die Einsicht des einzelnen Volkes in das eigene Unrecht (...). Man fange endlich einmal an, vor der eignen Tür zu kehren und die eigene nationale Verantwortlichkeit im Kriege näher zu beleuchten, sei sie auch nach objektiver Prüfung die geringere, statt sie von vornherein pharisäisch abzulehnen. Das Spiel aller, sich als unschuldige Opfer der Eroberungslust des Feindes vor der Welt hinzustellen, hat nun lange genug gedauert. Keine Nation ist unschuldig an diesem Krieg. Auf dieser Grundlage finde man sich zunächst einmal zusammen!"[26]

Die Haltung „Keiner ist unschuldig / alle haben Schuld" und „Jeder kehre vor seiner eigenen Tür" finden wir in der Zeitschrift immer wieder, in verschiedenen Artikulationen. Dies bedeutete nicht unbedingt, Schuld genau gleich zu verteilen („sei sie auch nach objektiver Prüfung die geringere") oder nur ganz allgemein zu benennen. Im Unterschied zu Platzhoff-Lejeunes Text wurde in vielen anderen Artikeln die Schuld am Kriege sehr viel expliziter formuliert: so heißt es z.B. in einem Text, „die wahre Ursache des Krieges [sei] in Ehrsucht und Machtgier auf beiden Seiten zu suchen"[27], in einem anderen, dass „die Schuld in allen Ländern an denselben Faktoren liegt: Ehrgeiz der Regierungen, Ränke der Geheimdiplomatie, der kapitalistische und koloniale Wettbewerb, allerlei politische und finanzielle Privatinteressen"[28], und einmal schrieb

---

[25] Siehe z.B. V.1, 4.8.17, A. HAMON, Fort mit allen Repressalien!; V.21, 22.12.17, E.D. Morel: Deutschfreundlich!
[26] V.1, 4.8.17, E. PLATZHOFF-LEJEUNE, Völkerversöhnung.
[27] V.81, 8.3.19, H. WENGER, Ein Central-Völkerbunds-Organ.
[28] V.25, 26.1.18: Versöhnliches – Eine Stimme aus der Frauenbewegung.

die Redaktion, „das anarchische Nebeneinanderbestehen der Staaten [trage] die Hauptschuld am gegenwärtigen Weltunglück"[29]. Haupttendenz war, die Schuld im politischen und wirtschaftlichen System zu verorten, was Kritik an Regierungen und Haltungen einzelner Länder nicht ausschloss, wobei hier stark darauf geachtet wurde, Einseitigkeit zu vermeiden. Signifikant hierfür ist z.b. im Februar 1919 das Lob für ein Buch von F.W. Foerster, der „eine Solidarität der Schuld" feststelle und gleichzeitig auch schreibe, jedes Land trage eine ganz bestimmte Nationalschuld, die es zu erkunden gelte: „Worin, fragt er, besteht neben dem englischen Imperialismus, dem russischen Panslavismus, dem französischen Revancheverlangen, die deutsche Mitschuld am Weltkrieg?"[30] Im Einklang mit dem Prinzip „Jeder kehre vor der eigene Tür" stammten kritische Äußerungen an einzelnen Regierungen im Hinblick auf Kriegsursachen und Kriegsführung in der Regel nicht von Personen aus der gegnerischen Mächtegruppierung – stattdessen kritisierte z.B. eine deutsche Stimme die deutsche Politik oder eine englische Stimme die englische[31]. Eine der seltenen Ausnahmen war anfangs ein Text, in dem ein deutscher Autor den englischen Imperialismus als für den Krieg verantwortlich bezeichnete – wobei die Redaktion sich sogleich davon distanzierte, indem sie diesen Text in die neue Rubrik „Offener Sprechsaal" verbannte, mit dem Vermerk, dass hier „gerne auch Meinungen, die von der unseren abweichen" gedruckt würden[32].

Hand in Hand mit der Schuldverortung im System und/oder bei den Regierungen ging meist die Position, die Völker vor Schuldzuweisungen in Schutz zu nehmen. Im Januar 1918 veröffentlichte die Zeitschrift einen Aufruf französischer Frauen des „Internationalen Ausschusses für einen Dauerfrieden", den sie als „prachtvolle[s] feministisch-pazifistische[s] Schriftstück" lobte und in dem es u.a. hieß:

> „Wir haben die Pflicht, allen Völkern klarzumachen, dass sie durchweg am Kriege unschuldig sind (...). Wir französische Frauen fordern eine ungeschminkte, die Unschuld sämtlicher Völker ergebende Anklageschrift gegen alle Regierungen. Und wir hoffen, dass die Zweigausschüsse der

---

[29] V.8, 22.9.17: Das Völkerhaus der Zukunft.
[30] V.75, 1.2.19, L. HOESCH-ERNST, Weltpolitik und Weltgewissen.
[31] Siehe z.B. V.30, 2.3.18, E.D. MOREL, Gegen den organisierten Deutschenhass. Edmund Dene Morel (1873-1924) war einer der führenden britischen Friedensaktivisten.
[32] V.8, 22.9.17, H. WOLLHEIM, Europas Schicksalsstunde.

übrigen Länder unsere folgenden Wünsche unterstützen werden: Verschiebung der Behandlung der Schuldfrage bis zu einem Zeitpunkt, in welchem die Grundlagen für ein wirklich unbefangenes Urteil vorliegen werden. Einsetzung einer durchaus internationalen und völlig unparteiischen Kommission zur rein wissenschaftlichen Erforschung der Ursprünge des Kriegs, damit das Gewissen der Menschheit vom Geiste der Lüge und der Verleumdung befreit werde"[33].

Dieser Text ist ein weiteres Beispiel, wie die Schuldfrage offensiv aufgegriffen und auch umgedreht wurde: statt einer Anklage gegen Nationen sollten die Regierungen angeklagt werden, und es sei wesentlich die Schuldfrage zu klären, weil sie die Atmosphäre unter den Völkern schon so vergiftet habe und diese entgiftet werden müsse. Aber um dies zu gewährleisten, müsse man in einer sachlichen, ent-emotionalisierten Weise an die Schuldfrage herangehen, was hier verbunden wurde mit dem Vorschlag, eine Kommission einzurichten, also kein Gericht, und diese auf später zu verschieben.

Die Frage einer Bestrafung für Schuld am und ebenfalls im Krieg wurde auch in anderen Texten angesprochen, wobei manche für Vergebung plädierten[34], punktuell aber auch eine Bestrafung von Einzelpersonen nicht ausgeschlossen wurde. Letzteres war z.B. in einem englischen Artikel der Fall, der von „Die Versöhnung" 1917 als „hervorragende politische Stimme" zitiert wurde und der sich gegen die in England populäre Idee einer Kollektivbestrafung Deutschlands aussprach. Er plädierte zudem für eine Politik der Mäßigung, welche zu einer Demokratisierung Deutschlands und einer internationalen Versöhnungs- und Friedenspolitik nach dem Krieg beitragen könne:

„Die beste Art der Bestrafung der an den deutschen Kriegsgreuel schuldigen Personen wäre, durch unsere Mäßigung als Sieger die Falschheit der feindlichen Ausstreuungen über uns zu erweisen und durch unsere Loyalität das deutsche Volk in dem Wunsche zu einigen, sich von denjenigen zu befreien, die es in diesen Krieg gestürzt haben. Nur so könnten wir die Schuldigen bestrafen und unsere jetzigen Feinde veranlassen, mit uns an der künftigen Verhinderung von Kriegen zusammenzuarbeiten"[35].

---

[33] V.25, 26.1.18: Versöhnliches – Eine Stimme aus der Frauenbewegung.
[34] Siehe z.B. V.1, 4.8.17, E. PLATZHOFF-LEJEUNE, Völkerversöhnung.
[35] V.13, 27.10.17, Deutsch-englische Verständigungsbestrebungen.

Zum Thema der Bestrafung gehörte auch die Frage der Kriegsentschädigungen und Sanktionen. Gegen eine solche Politik der Entente gegenüber Deutschland wandte sich beispielsweise der österreichische Journalist und Ingenieur Paul Bellak im Mai 1919, weil dies nur zu neuem Militarismus führen und Frieden unmöglich machen würde. Der Verzicht auf Sanktionen und Annexionen bedeutete für Bellak aber nicht den Verzicht auf Wiedergutmachung für entstandenes Unrecht. Versöhnung müsse Wiedergutmachung beinhalten, denn wenn diese nicht erfolge, würden jene, die Unrecht erlitten haben, weiter Hass- und Rachegefühle hegen und damit auch nur einem neuen Krieg der Boden bereiten:

> „Und kommt es nicht zum Frieden der Gleichberechtigung und Versöhnung, in welchem die Wiedergutmachung der schreiend unrechtmäßigen Schäden eingeschlossen sein muss, die durch die Neutralitätsverletzung gegenüber Belgien und durch brutale Kriegsführung in Nordfrankreich an Privateigentum entstanden ist, dann kommt die Götterdämmerung für alle Welt"[36].

Wie also diese Frage in einem konstruktiven Sinne regeln? „Es gibt nur ein Mittel der Heilung: den Völkerbund", führte Bellak weiter aus. Wiedergutmachung also nicht im bestrafenden Sinne, von einer Seite der anderen auferlegt, sondern diese Frage müsse im Völkerbund diskutiert und geklärt werden, und zwar gemeinsam, mit Siegern und Verlierern als Gleichberechtigte – ein weiteres Argument in der Zeitschrift, warum ein Völkerbund ohne die Verliererstaaten keinen Sinn mache.

Nach Ende des Krieges dominierten in Europa einseitige Schuldzuweisungen an Deutschland, gegen die sich vermehrt Texte in „Die Versöhnung" richteten. Im April 1919 veröffentlichte die Zeitschrift einen Artikel des russischen Friedensaktivisten Ferdinand von Wrangel mit dem Titel „Die Schuldfrage vom pädagogischen Gesichtspunkt aus". Darin wandte sich der Autor vehement gegen die Idee, Deutschland zwingen zu wollen, seine Schuld am Krieg zu bekennen: dies sei sinnlos und ungerecht, und von einem pädagogischen Standpunkt kontraproduktiv, denn dies würde nur Groll und Erbitterung in Deutschland stärken und damit einer Demokratisierung des Landes und einer internationalen Verständigung entgegenstehen[37]. Interessant ist aber auch, dass die Redaktion

---

[36] V.89, 24.5.19, Paul BELLAK, Warum der Völkerbund kommen muss.
[37] V.87, 26.4.19, F. VON WRANGEL, Die Schuldfrage vom pädagogischen Gesichtspunkt aus.

diesen Text mit einer Anmerkung versah, sie könne nicht in allen Punkten übereinstimmen:

> „Wir sind zwar mit ihm der Ansicht, dass ein durch äußeren Zwang abgenötigtes oder um äußerer Vorteile willen bloß geheucheltes Schuldbekenntnis sittlich ganz wertlos wäre. Aber wir glauben, dass es, wenn aus geistiger Läuterung der Volksseele erwachsen, das deutsche Volk wieder mit seinen Brüdervölkern versöhnen würde, zum Heile aller"[38].

Tatsächlich hatte Wrangel die Meinung vertreten, Schuldbekenntnisse seien generell sinnlos. Mit ihrer expliziten Distanzierung, was insgesamt eher selten geschah und noch einmal verdeutlicht, dass es eine Redaktionslinie gab, hielt die Zeitschrift dagegen wieder die „Jeder muss an sich selbst arbeiten"-Position hoch. Sie hielt Schuldbekenntnisse für sinnvoll und wichtig für Versöhnung, wenn sie aus innerer Einsicht erfolgen.

Zum Zurückweisen des Alleinschuldvorwurfs und der Kritik der Sanktionspolitik gegenüber Deutschland gehörte auch die Veröffentlichung von Stimmen der Mäßigung und Solidarität aus den Siegerstaaten, wie z.B. der „Brief an die deutschen Frauen" der französischen Pazifistin und Lehrerin Lucie Colliard im Mai 1919, in dem sie sich gegen die Fortführung der Blockade gegen Deutschland aussprach:

> „Denn hätten wir auch keine Mitschuld an dem Verbrechen des Krieges, so hätten wir die gleiche Mitschuld an dem Verbrechen, wissentlich eine ganze Bevölkerung im Kindesalter Hungers sterben zu lassen"[39].

Das schloss keineswegs aus, Deutschland auch den Spiegel vorzuhalten. So sprach Broda in einem Artikel im Dezember 1918 von der nachvollziehbaren Enttäuschung und Verbitterung in Deutschland über die unversöhnliche Haltung der Entente seit dem Waffenstillstand, warnte die Deutschen gleichzeitig aber auch vor Selbstgerechtigkeit und die eigenen Fehler nicht zu vergessen:

> „Aber seid sehr vorsichtig mit Vorwürfen ob der Ungerechtigkeit des Gegners, um ihm nicht Anlass zu geben, euch und seine eigenen Volksgenossen, zu seiner Rechtfertigung, wieder und wieder an die unglückseligen Fehler der deutschen Politik, an den Juli 1914, an die Verletzung der belgischen Neutralität, an das Annexionsprogramm der vier Wirtschaftsverbände und

---

[38] Ebd.
[39] V.88, 10.5.19, Versöhnliches – Brief an die deutschen Frauen.

den „Verständigungsfrieden" von Brest Litowsk zu erinnern. Ihr selbst aber erinnert euch all dessen. Ihr werdet dann auch die unedlen Übertreibungen der gegnerischen Rachbegierde eher menschlich begreifen"[40].

Zusammenfassend lässt sich sagen, dass das Versöhnungskonzept der Zeitung also statt Verdrängen und Beschweigen einen proaktiven, differenzierten und konstruktiven Umgang mit der Frage von Schuld implizierte. Ob der Brisanz des Themas hatte der bereits erwähnte Platzhoff-Lejeune schon sehr früh die Herausforderung folgendermaßen zusammengefasst: „Wie ist es möglich auf die Schuldfrage Rücksicht zu nehmen, ohne sie aufzurollen?"[41]

Der Begriff „aufrollen" kann unterschiedlich interpretiert werden, u.a. „mit neuem Feuer zu beleben", das es zu vermeiden galt. Die Schuldfrage war nicht das Hauptthema der Zeitschrift und sie hat auch keine historischen Dokumente oder detaillierten Analysen veröffentlicht, die die Schuld beider Seiten konkret nachweisen sollten. Aber sie hat immer wieder klar gesagt, was und wer für den Krieg verantwortlich sei und sich regelmäßig und explizit mit der Kriegsschuldfrage auseinandergesetzt und wie damit umzugehen sei. Dabei gab sie unterschiedlichen Stimmen Raum[42], auch der Meinung, es sei sinnlos und unfruchtbar, die Kriegsschuldfrage zu beantworten zu versuchen[43]. Letzteres entsprach allerdings nicht ihrer generellen Haltung, denn in ihrem Verständnis war die Schuldfrage unabdingbar für die angestrebte Versöhnung: im Negativen, weil sie Völkerhass anstachelte und Versöhnungsversuche torpedieren konnte, und im Positiven, weil sie angemessen behandelt einen konstruktiven Beitrag zur Versöhnung leisten könne.

---

[40] V.67, 7.12.1918, R. Broda, Soll das deutsche Volk am Plan des Zukunftsbundes mit den feindlichen Nationen festhalten?
[41] V.10, 6.10.17, E. Platzhoff-Lejeune, Zur Schuldfrage.
[42] Siehe z.B. auch in V.3, 18.8.17 die Antworten auf die Umfrage: Ist ein Frieden ohne Annexionen und Entschädigungen wünschenswert?
[43] Das war insbesondere von Wrangels Meinung, siehe auch seinen Artikel in V.27, 9.2.18: Die Schuldfrage.

4. „Die Versöhnung" – ein kurzlebiger und doch signifikanter Beitrag zum friedenspolitischen Engagement in den Weltkriegsjahren

Im Juni 1919 erschien die 92. und letzte Ausgabe von „Die Versöhnung". Nicht weil ihre Macher meinten, es sei genug getan oder ihr Engagement wäre gescheitert, sondern aus pragmatischen Gründen: Broda und der BfM hatten beschlossen, die Zeitschrift „Die Menschheit" als ihr Hauptorgan wieder zu publizieren, und da zwei parallele Zeitschriften zu ähnlichen Themen „als Zersplitterung ausgelegt werden können", wurde „Die Versöhnung" mit „Die Menschheit" vereinigt, so wie es 1917 in umgekehrter Richtung der Fall gewesen war[44]. Es war also kein wirkliches Ende: Die Redaktion blieb dieselbe und Broda kündigte an, „unsere Arbeit für Völker-Bund und Klassen-Verständigung" nunmehr in „Die Menschheit" fortzuführen[45]. Er selber blieb Chefredakteur von „Die Menschheit" und Präsident des BfM, bis er dann 1923 in die USA ging. Auch wenn die letzte Ausgabe der „Versöhnung" kein Verschwinden der Zeitschrift als solche bedeutete, kann man dieser Rückkehr zum allgemeineren Titel „Die Menschheit" eine symbolische Bedeutung beimessen: Gegen Ende des Kriegs erschien es als das dringendste Gebot, sich für Versöhnung einzusetzen, nunmehr wurde dieses Ziel nicht aufgegeben, sondern eingebettet in einen breiteren Kampf für „die Menschheit".

Inwieweit stellte das zweijährige Engagement der Zeitschrift „Die Versöhnung" etwas Besonderes im Rahmen des friedenspolitischen Aktivismus dieser Zeit dar? Außer dem BfM engagierten sich während des Weltkriegs zahlreiche andere Gruppen und Personen verschiedener Länder unter schwierigen Umständen gegen den Krieg, wobei die Schweiz einen wichtigen Sammelplatz für diesen Aktivismus darstellte[46]. Der bekannteste Pazifist war sicherlich Alfred Hermann Fried mit seiner Zeitschrift „Die Friedens-Warte": Fried hatte die Deutsche

---

[44] V 91/2, 21.6.19: An unsere Leser.
[45] Ebd.
[46] Vgl. Dieter RIESENBERGER, Deutsche Emigration und Schweizer Neutralität im Ersten Weltkrieg, in: Schweizerische Zeitschrift für Geschichte 38 (1988) 2, S. 127–150; Jean-Luc RICKENBACHER. „Für den Frieden in einer Zeit des Krieges". Schweizerische Friedensgesellschaft und organisierter Pazifismus während des Ersten Weltkriegs, Bern 2018.

Für einen offensiv-konstruktiven Umgang

Friedensgesellschaft 1892 mitgegründet, 1911 den Friedensnobelpreis erhalten, und war wie Broda und viele andere 1914 ins Exil in die Schweiz gegangen, um von dort sein Engagement fortzusetzen[47]. Zwischen Broda und Fried und ihren Zeitschriften fallen viele Parallelen auf, in biographischer Hinsicht, im Hinblick auf ihre internationale Vernetzung, und auch inhaltlich: Sie traten für einen Verständigungsfrieden, für Völkerverständigung und eine dauerhafte Friedensordnung ein, setzten sich mit der Kriegsschuldfrage auseinander, unterstützten Wilsons 14 Punkte und einen wahren Völkerbund, auch wenn sie nicht in allem übereinstimmten, strategisch anders dachten und sich persönlich offensichtlich mieden[48]. Insgesamt sollte man die Bedeutung der Zeitschrift „Die Versöhnung" also nicht überbewerten: Sie war ein Baustein unter vielen im vielfältigen Friedensengagement dieser Zeit – wobei auch dies schon nicht wenig ist. Zwei Punkte sollten in dieser Hinsicht besonders hervorgehoben werden: Zum einen war der internationale Charakter von „Die Versöhnung" noch ausgeprägter als bei anderen Zeitschriften, im Hinblick auf die Autorenschaft, die Themenauswahl und mit der Publikation einer französischen Schwesterzeitschrift[49]. Zum anderen

---

[47] Bernhard TUIDER, Alfred Hermann Fried: Pazifist im Ersten Weltkrieg – Illusion und Vision, Saarbrücken 2010.

[48] Während Fried und Broda viele gemeinsamen Kontakte in der internationalen Friedensbewegung hatten, fällt auf, das in der „Friedens-Warte" keine Texte von Broda erschienen und in „Die Versöhnung" keine Artikel von Fried, mit einer Ausnahme: V.27, 9.2.18 erschien eine Zuschrift von A. Fried, in der er sich darüber beschwerte, dass Broda in einem Artikel zur Entwicklung des Völkerbundgedankens seine eigenen Verdienste zu sehr hervorgehoben und andere Bemühungen heruntergespielt bzw. negativ dargestellt habe, ein Vorwurf der in einer Redaktionsnotiz als Missverständnis zurückgewiesen wurde. Ohne die Beziehung zwischen Fried und Broda vertieft erforscht zu haben, verweisen diese Indizien darauf, dass es eine persönliche Animosität zwischen beiden gab und sie es vorzogen, sich aus dem Weg zu gehen. Auch in Frieds sehr detailliertem Kriegstagebuch der Jahre 1914-1919 (Das Kriegstagebuch des Alfred H. Fried, online: https://www.kriegstageb uch.at/) wird Broda nur einmal im Hinblick auf eine gemeinsame Versammlung 1914 erwähnt, und ein anderes Mal mit einer kritischen Bemerkung 1916.

[49] „Die Menschheit" erschien von 1920 bis 1922 sogar dreisprachig, mit einer englischen Ausgabe „The Call of Humanity". Ebenfalls sehr stark international ausgerichtet war die „Internationale Rundschau", die zwischen 1915 und 1918 in der Schweiz von zwei österreichischen Akademikern als Plattform für den Meinungsaustausch zwischen europäischen Intellektuellen herausgegeben wurde, siehe Landry CHARRIER, Die Internationale Rundschau (1915-1918), ein österreichisches Instrument kultureller Demobilmachung, in: Schweizerische Zeitschrift für Geschichte 65 (2015) 2, S. 282–292.

ist der Fokus auf den Begriff und das Thema „Versöhnung" zu nennen. Sicherlich, der Begriff war damals viel im Umlauf, nicht nur in pazifistischen Kreisen. Dabei hatte Versöhnung oft eine religiöse Konnotation, was beim Atheisten Broda und den meisten seiner Mitstreiter nicht der Fall war, für die die Beschäftigung mit dem Thema gesellschaftspolitisch motiviert und orientiert war[50].

Allgemein kann festgehalten werden, dass in nichtreligiösen pazifistischen Kreisen der Begriff nicht so verbreitet war: So verwandte beispielsweise Fried viel öfter den Begriff „Verständigung", auch wenn damit oftmals Ähnliches gemeint war. Umso mehr ist hervorzuheben, dass Broda und der BfM den Begriff „Versöhnung" zwei Jahre lange ganz gezielt zum Flaggschiff und Hauptschlagwort ihrer gesellschaftspolitischen Bemühungen machten, das Thema unter zahlreichen Aspekten beleuchteten und konkret umzusetzen versuchten.

Was das proaktive Angehen der Schuldfrage in „Die Versöhnung" betrifft, so muss zunächst hervorgehoben werden, dass es sich dabei keineswegs um eine Selbstverständlichkeit handelte, auch nicht in pazifistischen Kreisen. So konnte der internationale Frauen-Friedenskongress 1915 in Den Haag nur stattfinden, weil sich die Organisatorinnen darauf geeinigt hatten, die Schuldfrage ganz bewusst als Diskussionsthema auszuklammern[51]. Gleichzeitig war „Die Versöhnung" in Friedenskreisen auch nicht die einzige Stimme, der es daran lag, Völkerverständigung und Schuldfrage zusammen zu denken und die Frage nach Kriegsschuld und -verbrechen konstruktiv anzugehen. Auch hier gab es intellektuelle Parallelen zu Alfred Hermann Fried[52]. Nach dem Krieg und die ganzen 1920er Jahre hindurch stellte die Kriegsschuldfrage sogar eines der zentralen Themen der deutschen Friedensbewegung dar, die sich dezidiert gegen die in der Weimarer Republik dominierende Propaganda von der Unschuld Deutschlands am Krieg wandte[53].

---

[50] Das schloss Artikel nicht aus, die sich beim Thema Versöhnung auch auf christliche Aspekte beriefen, siehe z.B. V.91/2, 21.6.19, F. STINGELIN, Pflichten der Lebenden. Die Wichtigkeit des Begriffs „Versöhnung" gerade in christlich-pazifistischen Kreisen verdeutlicht z.B. der Name des 1914 vom evangelischen Pfarrer Friedrich Siegmund-Schultze und dem englischen Quäker Henry Hodgkin gegründeten „Internationalen Versöhnungsbunds", vgl. DONAT, HOLL (Hg.), Die Friedensbewegung (Anm. 1), S. 200 f.

[51] DONAT, HOLL (Hg.), Die Friedensbewegung (Anm. 1), S. 195.

[52] Vgl. TUIDER, Alfred Hermann Fried (Anm. 47), S. 135–140.

[53] Vgl. DONAT, HOLL (Hg.), Die Friedensbewegung (Anm. 1), z.B. S. 27, 33, 38, 51, 78, 85, 163, 241, 347.

Auch „Die Menschheit" griff nach 1919 das Thema weiter auf: So verwarf Broda 1920 die Idee eines Prozesses gegen deutsche Kriegsverantwortliche durch ein alliiertes Gericht und auch, dies einem Gericht in Deutschland anzuvertrauen – in beiden Fällen sei ein gerechtes Urteil nicht zu erwarten. Stattdessen solle sich ein internationaler Gerichtshof im Rahmen des Völkerbunds damit befassen; nur so könnten Gerechtigkeit und damit auch eine befriedende Auswirkung auf die Völker gewährleistet werden[54], eine Haltung ganz in der Linie von „Die Versöhnung", übergreifend denkend und konstruktiv, ausgewogen und doch nicht alles verwischend. Das Besondere an dieser Haltung wird auch deutlich, wenn man sie mit der späteren Entwicklung von „Die Menschheit" vergleicht, die nach Brodas Weggang vor allem von Fritz Röttcher und Friedrich Wilhelm Foerster geprägt wurde. Unter Broda ging es darum, die Schuldfrage international zu denken, und als einen Beitrag zu internationaler (und zugleich sozialer) Versöhnung und Verständigung; in der späteren „Menschheit" wurde die Schuldfrage immer mehr zu einem innerdeutschen Thema, in dem es nur noch um den Nachweis der deutschen Schuld ging, mit dem Kampf gegen den Militarismus in Deutschland als Hauptzweck[55].

Zusammenfassend kann festgehalten werden, dass Brodas Engagement während und nach dem Krieg wie auch die spätere Entwicklung der „Menschheit" vor allem eines deutlich machen: Die Weigerung des Beschweigens und stattdessen eine direkte Auseinandersetzung mit schwierigen Kriegsthemen mit dem Ziel, Versöhnung und Demokratie zu fördern. Diese Motive sind folglich keine Erfindung der in den 1990er Jahren geborenen „Transitional-Justice"-Bewegung, sondern können schon in pazifistischen Kreisen während und nach dem Ersten Weltkrieg gefunden werden, auch wenn sie damals in Europa keine mehrheitsfähige Meinung darstellten.

---

[54] La Voix de l'Humanité 135 (18.2.20), R. BRODA, L'apaisement par la justice; vgl. auch Die Menschheit 1 (1920), F. RÖTTCHER, Zur Auslieferungsfrage.
[55] Vgl. DONAT, HOLL (Hg.), Die Friedensbewegung (Anm. 1), S. 268 f.

Nicht thematisieren – vergessen – aufarbeiten?

Die Rede von »Versöhnung« und das »rapprochement franco-allemand« in der Freimaurerei (1870-1930)[*]

Joachim BERGER

Die Freimaurerei war eine (meist exklusiv männliche) „bürgerliche" Assoziation mit einer aus dem 18. Jahrhundert tradierten Programmatik: die Gesellschaft durch Selbstvervollkommnung des Einzelnen mittels ritueller Initiationen zu verbessern. Als Ziel dieser ethischen Selbstvervollkommnung, zugleich als seine Voraussetzung, wird mitunter auch „Versöhnung" angeführt – Versöhnung des Individuums mit sich selbst und mit den anderen. Beispielsweise wird in einem Frankfurter Ritual der „Geselle" auf seine Erhebung in den „Meistergrad", die sich in einem symbolischen Spiel von Tod und Auferstehung vollzieht, wie folgt vorbereitet:

> „Versöhnt mit sich selbst und mit allem, was unsere diesseitige Existenz in Schmerz oder Lust berührt hat, hebt sich leichter und freier die Seele über den Staub empor und süsser ist der Tod, wenn in seine Arme nur die Liebe uns geleitet. Darum wenn irgend ein Hass, ein unfreundliches Gefühl gegen Welt und Menschen oder wohl gar gegen einen Ihrer Brüder noch Ihre Brust belastet, o! so befreien Sie sich jetzt davon, ehe der Tod Sie überrascht! – – Wollen Sie, mein Bruder! vergeben und vergessen?"

Nachdem der Initiand geantwortet hat, führt der Vorsitzende weiter aus: „Versöhnung ist der Triumphgesang vollendeter Geister und im Segen der Versöhnung wollen wir Sie Ihrer maurerischen Bestimmung entgegenführen"[1].

---

[*] Für ihre Anregungen sei den Teilnehmern und Teilnehmerinnen der Pariser Tagung (20.–22.11.2019) ebenso herzlich gedankt wie den Diskussionen im Forschungskolloquium des IEG am 22.10.2019. Mein besonderer Dank gilt PD Dr. Urszula Pękala.

[1] Ritual des Eklektischen Freimaurerbundes. Revidiert und genehmigt von der Grossen Mutterloge des Eklektischen Freimaurerbundes in Frankfurt am Main und den Eklektischen Bundeslogen im Jahre 1871, Frankfurt/M. 1903.

Die Freimaurerei zählt zu den zivilgesellschaftlichen Gruppen und Organisationen, die einen grenzüberschreitenden Anspruch und Wirkungskreis hatten. Ihr menschenverbessernder Anspruch war universal. Er verdichtet sich im Bild der „Weltbruderkette" – der Vorstellung, alle Freimaurer der Welt seien (ideell) miteinander verbunden. Indem sich die Freimaurerei dergestalt zur tugendhaften Avantgarde der Menschheit stilisierte, verlieh sie ihrem Wirken eine große moralische Fallhöhe. Denn faktisch organisierte sich die Freimaurerei in territorialen und nationalen Strukturen. Diese waren von den Konjunkturen der internationalen Staatenbeziehungen unmittelbar betroffen[2]. Der deutsch-französische Gegensatz und das „rapprochement franco-allemand" waren zentrale Faktoren der internationalen Beziehungen in Europa[3] – und ebenso zwischen den Freimaurer-Verbänden. Das Elsass (und Lothringen) spielten auch bei ihnen „die Rolle eines Prüf- und Stolpersteins der deutsch-französischen Beziehungen. Dabei vermengten sich konfessionelle und nationale Komponenten, die instrumentalisiert wurden, um die jeweiligen Ansprüche zu legitimieren"[4].

Dieser Beitrag will einige Etappen des freimaurerischen „rapprochement franco-allemand" skizzieren – die Brüche und Wiederannäherungsversuche von 1870/71 bis in die Zwischenkriegszeit. Dabei gilt es jeweils zu fragen, ob und wie diese Wiederannäherungen mit der Rede von der „Versöhnung" zwischen den Freimaurer-Verbänden und ihren Gesellschaften verbunden wurden. Es geht ausdrücklich nicht darum,

---

[2] Vgl. hierzu nun Joachim BERGER, Mit Gott, für Vaterland und Menschheit? Eine europäische Geschichte des freimaurerischen Internationalismus (1845-1935), Göttingen 2020, http://doi.org/10.13109/9783666564857 [30.9.2021]. Zum Konflikt zwischen Universalismus und Nationalismus siehe auch Stefan-Ludwig HOFFMANN, Nationalism and the Quest for Moral Universalism. German Freemasonry, 1860-1914, in: Martin H. GEYER, Johannes PAULMANN (Hg.), The Mechanics of Internationalism, Oxford, London, New York 2001, S. 259–283; Fulvio CONTI, La Franc-maçonnerie et le mouvement pour la paix en Europe (1889-1914), in: Cahiers de la Méditerranée (2015) 91, S. 87–99 (Abs. 1–41), http://cdlm.revues.org/8101 [30.9.2021].

[3] Vgl. dazu u.a. Frédéric HARTWEG, Von der Entfremdung zur Annäherung. Die deutsch-französische Erbfeindschaft, in: Kirchliche Zeitgeschichte 14 (2001) 2, S. 313–372; Raymond POIDEVIN, Jacques BARIÉTY, Frankreich und Deutschland. Die Geschichte ihrer Beziehungen 1815-1975, München 1982; Mareike KÖNIG, Élise JULIEN, Verfeindung und Verflechtung: Deutschland und Frankreich 1870-1918, Darmstadt 2019.

[4] HARTWEG, Deutsch-französische Erbfeindschaft (Anm. 3), S. 411.

an einem historischen Beispiel die verschiedenen Elemente, Gesten und Handlungsweisen zu diskutieren, die Versöhnung aus systematischer Perspektive konstituieren konnten oder, normativ gedacht, konstituieren sollten[5]. Ich frage also nicht danach, ob es Versöhnungsprozesse zwischen deutschen und französischen Freimaurern gab bzw. was dafür nötig gewesen wäre. Vielmehr interessiert, wie die Rede von der Versöhnung als „gesellschaftspolitische Vision"[6] argumentativ eingesetzt wurde, um bestimmte Haltungen und Handlungen (oder deren Unterlassen) zu begründen und zu rechtfertigen. Wodurch sollte „Versöhnung" herbeigeführt werden, was sollte sie beinhalten, was bewirken?[7]

Dabei ist die allgemeine Beobachtung zu überprüfen, dass die historischen Akteure die Rede von der Versöhnung flexibel anwandten und interpretierten, sie also sowohl als Forderung, „die Vergangenheit aufzuarbeiten", als auch „als Imperativ, die Vergangenheit zu vergessen", eingesetzt werden konnte[8]. Zudem ist zu fragen, inwieweit Versöhnung bei deutschen und französischen Freimaurern einen „asymmetrischen Prozess [bezeichnete] zwischen jenen, die ihre Fehler oder ihr Verbrechen eingestehen, sich entschuldigen oder um Vergebung bitten, und

---

[5] Vgl. dazu Corine DEFRANCE, Ulrich PFEIL, Verständigung und Versöhnung. Eine Herausforderung für Deutschland nach 1945, in: DIES. (Hg.), Verständigung und Versöhnung nach dem »Zivilisationsbruch«? Deutschland in Europa nach 1945, Brüssel 2016, S. 13–53, 33–37; Corine DEFRANCE, Construction et déconstruction du mythe de la réconciliation franco-allemande au XXe siècle, in: Ulrich PFEIL (Hg.), Mythes et tabous des relations franco-allemandes au XXe siècle | Mythen und Tabus der deutsch-französischen Beziehungen im 20. Jahrhundert, Bern u.a. 2012, S. 69–85.

[6] Judith RENNER, Versöhnung als leerer Signifikant im Kontext politischer Transitionen: Eine diskurstheoretische Konzeptualisierung, in: Die Friedens-Warte 86 (2011) 1–2, S. 245–270, 265.

[7] So der Ansatz, „diskursives Versöhnungshandeln" zu analysieren, bei Piotr BURGOŃSKI u.a., Politischer Diskurs und religiöse Interventionen. Kirchliches Sprechen über deutsch-polnische Versöhnung in ausgewählten Schlüsseltexten, in: Urszula PĘKALA, Irene DINGEL (Hg.), Ringen um Versöhnung. Religion und Politik im Verhältnis zwischen Deutschland und Polen seit 1945, Göttingen 2018, S. 113–152, hier S. 114. Zu heuristischen Zwecken führen sie eine „Minimaldefinition" von Versöhnung ein, die ein stillschweigendes oder vereinbartes Vergessen ausschließt: „Die Verbesserung der gegenseitigen Beziehung, indem eine von Schuldvorwürfen belastete Geschichte aufgearbeitet und entsprechende Vorwürfe und Vorbehalte aufgegeben werden".

[8] RENNER, Versöhnung (Anm. 6), S. 250. Sie bezieht sich, am Beispiel Spaniens und Südafrikas, vornehmlich auf den Umgang mit konfliktbeladener Vergangenheit innerhalb einer Gesellschaft bzw. eines Landes.

jenen, die Vergebung gewähren oder auch ablehnen können, um neue Beziehungen nach einem Konflikt zu knüpfen"[9]. Versöhnung, soviel sei vorweggenommen, bezeichnet auch bei den Freimaurern eine spezifische Form der (Wieder-) Annäherung. Wie das „rapprochement" steht sie für nicht abgeschlossene Prozesse. Versöhnung und Wiederannäherung unterscheiden sich in ihrer Beziehung zur Vergangenheit: Das „rapprochement" ist vorrangig auf die Zukunft gerichtet, die „réconciliation" ruft die Vergangenheit an und fordert, sich zu dieser zu verhalten – sie bewusst zu erinnern, sie stillschweigend nicht zu thematisieren oder sie in gemeinsamer Verabredung zu vergessen[10].

1. Rahmenbedingungen des freimaurerischen „rapprochement franco-allemand"

Die französische Freimaurerei war in mehrere Dachverbände gegliedert. Der größte war der „Grand Orient de France" (GODF). Er hatte 1930 etwa 33 000 Mitglieder. Hinzu kam die „Grande Loge de France" (GLDF), die um 1930 etwa 15 000 Mitglieder hatte[11]. Im Deutschen Reich existierten mindestens acht Dachverbände („Großlogen") mit regionalen Schwerpunkten. Sie hatten um 1925 zusammen etwa 82 000 Mitglieder[12]. Seit 1872 stimmten die acht Verbände ihre

---

[9] DEFRANCE, PFEIL, Herausforderung (Anm. 5), S. 34.

[10] Corine DEFRANCE, Punir, réparer, réconcilier, in: Encyclopédie pour une histoire nouvelle de l'Europe, Paris 2016, https://ehne.fr/node/954 [30.9.2021].

[11] Zur französischen Freimaurerei vgl. grundlegend Pierre CHEVALLIER, Histoire de la Franc-Maçonnerie française, Bd. 2–3, Paris 1973/1975 (ND Paris 1993); André COMBES, Histoire de la franc-maçonnerie au XIXᵉ siècle, Bd. 1–2, Monaco 1998-1999, ergänzend bis 1940: DERS., 1914-1968: La franc-maçonnerie, cœur battant de la République. Éclatée, féminisée, persécutée, renforcée..., Paris 2018, S. 11–52, 61–81. Mitgliederzahlen nach ebd., S. 27, und Eugen LENNHOFF u.a., Internationales Freimaurerlexikon, 5., überarb. u. erw. Neuaufl. München 2006, S. 300.

[12] Dies waren die drei „altpreußischen" Großlogen mit Sitz in Berlin – die „Große National-Mutterloge der Preußischen Staaten, genannt ‚Zu den drei Weltkugeln' " (künftig: GNML 3WK), die „Große Landesloge der Freimaurer von Deutschland" und die „Große Loge von Preußen genannt Royal York zur Freundschaft" – sowie die „humanitären" Verbände – die Großloge „Zur Sonne" mit Sitz in Bayreuth, die Große Mutterloge des Eklektischen Freimaurerbunds mit Sitz in Frankfurt/M., die Große Loge von Hamburg, die Große Freimaurerloge „Zur Eintracht" mit Sitz in Darmstadt sowie die Große Landesloge von Sachsen mit Sitz in Dresden. 1924 formierte sich aus der „Freien Vereinigung der fünf unabhängigen Logen"

Außenvertretung und ihre internationalen Beziehungen im „Deutschen Großlogenbund" ab[13].

Es überrascht nicht, dass es zwischen französischen und deutschen Freimaurern im Zeitraum von 1870 bis 1930 ebenso wenig zu einer nachhaltigen und breitenwirksamen Verständigung kam, wie es in ihren Herkunfts- und Rekrutierungsmilieus – grosso modo dem städtischen Klein-, Wirtschafts- und Bildungsbürgertum in seinen lokalen Varianzen – insgesamt der Fall war. Dies verhinderten auf beiden Seiten des Rheins national bestimmte Gegensätze und nationalistische Haltungen. Sie überkreuzten sich mit ideellen Differenzen vor allem über die Frage, ob und inwieweit die Freimaurerei auf einer religiösen Grundlage arbeiten und einen Gottesbezug haben sollte. Die Franzosen des Grand Orient kultivierten ein „adogmatisches" Selbstverständnis – individuelle Glaubensfragen sollten im Namen der Gewissensfreiheit nicht thematisiert werden. Die deutschen Verbände einigten sich hingegen auf einen weitgefassten Glauben „an Gott, als den obersten Baumeister der Welt, an eine höhere sittliche Weltordnung und an die Unsterblichkeit der Seele". Die preußischen Großlogen präzisierten diesen Glauben: Für sie bildete das Christentum die Grundlage der Freimaurerei[14].

Trennend waren zudem unterschiedliche Auffassungen, auf welchen Handlungsfeldern sich die Freimaurerei bewegen und welche Methoden sie dabei anwenden dürfe. Dies galt insbesondere für gesellschaftspolitisch

---

in Thüringen und Sachsen noch die Großloge „Deutsche Bruderkette" mit Sitz in Leipzig. Zur deutschen Freimaurerei vgl. grundlegend Stefan-Ludwig HOFFMANN, Die Politik der Geselligkeit. Freimaurerlogen in der deutschen Bürgergesellschaft 1840-1918, Göttingen 2000, http://nbn-resolving.de/urn:nbn:de:bvb:12-bsb00044 390-2 [30.9.2021]; Ralf MELZER, Konflikt und Anpassung. Freimaurerei in der Weimarer Republik und im „Dritten Reich", Wien 1999; Marcus MEYER, Bruder und Bürger. Freimaurer und Bürgerlichkeit in Bremen von der Aufklärung bis zum Wiederaufbau nach 1945, Bremen 2010. Mitgliederzahlen nach MELZER, Konflikt (Anm. 12), S. 65 f.

[13] Vgl. dazu BERGER, Internationalismus (Anm. 2), S. 133–164.

[14] Allgemeine maurerische Grundsätze, in: Protokoll der Versammlung der deutschen Großmeister, Hamburg 1870-06-07, Anhang zu: Protokolle der Großen Mutterloge des eklektischen Freimaurerbundes in Frankfurt/M. (künftig: GMLEklBd Protokoll) 1870-08-26, S. 10. Loge „Zur Einigkeit", Archiv, Frankfurt/M., Bestand Große Mutterloge des eklektischen Freimaurerbunds zu Frankfurt/M. (künftig: LzE, GMLEklBDs), 5.1.9., Nr. 355. Anders als die „Große Landesloge der Freimaurer von Deutschland" stimmte die preußische National-Mutterloge den „Grundsätzen" von 1870 zu – mit einem Zusatz, der das Christentum zur Grundlage des Sittengesetzes erhob. Vgl. BERGER, Internationalismus (Anm. 2), S. 140 f.

relevante Aufgaben wie Wohltätigkeit, Bildung und Erziehung oder die Friedenssicherung. Die deutschen Großlogen verfolgten ein gesellschaftliches „Umwegkonzept"[15]. Sie wollten Männer zu tugendhaftem Verhalten erziehen, die als Einzelne zum Wohl der Gesellschaft wirken sollten. Zu diesem „apolitischen" Selbstverständnis trat der Grand Orient de France in scharfen Gegensatz. Seine Ortsvereine („Logen") trugen den französischen Antiklerikalismus und setzten sich dafür ein, die gesellschaftliche Sichtbarkeit von Religion und die Wirkmächtigkeit der (römisch-katholischen) Kirche einzuschränken. Nach 1871 wollten sie die neue Republik gegen ihre „reaktionär-klerikalen" Gegner stützen und rechneten sich zum progressiven Teil der „deux France"[16].

Schließlich waren französische und deutsche Freimaurer jeweils mit antifreimaurerischen Stimmungen und Bewegungen konfrontiert[17]. Diese unterstellten, dass Freimaurer aller Länder gemeinsam an einer Weltverschwörung arbeiteten. Dieser Antimasonismus war zunächst kirchlich-klerikal geprägt. Im und nach dem Ersten Weltkrieg begannen nationalistisch, völkisch und antisemitisch aufgeladene Verschwörungstheorien zu dominieren. Der grassierende Antimasonismus bekräftigte viele deutsche Freimaurer darin, internationale Bestrebungen kritisch zu sehen – Verrat am »Vaterland« wollten sie sich nicht vorwerfen lassen. Trotz oder vielmehr wegen dieser Rahmenbedingungen gab es immer wieder Initiativen zu Dialog, Annäherung und Verständigung.

---

[15] In Analogie zu dem „bildungspolitischen Umwegkonzept" in den Kunst- und Geselligkeitsprogrammen Goethes und Schillers, das anstelle von tagespolitischen Aktivitäten auf langfristige, durch Ästhetik wirkende Veränderungen setzte, bei Georg BOLLENBECK, Weimar, in: Etienne FRANÇOIS, Hagen SCHULZE (Hg.), Deutsche Erinnerungsorte, Bd. 1, München 2001, S. 207–224, hier S. 212.

[16] Vgl. u.a. Bernard GILLARD, Elle enseignait la République. La franc-maçonnerie, laboratoire pédagogique des valeurs républicaines de 1871 à 1906, Paris 2005.

[17] Vgl. Jacob KATZ, Jews and freemasons in Europe 1723-1939, Cambridge, Mass. 1970; Michel JARRIGE, L'église et les francs-maçons dans la tourmente. Croisade de la Revue La Franc-Maçonnerie Démasquée (1884-1899), Paris 1999; DERS., L'antimaçonnerie en France à la Belle Epoque. Personnalités, mentalités, structures et modes d'action des organisations antimaçonniques, 1899-1914, Mailand 2006; Johannes Rogalla von BIEBERSTEIN, Die These von der freimaurerisch-illuminatischen Verschwörung, in: Joachim BERGER, Klaus-Jürgen GRÜN (Hg.), Geheime Gesellschaft. Weimar und die deutsche Freimaurerei, München, Wien 2002, S. 28–39; sowie nun BERGER, Internationalismus (Anm. 2), S. 394–414.

2. Brüche, Wiederannäherungen und die Rede von der Versöhnung

2.1 Der Bruch von 1870/1871 und die Folgen – der Opfer gedenken

Im deutsch-französischen Krieg kam es in den Freimaurereien auf beiden Seiten zu nationalistischen Aufwallungen. Zehn Pariser Logen verbreiteten ein Manifest, in dem sie im Namen der Freimaurerei König Wilhelm von Preußen und seinen Sohn Friedrich in Acht und Bann erklärten – beide waren Freimaurer. Die Loge „Henri IV." hatte zudem gefordert, ein internationaler freimaurerischer Gerichtshof solle über die politischen und militärischen Handlungen Wilhelms und Friedrichs urteilen. Daraufhin brachen die deutschen Großlogen bis Mai 1871 die Beziehungen zum Grand Orient de France ab[18]. Dessen Logen im von Deutschland annektierten Elsass-Lothringen zogen es vor, sich aufzulösen, statt sich deutschen Verbänden anzuschließen.

---

[18] Vgl. HOFFMANN, Politik der Geselligkeit (Anm. 12), S. 297–302; Pierre-Yves BEAUREPAIRE, L'Europe des francs-maçons, XVIIIe-XXIe siècles, Paris 2002, S. 228–235. Zum Manifest: Der neueste freimaurerische Bannspruch aus Frankreich, in: Die Bauhütte. Organ des Vereins deutscher Freimaurer 13 (1870) 48, S. 381 f., http://fbc.pionier.net.pl/id/oai:www.wbc.poznan.pl:114724 [30.9.2021]. Zum Gerichtshof: Bibliothèque nationale de France, Paris, Site Richelieu, Manuscrits Occidentaux, Fonds maçonnique 1 219; Microfilm 30166, Bl. 28–30, 50–52.

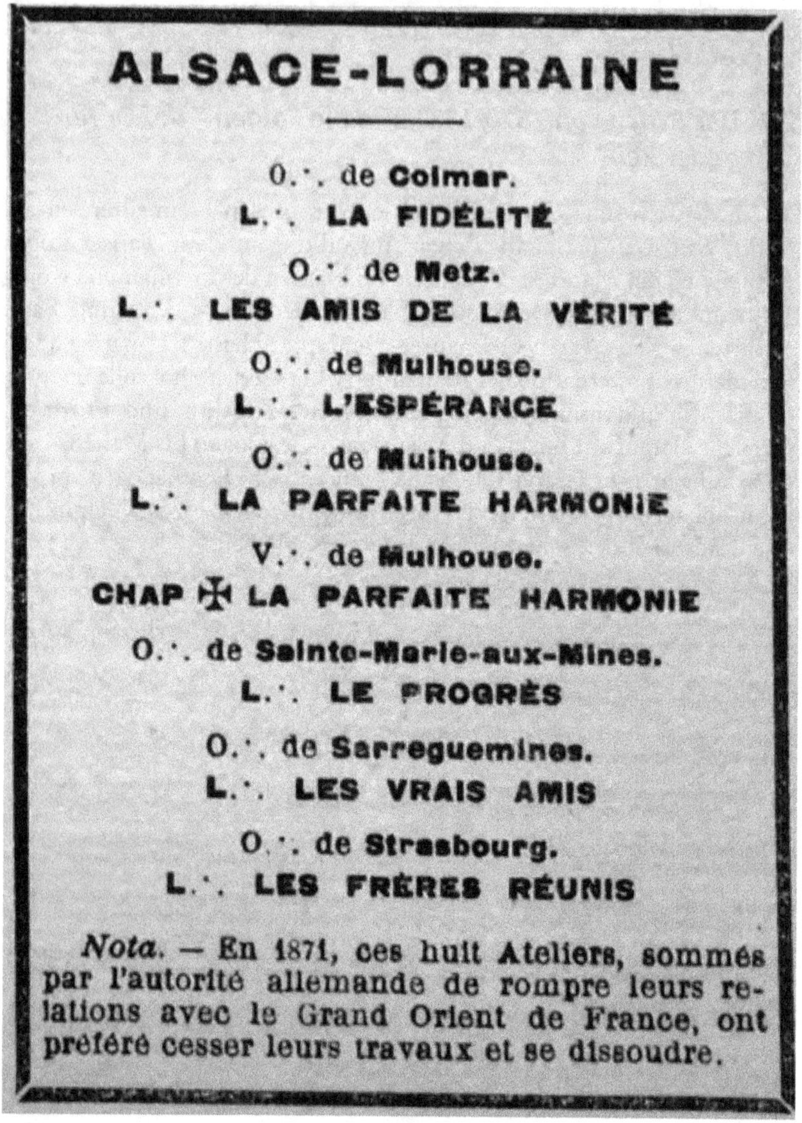

ALSACE-LORRAINE

O∴ de **Colmar.**
L∴ **LA FIDÉLITÉ**

O∴ de **Metz.**
L∴ **LES AMIS DE LA VÉRITÉ**

O∴ de **Mulhouse.**
L∴ **L'ESPÉRANCE**

O∴ de **Mulhouse.**
L∴ **LA PARFAITE HARMONIE**

V∴ de **Mulhouse.**
CHAP ✠ **LA PARFAITE HARMONIE**

O∴ de **Sainte-Marie-aux-Mines.**
L∴ **LE PROGRÈS**

O∴ de **Sarreguemines.**
L∴ **LES VRAIS AMIS**

O∴ de **Strasbourg.**
L∴ **LES FRÈRES RÉUNIS**

Nota. — En 1871, ces huit Ateliers, sommés par l'autorité allemande de rompre leurs relations avec le Grand Orient de France, ont préféré cesser leurs travaux et se dissoudre.

Abb. 1. Seite aus dem « Annuaire du Grand Orient de France », nach der Reproduktion bei: Ch[arles]-M[athieu] Limousin, Le Convent de 1908 du Grand Orient de France et la Réconciliation avec les Grandes Loges Allemandes, in: L'Acacia. Revue mensuelle d'études maç[onniques]. Bd. 6, Nr. 70.

Nach 1871 sahen sich sowohl deutsche als auch französische Freimaurer als Opfer. Indem sie an das erlittene Unrecht erinnerten, wollten beide Seiten vorschnelle und bedingungslose Annäherungen verhindern. Die deutschen Großlogen bezogen sich wiederholt auf die „mannichfachen Verletzungen", welche sie durch die Ächtung ihrer beiden königlichen Logenbrüder erlitten hätten[19]. Und der Grand Orient de France" führte die aufgelösten Logen Elsass-Lothringens in seinem Jahrbuch weiterhin auf – hervorgehoben durch einen Trauerrand. Exilierte Freimaurer aus den beiden Départements gründeten in Paris die Loge „Alsace-Lorraine" (Abb. 1). Sie war das Sprachrohr des Revisionismus im Grand Orient[20]. Die Kluft vergrößerte sich, als der Grand Orient 1877 in seiner Satzung den Glauben an die Existenz Gottes und die Unsterblichkeit der Seele als eine Grundbedingung der Freimaurerei strich. Diese „adogmatische" Wende des Grand Orient stand vor allem aus preußischer Sicht einer Wiederaufnahme der Beziehungen im Weg[21].

2.2 Annäherungen: 1900-1909[22]

Um 1900 ging beiderseits der deutsch-französischen Grenze[23] die Erfahrung des Kriegs von 1870/1871 allmählich in Erinnerung über,

---

[19] Deutscher Großlogenbund, Protokoll des deutschen Großlogentages, Darmstadt 1875-05-16. LzE, GMLEklBd, 5.1.9., Nr. 585.

[20] Vgl. André COMBES, Les trois siècles de la franc-maçonnerie française, Paris ²1994, S. 118 f.; Mildred J. HEADINGS, French freemasonry under the Third Republic, Baltimore u.a. 1949, S. 206 f.

[21] Vgl. zu diesem europäischen Schisma BERGER, Internationalismus (Anm. 2), S. 182–187.

[22] Zum freimaurerischen „rapprochement franco-allemand" vor dem Ersten Weltkrieg vgl. im folgenden detailliert BERGER, Internationalismus (Anm. 2), S. 228–240, ferner die Arbeiten von André COMBES, XIXe siècle (Anm. 11), Bd. 2, S. 385–389; DERS., Les relations maçonniques (1877-1940), in: Humanisme (1994) 214/215, S. 85–96, 91–96, sowie Walter Jack WUSSOW, French freemasonry and the threat of war, 1917-1939, PhD-thesis University of Colorado, Boulder 1966, S. 30–41; HOFFMANN, Politik der Geselligkeit (Anm. 12), S. 302–306; BEAUREPAIRE, Europe (Anm. 18), S. 235–237; Yves HIVERT-MESSECA, L'Europe sous l'Acacia. Histoire des franc-maçonneries européennes du XVIIIe siècle à nos jours, Bd. 1–3, Paris 2014/2016, Bd. 2, S. 723 f. Studien zur Versöhnungs-Semantik in der Freimaurerei fehlen.

[23] Vgl. Thomas HÖPEL, Der deutsch-französische Grenzraum: Grenzraum und Nationenbildung im 19. und 20. Jahrhundert, in: Europäische Geschichte Online (EGO),

wurde also als vergangen gedeutet[24]. Dieser „generationsbedingte Perspektivwechsel" begünstigte auch gesamtgesellschaftlich eine Annäherung zwischen Frankreich und Deutschland. In Elsass-Lothringen gewann seit den 1890er Jahren eine Autonomiebewegung an Raum, während die Bereitschaft der Pariser Eliten zurückging, einen Krieg zu riskieren, um das „Reichsland" zurückzugewinnen. Zudem blühten um 1900 die deutsch-französischen Handels- und Finanzbeziehungen auf[25]. So wie der Revanchismus bezüglich Elsass-Lothringen nach 1900 abnahm, entstanden jedoch in Frankreich militärische, wirtschaftliche und demographische Unterlegenheits- und Bedrohungsgefühle, die sich als antideutsche Ressentiments artikulieren konnten. Sie hatten ihre Entsprechungen auf deutscher Seite. Solche gegenseitigen Ressentiments konnten das „rapprochement franco-allemand" immer wieder belasten[26]. Es zielte seitens der Freimaurer zunächst darauf, wieder grenzüberschreitende Besuche zu ermöglichen. Ansätze kamen von der Basis, vor allem durch Logen im Raum Saarland-Lothringen-Luxemburg, im Elsass und am Oberrhein[27].

Seit der Jahrhundertwende trieben Basisakteure und Verbandsvertreter auf beiden Seiten die deutsche Anerkennung der Grande Loge de France voran. Erst nach dem 1870er Krieg gegründet, war sie historisch „unbelastet". Die Diskussionen auf Leitungsebene der Verbände wurden von einer kontroversen Berichterstattung in freimaurerischen Printmedien beider Länder begleitet. Die preußischen Großlogen beurteilten das politische Engagement der französischen Verbände kritisch und unterstellten beiden fehlende religiöse Bindungen. Auf deutscher Seite setzte sich das Argument durch, dass die neue Grande Loge nicht für die

---

hrsg. vom Leibniz-Institut für Europäische Geschichte (IEG), Mainz 2012-04-11, <ne pas souligner „hoepelt-2012-de"> [30.9.2021].

[24] Vgl. analog zur Erfahrung der bzw. Erinnerung an die Zwangsmigrationen nach 1945: BURGOŃSKI u.a., Politischer Diskurs (Anm. 7), S. 124.

[25] Vgl. POIDEVIN, BARIÉTY, Frankreich und Deutschland (Anm. 3), S. 197–215. Zitat: BURGOŃSKI u.a., Politischer Diskurs (Anm. 7), S. 124.

[26] Vgl. u.a. Georg KREIS, Frankreichs republikanische Großmachtpolitik 1870-1914, Mainz 2007, S. 566–572.

[27] Vgl. zusätzlich zu der in Anm. 22 zitierten Literatur: Jean-Claude COUTURIER, Charles Bernardin. Figure emblématique du Grand Orient de France, Paris 2000, S. 107 f.; DERS., Charles Bernardin, champion de la Franc-Maçonnerie, in: Annales de l'est 51 (2001) 2, S. 195–211; Léon SCHLEICH, Essai d'histoire de la Franc-Maçonnerie dans le Grand-Duché de Luxembourg, Luxembourg 1939, S. 88 f., 104.

Verfehlungen einzelner Grand Orient-Logen verantwortlich zu machen sei. Deshalb erkannte der Deutsche Großlogenbund 1906 – nach mehrjährigen Diskussionen – die Grande Loge de France einstimmig an[28]. Dies stärkte die Kräfte im Grand Orient und in den südwestdeutschen Logen, die für das „rapprochement franco-allemand" eintraten. Wechselseitige Besuche in Nancy, Colmar und Straßburg beförderten den Annäherungsprozess. Er dynamisierte sich mit einer „brüderlichen Zusammenkunft" in den Vogesen, direkt an der damaligen deutsch-französischen Grenze. Dort trafen sich am 7. Juli 1907 etwa 380 deutsche, französische und schweizerische Freimaurer. Solche Zusammenkünfte wurden 1908 in Basel und 1909 in Baden-Baden wiederholt. So bauten die „rapprochistes" Druck auf ihre Verbandsleitungen auf[29].

In diesem Kontext wurde von französischer Seite die Rede von der Versöhnung eingeführt. Meist wird „réconciliation" synonym zu „rapprochement" und ohne Bedeutungsüberschuss gebraucht[30] – aber nicht immer. Einer der „Netzwerker" in diesem Prozess war Charles-Mathieu Limousin. Seine Zeitschrift „L'Acacia" fungierte als verbandsübergreifendes Forum für das „rapprochement franco-allemand"[31]. Limousin beobachtete 1907: Die Aufnahme von Beziehungen zwischen der Grande Loge de France und den Deutschen im Vorjahr sei keine

---

[28] Protokoll des deutschen Großlogentags, Frankfurt/M. 1906-06-03, in: Mitteilungen des Deutschen Großlogenbundes (1906/1907) 1. LzE, unverzeichnetes Einzelstück.

[29] Réunion frat[ernelle]. du 7 juillet 1907 au Col de la Schlucht. Brüd[erliche]. Zusammenkunft vom 7. Juli 1907 auf der Schlucht, Colmar 1907, S. 17, 6, http://gallica.bnf.fr/ark:/12148/bpt6k8546062/ [30.9.2021]; Réunion fraternelle de francs-maçons à Bâle le 5 juillet 1908. Internationale Maurervereinigung in Basel 5. Juli 1908, Basel 1908, S. 15, 17, 19 f., 25, 30, http://gallica.bnf.fr/ark:/12148/bpt6k131212w [30.9.2021]; Brüd[erliche]. Zusammenkunft am 3.–5. Juli in Baden-Baden. Réunion des francs-macons 3–5 juillet à Baden-Baden. 1909, Baden-Baden 1909, http://gallica.bnf.fr/ark:/12148/bpt6k131211h [30.9.2021]

[30] So z.B. von Charles Bernardin, Réunion Schlucht (1907), S. 17; Réunion Bâle (1908), S. 11, 13, 15; Brüderliche Zusammenkunft Baden-Baden (1909), S. 15. Oder François Nicol, Brüderliche Zusammenkunft Baden-Baden (1909), S. 30. Ebenso: Nix [Pseud.?], Entre Français et Allemands, in: L'Acacia (1906), S. 419–423 (Nr. 7), 23–32, 178–191 (Nr. 8), 419 f.; Nécrologie. Le T. R. Fritz Auerbach, in: La Lumière Maçonnique 1 (1910) 2, S. 9, http://gallica.bnf.fr/ark:/12148/bpt6k5756788p [30.9.2021].

[31] Zu Limousin vgl. LENNHOFF u.a., Freimaurerlexikon (Anm. 11), S. 517, zur Zeitschrift „L'Acacia" Daniel LIGOU (Hg.), Dictionnaire de la franc-maçonnerie, Paris 2006, S. 7.

"réconciliation" gewesen, denn ihr sei kein Zerwürfnis vorangegangen. Hinsichtlich des Grand Orient habe es dagegen Exkommunikationen gegeben. Mittlerweile sei jedoch der Geist der Brüderlichkeit wiedererwacht, und man wünsche eine tatsächliche „réconciliation" mittels eines Bruderkusses – eine Geste, die eine Zeit der Feindschaft beende[32]. Ähnlich hatte der belgische Großmeister bereits beim internationalen Kongress der Freimaurerdachverbände in Brüssel (1904) die Hoffnung geäußert, dass sich die französischen und deutschen Freimaurer bald den Kuss zu einer dauerhaften Versöhnung geben würden[33]. Eine erste dieser Gesten erfolgte auf neutralem Terrain. Bei einer Jubiläumsfeier des belgischen Verbands in Brüssel traf im April 1907 der Vizepräsident des Grand Orient mit deutschen Großlogenvertretern zusammen. Sie stießen auf die „réconciliation" zwischen Frankreich und Deutschland an[34]. Bruderküsse und Trinksprüche, die beide Partner auf Augenhöhe positionierten, standen der performativen und visuellen Dimension des freimaurerischen Rituals nahe. Sie ersetzte eine argumentative Auseinandersetzung nicht, konnte sie aber vorbereiten.

Die drei preußischen Großlogen blieben abwehrend. Der Vorsitzende der National-Mutterloge hatte vom Grand Orient, zusätzlich zur Rückkehr zum Gottesbezug, eine „Sühne" dafür verlangt, dass er damals die preußenkritischen Manifeste seiner Logen nicht verurteilt habe[35]. Charles Bernardin aus Nancy, der rührigste Vertreter des „rapprochement franco-allemand" im Grand Orient, wandte sich auf dem Basler Verbrüderungsfest im Juli 1908 gegen solche Forderungen: Man verlange von den Franzosen, sich vorab für einen 38 Jahre zurückliegenden

---

[32] Ch[arles]-M[athieu] LIMOUSIN, La Réconciliation du Grand Orient de France et des Grandes Loges d'Allemagne, in: L'Acacia 10 (1907) 2, S. 202–205, hier S. 202.

[33] Congrès maç. international 1904 à Bruxelles. Compte rendu des séances du congrès, Bern 1905, S. 126 (»se donner le baiser de réconciliation durable«).

[34] Bulletin du Grand Orient de France (künftig: BullGODF) 63 (1907) 5, S. 6–10 (Conseil de l'Ordre, 1907-04-15). Grand Orient de France (künftig: GODF), Bibliothèque/Archives, Paris; Jahresberichte 1906/1907, in: Mitteilungen des deutschen Großlogenbundes (1907/1908) 4. Geheimes Staatsarchiv Preußischer Kulturbesitz, Berlin-Dahlem, Bestand Freimaurer, Großlogen und Protektor, „Große National-Mutterloge der Preußischen Staaten genannt ‚Zu den drei Weltkugeln'" (künftig: GStAPK, FM 5.1.4. GNML 3WK), Nr. 7811; GODF, Archives, Fonds russes, 92-3-00168, Bl. 14, 34–38.

[35] Karl Gerhardt (GNML 3WK), auf der Sitzung des preußischen Großmeister-Vereins, Berlin 25.05.1906. GStAPK, FM, 5.1.4. GNML 3WK, Nr. 7586, Bl. 132–135.

Vorgang zu entschuldigen? Das werde der Grand Orient niemals tun, denn seine Führung habe die – in der Sache inakzeptablen – Äußerungen der zehn Pariser Logen nicht zu verantworten. Bernardin empfahl eine andere Methode:

> „Man muss die Vergangenheit mit einem Schleier bedecken. Die Versöhnung darf keine der beteiligten Parteien demütigen. Wenn zwei Gruppen, wie zwei, die seit einiger Zeit in Konflikt geraten sind, sich versöhnen wollen, weil die Feindseligkeit, die sie gegeneinander empfanden, verschwunden ist, ist das Beste, was sie tun können, die Beziehungen ohne nähere Erklärung wiederaufzunehmen. Auf die alte Geschichte zurückzukommen, wäre ein sicherer Weg, die Wunden des Selbstwertgefühls wieder zu öffnen und Gegensätze zu wecken"[36].

Bernardin setzte also darauf, zur Normalität überzugehen, indem die Vergangenheit nicht mehr thematisiert wurde, ohne ein Vergessen aktiv zu verabreden. Der Leitung des Grand Orient war es dabei wichtig, nicht selbst den ersten Schritt zu gehen[37]. Auf Vermittlung der Frankfurter Großloge fanden die Franzosen einen Weg, das Gesicht zu wahren und doch die Wiederaufnahme in Gang zu bringen:[38] Am 22. September 1908 erklärte der Präsident des Grand Orient, dass er die ausgestreckte Hand der Deutschen ergreifen werde. Zwischenzeitlich hatte das Leitungsgremium bereits stillschweigend im Jahrbuch die Trauerrand-Seite mit den aufgelösten Logen (Abb. 1) getilgt. Bernardin hatte dies ein Jahr zuvor beantragt[39]. Eine anonyme Stimme in der „Revue maçonnique" hatte darauf gewarnt, mit solchen symbolischen Akten die Ansprüche auf Elsass-Lothringen insgesamt aufzugeben. Das Problem der „verlorenen

---

[36] „[...] il faut jeter un voile sur le passé. La réconciliation ne doit humilier aucune des parties en cause. Quand deux collectivités, comme deux hommes qui ont été un certain temps brouillés, veulent se réconcilier parce que l'animosité qu'elles éprouvaient l'une contre l'autre a disparu, ce qu'elles ont de mieux à faire c'est de reprendre les relations sans plus ample explication. Revenir sur les vieilles histoires serait un sûr moyen de rouvrir les blessures d'amour propre et de réveiller les antagonismes". Réunion Bâle (1908), S. 16.

[37] Réunion Bâle (1908), S. 11; BullGODF 64 (1908) 4, S. 53 f. (Conseil de l'Ordre, 1908-07-22); sowie: GODF, Archives, Fonds russes, 92-1-14583, Bl. 1.

[38] GODF, Archives, Fonds russes, 92-3-00168, Bl. 2 f. Vgl. Hiram M. [= Charles-Mathieu LIMOUSIN], La Réconciliation des Grandes Loges d'Allemagne et du Grand Orient de France, in: L'Acacia 13 (1909), S. 401–425, hier S. 421.

[39] Vgl. Ch[arles]-M[athieu] LIMOUSIN, Le Convent de 1908 du Grand Orient de France et la Réconciliation avec les Grandes Loges Allemandes, in: L'Acacia 6 (1908) 70, S. 215–222, 221 f., 219 f.

Provinzen" müsse gelöst werden: „Selbst im Interesse Deutschlands muß auf das zurückgekommen werden, was 1871 in roher Weise auferlegt worden ist. Nur um diesen Preis ist eine aufrichtige und endgültige Versöhnung möglich"[40]. Solchen Stimmen ging es nicht um Sühne, sondern um Revision. In der Generalversammlung des Grand Orient artikulierte die Pariser Loge „Alsace-Lorraine" den Widerstand. Doch die Leitung erhielt für ihr Vorgehen eine breite Zustimmung der Ortsvereine (294 Ja, 49 Neinstimmen)[41].

Nun hatte die Frankfurter Großloge Handhabe, um den Deutschen Großlogenbund zu ersuchen, die Beziehungen zum Grand Orient wiederaufzunehmen[42] – ohne dass ein französisches Gesuch vorausgegangen war. Tatsächlich beschloss der Deutsche Großlogenbund am 30. Mai 1909 ohne weitere Erklärung die Wiederaufnahme. Die drei preußischen Großlogen stimmten allerdings dagegen. Sie verwahrten sich weiterhin gegen die „atheistische und Politik treibende Fr[ei]m[aure]rei" des Grand Orient. An den Mehrheitsbeschluss fühlten sie sich nicht gebunden[43]. Jedoch erlaubten sie den „persönlichen Verkehr" ihrer Mitglieder mit denen des Grand Orient. Für die deutsch-französische Basisbewegung schien die Wiederannäherung erreicht[44].

2.3 Neue Brüche, neue Annäherungen: Von Versailles über Locarno nach Frankfurt

Das freimaurerische „rapprochement franco-allemand" war beiderseits des Rheins von nationalen Ressentiments begleitet worden. Diese sollten während des Ersten Weltkriegs die Oberhand gewinnen. Im Konflikt zwischen Weltbürgertum und Vaterland bekannte sich die Mehrheit der Freimaurereien in allen kriegsbeteiligten Staaten Europas

---

[40] J.B. M., Die internationalen Freimaurerversammlungen, in: Latomia 32 (1909) 1, S. 2–6, 4, übersetzt übernommen aus der Revue maçonnique (1908).
[41] LIMOUSIN, Convent (Anm. 39), S. 221 f.
[42] GStAPK, FM, 5.1.4. GNML 3WK, Nr. 7587, Bl. 88.
[43] Vertrauliche Niederschrift der GNML 3WK über die Verhandlungen des deutschen Großlogentags, Frankfurt/M. 1909-05-30 (handschriftlich). GStAPK, FM, 5.1.4. GNML 3WK, Nr. 7587, Bl. 183–187', hier Bl. 184'.
[44] Zur gegenwärtigen Lage. Sonderabzug aus dem Rauhen Stein [Monatsschrift der Großen Loge von Preußen] 7 (1910) 5, S. 1–6, 4. GStAPK, FM, 5.1.4. GNML 3WK, Nr. 7587, Bl. 271–273'; Brüderliche Zusammenkunft Baden-Baden (1909), S. 15, 27, 32, 36.

zur eigenen Nation als „Letztwert"⁴⁵. Die staatlich-militärischen Allianzen schlugen auf die Beziehungen der nationalen Freimaurerverbände der Mittelmächte und der „Alliierten" durch. Im Mai 1915 brach der Deutsche Großlogenbund die Beziehungen zur französischen Freimaurerei ab – dass zwischen den preußischen Großlogen und dem Grand Orient de France gar kein Verhältnis bestanden hatte, überging man⁴⁶.

Die Pariser Vorortverträge festigten die Abgrenzungen zwischen den Verbänden nach nationalstaatlichen Allianzen. Freimaurer auf beiden Seiten des Rheins sahen sich, stellvertretend für ihre Gesellschaften, erneut als Opfer: Die Franzosen als Opfer des Kriegs (auf eigenem Territorium), die Deutschen als Opfer des als ungerecht empfundenen Friedens. Zugleich beflügelte die Gründung des Völkerbunds neue grenzüberschreitende Initiativen. Auf einem internationalen Kongress sollte 1921 eine transnationale Organisation der Freimaurerverbände gegründet werden. Doch der Grand Orient de France stellte Bedingungen. Zu dem Kongress seien nur die Verbände der alliierten und neutralen Staaten zuzulassen sowie diejenigen, die sich von den Regierungen distanziert hätten, die für den Krieg verantwortlich waren. Die eigenen Mitglieder wies die Leitung darauf hin, dass der Moment, sich den deutschen Freimaurern wieder zu nähern, noch nicht gekommen sei. Der Kriegsschuldfrage auf staatspolitischer Ebene wurde also eine innerfreimaurerische Schuldfrage beigegeben⁴⁷. Die Deutschen indes wollten mit den Verbänden der Siegermächte erst dann wieder anknüpfen, wenn sich diese vom Versailler Vertrag distanzierten⁴⁸. Der Grand Orient de France ergriff seinerseits die Chance, die „Wunde" Elsass-Lothringen zu

---

⁴⁵ Überblick bei Yves HIVERT-MESSECA, Hiram et Bellone. Les francs-maçons dans la Grande Guerre (1914-1918), Paris 2016, bes. S. 73, 120 f. »Letztwert«: Dieter LANGEWIESCHE, Nation, Nationalismus, Nationalstaat in Deutschland und Europa, München 2000, S. 16 u.ö.

⁴⁶ Protokoll des deutschen Großlogentags, Berlin 1915-05-29, in: Mitteilungen des Deutschen Großlogenbundes (1915/1916) 1. GStAPK, FM 5.1.4., Nr. 7802; BullGODF 71 (1915), S. 50 f. (Conseil de l'Ordre, 1915-06-23).

⁴⁷ BullGODF 76 (1920), S. 19–23. (Circulaire, 1920-02-01); ebd., S. 61 (Conseil de l'Ordre, 1920-02-18); ebd., S. 94 (Conseil de l'Ordre, 1920-03-28); ebd., S. 5–7 (Circulaire, 1920-07-07); Congrès maç. international de 1921 à Genève. Compte rendu des Séances, Bern 1922, S. 9–16. Zur Kongressfrage vgl. auch WUSSOW, French Freemasonry 1917-1939 (Anm. 22), S. 56–62.

⁴⁸ Vgl. z.B. GMLEklBd Protokoll 1919-11-03 (Sitzung des Großbeamtenrats). LzE, GMLEklBd, 5.1.9., Nr. 71; Preußische Großlogen an den Großorient der Niederlande, Berlin 21.02.1921 (masch. Kopie). GStAPK, FM, 5.1.4. GNML 3WK,

schließen: Die 1871 geschlossenen Logen in Colmar, Metz und Straßburg wurden wiedereröffnet und dem Grand Orient angegliedert[49]. Es verwundert also nicht, dass in den ersten Nachkriegsjahren von Versöhnung nicht einmal in negativ-abgrenzender Absicht die Rede war. Der Teilerfolg von 1909 wurde bewusst übergangen – die Beziehungen seien 1870 abgebrochen[50].

Ab 1923, als sich die deutsch-französische Konfrontation in der Ruhrbesetzung zuspitzte, setzten sich bestimmte Kräfte in Grand Orient und Grande Loge wieder für das „rapprochement franco-allemand" ein[51]. Zugleich kehrte die Rede von der Versöhnung zurück. Beide Verbände unterstützten das freimaurerische Komitee „Fraternité – Réconciliation. Groupe pour le rapprochement franco-allemand". Es suchte u.a., einen Austausch von Schülern und Studierenden zu organisieren. Ab 1925 wurde das Vorkriegsformat der internationalen freimaurerischen Kundgebungen für den Frieden wiederaufgenommen. Beide Initiativen verwendeten „rapprochement" und „réconciliation" synonym. Die französische Seite bemühte sich vergeblich, für diese Initiativen Partner in den etablierten deutschen Großlogen zu finden[52]. Unter diesen war die „Große Mutterloge des Eklektischen Freimaurerbunds" (mit Sitz in Frankfurt/M.) am ehesten bereit, über die Bedingungen nachzudenken, unter denen man sich mit den ehemaligen „Alliierten" hätte verständigen können. Charles Bernardin, immer noch *der* Protagonist

---

Nr. 7550, Bl. 327 f. Siehe auch Bernhard BEYER, Unser Verhältnis zur Internationalen Freimaurer-Vereinigung und zu Br. Quartier-la-Tente, in: Bayreuther Bundesblatt 22 (1922) 4, S. 126–137, 128–130.

[49] BullGODF 75 (1919), S. 38 f. (Conseil de l'Ordre, 1919-01-28); ebd. 76 (1920), S. 60 (Conseil de l'Ordre, 1920-06-19); ebd. S. 392 f. (Cinquantenaire de la Troisième République, 1920-09-26).

[50] BullGODF 76 (1920), S. 73 (Conseil de l'Ordre, 1920-06-20).

[51] Vgl. beispielhaft für weitere Debatten die Diskussion über einen Resolutionsentwurf zum „rapprochement franco-allemand", in: BullGODF 82 (1925), S. 198–210 (Assemblée Générale, 1925-09-24), sowie Maurice CACAUD (Beauvais), Un essai de rapprochement franco-allemand, in: BullGODF 80 (1923/1924), S. 81–85. Vgl. WUSSOW, French Freemasonry 1917-1939 (Anm. 22), S. 99–122; Wolfgang SCHMALE, For a Democratic »United States of Europe« (1918-1951). Freemasons – Human Rights Leagues – Winston S. Churchill – Individual Citizens, Stuttgart 2019, S. 53 f.

[52] Vgl. Compte rendu de la Xe manifestation maç. internationale de Besançon. 7, 8 et 9 juin 1930, [Besançon] 1930, S. 14; Historique des manifestations maçonniques internationales 1907-1929, Koblenz [1930], S. 32, 40, 43.

des „rapprochement franco-allemand", führte deshalb im Juli 1924 in Frankfurt Sondierungsgespräche. Zur gleichen Zeit ließ er im Namen seines Verbandes verlauten, „daß die französischen Brüder den deutschen Brüdern ohne Hintergedanken die Versöhnungshand entgegenstrecken und keinerlei Erklärungen verlangen"[53]. Wieder plädierte er dafür, das Vergangene nicht zu thematisieren.

Bernardins Bemühungen schienen 1927 Früchte zu tragen. Die beiden französischen Verbände wandten sich mit einem Gesprächsangebot an die Frankfurter. Am 16. Februar 1927 fand auf Leitungsebene die sogenannte „Frankfurter Begegnung" statt. Vorab hatte der Grand Orient eine „réconciliation maçonnique" vorgeschlagen, um einen „accord durable" zwischen den beiden Ländern zu befördern[54]. Dabei forderten die Gastgeber die französischen Freimaurer u.a. dazu auf, anzuerkennen, dass sich das deutsche Volk legitimerweise für eine friedliche Revision des Vertrags einsetze. Der Vorsitzende des Grand Orient erwiderte, solche politischen Fragen seien geeignet, die „réconciliation" auf lange Zeit zu behindern bzw. anzuhalten. Die französische Freimaurerei sehe davon ab, Ähnliches vorzubringen – etwa die Verletzung der belgischen Neutralität 1914, die von Frankreich geforderten Sicherheitsgarantien usw. Ihre Mission sei es, die Vergangenheit endgültig als vergessen anzusehen[55].

Die „Frankfurter Begegnung" war 1927 *das* Politikum in und zwischen den deutschen Verbänden. Einerseits griff man die Leitung der Frankfurter Großloge dafür an, mit ihren Fragen und Forderungen unzulässigerweise in die politische Sphäre eingedrungen zu sein.

---

[53] BullGODF 80 (1923/1924), S. 9 (Conseil de l'Ordre, 1924-09-08); GMLEklBd Protokoll 1924-09-15 (Sitzung des erweiterten Vorstands [Großbeamtenrats]; Zitat aus einer – in der Zeitschrift »Die Leuchte« gedruckten – Rede Charles Bernardins in einer Baseler Loge). LzE, GMLEklBd, Sonderbestand (vermutlich Nachlass Heinrich Becker), 5.1.9., bei Nr. 64–75.

[54] Joseph Brenier (Präsident des Conseils de l'Ordre des GODF) an Ludwig Ries (Großmeister der GMLEklBd), Paris 12.1.1927 (Kopie). GStAPK, FM, 5.1.4. GNML 3WK, Nr. 7551, Bl. 11.

[55] „[...] des questions de cette nature pourraient arrêter longtemps la réconciliation [...]. Mais telle n'est pas l'intention des délégués français qui ont reçu mission de considérer le passé comme définitivement oublié". BullGODF 84 (1927), S. 48 f. (Conseil de l'Ordre, 1927-04-03). Ebd. zum weiteren Ablauf der „Frankfurter Begegnung"; zum Nachgang: Bulletin de l'Association maçonnique internationale 7 (1928) 25, S. 17 f. GODF, Archives. Vgl. auch Wussow, French Freemasonry 1917-1939 (Anm. 22), S. 122–126; CHEVALLIER, Franc-Maçonnerie (Anm. 11), Bd. 3, S. 208 f.

Andererseits kritisierte man sie dafür, vor einer Revision des Versailler Vertrags überhaupt mit dem Grand Orient und der Grand Loge gesprochen zu haben – ebenfalls ein politisches Argument. Der preußische National-Großmeister artikulierte die Mehrheitsmeinung in den preußischen Großlogen:

> „So lange das deutsche Volk noch nicht wieder frei ist von seinen Feinden, werden bewußte Deutsche und auch zielbewußte deutsche Freimaurer es mit ihrer Ehre nicht vereinbaren können, von sich aus die Hand zur Versöhnung zu reichen"[56].

Der Frankfurter Vorsitzende beteuerte anschließend, „[v]on der Absicht einer Annäherung sei keine Rede gewesen". Es habe nicht einmal ein gemeinsames Essen gegeben, das doch traditionell wichtige freimaurerische Versammlungen beschloss. In keiner Weise sollte der Anschein eines Miteinanders erweckt oder gar eine Geste der Versöhnung evoziert werden[57]. Die Kontroversen um die „Frankfurter Begegnung" entzogen weiteren Annäherungsgedanken den Boden.

3. Die Rede von der Versöhnung zwischen stillschweigendem Nicht-Thematisieren, vereinbarten Vergessen und aktiver Auseinandersetzung

Die Rede von der Versöhnung stand auch bei Freimaurern in einem „zweifachen Bezugsrahmen": Zum einen richtete sie sich „an die jeweils andere Konfliktpartei". Zum anderen mussten sich die Befürworter und die Gegner des „rapprochement franco-allemand" innerhalb der eigenen nationalen Freimaurer-Gemeinde durchsetzen[58].

---

[56] Karl Habicht an Oltmann Helm, 22.3.1927 (Entwurf). GStAPK, FM, 5.1.4. GNML 3WK, Nr. 7564, Bl. 185.

[57] Protokoll der Besprechung der deutschen Großmeister, Berlin 1927-09-15. GStAPK, FM, 5.1.4. GNML 3WK, Nr. 7776, Bl. 50 f. Der Zusatz zum gemeinsamen Essen ist in dieser Fassung des maschinenschriftlichen Protokolls handschriftlich durchgestrichen.

[58] Analog Urszula Pękala, Deutsch-polnische Versöhnung an der Schnittstelle von Religion und Politik, in: Urszula Pękala, Irene Dingel (Hg.), Ringen um Versöhnung. Religion und Politik im Verhältnis zwischen Deutschland und Polen seit 1945, Göttingen 2018, S. 9–48, hier S. 45 (Zitate).

Nicht thematisieren – vergessen – aufarbeiten?

In der ersten Phase des „rapprochement" (1900 bis 1909) etablierte sich ein Muster: Versöhnung in einem Modus, der die Vergangenheit aktiv aufarbeitet, wurde immer dann angeführt, wenn es eine Annäherung zu verhindern galt – indem Forderungen aufgestellt wurden, von denen klar war, dass die Gegenseite sie nicht erfüllen werde. Auf deutscher Seite, und zwar in den preußischen Großlogen, mag der christliche Gedanke von „Sühne" und „Vergebung", die jeder Versöhnung vorausgehe, eine Rolle gespielt haben. Sie vermieden es vor dem Ersten Weltkrieg, ausdrücklich von „Versöhnung" zu sprechen.

Unter den französischen Freimaurern des Grand Orient erhoben sich jedoch vor – und auch nach – dem Ersten Weltkrieg Stimmen, die „Versöhnung" mit dem Ziel der Verständigung anstrebten: Versöhnung sei durch symbolische Handlungen und dadurch zu erreichen, dass man nicht mehr über die Vergangenheit spreche. Vor allem Charles Bernardin setzte darauf, dass sich beide Seiten stillschweigend vornehmen sollten, die Vergangenheit nicht mehr zu thematisieren. Nach dem Weltkrieg artikulierten die Leitungen beider französischer Verbände die Vorstellung, Versöhnung setze ein beiderseitiges, bedingungsloses Vergessen voraus. Auch hier ging es um ein Nicht-Thematisieren aus diplomatischen Gründen, das nun aber von beiden Seiten gemeinsam verabredet, also aktiv angegangen werden sollte. Die Nicht-Thematisierung sollte zudem gegenüber dem „Anderen", nicht aber innerhalb der eigenen nationalen Erfahrungsgemeinschaft erfolgen. Denn französische Freimaurer beteiligten sich selbstverständlich daran, die Gefallenen des Ersten Weltkriegs in Denkmälern und Gedenkfeiern zu vergegenwärtigen. Intendiert wurde also ein Übergang vom stillschweigenden zum aktiven, vereinbarten Nicht-Thematisieren, das als „Vergessen" kodiert wurde. Ob dieser Übergang einen Erkenntnisprozess beschreibt, und wie weit dieser von der Basis getragen wurde, ließe sich durch eine Analyse des Sprechens über Versöhnung in den lokalen Logen überprüfen[59].

Nur die „Zeit [könne] allmählich eine Linderung bringen" – so der Frankfurter Vorsitzende Heinrich Becker im Jahr 1920[60]. Auf den

---

[59] SCHMALE, United States of Europe (Anm. 51), S. 53 f., weist darauf hin, dass die Logen der Grande Loge 1924 und des Grand Orient 1925 jeweils auf Veranlassung der Leitungsgremien die deutsch-französischen Beziehungen studierten und diese Diskussionen publizierten. Schmale verwendet „rapprochement" und „réconciliation" synonym.

[60] GMLEklBd Protokoll 1920-05-16 (Jahresversammlung). LzE, GMLEklBd, Sonderbestand (vermutlich Nachlass Heinrich Becker), 5.1.9., bei Nr. 64–75.

Ersten Weltkrieg folgten jedoch, anders als nach 1871, keine dreißig Jahre Frieden, während derer eine neue Generation mit Abstand zum Kriegsgeschehen eigene Versöhnungsformeln hätte entwickeln können. In den 1920er Jahren führten zum großen Teil diejenigen das Wort, die schon die Vorkriegsannäherungen und -abgrenzungen geprägt hatten. Gleichwohl setzten auch die deutschen Freimaurer nach dem Krieg die Rede von der Versöhnung ein. Auf den Gedanken einer bedingungslosen Versöhnung durch Vergessen glaubten sie, die den ungemein populären Verschwörungstheorien eines Erich Ludendorff ausgesetzt waren, nicht eingehen zu können. Versöhnung war für deutsche Freimaurer, und dabei glichen sich die „humanitären" den preußischen Großlogen an, nur durch Anerkennung von Schuld und durch Sühnehandlungen zu erreichen. Die Mehrheit sprach Versöhnung an, um eine Wiederannäherung zu verhindern.

Es kam gewissermaßen, um mit Aleida Assmann zu sprechen, zu einem „Wettbewerb um die Anerkennung des Opferstatus", der zumindest eine „Opferhierarchie"[61] etablieren sollte. Ein „dialogisches Erinnern" „als wechselseitige Anerkennung von Opfer- und Täterkonstellationen in Bezug auf eine gemeinsame Gewaltgeschichte"[62] war nicht mehrheitsfähig. Deutsche und französische Freimaurer sahen „Versöhnung" bzw. „réconciliation" nicht als asymmetrischen Prozess, der einen Grundkonsens über das Geschehene voraussetze, wobei diese Asymmetrie nur im deutschen Begriff, der in „Sühne" wurzelt, mitschwingt[63]. Eine klare Entwicklungslinie – vom stillschweigenden Nicht-Thematisieren über das vereinbarte Vergessen hin zur aktiven Auseinandersetzung ist bis 1930 in den deutsch-französischen Beziehungen nicht zu erkennen. Inwieweit sich die Freimaurerei darin von anderen zivilgesellschaftlichen Gruppen und Organisationen in Deutschland und Frankreich unterschied, müssen weitere, vergleichende Forschungen zeigen.

---

[61] DEFRANCE, PFEIL, Herausforderung (Anm. 5), S. 40.
[62] Aleida ASSMANN, Das neue Unbehagen an der Erinnerungskultur. Eine Intervention, München 2013, S. 197, 99, zit. n. DEFRANCE, PFEIL, Herausforderung (Anm. 5), S. 42 f.
[63] Hinweis von Corine DEFRANCE (Paris).

IV. Réconciliation, société civile et organisations internationales dans les années 1920 / Versöhnung, Zivilgesellschaft und internationale Organisationen in den 1920er Jahren

„Conciliation à l'américaine"

Transatlantische Versöhnungsimpulse im Europa der 1920er Jahre

Helke RAUSCH

Am Ende des totalen Ersten Weltkriegs standen die zeitgenössischen Chancen auf jedwede Art von „Versöhnung" fast naturgemäß schlecht. Semantik und Symbolik der europäischen Nachkriegsgesellschaften blieben lange über das Kriegsende hinaus beherrscht vom Bellizismus der Kriegsphase. Darin spiegelte sich allemal bei den ersten Begegnungen von ehedem verfeindeten Deutschen und Franzosen nach 1918 wider, wie tief verbittert man beiderseits der neuen Ländergrenzen über Zerstörung, Leid und Verlust war. Hinzu kam, dass Politik und politische Öffentlichkeit von einem derben Bezichtigungsjargon überlagert blieben. Zu ihm gehörten schnelle französische „Schuld"-Zuweisungen und ein fast schon hysterischer Ehrgeiz, sich künftig gegen den deutschen Militarismus abzusichern. Genauso speiste er sich aus dem hochemotionalen, realitätsfernen deutschen Revanchismus gegenüber dem französischen Erzfeind[1].

In diesem unwirtlichen Gesamtklima waren es in erster Linie zivilgesellschaftliche Akteure, Netzwerke und Institutionen, die auf Verständigung über den Gräben und Gräbern hinzuarbeiten begannen[2]. Das galt nicht nur für die gut beforschte innereuropäische, sondern auch für die deutlich weniger beachtete transatlantische Konstellation

---

[1] Vgl. Peter JACKSON, Beyond the Balance of Power. France and the Politics of National Security in the Era of the First World War, Cambridge 2013; Gerhard HIRSCHFELD, Gerd KRUMEICH, Irina RENZ (Hg.), 1918. Die Deutschen zwischen Weltkrieg und Revolution, Berlin 2018.

[2] Vgl. Hans Manfred BOCK, Versöhnung oder Subversion? Deutsch-französische Verständigungs-Organisationen und -Netzwerke der Zwischenkriegszeit, Tübingen 2014 und zahllose weitere Publikationen des Autors.

der 1920er Jahre. Sie steht deshalb im Folgenden im Mittelpunkt. Es lässt sich zeigen, dass mit dem Carnegie Endowment for International Peace ein ambitionierter US-amerikanischer „Versöhner" in Europa auftrat. Seine Offerte war besonders: die Stiftungsoffiziellen mischten hier die Tradition des US-amerikanischen Pazifismus mit einem Pathos der Versachlichung und wollten die Nachkriegseuropäer so zueinander bringen. Diese besondere Sorte amerikanischer Intervention wird zunächst in eine Skizze der transatlantischen Konstellation zu Ende des Ersten Weltkriegs eingeordnet. Anschließend lässt sich vor allem das große Projekt des Carnegie Endowment, eine internationale Geschichte des Weltkrieges zu koordinieren, als amerikanisches „Versöhnungs"-Projekt im frühen Nachkriegseuropa diskutieren. Kurze Hinweise auf ähnlich ausgerichtete Stiftungsprogramme komplettieren das Argument. Das Fazit legt nahe, dass solche amerikanischen Initiativen, so schwergängig sie blieben, doch symptomatisch erscheinen für eine utopistische Versöhnungsemphase, wie sie in zahllosen Varianten das gesamte 20. Jahrhundert kennzeichnet.

1. Schillerndes Setting: Amerika in Europa nach dem Ersten Weltkrieg

In der Geschichte deutsch-französischer Versöhnungsdiskurse und -semantiken im frühen 20. Jahrhundert sind die US-amerikanischen Akteure bisher erstaunlich wenig beachtet worden. Dabei erschließt sie sich ohne die USA nicht vollständig. Spielt die transatlantische Dimension der Versöhnung nach 1918 bisher keine markantere Rolle, so liegt das wohl vor allem daran, dass eine lange vorherrschende historiographische Tradition nachwirkt: Demnach stiegen die USA zwar nach 1918 rasch zur Weltmacht auf und wurden Hauptschuldner der Entente-Mächte. 1919 entzog sich allerdings ein zögerlicher US-Kongress dem Versailler Vertrag und damit verzichteten die USA auf eine politische Gestaltungsrolle im Nachkriegseuropa[3].

Tatsächlich trifft zu, dass die republikanischen Nachkriegsadministrationen der 1920er Jahre schnell innenpolitische ‚Normalität' auf dem Stand des Vorkriegs herstellen wollten. Auch zogen sie sich zumindest

---

[3] Vgl. Justus D. DOENECKE, Nothing Less Than War: A New History of America's Entry into World War I, Lexington 2011.

nominell außenpolitisch zurück und kaprizierten sich auf die Lösung des reparationspolitischen Problems, die dann, so hofften sie, Europas Wirtschaften und damit auch die politische Konstitution Europas stabilisieren würde⁴. Dass die USA in der Tat keine dezidiert politische Verantwortung übernehmen wollten, fand seinen sprechenden Ausdruck just in der amerikanischen Haltung gegenüber Weimar-Deutschland und Frankreich: Die wichtige sicherheitspolitische Übereinkunft von Locarno 1925 hatten die Amerikaner zwar an zentraler Stelle mit eingefädelt, beteiligten sich aber nicht offiziell. Und mit dem Kellogg-Briand-Pakt 1927 düpierten die USA französische Sicherheitsinteressen gegenüber Deutschland und verweigerten jenseits der weitgehend unverbindlichen Kriegsächtungserklärung jede politische Haftung für den europäischen Frieden⁵. Dass die USA unter solchen Umständen an einem Dialog über innereuropäische Versöhnung interessiert waren, lag nicht nahe.

Und doch geht die Haltung der Amerikaner zum Nachkriegseuropa nach 1918 keineswegs im außenpolitischen Isolationismus auf. In erster Linie gilt das für die liberalen Progressives, die seit der Jahrhundertwende mit europäischen Gleichgesinnten in einer Art Reform-Cloud verbunden waren. Die Kalamitäten infolge des Krieges begriffen sie als zusätzlichen, globalen Handlungsimpetus. In einer Mischung aus moralischer Empörung und christlichem Hilfseifer und in der progressiven Überzeugung, finanzkräftige und effiziente Unterstützung gewähren zu können, sammelten sich so bis Kriegsende zahlreiche weiße Mittelkasse-Amerikaner in über 10 000 lokalen und regionalen Gruppen zu Hilfskomitees, die gemeinsam mit europäischen Aktivisten vor allem der belgischen Zivilbevölkerung nach dem deutschen Überfall zu Hilfe kommen sollten⁶. Anders als von Herbert Hoovers Kommission für Belgienhilfe propagiert und in der Historiographie lange behauptet⁷, war die

---

⁴ Vgl. Patrick O. COHRS, The Unfinished Peace after World War I: America, Britain and the Stabilisation of Europe, 1919-1932, Cambridge 2006.

⁵ Vgl. Alan SHARP, The Consequences of the Peace: The Versailles Settlement: Aftermath and Legacy 1919-2015, London 2015.

⁶ Vgl. Jennifer D. KEENE, Americans Respond: Perspectives on the Global War, 1914-1917, in: Geschichte und Gesellschaft 40 (2014) 2, S. 266–286; Branden LITTLE, An Explosion of New Endeavors: Global Humanitarian Responses to Industrialized Warfare in the First World War Era, in: First World War Studies 5 (2014) 1, S. 1–16.

⁷ Vgl. Herbert HOOVER, An American Epic. The Relief of Belgium and Northern France 1914-1930, Chicago 1959; George NASH, The "Great Humanitarian": Herbert

amerikanische Belgienhilfe ab 1914 eine außen- und diplomatiepolitisch hochgradig durchkalkulierte Intervention in den europäischen Kriegsschauplatz vor den Augen der Weltöffentlichkeit, noch bevor die USA offiziell zum Kombattanten wurden: Zum einen diskreditierte Amerika damit die deutsche Aggression gegen Belgien. Zum anderen schalteten sich die USA demonstrativ mit einem zeitgenössisch rekordverdächtigen Kapital- und Materialaufwand in parallel angelaufene Belgien-Initiativen ein. Auf dem Weg wurden die halb-gouvernementalen Akteure aus den USA gleichermaßen Teil und Motor einer in dieser Intensität neuen humanitären Transnationalen[8]. Die kam übrigens nach Kriegsende im kleinen Maßstab selbst zwischen den alten Antagonisten Frankreich und Deutschland in Gang[9].

Bemerkenswert war an dem neuen, kriegsgenerierten Modus amerikanischer Präsenz in der Welt und in Europa ein zentrales amerikanisches Handlungsmotiv. Im Krieg sahen manche, vielleicht viele US-Amerikaner – anders als die US-Administration – nicht in erster Linie einen von militärischen und politischen Kräften verantworteten Konflikt, sondern eine Art urwüchsiges Desaster, das nur mit professioneller materieller oder medizinischer Hilfe einhegbar war und den USA zusätzlich noch eine Art internationale Bewährungsbühne bot. In diesem Sinne fragten sie nicht in erster Linie nach Verursachern und Schuldigen, sondern fassten Not und Leid auf den europäischen Schlachtfeldern und die Kriegseffekte an der europäischen *home front* als Appell auf, handeln zu müssen[10]. Es spricht manches dafür, dass im amerikanischen Interesse an einer europäischen Wiederannäherung nach 1918 ein ähnlicher, von den tagesaktuellen Schulddiskursen abstrahierender Impuls am Werk war.

Hoover, the Relief of Belgium, and the Reconstruction of Europe after Word War I, in: Tocqueville Review 38 (2017) 2, S. 55–70.

[8] Vgl. u.a. Branden LITTLE, Commission for Relief in Belgium (CRB), in: 1914-1918-online. International Encyclopedia of the First World War, hg. von Ute DANIEL u.a., Berlin 2014-10-08. DOI: 10.15463/ie1418.10071.

[9] Vgl. Marie-Michèle DOUCHET, Helping the German Children: French Humanitarian Aid and Franco-German Reconciliation after the Great War (1919-1925), in: Bruna BIANCHI, Geraldine LUDBROOK (Hg.), Living War, Thinking Peace (1914-1924): Women's Experiences, Feminist Thought, and International Relations, Cambridge 2016, S. 223–238.

[10] Vgl. Julia F. IRWIN, The Disaster of War. American Understandings of Catastrophe, Conflict and Relief, in: First World War Studies 5 (2014) 1, S. 17–28.

2. Das Carnegie Endowment for International Peace als amerikanischer „Versöhner"

In dieser Szene ganz unterschiedlicher gouvernementaler und nichtgouvernementaler amerikanischer Aktivitäten im Nachkriegseuropa der 1920er Jahre war das US-amerikanische Carnegie Endowment for International Peace (CEIP) ein weithin sichtbarer Akteur. Als eine der vielen philanthropischen Gründungen des schottischstämmigen Stahlmagnaten Andrew Carnegie hatte es sich seit 1911 aus einem weltläufigen liberalen Pazifismus in den USA rekrutiert. Beheimatet war das Endowment in den elitären Zirkeln von Diplomaten, Politikern, Militärs, Unternehmern und Intellektuellen, die von jeher eine ausgeprägte Affinität zu Europa mitbrachten. Die engen transatlantischen Kontakte hatten sich noch 1911 in der Gründung eines Europäischen Stiftungsbüros niedergeschlagen, wo man Vorkriegskrisen wie die Balkankriege und seit 1914 auch den europäischen Kriegsausbruch aus nächster Beziehungsnähe besorgt beobachtete und um rationale Vermittlungsmethoden rang. Wenn die Carnegie-Offiziellen nach Kriegsende einmal mehr auf Frieden und internationale Kooperation setzten, hatten sie eine möglichst langlebige Nachkriegsordnung in Europa und der Welt im Sinn, die sie nicht zuletzt von einem starken Amerika herbeigeführt sehen wollten[11].

Die europäische Bühne der Zwischenkriegsjahre betraten das Endowment und sein europäisches Büro entsprechend weder politisch völlig abstinent noch ausschließlich ökonomisch fixiert, sondern mit einer ganz eigenen Engagement-Variante. In vielen seiner breit gefächerten Aktivitäten herrschte eine konfliktbeschwichtigende Geste vor, die besonders auf die europäischen Kontakte und ihre Gesellschaften gerichtet war. Man wollte eine Art professionelle amerikanische Verständigungsexpertise bereithalten und sie gleichzeitig auch in Europa mitproduzieren lassen. Völkerrechtswissenschaft und Internationale Beziehungen hießen die sich gerade erst konstituierenden Wissensformate, die die US-Stiftung zu diesem Zweck bevorzugt förderte[12].

---

[11] Vgl. Helke RAUSCH, Internationales Recht und Verständigungs-Internationalismus unter Druck: Politische Profile der Carnegie Men im Umfeld des Balkanberichts von 1914, in: Comparativ 24 (2014) 6, S. 25–50.

[12] Vgl. Helke RAUSCH, Akademische Vernetzung als politische Intervention in Europa. Internationalismus-Strategien US-amerikanischer Stiftungen in den 1920er Jahren, in: Jahrbuch für Universitätsgeschichte 18 (2015), S. 165–188.

Dass solche Aktivitäten auf einschlägige Weise versöhnungspolitisch gemeint waren, dokumentierten auch das Hausbulletin und viele Dokumentserien, die am europäischen Stiftungssitz des Endowment in Paris allesamt mit dem sprechenden Reihentitel *International Conciliation* auf Englisch und Französisch veröffentlicht wurden[13]. Man lieh den Titel von der schon 1905 gegründeten gleichnamigen Vereinigung des französischen Pazifisten und Friedensnobelpreisträgers Paul d'Estournelles de Constant, der, transatlantisch bestens vernetzt, bald auch das europäische Zentrum in Paris für die Stiftung leitete[14]. „Conciliation" war mithin ein transatlantisch verankertes Motto kosmopolitaner Eliten, die dem Carnegie Endowment zutrauten, durch die regelmäßige Veröffentlichung von Regierungsdokumenten und völkerrechtlichen Beiträgen zur internationalen Politik eine Art ständigen, vertrauensbildenden Austausch zwischen Staaten und vor allem dem gebildeten Teil ihrer Gesellschaften zu gewährleisten. Wo außenpolitische Konflikte auftraten, würden sie in einem transparenten, sachlichen Diskurs ohne kriegerische Eskalation oder vor Schlichtungsinstanzen verhandelbar[15].

Diese zunächst einmal programmatische Versöhnungsambition des CEIP richtete sich nicht ausschließlich, aber eben doch vordringlich auf die beiden europäischen Nachkriegsgesellschaften Deutschlands und Frankreichs. Das veranschaulicht vor allem das Projekt der „Economic and Social History of the World War", einer voluminösen Geschichte des Ersten Weltkriegs, die das Endowment in den frühen 1920er Jahre lancierte, um die Kriegsereignisse und -effekte in Europa aufarbeiten zu lassen. Am Ende lagen 152 von international rekrutierten Autorenteams verfasste Bände vor, die dem CEIP in zeitgenössischer Währung etwa 850 000 USD wert waren[16]. Das Mammutprojekt koordinierte seit 1917 über fast 20 Jahre hinweg James T. Shotwell, der als Historiker eine ganze Stiftungsabteilung zum Thema „Economcis and History" leitete

---

[13] Vgl. International Conciliation, New York, erschienen ab 1 (1910).
[14] Vgl. Baron D'ESTOURNELLES DE CONSTANT, Program of the Association for International Conciliation, New York 1907.
[15] Vgl. Nadine AKHUND, Stéphane TISON (Hg.), En guerre pour la paix. Correspondance de Paul d'Estournelles de Constant et Nicholas Murray Butler, Paris 2018.
[16] Vgl. James T. SHOTWELL, Economic and Social History of the World War, Washington 1924; Alain CHATRIOT, Une véritable encyclopédie économique et sociale de la guerre. Les séries de la Dotation Carnegie pour la Paix Internationale (1910-1940), in: L'Atelier du Centre de recherches historiques 3.1 (2009), URL : http://journals.openedition.org/acrh/413 [30.9.2021].

und als ehemaliger außenpolitischer Berater von Präsident Woodrow Wilson während der Pariser Friedenskonferenz und als Aktivist für den Kellogg-Briand-Pakt politisches Gewicht einbrachte[17].

Shotwells Editionsprojekt spiegelte eine einschlägige philanthropische Erwartung an Europa wider. Die akademischen und politischen Vertreter der verfeindeten Mittelmacht- und Entente-Staaten, die man als Autoren rekrutierte, sollten die Chance erhalten, außerhalb aller Propaganda eine spezielle Sorte synthetischer Geschichtsschreibung und dokumentierter Erinnerungsarbeit zum gerade zu Ende gegangenen Ersten Weltkrieg zu betreiben. In ihren Beiträgen würden die angeworbenen Wissenschaftler, Politiker und Diplomaten Analysen des Krieges liefern, fernab der alten nationalistischen Scharmützel wie des „Why we are at war"-Pamphlets Oxforder Historiker vom September 1914 und des propagandistischen „Aufruf an die Kulturwelt" der 93 deutschen Akademiker vom Oktober 1914 oder ähnlich gelagerter antideutscher Proklamationen ihrer französischer Kollegen[18]. Stattdessen nahmen sich die amerikanischen Betreiber der Carnegie History vor, zu dokumentieren, wie der Krieg die Zivilgesellschaften lagerübergreifend so aufrieb, dass wechselseitiges Verständnis als die einzig vernünftige Konsequenz erschien. Dass man obendrein eine eigene deutsche Serie in der Carnegie History vorsah, galt als zusätzlicher Beleg für den Ausgleichgedanken des historiographischen Projekts[19]. Die Deutschen würden Shotwell zufolge so nämlich auch die Gelegenheit erhalten darzulegen, wie die deutsche Gesellschaft letztlich einer unverantwortlichen politischen Führung in den Krieg gefolgt war[20]. Zugleich legte man damit die Gesamtproblematik von Krieg, Kriegserinnerung und Neuaufstellung im Nachkrieg einer internationalen Öffentlichkeit vor, die sich dann ein ‚aufgeklärtes Urteil' würde bilden können. Dass eine an sozialen Fakten orientierte

---

[17] Vgl. Harold JOSEPHSON, James T. Shotwell and the Rise of Internationalism in America, Madison, N.J. 1975, S. 111 f. und 160; Michael WALA, Weimar und Amerika: Botschafter Friedrich von Prittwitz und Gaffron und die deutschamerikanischen Beziehungen von 1927-1933, Stuttgart 2001, S. 69.

[18] Vgl. Why we are at war: Great Britain's case. By members of the Oxford Faculty of modern history, Oxford 1914; Rüdiger VOM BRUCH, Die deutsche ‚Gelehrte Welt' am Kriegsbeginn und der „Aufruf der 93", in: Acta Historica Leopoldina 68 (2016), S. 19–29.

[19] Vgl. SHOTWELL, Economic and Social History (Anm. 16), S. 9; Germans to help write War History, in: The New York Times, 28. Dezember 1922.

[20] Vgl. James T. SHOTWELL, Intelligence and Politics, New York 1921, S. 21.

Geschichtsschreibung erzieherisches Potenzial hatte und in der Lage war, der Demokratie ihre öffentliche Moral wiederzugeben, blieb Shotwells idealistische Vision[21]. Wie vermeintlich objektive und parteiisch bewertete Fakten in den Darstellungen der Carnegie-Bände unterscheidbar waren und welcher Lesart das aufgeklärte Publikum folgen würde, blieb offen. Der Hinweis auf die informierte, vernünftige Öffentlichkeit lief an der Wirklichkeit des Nachkriegs geradewegs vorbei. Schließlich waren die Effekte der Kriegspropaganda noch lange nach 1918 spürbar, sodass die ehemaligen Kriegsgegner Deutschland und Frankreich in eigenen nationalen Editionsprojekten zur offiziellen Aufarbeitung des Weltkrieges um Selbstrechtfertigung vor der Weltöffentlichkeit rivalisierten[22].

3. Niederungen des Versöhnungsprogramms auf der deutsch-französischen Nachkriegsbühne

Dass die Mühen der Versöhnungsebene immens waren, konnte nicht verwundern. Auf der anderen Atlantikseite sah sich Shotwell nach 1918 mit den Realitäten notorischer Unversöhnlichkeit besonders in Deutschland und Frankreich konfrontiert. Die Amerikaner konnten hier nicht einfach Versöhnungsimpulse in die europäische Szene geben, sondern mussten zunächst nach institutionellen und persönlichen Andockstationen für ihr Projekt tasten. Dabei stießen sie in sehr diverse deutsche und französische Befindlichkeiten vor.

Zum Leiter der deutschen Serie der Carnegie History bestimmte man mit Albrecht Mendelssohn-Bartholdy eine schillernde Figur. Er war politisch kein unbeschriebenes Blatt und zunächst keine allzu evidente Kandidatenwahl, denn im Kontext der aufgeheizten Kriegsschulddebatte in Deutschland in der letzten Kriegs- und frühen Friedensphase um 1918/19 hatte er sich klar positioniert. An der Seite Max Webers unterstützte er eine Professoren-Denkschrift, die später als Deutsches Weißbuch publiziert, ganz die propagandistische Handschrift des Auswärtigen Amtes trug. Man bezichtigte darin die Alliierten, manipulierte Farbbücher mit

---

[21] Vgl. James T. SHOTWELL, Democracy and Political Morality, in: Political Science Quarterly 36 (1921), S. 1–8.

[22] Vgl. Sascha ZALA, Geschichte unter der Schere politischer Zensur. Amtliche Aktensammlungen im internationalen Vergleich, München 2001.

Aktensammlungen vorzulegen, die dem vorgefassten Schuldvorwurf an Deutschland scheinbar objektiv-wissenschaftliche Legitimität verleihen sollten, statt die ‚politischen und wirtschaftlichen Interessen' sämtlicher Kriegsteilnehmer kritisch zu durchleuchten. Die Deutungsautorität renommierter Historiker und Rechtswissenschaftler sollte diese Argumentationslinie stützen[23].

Wenn auch nur kurze Zeit hatte Mendelssohn-Bartholdy zudem die beim sogenannten Schuldreferat im Auswärtigen Amt angesiedelte Forschungsstelle geleitet. Dort bereitete man seit Frühjahr 1921 – parallel zu ähnlich gelagerten Unternehmungen in den alliierten Staaten – die Kriegsgeschichte staatlich gesteuert auf. An dieser Clearing-Stelle für die offizielle Deutung des Weltkrieges hatte Mendelssohn anfangs der entsprechend ausgerichteten Dokumentserie „Große Politik der europäischen Kabinette 1871-1914" vorgestanden, die bis 1927 in 40 Bänden erscheinen sollte. Die Serie zielte darauf, die alliierte Kriegsschuldthese zu widerlegen und stattdessen Russland und Frankreich zu bezichtigen[24]. Der Ausbruch des Weltkriegs sollte nicht vorderhand dem Deutschen Kaiserreich angelastet, sondern dem expansiven Hochimperialismus der europäischen Großmächte zugerechnet werden[25].

Allerdings, und damit gewann Mendelssohn-Bartholdy sicher in den Augen der Amerikaner, hatte er sich schon 1922 aus diesem Unterfangen wieder zurückgezogen. Stattdessen verfolgte er ein eigenes Institutsprojekt mit deutlich liberalerer Deutungsagenda: 1923 gründete er mit Zustimmung der linksliberalen Mehrheit in der Hamburger

---

[23] Vgl. Hans DELBRÜCK, Max GRAF MONTGELAS, Max WEBER, Albecht MENDELSSOHN BARTHOLDY, Bemerkungen zum Bericht der Kommission der Alliierten und Assoziierten Regierungen über die Verantwortlichkeit der Urheber des Krieges, in: Weißbuch betreffend die *Verantwortlichkeit der Urheber am Kriege*, Berlin 1919, abgedruckt in: Max WEBER Gesamtausgabe Abtl. I Schriften und Reden 1918-1920, Bd. 16: Zur Neuordnung Deutschlands, hrsg. von Wolfgang J. MOMMSEN mit Wolfgang SCHWENTKER, Tübingen 1988, S. 324–351; ZALA, Geschichte unter der Schere (Anm. 22); Katharina RIETZLER, The War as History: Writing the Economic and Social History of the First World War, in: Diplomatic History 38 (2014) 4, S. 826–839.

[24] Vgl. Die große Politik der europäischen Kabinette 1871-1914. Sammlung der diplomatischen Akten des Auswärtigen Amtes. Im Auftrag des Auswärtigen Amtes hrsg. von Johannes LEPSIUS, Albrecht MENDELSSOHN BARTHOLDY, Friedrich THIMME, 40 Bände, Berlin 1922-1927.

[25] Vgl. Ulrich HEINEMANN, Die verdrängte Niederlage. Politische Öffentlichkeit und Kriegsschuldfrage in der Weimarer Republik, Göttingen 1983, S. 74–94.

Bürgerschaft das Hamburger Institut für Auswärtige Politik, das erheblich vom freihandelsliberalen Privatbankier Max Warburg finanziert war[26]. Mendelssohn-Bartholdy sah sein Haus nun einer „moralischen Abrüstung" zuarbeiten und bekannte sich zu einer deutschen Demokratie, die gewaltenteilig und als Rechtsstaat funktionieren solle[27]. Daneben bewarb er den Völkerbund und die „Völkerrechtslehre" als Instanzen und Wissenssorten, die allein dazu geeignet schienen, Deutschland unter den Bedingungen der Versailler Nachkriegsordnung Respektabilität und Handlungsmacht zurückzugeben[28].

Bei alledem konnte nicht überraschen, dass die Carnegie-Offiziellen auf der Suche nach einer geeigneten Anlaufstation für ihr Projekt der internationalen Weltkriegsgeschichte in Deutschland just in Mendelssohn-Bartholdys Institut einen geeigneten Sitz für das Herausgebergremium fanden, das die deutsche Serie vorantreiben sollte. Von hier aus warb man deutsche Verfasser für das Projekt an, die dem amerikanischen Versöhnungsansatz qua Historiographie durchaus gewogen waren. Der Berliner Ordinarius und Nationalökonom Max Sering etwa fand, dass Deutschland dank der Carnegie-Initiative in die Gruppe der zivilisierten Gesellschaften aufgenommen werden müsse. Einmal beteiligt, würden die Deutschen Gelegenheit erhalten, einer kritischen Öffentlichkeit gerade die deutschen Entbehrungen und Opfer im Krieg vor Augen zu führen. Sering schien andeuten zu wollen, dass eine deutsche Opfergeschichte dazu angetan war, die Deutschen aus Sicht der Sieger zu rehumanisieren. Darum bescheinigte er dem Carnegie-Projekt eine ‚starke versöhnende Kraft' und einen Anschub zur internationalen Verständigung[29]. Zum Besänftigungston der amerikanischen Herausgeber passte

---

[26] Vgl. Gisela GANTZEL-KRESS, Zur Geschichte des Instituts für Auswärtige Politik bis zur nationalsozialistischen Machtübernahme, in: Klaus Jürgen GANTZEL (Hg.), Kolonialrechtswissenschaft, Kriegsursachenforschung, Internationale Angelegenheiten: Materialien und Interpretationen zur Geschichte des Instituts für Internationale Angelegenheiten der Universität Hamburg 1923-1983 im Widerstreit der Interessen, Baden-Baden 1983, S. 23–88; vgl. CEIP Year Book 1923, Washington D.C. 1924, xvii und The New York Times, 28. Dezember 1922.

[27] Vgl. Albrecht MENDELSSOHN BARTHOLDY, Der Volkswille. Grundzüge einer Verfassung, München 1919.

[28] Vgl. u.a. Albrecht MENDELSSOHN-BARTHOLDY, Vom Völkerbund zur öffentlichen Meinung, Berlin, Leipzig 1923.

[29] Vgl. Auszug eines Briefs von Sering an Shotwell vom 23. Oktober 1923, zitiert in CEIP Year Book 13, Washington D.C. 1924, S. 144.

ähnlich auch die Haltung des sozialliberalen Theologen Otto Baumgarten als Mitautor der deutschen Serie, der gemeinsam mit einigen Kollegen die moralischen und religiösen Kriegsfolgen in Deutschland erörterte. Baumgarten hatte sich schon in der ausgehenden Kriegsphase gegen jedes ultranationalistische Kriegspathos verwahrt. Auch bei der Rückschau auf den Krieg wollte er alte Dämonisierungen hintangestellt sehen[30].

Gleichwohl kamen von deutscher Seite auch andere Voten. Die – gemessen z.B. an den 37 Bänden in der französischen und den 24 Bänden in der britischen Reihe – wenigen übrigen 12 Bände, die bis 1937 in der deutschen Serie der Carnegie History noch erschienen, waren vor allem mit Fragen der Kriegswirtschaft befasst[31]. Das galt unter anderem für den 1927 herausgebrachten Band über die „Kriegsernährungswirtschaft", in dem der ehemalige Referent des Kriegsernährungsamts und Mitglied des Reichswirtschaftsministeriums, der Agrarwissenschaftler und -politiker August Skalweit entsprechende Kriegsplanungen nachzeichnete[32]. Hier nun ging das Kalkül der Carnegie History-Herausgeber weniger auf. Wohl thematisierte der deutsche Wissenschaftler mit Hunger und Versorgungsmangel eine der basalsten Kriegserfahrungen der Deutschen. Weder Skalweit noch seine deutschen Rezensenten distanzierten sich allerdings ganz vom bellizistischen Blick. Zwar machte man für die Mangelernährung im Krieg nicht nur die britische Seeblockade verantwortlich. Und das allein mochte in der Tat schon einen Teil der Carnegie-Agenda einlösen, revanchistische Kriegsrückblicke zu unterlassen. Skalweit wollte allerdings nicht sehen, dass das unbarmherzige Primat der deutschen Rüstungsindustrie die Lage noch einmal dramatisch eskaliert hatte. Stattdessen klang als lebendiger Nachhall der Kriegslyrik an, dass die Entbehrungen der Zivilgesellschaft die Heimat zur Front gemacht hatten. Selbst dann noch blieb Skalweits Darstellung für einige deutsche Rezensenten ein zutiefst amerikanisches Auftragswerk. Man vermisste etwas trotzig, am faktischen deutschen Planungsversagen

---

[30] Vgl. Otto BAUMGARTEN u.a., Geistige und Sittliche Wirkungen des Krieges in Deutschland, New Haven, Conn., Stuttgart 1927; DERS., Politik und Moral, Tübingen 1916; Christian E. ROQUES, Sortir de la guerre avec Machiavel: Hans Delbrück, Otto Baumgarten et la révolte des modérés contre l'ultranationalisme au tournant de l'année 1917, in: Revue d'Allemagne et des Pays de Langue Allemande 49 (2017) 2, S. 285–299.
[31] CEIP Yearbook 16, Washington D.C. 1927, S. 119.
[32] Vgl. August SKALWEIT, Die deutsche Kriegsernährungswirtschaft, Stuttgart 1927.

vorbei, dass Skalweit angeblich nicht die wissenschaftliche und technokratische Lenkung der deutschen Kriegswirtschaft würdigte und kein „Ehrenmal für die letzte große Leistung der alten preußisch-deutschen Beamtenregierung unter den denkbar schwierigsten Verhältnissen" errichtete[33].

Auch auf französischer Seite suchte sich das CEIP Autoren, die dem Carnegie History-Projekt aufgeschlossen begegneten. Das spiegelte sich schon im französischen Hauptherausgebergremium wider, dem mit dem Sozialökonomen Charles Gide[34], dem Wirtschaftshistoriker und Politikberater Henri Hauser und dem Ökonomen Charles Rist einschlägige Größen aus dem liberalen Spektrum angehörten[35]. Für einen der französischen Carnegie History-Bände rekrutierte man zum Beispiel Edouard Herriot, den langjährigen Bürgermeister von Lyon und seit 1924 radikalsozialistischen Regierungschef und Außenminister, der als Politiker dafür plädierte, sich Deutschland gegenüber gesprächs- und verhandlungsbereit zu zeigen, statt ausschließlich auf die Erfüllung der Versailler Vertragsregelungen zu beharren[36]. Herriot verfasste für die französische Serie in der Carnegie History eine Lokalstudie über Lyon im Krieg[37]. Dort leitete er – wohl auch, um sie einem französischen Publikum schmackhaft zu machen – die Versöhnungsambition des Carnegie Endowment sicherheitshalber noch einmal von Voltaire ab, der lange vor den US-Philanthropen die Kriegsvermeidung zum Gebot der Stunde erklärt habe. Freilich diente dieser Rückgriff aber auch dazu, das Carnegie-Programm emphatisch zu unterstützen, das angesichts des neuartig totalen, „kosmischen" Kriegsdesasters von 1914 bis 1918 umso dringlicher würde[38]. Die schmale Studie zielte in erster Linie darauf, den stupenden Widerstandsgeist der urbanen Großregion Lyon zu dokumentieren, die von knapp einer Million Einwohnern immerhin nur 15 000 Tote in der Défense nationale verloren und sich überhaupt respektabel

---

[33] Vgl. die Rezension von Skalweits Band von Karl THIESS, in: Weltwirtschaftliches Archiv 27 (1928), S. 193–196, hier S. 194.
[34] Vgl. Rémi FABRE, Charles Gide et la Première Guerre mondiale, in: Bulletin de la Societe de l'Histoire du Protestantisme Français 160 (2014) 1, S. 417–446.
[35] Vgl. SHOTWELL, Economic and Social History (Anm. 16), S. 30.
[36] Vgl. Gaby SONNABEND, Pierre Viénot (1897-1944). Ein Intellektueller in der Politik, München 2005, S. 63.
[37] Vgl. Edouard HERRIOT, Lyon pendant la guerre, Paris, New Haven 1925.
[38] Vgl. Ebd., S. xiii–xiv.

bewährt habe[39]. Herriot sah aber im Krieg ausdrücklich keinen modernisierenden Lehrmeister, sondern fand eine defensive Kreativität am Werk, die er jetzt – ganz im Sinne des amerikanischen Rahmenprogramms – mit absoluter Überparteilichkeit und gestützt auf Dokumente untersuchen wolle[40].

Dem Versöhnungsprojekt gegenüber aufgeschlossen zeigte sich auch eine Reihe anderer französischer Autoren, von denen einige dem sozialistischen Netzwerk um Albert Thomas angehörten. Thomas selber stellte, wenn auch aufgrund seiner massiven Überlastung als Leiter der Internationalen Arbeitsorganisation ILO, den ursprünglich eingeplanten Band über die Organisation der Kriegsindustrie nie fertig. Ähnlich wie im deutschen Fall kamen Autoren auch auf französischer Seite aus dem Milieu von Wirtschaftswissenschaft und Wirtschaftspolitik. Schon während der Kriegsjahre waren sie im Umfeld des 1916 gegründeten Comité National d'Etudes Sociales et Politiques (CNESP) um den französischen Philanthropen Albert Kahn zusammengetroffen und blieben bis in die 1930er Jahre eine wichtige intellektuelle Referenzgröße im tagespolitischen Diskurs. Auch solche Netzwerke nutzten die amerikanischen Stiftungsvertreter gerne. Denn dort sammelte man sich um das Credo, dass der Krieg am Ende in einen Rechtsfrieden zu überführen war und die Nachkriegsordnung vor allem wissenschaftsbasierten Grundsätzen der Regulierung entsprechen solle[41].

All das hieß nun keineswegs, dass das Zusammenspiel zwischen dem amerikanischen Herausgeber Shotwell und den französischen Spezialisten konfliktfrei verlaufen wäre. Der franko-amerikanischen Kooperation standen viele französische Autoren grundsätzlich zwar positiv gegenüber, denn aus französischer Sicht konnte nicht nur handfeste Bündnispolitik, sondern auch ein Deutungsprojekt wie die französische Reihe der Carnegie History Frankreich noch einmal in der Mitte des alliierten Lagers platzieren. Zudem konnte es als Bestätigung verstanden werden, dass die transatlantischen Loyalitäten der Entente letztlich weit über das Kriegsende hinausgingen. Aber nicht anders als im deutschen Fall wirkte auch in Frankreich nach 1918 der politische und intellektuelle

---

[39] Vgl. Ebd., S. xv und xvi, und 80.
[40] Vgl. Ebd., xiv.
[41] Vgl. Florence PRÉVOST-GRÉGOIRE, Concevoir l'international: le Comité national d'études sociales et politiques d'Albert Kahn, 1916-1931, MS Mémoire, Université de Montréal 2016.

Kriegsnationalismus von Wissenschaftlern und politischen Praktikern nach[42]. Selbst das interalliierte französische Interesse hatte tendenziell eine germanophobe Pointe: Als etablierter Pariser Wirtschaftshistoriker entwickelte etwa Henri Hauser, während der Kriegsjahre publizistisch hochaktives Mitglied und Berater des französischen Handelsministeriums, seine ganz eigenen Vorstellungen von der Argumentationsrichtung, die sein französischer Beitrag zur Carnegie-Geschichte haben sollte[43]. Zeitgleich in die offiziöse Aktenedition eingebunden, die die französische Regierung zum Weltkrieg herausgab, wartete Hauser mit einer ressentimentgeladenen Sicht auf, die eher an den Ton der Kriegsjahre erinnerte, als er vor der aggressiven Wirtschaftsexpansion des deutschen Reichs und dessen Mitteleuropa-Plänen gewarnt hatte[44].

Die Verantwortlichen des Carnegie Endowment versuchten, solche Stimmen zu disziplinieren. Shotwell brachte energisch das Objektivitätspostulat in Stellung und konnte sich damit oft genug auch Gehör verschaffen[45]. Gleichzeitig arbeitete er damit in eine Richtung, die sich im Umfeld der Locarno-Politik um die Mitte der 1920er Jahre ohnedies abzuzeichnen begann[46]. Wenn die französischen Beiträge in der Carnegie-Geschichte also tatsächlich etwas an antideutschem Ressentiment verloren, dann spiegelte das auch die politische Gesamtlage des ersten Nachkriegsjahrzehnts wider: besonders die französische Wirtschaftspolitik behielt in dieser Phase zwar eine deutschlandkritische

---

[42] Vgl. Christophe PROCHASSON, Anne RASMUSSEN, Au nom de la patrie: les intellectuels et la première guerre mondiale (1910-1919), Paris 1996; Martha HANNA, The Mobilization of Intellect: French Scholars and Writers during the Great War, Cambridge, MA 1996.

[43] Vgl. Henri HAUSER, Une histoire économique et sociale de la guerre mondiale, in: Revue des études coopératives 15 (1925), S. 234–249.

[44] Vgl. Henri HAUSER, L'Industrie Allemande considérée comme facteur de guerre, Paris 1915 ; DERS. u.a., Histoire Diplomatique de l'Europe, 1871-1914, 2 Bände, Paris 1920, kritisch rezensiert von William E. LINGELBACH in: The American Historical Review 35 (1930) 4, S. 860–863; JACKSON, Beyond the Balance of Power (Anm. 1), S. 116–120, 248 f.

[45] Vgl. Chatriot, Encyclopédie économique et sociale de la guerre (Anm. 11), Absatz 44; John L. HARVEY, Henri Hauser et les historiens américains pendant l'entre-deux-guerres, in: Séverine-Antigone MARIN, Georges-Henri SOUTOU (Hg.), Henri Hauser (1866-1946). Humaniste, historien, républicain, Paris 2006, S. 245–266.

[46] Vgl. Jonathan WRIGHT, Locarno: A Democratic Peace?, in: Review of International Studies 36 (2010) 2, S. 391–411.

Spitze, inzwischen war aber klar, dass sich die zunächst interalliierte wirtschaftliche Zusammenarbeit auch für Deutschland und andere ehemalige Feindstaaten öffnen würde[47].

Die Carnegie-Kriegsgeschichte sattelte an diesen und anderen Stellen immer auch auf parallelen Versöhnungsimpulsen aus Deutschland und Frankreich im Umfeld von Locarno auf[48]. Gleichzeitig ging sie andere Wege. Denn von den konkurrierenden Dokument- und Editionsschlachten unter den ehemaligen Kombattanten, die aller neuen zivilgesellschaftlichen Kontakte zum Trotz tobten, hielten sich die US-Philanthropen mit ihrem Projekt fern. Das Geschäft der Carnegie-Autoren sollte gerade nicht darin bestehen, wie dort nurmehr einschlägige Schriftstücke zusammenzutragen, die eine scheinbar objektive „Kriegsschuld" nachwiesen[49].

4. Zum amerikanischen Versöhnungsimpuls im Zwischenkriegseuropa

Der amerikanische Versuch, sich mit einer international konzipierten Weltkriegsgeschichte in die Deutungsdiskurse über den Ersten Weltkrieg einzuschalten, erweist sich als ebenso symptomatisch wie kurzlebig in der Geschichte der europäischen Versöhnung. Eine vielbändige Kriegsgeschichte taugte kaum als Rationalisierer anhaltender Konflikte. Die Amerikaner unterschätzten, dass der Blick auf die sogenannten historischen Fakten und Daten und die Deutung verfügbarer Dokumente von den Parteilichkeiten der Nachkriegsjahre durchdrungen blieb. Die Neutralisierungsfiktion des Endowment lief insofern an den apologetischen Motiven der Europäer geradewegs vorbei, an denen der Carnegie History-Autoren ebenso wie an denen des lesenden Publikums der produzierten Bände.

---

[47] Vgl. JACKSON, Beyond the Balance of Power (Anm. 1), S. 122, 248 f.; Ralph BLESSING, Der mögliche Frieden. Die Modernisierung der Außenpolitik und die deutsch-französischen Beziehungen 1923-1929, München 2008.

[48] Vgl. Hans Manfred BOCK, Berlin–Paris, Paris–Berlin. Zur Topographie zivilgesellschaftlicher Begegnungen in der Locarno-Ära 1925-1930, in: DERS., Topographie (Anm. 2), S. 121-164.

[49] Vgl. SHOTWELL, Economic and Social History (Anm. 16), S. 2, 8, 12 f.; ZALA, Geschichte unter der Schere (Anm. 22).

Zu ähnlichen Befunden wird man beim Blick auf parallele Unternehmungen des Endowment kommen müssen. Das betrifft etwa die Carnegie-Lehrstühle für Internationale Beziehungen, die der ebenfalls programmatisch überschäumende Carnegie-Offizielle Nicholas Murray Butler initiierte, der als Präsident der Columbia University und stellvertretender Leiter der Stiftungsabteilung für Verflechtung und Bildung zu den öffentlich weithin sichtbaren Stiftungsvertretern zählte. Wo Shotwell sich von der Carnegie-Geschichte eine enge internationale Kooperation von Wissenschaftlern und Diplomaten mit verantwortlichen Zeitzeugen erwartete, die rationale Kriegsanalyse betrieben, erhoffte sich Butler vom Lehrstuhlprogramm in Berlin und Paris, den „International Mind" als Friedensbereitschaft einer breiten, gebildeten Weltöffentlichkeit voranzubringen[50]. Im Ergebnis ließ sich mit den Chairs freilich keine transnationale intellektuelle Unternehmung befördern. Sie wirkten eher als institutionelle Anlaufstationen für deutsche und französische Akademiker, wie sie sich in den 1920er Jahren immer breiter entwickelten und trugen in dieser Hinsicht dann auch dazu bei, die deutsch-französischen Verbindungen zu unterstützen.

Manche anderen Initiativen des Endowment waren ähnlich gelagert. In der Regel gingen sie, ebenso wie die Kriegsgeschichte, über den deutsch-französischen Radius zwar hinaus, hatten ihn aber in der Regel an zentraler Stelle im Visier. Dabei sollte sich ständig zeigen, dass, was als amerikanischer Versöhnungsimpuls gedacht war, im unmittelbaren Nachkriegseuropa auf widrige Umstände traf. Das galt beispielsweise für das zeitgleich ab 1921 lancierte CEIP-Projekt, europäische Schulbücher in den Entente- und Mittelmachtstaaten friedenstauglich zu redigieren[51]. Die Carnegie-Verantwortlichen hofften, die Kriegsgeschichte in deutschen, österreichischen, bulgarischen, italienischen, französischen, britischen und belgischen Schulbüchern mit ihrem Versöhnungsimperativ zu

---

[50] Vgl. Nicholas Murray BUTLER, The International Mind. Opening Address of Dr. Butler (…) May 15, 1912, in: The Advocate of Peace 74 (1912), 143–146; DERS., The Development of the International Mind. Address Delivered Before the Academy of International Law, at The Hague, July 20, 1923, in: Advocate of Peace through Justice 85 (1923), S. 342–345.

[51] Vgl. Jules PRUDHOMMEAUX, Introduction, in: Dotation Carnegie pour la Paix Internationale. Direction des Relations et de l'Éducation. Enquête sur les livres scolaires d'après-guerre, Paris 1923; John HARBOURT, The World War in French, German, English, and American Secondary School Textbooks, in: First Yearbook: National Council for the Social Studies 1 (1931), S. 54–117.

beeinflussen. Die alten Freund-Feind-Dichotomien sollten nicht ungefiltert an die junge Nachkriegsgeneration weitergegeben werden[52]. Die hochfahrenden Pläne liefen unter anderem auch deshalb ins Leere, weil man zunächst französischen Akademikern die Regie überließ, die das deutsche Schulbuchmaterial aus der Kriegsphase kritisierten. Eine deutsche Gegendeutung mit erwartbarer Spitze gegen die französischen Schulbücher ließ nicht lange auf sich warten. Der Schlagabtausch verlängerte am Ende nur die Verwerfungen der Kriegsjahre in den Nachkrieg[53], sodass das Verständigungsterrain eng umgrenzt blieb[54]. Der neuerliche Kriegsausbruch 1939 und die deutsche Besetzung Frankreichs 1940 sollten alte und neue Verwerfungen nur potenzieren.

Fazit

Die Unzulänglichkeiten der amerikanischen Strategie – die man dem utopistischen Überschuss auf US-Seite ebenso wird anlasten müssen wie den hartnäckigen Deutungskämpfen auf deutsch-französischem Nachkriegsterrain – scheinen im historischen Rückblick augenfällig. Carnegie-Offizielle wie Shotwell und Butler setzten sich ganz offenkundig über den Umstand hinweg, dass die empirischen Analysen, die man im Rahmen von kollektiver Kriegs-Geschichte, Schulbüchern oder intellektuellen Austauschprogrammen anstieß, noch lange nach 1918 vom bellizistischen Zeitgeist durchdrungen blieben. Eine neutralistische Sicht auf die „Faktizität" des Krieges, eine nicht-revisionistische Metasprache und ein intellektueller Comment der Verständigung ließen sich nicht ohne Weiteres von der anderen Atlantikseite her stiften. Blanke Unzulänglichkeit muss man freilich keinem der Akteure unterstellen. Denn auch nach 1945 blieben die mutmaßlich probatesten Modi zur Versöhnung eine rationalisierte, dokumentarische Kriegserinnerung und ein immer breiterer zivilgesellschaftlicher Austausch über Ländergrenzen

---

[52] Vgl. Tomás Irish, Peace through history? The Carnegie Endowment for International Peace's inquiry into European schoolbooks, 1921-1924, in: History of Education 45 (2016) 1, S. 38–56.
[53] Vgl. Report on nationalism in history textbooks, prepared and compiled by the Working Committee of a Special Commission on Education, Stockholm 1928.
[54] Vgl. Les Manuels d'histoire allemands et français. Résolutions adoptées par la commission d'historiens allemands et français, in: L'Ecole libératrice 11.31 (1937), S. 737–745.

hinweg. Das gilt nicht nur im Blick auf die deutsch-französische Konstellation im 20. Jahrhundert[55]. Ohne absichtlichen utopistischen Überschuss funktionieren Versöhnungsdiskurse und -politiken eigentlich auch im 21. Jahrhundert nicht.

Aus diesen Gründen liegt die historische Essenz des amerikanischen Impulses v.a. in dem Umstand, dass die Carnegie-Versöhner sich auf eine Art dritten Weg machten, denn weder folgten sie der politischen Abstinenz republikanischer US-Administrationen und einem rein wirtschaftlich definierten Unilateralismus, noch klinkten sie sich ausschließlich in die *humaniatarian cloud* US-amerikanischer Progressiver ein. Die Carnegie-Vertreter kamen demgegenüber noch einmal auf das pazifistische Credo der Endowment-Gründung vor dem Weltkrieg zurück und setzten – bei allem Ehrgeiz, hier einen US-amerikanischen Gestaltungsspielraum zu nutzen – auf intellektuelle Konvivialität und auf eine Kriegs- und Überlebensexpertise, die auf eine Zukunft ohne Krieg gemünzt war.

---

[55] Vgl. John HORNE, Guerres et réconciliations européennes au 20ᵉ siècle, in: Presse de Sciences Po 104 (2009) 4, S. 3–15; Birgit SCHWELLING (Hg.), Reconciliation, Civil Society, and the Politics of Memory. Transnational Initiatives in the 20th and 21st Century, Bielefeld 2012.

„Moralische Abrüstung" als Grundlage von Völkerversöhnung?

Die Völkerbundorganisation für intellektuelle Kooperation und die Bemühungen um einen dauerhaften Frieden in den 1920er und 1930er Jahren

Jonathan Voges

Einleitung: „die Gegensätze der Völker fortan durch friedliche Verständigung" abbauen

Herbst 1917, der Erste Weltkrieg war noch nicht entschieden, ja es sah so aus, als könnte ihn das Deutsche Reich eventuell doch noch gewinnen. Während die blutigen Schlachten noch geschlagen wurden, machte sich der deutsche Historiker Friedrich Meinecke Gedanken darüber, wie die Kontrahenten nicht nur politisch, sondern auch geistig aus diesem Krieg herausfinden könnten. Während er nahezu gleichzeitig noch Reden veröffentlichte, in denen er sich dazu bekannte, „aufrecht, trotzig, frei und entschlossen, die deutsche Freiheit bis zum letzten Hauche der Kraft zu verteidigen"[1], zeigte er sich in einem Beitrag in der „Frankfurter Zeitung" selbstkritisch. Er sprach davon, dass jedes Land sich selbst nach der Schuld am Kriege befragen solle[2], verwarf „alldeutschen Geist"[3] und entwickelte skizzenhaft einen Ausweg aus dem „Krieg der Geister"[4], den

---

[1] Friedrich Meinecke, Die deutsche Freiheit, in: Klaus Böhme (Hg.), Aufrufe und Reden deutscher Professoren im Ersten Weltkrieg, Stuttgart ²2014, S. 157–172 [EA 1917].

[2] „Jedes Volk hat sein eigenes Schuldkonto dabei für sich und in seinem eigenen Schoße abzuarbeiten." Ders., Demobilmachung der Geister, in: Ders., Politische Schriften und Reden, hrsg. von Georg Kotowski, Darmstadt 1966 (= Friedrich Meinecke Werke II), S. 195–200, hier S. 197.

[3] Ebd.

[4] Vgl. z.B. Uwe Schneider, Andreas Schumann (Hg.), Krieg der Geister. Erster Weltkrieg und literarische Moderne, Würzburg 2000.

nicht zuletzt deutsche Wissenschaftler, Schriftsteller und Intellektuelle durch den berühmt-berüchtigten Aufruf „An die Kulturwelt!" mit ausgelöst hatten[5]. Was er forderte, war, „mitzudenken und mitzuarbeiten an der Aufgabe, die Gegensätze der Völker fortan durch friedliche Verständigung und auszugleichen und organische Einrichtungen dafür zu schaffen"[6].

Tatsächlich kam es in den 1920er Jahren zur Gründung einer Vielzahl derartiger Einrichtungen, die sich der „moralischen" oder „geistigen Abrüstung" annahmen[7]. Ein Akteur in diesem Feld war der Völkerbund mit seiner Internationalen Kommission für geistige Zusammenarbeit. Zur 1932 beginnenden, aber schon seit der Mitte der 1920er Jahre in Vorbereitung befindlichen internationalen Abrüstungskonferenz[8], schlug die polnische Delegation vor, sich nicht allein auf die materiellen Formen von Rüstung zu beschränken, sondern auch eine „désarmement moral" zu befördern[9]. Das polnische Papier blieb dabei recht unbestimmt[10], griff allerdings ein in den 1920er Jahren vor allem in Frankreich (aber auch in Staaten der sogenannten Kleinen Entente) populäres Thema auf. Ausgangspunkt war, dass die materielle Abrüstung erst der zweite Schritt sein könne; die Logik, die z.B. ein zum Pazifisten mutierter

---

[5] Zur Bedeutung und zur Rezeption des „Manifests der 93" vgl. Jürgen VON UNGERN-STERNBERG, Wolfgang VON UNGERN-STERNBERG, Der Aufruf „An die Kulturwelt!" Das Manifest der 93 und die die Anfänge der Kriegspropaganda im Ersten Weltkrieg, Frankfurt/M. ²2014.

[6] MEINECKE, Demobilmachung (Anm. 2), S. 199.

[7] Vgl. z.B. für Frankreich Mona SIEGEL, The moral disarmanent of France. Education, Pacifism, and Patriotism, 1914-1940, Cambridge 2011.

[8] Vgl. dazu Ruth HENIG, The League of Nations. The Peace Conferences of 1919-1923 and Their Aftermath, London 2010, S. 108 ff.

[9] Das polnische Memorandum sah vier Aspekte vor: „Formations des jeunes générations", „Collaboration des milieux intellectuels", „Utilisation des moyens techniques de diffusion (cinématographe, radiodiffusion)", „Voies et moyens à employer pour faire passer dans la pratique les dispositions recommandées en vue du désarmement moral". O.A., L'année 1932 de la Coopération intellectuelle, in: Société des Nations Institut de Coopération Intellectuelle (Hg.), 1932, Paris 1933, S. 13–143, hier S. 24.

[10] Sehr zum Ärger des zu dieser Zeit aktiven amerikanischen Mitglieds in der Internationalen Kommission für geistige Zusammenarbeit, der ein strengeres Prozedere zur „geistigen Abrüstung" einforderte und vor allem eine Veröffentlichungspflicht aller Informationen aus den Mitgliedsstaaten als wichtig ansah. Vgl. Harold JOSEPHSON, James T. Shotwell and the Rise of Internationalism in America, Rutherford 1975, S. 198.

französischer General 1925 formulierte, bestand darin, dass Nationen, die Krieg führen wollten, dies auch mit wenigen oder unmodernen Waffen tun würden. Worum es also gehe, sei, dafür Sorge zu tragen, dass der Wunsch einen Krieg zu führen, gar nicht erst aufkomme. Mittel, um diesen Bewusstseinswandel zu erreichen, seien eine neue, auf Versöhnung ausgerichtete Gedenkkultur sowie vor allem auch ein Wandel des Geschichtsunterrichts[11].

Zwar kam der Völkerbund in der schmalen Schrift von Général Alexandre Percin nur am Rande vor, die mit derartigen Fragen befasste Internationale Kommission für geistige Zusammenarbeit berücksichtigte er überhaupt nicht. Dies mag auch daran liegen, dass er Aussöhnung (bzw. „rapprochement"[12]) allein bilateral dachte, zwischen Deutschland und Frankreich, die darüber hinausgehenden multilateralen Überlegungen des Völkerbundes für ihn keine große Rolle spielten. Dennoch war die Kommission in Genf, später das ihr zugeordnete Institut in Paris[13] mit derartigen Fragen befasst. Die Aufnahme der Fragestellung in die Tagesordnung der Abrüstungskonferenz beschrieben die Verantwortlichen dementsprechend als eine „neue offizielle Anerkennung" der eigenen Arbeit[14] – wonach sie als chronisch unterfinanzierte Institution mit unklarer Definition des Aufgabenbereichs gierte.

So wird im Folgenden zu fragen sein, wie sich die Verantwortlichen des Völkerbundes die eigenen Möglichkeiten zur Förderung der Versöhnung vorstellten. Welche Wege wurden beschritten? Welche Hindernisse gab es? Welche Probleme traten auf? Zunächst soll aber ein knapper Überblick über die Arbeit der Internationalen Kommission für geistige Zusammenarbeit sowie das ihr unterstellte Internationale Institut in Paris erfolgen.

---

[11] Général Alexandre Percin, Le Désarmement moral, Paris 1925, S. 28.
[12] Ebd., S. 6.
[13] Vgl. zur Gründung des Instituts z.B. Werner Scholz, Frankreichs Rolle bei der Schaffung der Völkerbundkommission für internationale intellektuelle Zusammenarbeit 1919-1922, in: Francia 21 (1994) 3, S. 145–158.
[14] O.A., L'année 1932 de la Coopération intellectuelle, in: Société des Nations Institut de Coopération Intellectuelle (Hg.), 1932, Paris 1933, S. 13–143, hier S. 24.

1. Intellektuelle Zusammenarbeit im Rahmen des Völkerbundes: Versammlung der „intellectual leaders of the world"[15]?

Noch vor Beitritt der Weimarer Republik zum Völkerbund arbeiteten in unterschiedlichen Kommissionen, die vom Völkerbund getragen wurden, deutsche Staatsbürger mit – nicht immer zur Freude ihrer Landsleute[16]. So auch in der Internationalen Kommission für geistige Zusammenarbeit, in der – mit Unterbrechungen – seit 1923 Albert Einstein saß. Und beim Internationalen Institut für geistige Zusammenarbeit übernahm der renommierte Sozialwissenschaftler Gerhart von Schulze-Gaevernitz die Abteilungsleitung für den Bereich Wissenschaftsbeziehungen[17]. Schon bald nach seiner Aufnahme am Institut berichtete er dem Auswärtigen Amt von seinen Versöhnungsbemühungen:

> „Ich mache die Erfahrung, dass es sich um eine nützliche, ganz unpolitische, überwiegend technische Arbeit handelt, welche aber doch den Nutzen hat, Persönlichkeiten der intellektuellen Welt aller Länder in mehr oder minder freundschaftliche Beziehung zu setzen, und den wissenschaftlichen Austausch, insbesondere zwischen den früheren Kriegsgegnern wiederherzustellen. Auch benutze ich die Gelegenheit, manche persönliche Fäden anzuknüpfen, die eben doch in bescheidener Weise zu einer Annäherung derjenigen beiden Länder dienen können, von denen letzten Endes die Zukunft Europas abhängt"[18].

---

[15] O.A., Leaders of Thought Plan Cooperation among Nations, in: The Science News-Letter 18 (1930), S. 99.

[16] Vgl. dazu z.B. die Kritik Margarete Rothbarths, einer Mitarbeiterin am Pariser Institut, an den deutschen Wissenschaftlern. Margarete ROTHBARTH, Die deutschen Gelehrten und die internationalen Wissenschaftsorganisationen, in: Heinrich KONEN, Johann-Peter STEFFENS (Hg.), Volkstum und Kulturpolitik. Eine Sammlung von Aufsätzen. Gewidmet Georg Schreiber zum fünfzigsten Geburtstage, Köln 1932, S. 143–157.

[17] Dies allerdings nur für kurze Zeit; der renommierte Wissenschaftler und Intellektuelle wurde schon nach knapp einem Jahr durch den über seine Arbeit beim Deutschen Akademischen Austauschdienst international gut vernetzten Wissenschaftsmanager Werner Picht ersetzt. Vgl. zu den Hintergründen Jonathan VOGES, Internationale Experten in eigener Sache? Der Völkerbund und die Organisation der geistigen Zusammenarbeit in der Zwischenkriegszeit, in: Felix SELGERT (Hg.), Externe Experten in Politik und Wirtschaft, Berlin 2020, S. 223–243, hier S. 232.

[18] Gerhart von Schulze-Gävernitz ans Auswärtige Amt, 9.7.1926; Politisches Archiv des Auswärtigen Amtes, R 65508: Das Internationale Institut für geistige Zusammenarbeit in Paris.

Seine Aufgabe beschrieb er dabei zum einen als Möglichkeit, „internationale Beziehungen" auf wissenschaftlichem Gebiet zu vermitteln. Damit einhergehend verstand er seine Position aber auch als politisches Anliegen: Ihm ging es darum, mit seiner Person explizit für die Aussöhnung zwischen den ehemaligen Kriegsgegnern zu wirken, sei doch „nur durch Zusammengehen von Deutschland u. Frankreich (nicht gegen, sondern mit England) neue Kriegsgefahren u.d. Ruin Europas zu vermeiden"[19]. Die „geistige Verständigung zwischen Deutschland und Frankreich" sei die Hauptmotivation von Schulze-Gaevernitz gewesen, sich für das Institut zu engagieren, so auch eine Agenturmeldung zu dessen Arbeit am Institut vom März 1926[20].

Schulze-Gaevernitz beschrieb mit den wenigen Worten, die er seinem Tagebuch und seiner „Lebenschronik" zu seiner Institutsarbeit anvertraute, recht genau, die Logik hinter der Einsetzung der oben genannten Kommission. Auf der einen Seite sollte es darum gehen, praktische Hilfestellungen zu geben, um Wissenschaftler unterschiedlicher Nationen zusammenzuführen, Kulturprodukte der einen anderen bekannt zu machen und sowohl die Zirkulation von Personen als auch von Büchern und anderen Grundlagen intellektueller Arbeit zu vereinfachen[21]. Gleichzeitig sollten derartige Bestrebungen keinen Selbstzweck darstellen, sondern im Sinne der Leitideen des Völkerbundes (also dem liberalen Internationalismus[22]) für eine globale Verständigung und Versöhnung wirken, die – im Idealfall – die einzelnen Gesellschaften so miteinander in Kontakt gesetzt hätte, dass Kriege unmöglich geworden wären. Gerade der zweite Punkt allerdings, der über die bloß technische und praktische Förderung der internationalen Zusammenarbeit im

---

[19] Gerhart von Schulze-Gävernitz, Lebenschronik 1925/1926; Nachlass Schulze-Gaevernitz: Friedrich-Naumann-Stiftung für die Freiheit. Archiv des Liberalismus.

[20] O.A., Schulze Gaevernitz, in: Berliner Redaktion Dr. R. Dammert, Berlin 5.3.1926; ebd.

[21] Dieses entpolitisierende Verständnis des Völkerbunds findet man zum Teil auch übertragen auf die Gesamtinstitution und nicht nur auf die technischen Abteilungen. Vgl. Roth WILLIAMS, The Technique of the League, in: International Journal of Ethics 34 (1924) 2, S. 127–145, hier S. 130.

[22] Zu einem spannenden kritischen Überblick dazu vgl. George W. EGERTON, Great Britain and the League of Nations. Collective Security as Myth and History, in: United Nations Library (Hg.), The League of Nations in Retrospect. Proceedings of the Symposium, Berlin, New York 1983, S. 95–117.

intellektuellen Feld hinausging, war selbst unter Mitgliedern der Kommission nicht unumstritten[23].

Die Kommission selbst wurde 1923 eingesetzt, obwohl in der Völkerbundsatzung der Bereich der intellektuellen Beziehungen nicht eigens als Aufgabenbereich ausgewiesen worden war und obwohl es internationale Organisationen gab, die schon über gute Erfahrungen im Bereich der Förderung der internationalen wissenschaftlichen Zusammenarbeit verfügten[24]. Mitglieder der Kommission wurden international renommierte Wissenschaftler, die ad personam und (eigentlich) ohne Berücksichtigung sonstiger Faktoren berufen werden sollten; neben dem schon erwähnten Einstein u.a. auch Marie Curie, Henri Bergson (Präsident), George H. Hale. Ihr Aufgabenfeld war ebenso breit und unbestimmt wie die Arbeit unterfinanziert blieb[25]. Nichtsdestotrotz schob sie einige Projekte an, widmete sich breit angelegten Bibliographieprojekten, vernetzte die nationalen Auskunftsstellen für Studierende und Dozierende, erleichterte den internationalen Leihverkehr für Bücher und unterstützte Bestrebungen, über modernste Reproduktionstechniken Kunstwerke so zu vervielfältigen, dass sie eine weitere Verbreitung erfahren konnten[26].

Koordiniert wurde die Arbeit seit 1926 vom Internationalen Institut für geistige Zusammenarbeit. Die französische Regierung hatte auf eine Bitte um materielle Unterstützung seitens der Kommission reagiert, Räumlichkeiten im Palais Royal zur Verfügung gestellt und sich dazu verpflichtet, die Arbeit der Kommission mit jährlich zwei Millionen Franc zu unterstützen. Das Angebot wurde zwar angenommen, dennoch war es sowohl in Frankreich[27] – wie auch anderswo nicht unumstritten; hier wurde insbesondere die Verlagerung der Arbeit nach Paris kritisch gesehen. Frankreich verpflichtete man darauf, den „internationalen

---

[23] Vgl. in besonders scharfen Worten Gonzague DE REYNOLD, La Cooperazione Intelletuale, in: Rivista di Filosofia del Dirito 7 (1927), S. 381–397.
[24] Vgl. Paul OTLET, Introduction aux travaux de la Commission de Coopération intellectuelle de la Société des Nations, Brüssel 1922.
[25] Was der Kommission bis in die Gegenwart auch Kritik in der geschichtswissenschaftlichen Forschung einträgt. Vgl. Mark MAZOWER, Governing the World. The History of an Idea, London 2012, S. 150.
[26] Vgl. O.A., La Coopération intellectuelle et les Beaux-Arts, Paris 1927.
[27] Zur Debatte im Senat vgl. Fernand FAURÉ, Rapport fait au nom de la Commission des finances chargée d'examiner le projet de loi, adopté par la Chambre des Députés, portant création de l'Institut international de Coopération intellectuelle à Paris, Paris 1925.

Charakter" des Instituts zu garantieren[28], ein Punkt, um den es immer wieder Diskussionen gab.

Nahezu zeitgleich mit Gründung des Instituts hatte die Kommission, die das Arbeitsprogramm für das Institut festsetzte, ein neues Themenfeld eröffnet: die Förderung der schulischen Zusammenarbeit sowie die moralische Abrüstung[29].

2. Moralische Abrüstung: „a world-wide brotherhood of learning"?

Sechs unterschiedliche Formen der Abrüstung zur Zeit des Völkerbundes listet Andrew Webster in einem Beitrag auf: zunächst die durch den Versailler Vertrag bestimmte Abrüstung des Deutschen Reiches; zweitens Einschnitte in Rüstungsbudgets; drittens die Reduzierung von Seestreitkräften; viertens Völkerbundinitiativen zur Kontrolle der Aufrüstung; fünftens der Versuch der internationalen Organisation, Abrüstungen mit Sicherheitsgarantien zu verbinden; sechstens den vom Völkerbund angestoßenen weltweiten Abrüstungsprozess seit der zweiten Hälfte der 1920er Jahre – gipfelnd und endend in der Abrüstungskonferenz ab 1932[30]. Was in dieser Aufzählung – die sich aus heutiger Perspektive liest wie eine Chronik des Scheiterns[31] – fehlt, sind Bestrebungen, die sich weniger mit der materiellen Abrüstung – also dem Abbau von Waffenarsenalen – beschäftigten, sondern davor ansetzten. Nicht erst die vorhandene Bewaffnung, so derartige Ansätze, sei das eigentliche Problem, sondern eine generelle Stimmung des Misstrauens, des Hasses und damit verbundenen der Unsicherheit seien Grundlage der Kriegsgefahr.

Das Interessante ist nun, dass das Bemühen der Kommission um internationalen Ausgleich schon begann, bevor sie ihn explizit ins Portfolio aufnahm. So wurden die Treffen der Kommission selbst, bei denen es eigentlich nur um Sachfragen gehen sollte, als große Gesten

---

[28] Vgl. die Selbstdarstellung des Instituts O.A., Das Internationale Institut für geistige Zusammenarbeit, o.O. 1927.
[29] Vgl. als Überblick auch Maria Cristina GIUNTELLA, Cooperazione intellettuale ed educazione alle pace nell'Europa delle Società delle Nazioni, Mailand 2001.
[30] Andrew WEBSTER, From Versailles to Geneva. The Many Forms of Interwar Disarmament, in: The Journal of Strategic Studies 29 (2006), S. 225–246.
[31] Vgl. Martyn HOUSDEN, The League of Nations and the Organisation of Peace, Harlow 2012, S. 104 ff.

der Verständigung und Versöhnung im globalen Maßstab vermarktet[32]. Die Anwesenden wurden als „leaders of thought" apostrophiert, die symbolisch für den Geist der internationalen Zusammenarbeit stünden. Deren Ziel sei eine „closer comradeship amongst the brain-workers of the world" gewesen[33], der eine „worldwide brotherhood of learning" nachfolgen werde, so Bradfield, ein beim Völkerbund akkreditierter britischer Journalist:

> „To encourage exchange of ideas, to increase knowledge of each other, and understanding of each other's aims, to break down the barriers race and language have set up, is probably one of the surest roads to peace"[34].

Diese Mitteilungen und Einschätzungen, die über die Informationssektion des Völkerbundsekretariats nicht nur in Tageszeitungen Verbreitung fanden, sondern auch in wissenschaftlichen Periodika zu lesen waren, erwiesen sich gerade deshalb von so großer Bedeutung, weil sie nicht selbstverständlich waren. Den deutschen Wissenschaftlern wurde bis weit in die 1920er Jahre die Zusammenarbeit in internationalen Organisationen unmöglich gemacht, unterlagen sie doch dem „Boykott der deutschen Wissenschaft", an dem insbesondere Frankreich festhielt[35].

Zwar wurde dieser auch in anderen Kontexten unterlaufen, so publikumswirksam wie durch die Kommissionsarbeit mit der immer wieder betonten Mitgliedschaft Albert Einsteins aber nirgendwo. Einstein, der gerade auch deshalb in Deutschland selbst Anfeindungen ausgesetzt

---

[32] Hier ist sehr schön zu sehen, wie sich nicht nur Nationen, sondern auch internationale Organisation eines Quasi-Marketings bedienten, um sich selbst in der Öffentlichkeit zu präsentieren. Zum Nation Branding vgl. Carolin VIKTORIN, Jessica GIENOW-HECHT, Annika ESTNER, Marcel K. WILL, Beyond Marketing and Diplomacy. Exploring the Historical Origins of Nation Branding, in: DIES. (Hg.), Nation Branding in Modern History, New York 2018, S. 1–26.

[33] Beatrice BRADFIELD, A Little Book of the League of Nations, 1920-1927, Genf 1927, S. 11.

[34] Ebd., S. 59.

[35] Vgl. Brigitte SCHROEDER-GUDEHUS, Pas de Locarno pour la science. La coopération scientifique internationale et la politique étrangère des États pendant l'entre-deux-guerres, in: Relations internationales 46 (1986), S. 173–194; Gabriele METZLER, Deutschland in den internationalen Wissenschaftsbeziehungen, 1900-1930, in: Michael GRÜTTNER, Rüdiger HACHTMANN, Konrad H. JARAUSCH, Jürgen JOHN u. Matthias MIDDELL (Hg.), Gebrochene Wissenschaftskulturen. Universität und Politik im 20. Jahrhundert, Göttingen 2010, S. 55–82.

war³⁶, wurde nicht müde, in den Medien genau diese Rolle auszufüllen. Er veröffentlichte Beiträge in deutschen Zeitungen – deren Urheberschaft nicht so eindeutig war, wie die Signatur am Ende es nahelegte; es gibt gute Gründe zu vermuten, dass sie tatsächlich von Personen aus dem Umkreis der Kommission bzw. des Instituts verfasst worden waren³⁷. So „schrieb" er 1924 nach dem Kommissionstreffen in der „Frankfurter Zeitung", dass er „das Bedürfnis [habe], der deutschen Öffentlichkeit etwas zu sagen über die Eindrücke, die ich dort empfangen habe". Nach einem knappen Abriss über die diskutierten Themen – die „das allgemeine Publikum naturgemäss [sic!] nur wenig [interessieren]" – kam er zum seiner Meinung wichtigen Punkt für die deutsche Leserschaft: „Von grosser [sic!] Bedeutung für jedermann aber ist die Frage: wie sollen sich die Deutschen, wie das Deutsche Reich zum Völkerbund überhaupt stellen?" Und Einstein stellte im folgenden Abschnitt die Versöhnungsbereitschaft aller Beteiligten heraus – und das trotz einem „gewisse[n] Überwiegen französischer Mentalität". Er habe den „ehrlichen Willen zur Objektivität" beobachten können:

> „Aus diesem Geiste kann nur Gutes entspringen, und ich darf hier wohl der Überzeugung Ausdruck geben, dass der Völkerbund ein geeignetes Instrument sei, um eine innere und damit auch äussere [sic!] Gesundung Europas langsam herbeizuführen".

Dem Völkerbund schrieb Einstein (oder sein Ghostwriter) also eine bedeutende Rolle als Versöhnungsagentur zu³⁸.

Noch expliziter wurde die Frage der Versöhnung für die Kommission für intellektuelle Zusammenarbeit, als sie auch die Schulen als Spielfeld für die eigenen Bestrebungen entdeckte³⁹. Hatte diese sich

---

[36] Vgl. Albrecht Fölsing, Albert Einstein. Eine Biographie, Frankfurt/M. 1995, S. 594. Sehr scharf auch die Beobachtungen einer französischen jüdischen Zeitschrift zu Einsteins Standing in Deutschland. Jacques Delevsky, Contre Einstein, in: La Tribune Juive, 14.1.1924, S. 2–3.

[37] Vgl. dazu Jonathan Voges, Wissenschaftler als Diplomaten. Der Völkerbund und die internationale geistige Zusammenarbeit in den 1920er Jahren, in: Acta Historica Leopoldina 73 (2021), S. 121–138.

[38] Albert Einstein in: Frankfurter Zeitung, 29.8.1924. Zitiert nach: Albert Einstein, Frieden. Weltordnung oder Weltuntergang, hrsg. von Otto Nathan, Heinz Norden, Köln 2004, S. 89 f.

[39] Allgemein zu einem guten zeitgenössischen Überblick über die Funktion von Schulen für die internationale Verständigung und den Frieden vgl. Spencer Stoker, The Schools and International Understanding, Chapel Hill 1933.

zunächst – anders als die UNESCO nach 1945[40] – noch geziert, den hochsensiblen Bereich des schulischen Unterrichts ins Arbeitsprogramm aufzunehmen, um nicht an der eifersüchtig gehüteten Souveränität der Staaten zu kratzen, wandelte sich das Bild zumindest ein wenig ab Mitte der 1920er Jahre[41].

1926 hatte die Kommission eine Unterkommission für Schulfragen einberufen, in der sich „Schulmänner" aus aller Welt trafen. Nur ein Jahr später veröffentlichte die Unterkommission ihre Vorstellungen dazu, wie der Schulunterricht (hier insbesondere der Geschichts-, in Teilen auch der Geographieunterricht) im Sinne des Völkerbunds ausgestaltet werden könnte. Der Völkerbund sollte ein zentrales Thema des Unterrichts werden und die internationale Kooperation im Unterricht als Normalfall zwischenstaatlicher Beziehungen, Konflikte und gar Kriege nur als extreme – und zu verurteilende – Ausnahmen erscheinen[42].

Vertreter nationaler Bildungsbehörden, die in dem besprochenen Band ebenfalls ausführen konnten, was bei ihnen jeweils schon in diesem Sinne unternommen werde, berichteten von Filmvorführungen zum Völkerbund[43], eigenen Lehrprogrammen im

---

[40] So hieß es z.B. in einer frühen Publikation zur Arbeit des Völkerbunds und insbesondere des Instituts: „This body however, almost ignored by Governments, starved of funds, and restricted to international contacts at the highest intellectual levels, never in fact cut much ice. It has been cynically described as a meeting ground in occasional vacations for elderly professors, but this is quite an unfair picture"; O.A., Co-operation in Education, Science, and Culture. The Works of U.N.E.S.C.O., in: The World Today 2 (1946) 7, S. 339–348.

[41] Gonzague de Reynold als Mitglied der Kommission wurde aber nie müde, peinlich darauf zu achten, dass das Engagement der Völkerbundkommission in Schulfragen nicht zu weit gehe. Vgl. Gonzague DE REYNOLD, Der Anteil der Schweiz an der internationalen geistigen Zusammenarbeit, in: Schweizerische Rundschau 27 (1927), S. 227–236.

[42] Vgl. O.A., Erziehungsarbeit im Völkerbunde, in: Völkerbundfragen 4 (1927), S. 8–11. Aus diesen Beratungen der Expertenkommission ging auch eine Publikation hervor, die vor allem die Statements der unterschiedlichen Regierungen sammelte, was sie schon für die Verbreitung des Wissens um den Völkerbund taten. Vgl. Sous-Comité d'Experts de la Commission internationale de Coopération intellectuelle de la Société des Nations, Comment faire connaître la Société des Nations et développer l'esprit de Coopération internationale, Genf 1927.

[43] Zur Erforschung der Funktion von Lehrfilmen in der Schule und der außerschulischen Bildung stiftete – ausgerechnet – das faschistische Italien ein eigenes internationales Lehrfilminstitut, das ähnlich wie das Institut in Paris dem Völkerbund unterstehen sollte. Vgl. Christel TAILLIBERT, L'Institut International du

Radio[44] oder Essaywettbewerben, Theateraufführungen und Ausstellungen an Schulen. In Genf wurden Sommerkurse für Lehrer aus aller Welt veranstaltet, die den Völkerbund als Thema des Unterrichts attraktiv machen sollten. Im „Deutschen Philologen-Blatt" berichtete 1930 Heinrich Scholze von seinen Erfahrungen bei einer derartigen Veranstaltung. 79 Personen hatten sich versammelt, zum Großteil Europäer.

> „Die Vorträge standen inhaltlich auf guter Höhe und ordneten sich in mehr oder minder anschließenden Kreise um den Völkerbund und seine Einrichtungen, um das Internationale Arbeitsamt und das Internationale Erziehungsbureau in Genf".

Sehr zur Freude von Scholze sparte man eine Thematik weitgehend aus: „Die Frage der ‚Schuld' am Kriege wurde gestreift; weniger wer Schuld hat, schien den Vortragenden wichtig als die Tatsache, daß kein Volk den Mut hat, die Schuld auf sich zu nehmen, weil diese untragbar erscheint". Ein Element der gesamten Veranstaltung fand Scholze noch besonders erwähnenswert:

> „Es wurde zum Erlebnis, wenn Lehrer der verschiedensten Nationalitäten aufgefordert wurden, etwa das Gemeinschafts- und Gerechtigkeitsgefühl in der Jugend kräftiger zu entwickeln, damit daraus später ein Verständnis für andere Völker werden kann. Für den die Zukunft umfassenden Geist des ‚Internationalen', der neben dem Heimatgefühle Platz haben soll, fanden sich weitschauend prophetische Worte, die umso überzeugender wirkten, weil der Schweizer seine Berge von Herzen liebt".

Und als Fazit hielt er fest: „Die heranwachsende Jugend soll lernen, den Begriff von Recht und von Unrecht als doppelseitig zu erfassen, um auch der Gegenseite frei von Haß und mit Verständnis sich nähern zu können"[45].

---

cinématographe éducatif. Regards sur le rôle du cinéma éducatif dans la politique internationale du fascisme italien, Paris 1999.

[44] Die Frage, wie neue Medien genutzt werden könnten, um im Sinne der Versöhnung zu wirken, war eine gern diskutierte beim Völkerbundinstitut und den eingesetzten Expertenkommissionen. Vgl. z.B. zum Radio International Institute of Intellectual Cooperation (Hg.), School Broadcasting, Paris 1933.

[45] Heinrich SCHOLZE, Kursus für Lehrer über Völkerbund und internationale Zusammenarbeit in Genf, in: Deutsches Philologen-Blatt 38 (1930), S. 683 f. Zu einer ähnlichen Veranstaltung aus der Perspektive einer Vertreterin der Deutschen Liga für Völkerbund vgl. Freda Marie GRÄFIN ZU DOHNA, Internationale pädagogische Tagungen in der Schweiz, in: Völkerbundfragen 4 (1927), S. 210–215.

Ein hier beispielhaft herausgegriffenes internationales Treffen von Lehrern in der neuen „Hauptstadt der Welt"[46] wurde so als Symbol einer internationalen Versöhnung verstanden, die vor allem auf Verstehen, Kennenlernen (und das auch ganz konkret, wie die Förderung von Austauschprojekten und internationalen Sommerschulen auch für Schüler durch den Völkerbund zeigte[47]) und perspektivischem Denken beruhte. Der zitierte Lehrer verstand sich ganz im Sinne der Völkerbundorganisation als Multiplikator dieser Idee. Interessant ist, dass er zwar bei seinen Schülern darauf baute, dass Versöhnung über den Weg der Wahrheit und der skrupulösen Beschäftigung mit historischen Fakten geschehen sollte; die Lehrer selber fanden sich aber nicht bereit, die wirklich heißen Eisen anzufassen, um im Kurs die harmonische Stimmung nicht zu gefährden.

Damit war es allerdings nicht getan; wichtiger im Sinne der Fragestellung der Konferenz ist vielmehr eine zweite Strategie – die Schulbuchrevision. Im Rahmen eines allgemeinen Plans zur „Abrüstung der Geister" fragte sich die Kommission, wie die „drum and trumpet history" aus den Schulbüchern verbannt und wie man zu Lehrwerken kommen könne, die dem Frieden und nicht dem Hass dienen können[48]. Ein Mitglied der Internationalen Kommission für geistige Zusammenarbeit, der Spanier Julio Casares, hatte dafür ein Konzept vorgelegt[49], welches das Ziel verfolgte, die Schulbuchrevisionsarbeit als Grundlage für zwischenstaatliche Versöhnungsbemühungen zwar zentral am Pariser Institut zu verankern, die eigentliche Durchführung aber bilateral erfolgen zu lassen. Das Vorgehen war dabei im Grunde recht simpel: Die Nationalkommission eines Staates (Nationalkommissionen waren quasi die

---

[46] Zu dieser Idee vgl. Michel MARBEAU, La Société des Nations. Vers un monde multilatéral, Tours 2017, S. 107 ff.

[47] Vgl. dazu z.B. die jährlich erscheinenden Angebotskataloge mit internationalen Sommerschulen, die über das Völkerbundinstitut vertrieben wurden. Institut de Coopération Intellectuelle de la Société des Nations (Hg.), Cours de Vacances en Europe/Ferienkurse in Europa/Holiday Courses in Europe 1934, Paris o.J.

[48] Marcello VERGA, Manuels d'histoire pour la paix en Europe, 1923-1938, in: Maria PETRICIOLI, Donatella CHERUBINI (Hg.), Pour la Paix en Europe. Institutions et société civile dans l'entre-deux-guerres, Brüssel 2007, S. 503–524, hier S. 509.

[49] Zu einem knappen Überblick über dessen Biographie vgl. Jorge MARTÍNEZ MONTORO, La labor de Julio Casares en la Real Academia Española, in: Boletín de la Real Academia Española 82 (2002), S. 259–274.

nationalen Ansprechpartner der internationalen Kommission[50]) nahm sich die Schulbücher eines anderen vor, strich heraus, was sie darin als feindselig der eigenen Nation gegenüber ansah; das Pariser Institut leitete die Beschwerde an die betreffende Nationalkommission Staates weiter und bat um Änderungen[51].

Das Vorgehen war jedoch höchst problematisch, setzte es doch etwas voraus, was durch die Schulbuchrevision eigentlich erst erreicht werden sollte: Versöhnungsbereitschaft[52]. So nahmen die über den Völkerbund organisierten Bildungsexperten an, dass die jeweiligen Nationalkommissionen tatsächlich ein gesteigertes Interesse am liberalen Internationalismus im Sinne des Völkerbundes hatten. Das war aber nur bedingt der Fall, vielmehr ging es ihnen zunächst einmal darum, der eigenen „Nationalkultur" auf internationaler Bühne Gehör zu verschaffen[53]. Deshalb bemühten sie sich auch intensiv, vermeintliche Unwahrheiten in den Schulbüchern der anderen herauszuarbeiten, die einer versöhnlichen Atmosphäre entgegenstünden – weitaus reservierter allerdings zeigten sie sich, wenn es um die eigenen Schulbücher ging[54]. Einzelne positive Ausnahmen (so in Skandinavien oder Südamerika) waren eben genau dies – Ausnahmen[55].

---

[50] Vgl. zu deren Funktionen Robert RICHTER, Die internationale geistige Zusammenarbeit im Rahmen des Völkerbunds, Diss. Würzburg 1930, S. 37.

[51] Vgl. allgemein zum Vorgehen Georg ECKERT, Internationale Schulbuchrevision, in: International Review of Education 6 (1960) 4, S. 399–415; und zeitgenössisch mit starkem Bezug auf die Nationalkommissionen Gonzague DE REYNOLD, Preface, in: League of Nations Intellectual Co-operation Organisation (Hg.), National Committees on Intellectual Cooperation, Genf 1937, S. 5–15, hier S. 8.

[52] Um diese nicht zu gefährden, sollte man sich bei den Revisionswünschen eigentlich nur auf faktische Fehler konzentrieren und nicht um Interpretationen kümmern. Vgl. ebd. Dabei blieb es allerdings nicht.

[53] Vgl. zu diesem Grunddilemma der internationalen geistigen Zusammenarbeit Daniel LAQUA, Rachel BOUYSSOU, Internationalisme ou affirmation de la nation? La coopération intellectuelle transnationale dans l'entre-deux-guerres, in: Critique internationale 52 (2011), S. 51–67.

[54] Eine derartige Unzufriedenheit mit der Bereitschaft der Nationalstaaten zur Selbstkritik wird auch zwischen den Zeilen eines durchaus diplomatisch verfassten Überblicks über die Schulbuchrevision des Instituts deutlich. International Institute of Intellectual Cooperation (Hg.), School Text-Book Revision and International Understanding, Paris 1933.

[55] Vgl. Eckert, Internationale Schulbuchrevision (Anm. 51), S. 402.

Der Fall der japanischen und chinesischen Schulbücher wiederum zeigt, wie aus der eigentlich als der Versöhnung gedachten Maßnahme genau das Gegenteil entwachsen konnte, nämlich die Rechtfertigung für Gewalt. So hatten Japan und China schon eine lange Phase gegenseitiger Revisionsforderungen für Schullehrbücher hinter sich, bevor der Völkerbund dieses Thema überhaupt zu dem seinen machte. Chinesische Schulbücher mit vermeintlich japanfeindlichen Inhalten wurden dann ein Glied in der Legitimationskette, die Japan dazu verwendete, um den eigenen Angriff in der Mandschurei Anfang der 1930er Jahre zu rechtfertigen[56].

Als Beispiel mag auch hier wiederum nur auf eine paradigmatische Veröffentlichung verwiesen werden, die auf Englisch erschien (sich also an ein internationales Publikum richtete) und pikanterweise von der „League of Nations Association of Japan" herausgegeben wurde. Unter der Überschrift „Anti-Japanese Education in China" versammelte die Broschüre eine Handvoll von Auszügen aus chinesischen Schulbüchern, die sich kritisch mit Japan auseinandersetzten und gleichzeitig die chinesischen Schüler zum Widerstand auffordern sollten. Japan hingegen präsentierte sich in der Rahmung der Textausschnitte als der eigentliche Wahrer der Werte des Völkerbunds:

> „Such [China's; J.V.] educational policy would not help the solution of the existing problems. Nay, it is bound to prevent friendly cooperation between China and foreign nations, impede her sane progress, and endanger the foundations of international peace"[57].

Die Macher der Broschüre nutzten also das Instrumentarium, das eigentlich zur Versöhnung gedacht war, zur Anklage des Gegners. Dabei ging es um die Legitimation von Machtpolitik[58].

China wiederum konterte damit, dass es nunmehr japanische Schulbücher auf kriegsverherrlichende und in Bezug auf China imperialistische

---

[56] Vgl. Shin KAWASHIMA, Sino-Japanese Controversies over the Textbook Problem and the League of Nations, in: Madeleine HERREN (Hg.), Networking the International System. Global Histories of International Organizations, Cham 2014, S. 91–106, hier S. 96.

[57] The League of Nations Associations of China, Anti-Japanese Education in China, Tokyo 1931.

[58] Vgl. allgemein Gerhard KREBS, Das moderne Japan, 1868-1952, München 2009, S. 57 ff.

Stellen durchforstete und nachwies, dass japanische Schulbücher nicht allein gegen China, sondern ebenso gegen Europa, die USA und den Völkerbund argumentierten[59]. 1936, als erneut ein Krieg mit Japan drohte, bot die chinesische Regierung als Zeichen des diplomatischen *goodwill* eine Überarbeitung von Schulbüchern im japanischen Sinn ab, was den japanisch-chinesischen Krieg jedoch nicht mehr verhindern konnte[60].

Ein weiteres Beispiel, das die Problematik der moralischen Abrüstung auf einer anderen Ebene deutlich macht, ist die Weimarer Republik. Dieser ging es Zeit ihres Bestehens um eine Revision des Versailler Vertrages; die politischen Lager entschieden sich in dieser Frage im Grunde nur in dem Grad der Radikalität, mit der sie dieses Anliegen verfolgten[61]. Und in einer latent bis manifest revisionswilligen Gesellschaft traf die Forderung nach moralischer Abrüstung nicht nur auf positive Resonanz. Zwar war der Völkerbundunterricht seit 1927 offiziell geforderter Teil des Geschichts- oder Staatsbürgerunterrichts (hier vor allem in Preußen)[62], zwar äußerten sich auch deutsche Lehrer und Pädagogen in den einschlägigen Fachzeitschriften überaus wohlwollend zu den Bemühungen des Völkerbundes in diesem Bereich. Eine Tagung mit prominenter Besetzung (Carl Heinrich Becker, Ernst Jäckh, Werner von Rheinbaben, Hugo Lötschert u.a.) kam z.B. 1930 zu dem Schluss, dass nun ein Punkt erreicht sei, an dem der Völkerbund im Unterricht nicht einfach „Stoffhuberei" sei, sondern „wissenschaftliches Völkerbundsdenken und ehrliche Völkerbundsgesinnung" vorherrsche; was allein noch fehle, sei passendes Unterrichtsmaterial, der gute Wille bei der Lehrerschaft sei vorhanden[63]. In der Breite überwog jedoch die Ansicht, dass Frankreich unter dem Deckmantel der Versöhnung und der internationalen

---

[59] Vgl. KAWASHIMA, Controversies (Anm.), S. 98.
[60] Vgl. ebd., S. 101.
[61] Vgl. z.B. Eckart CONZE, „Versailles" als Propagandawaffe gegen die Weimarer Republik, in: Aus Politik und Zeitgeschichte 69 (2019), S. 45–49.
[62] Vgl. dazu die sehr selbstbewussten Ausführungen von Carl Heinrich BECKER, Internationaler Geist und nationale Erziehung, in: Die Kongreßleitung (Hg.), „Die neuzeitliche Volksschule". Bericht über den Kongreß in Berlin 1928, Berlin 1928, S. 18–27.
[63] Hugo LÖTSCHERT, Völkerbund und Schule, in: Deutsches Philologen-Blatt 38 (1930) 4, S. 60

Verständigung an der Untergrabung der „Wehrhaftigkeit" des deutschen Volkes arbeite[64].

Fazit: Der Völkerbund erschafft die Grundlagen, von denen er selbst abhängt?

Das Fazit des US-amerikanischen Politikwissenschaftlers Charles G. Fenwick zur Arbeit des Völkerbundes im Bildungsbereich fiel nach 1945 eindeutig aus:

> „A decade ago it was a common criticism of the Covenant of the League of Nations that it had made provision for military disarmament but no provision for economic disarmament. [...] Only a few critics saw clearly the importance of a third factor, that of moral disarmament"[65].

Erst durch die Aktionen des nationalsozialistisch regierten Deutschlands sei man der Gefahr bewusst geworden, die im neuen „national fanaticism" schlummere. Als der Völkerbund sich dessen gewahr geworden war, sei es allerdings zu spät gewesen: die „ever-present and all-pervading power of the government to control and direct public opinion" habe dazu geführt, dass man zumindest die deutsche Öffentlichkeit nicht mehr erreichen konnte[66]. Aus diesen Erfahrungen leitete Fenwick eine Lehre für den in der Gründung begriffene UNESCO ab:

---

[64] Vgl. Alois SEILER, Die Behandlung des Völkerbundes im Unterricht während der Weimarer Zeit, in: Geschichte in Wissenschaft und Unterricht 22 (1971), S. 193–211; Horst GIES, Antidemokratische Geschichtslehrer und antirepublikanischer Geschichtsunterricht in der Weimarer Republik, in: Reinhard DITHMAR, Angela SCHWALB (Hg.), Schule und Unterricht in der Weimarer Republik, Ludwigsfelde 2001, S. 180–213. Deshalb verwundert es auch nicht, dass eine in den 1930er Jahren in Deutschland entstandene Dissertation zur „geistigen Abrüstung" sich sehr kritisch mit dieser auseinandersetzte und schon in der Einleitung hervorhob, dass es zu begrüßen sei, dass mit der Wiedereinführung der Wehrpflicht „das deutsche Volk seine Wehrhaftigkeit wiedererlangt" habe. Peter DIETZ, Geistige Abrüstung. Inaugural-Dissertation zur Erlangung der juristischen Doktorwürde der Rechts- und Staatswissenschaftlichen Fakultät der Universität zu Göttingen, Göttingen 1935.

[65] Charles G. FENWICK, The Problem of Moral Disarmament, in: American Journal of International Law 41 (1947), S. 112–117, hier S. 112.

[66] Ebd., S. 113.

„That measures taken by the United Nations for the solution of the problem of military disarmament can only be partly effective unless accompanied by measures looking also to moral disarmament, to the elimination as far as possible of the spirit of fanatical nationalism that might lead a country to use new weapons of aggression when they became available to it"[67].

Das Ziel sei somit „mutual confidence" und die UNESCO erhielt fortan einen „high political as well as a social character"[68]. Frieden könne es nur geben, das lehrten Fenwick die Entwicklungen der vorangegangenen 20 Jahre, wenn er nicht ausschließlich auf politischen und wirtschaftlichen Arrangements der Regierungen basiere; benötigt werde vielmehr der „sincere support of the peoples"[69].

Dass diese Unterstützung für das Anliegen eines internationalen Friedens nicht einfach vorausgesetzt werden konnte, sondern erarbeitet werden musste, zeigten die Bemühungen des Völkerbundes – die bezeichnenderweise in Fenwicks Argumentation keine Rolle spielten. Ihm ging es vor allem darum, die Idee der moralischen Abrüstung als neu zu präsentieren, sie damit nicht mit dem gescheiterten Projekt des Völkerbundes in Verbindung zu bringen – und so von Beginn mit einer problematischen Hypothek auszustatten.

Wie in diesem Beitrag gezeigt werden konnte, war die Idee der moralischen Abrüstung als Versuch der Versöhnung, die auch prospektiv wirken, also Konflikte verhindern und nicht nur geschehene aufarbeiten sollte, in den 1920er Jahren eine populäre Idee[70] – und für die der Völkerbund bzw. dessen Kommission für geistige Zusammenarbeit den organisatorischen Rahmen bereitstellte. In den Worten der britischen Erziehungsbehörde 1937: Beim Völkerbundunterricht gehe es vor allem um eines, „producing a habit of mind in international relationships

---

[67] Ebd., S. 114.
[68] Ebd., S. 117.
[69] Ebd.
[70] Vgl. z.B. für Frankreich den sehr imperativen Text A. AULARE, Il faut réviser les manuels scolaires d'histoire, in: L'ère nouvelle. Organe officielle du Parti travailliste Indochinois, 16. Mai 1927. Ähnlich auch von katholischer Seite das Kolloquium Union catholique d'études internat (Hg.), Le Désarmement Moral et La Pensée Chrétienne. Conférences de la quatrième Semaine catholique internationale de Genève, Paris 1933.

which will in time go far in reducing the strain that arises in times of political crisis"[71].

Die Ratio dahinter war, ähnlich dem berühmten Böckenförde-Diktum[72], dass der Völkerbund von Grundlagen abhing, die er selbst nur bedingt gewährleisten konnte. Der Völkerbund selbst war erstens die Institution gewordene Form des liberalen Internationalismus der Zwischenkriegszeit, der von der Grundprämisse ausging, dass die Sicherheit eines jeden Staates nur durch die Sicherheit aller zu gewährleisten sei; zweitens fußte die Macht des Völkerbundes allein auf der Kraft der (Welt-)Öffentlichkeit[73]. Drittens offenbarten die Bestrebungen in Sachen moralischer Abrüstung, dass das Vertrauen in die öffentlichen Meinungen der Nationalstaaten und deren Friedenssehnsucht nur bedingt vorhanden war, gingen die Mitglieder der Völkerbundkommission doch davon aus, diese erst im Sinne des Völkerbundes umformen zu müssen. Damit bewies die Kommission viertens, dass sie trotz der Verheerungen des Ersten Weltkrieges – nicht nur was die materiellen Folgen, sondern auch in der „Vergiftung der Meinungen" der kriegführenden Staaten den Gegnern gegenüber[74] – am liberalen Fortschrittsglauben und dabei auch am Glauben an die Möglichkeiten der Technik festhielten. So nahmen sie zum einen an, dass Aussöhnung möglich, Konflikte, die auf lange gepflegten Feindschaften basierten, einzuhegen seien. Zum anderen gingen sie fest davon aus, dass diese Botschaft in den

---

[71] Handbook of Suggestions. For the Consideration of Teachers and Others Concerned in the Work of Public Elementary Schools, hrsg. vom Board of Education, London 1937, S. 583.

[72] „Der freiheitliche, säkularisierte Staat lebt von Voraussetzungen, die er selbst nicht garantieren kann"; Ernst Wolfgang Böckenförde, Die Entstehung des Staates als Vorgang der Säkularisation, in: Ders., Recht, Staat, Freiheit. Studien zur Rechtsphilosophie, Staatstheorie und Verfassungsgeschichte, Frankfurt/M. 1991, S. 92–114, hier S. 112.

[73] Der Vizedirektor des Internationalen Instituts für geistige Zusammenarbeit Alfred E. Zimmern sprach z.B. recht martialisch von der „weapon of publicity", die dem Völkerbund zur Verfügung stehe (wollte er sie nur nutzen), und der „mobilisation of shame" gegen vertragsbrüchige Staaten. Alfred Zimmern, The League's Handling of the Italo-Abyssinien Dispute, in: International Affairs 14 (1935), S. 751–768, hier S. 763.

[74] Vgl. dazu Jerzy Holzer, The Heritage of the First World War, in: Dirk Berg-Schlosser, Jeremy Mitchell (Hg.), Authoritarianism and Democracy in Europe 1919-1939. Comparative Analyses, Houndsmill u.a. 2002, S. 7–19.

nationalen Gesellschaften Gehör finden würde, wenn man sich nur der modernsten Kommunikationstechnologien – Radio, Kino – bediene. Dass die Diktaturen der 1930er Jahre eine weitaus erfolgreichere Medienpolitik betrieben, während es dem Völkerbund nicht möglich war, mit den eigenen Nachrichten durchzudringen, beschrieben Sozialwissenschaftler, die sich mit dem aufkommenden Forschungsbereich der Public Relations beschäftigten, als einen der Hauptgründe für dessen letztendliches Scheitern[75].

Der Völkerbund selbst, der grundlegend auf die Unterstützung durch die Öffentlichkeit angewiesen war, scheiterte darin, diese so zu präparieren, dass sie im vorgesehenen Rahmen funktionierte. Dass lag zum einen am notgedrungen halbherzigen Vorgehen, das die nationalen Souveränitäten im Bildungsbereich nicht antasten sollte; zum anderen an der sicher verständlichen, aber wiederum auch problematischen Konzentration auf die Schulen – die Schülerpopulationen, die durch den Völkerbundunterricht gingen, waren in den 1930er Jahren noch nicht in den entscheidenden Positionen; und zum Dritten an einem gut gedachten, in seiner Durchführung aber weniger Versöhnung fördernden, als neue Nickligkeiten bewirkenden Prozedere. Und diese Gefahr wurde auch schon zeitgenössisch gesehen; die liberale Politikerin Gertrud Bäumer, die auch mit Insider-Kenntnissen sowohl über den Völkerbund wie über die deutsche Schulpolitik aufwarten konnte[76], bemerkte schon Ende der 1920er Jahre, dass der Völkerbund sich aus der Frage einer „Zensur von Schulbüchern" heraushalten solle. Dies sei eine „delikate Angelegenheit", „heftige Proteste" seien zu erwarten, wolle der Völkerbund den „Charakter einer geistigen Schiedsgerichtsbarkeit" annehmen. Stattdessen forderte sie, „freiwillige Zusammenarbeit zu gemeinsamer Wahrheitsfindung, zur gegenseitigen Kontrolle und Korrektur und zum dauernden

---

[75] Noch während des Zweiten Weltkrieges wurde der Völkerbund insbesondere von Public Relations-Exzerpten aus den USA scharf dafür gescholten, in diesem Bereich nicht mehr getan zu haben. „The failure of the League was in part (not entirely) due to the lack in public support for an internationalist policy"; Ross STAGNER, Public Opinion and Peace Plans, in: Public Opinion Quarterly 7 (1943) 2, S. 297–306, hier S. 297. Ähnlich auch Dell G. HITCHNER, The Failure of the League: Lesson in Public Relations, in: The Public Opinion Quarterly 8 (1944) 1, S. 61–71.

[76] Vgl. Angelika SCHASER, Helene Lange und Gertrud Bäumer. Eine politische Lebensgemeinschaft, Köln, Weimar, Wien 2000, S. 214.

Versuche der Verständigung"[77]. Wie das funktionieren sollte ohne die schon von Meinecke während des Ersten Weltkrieges geforderten „organischen Einrichtungen", ließ sie allerdings offen. Vielmehr zeigte Bäumer mit ihren Ausführungen ein grundlegend auf Vernunft aufgebautes Menschenbild, in dem Erkenntnis und „Wahrheit" der Schlüssel zur Versöhnung war. Dies verband sie durchaus mit den geistigen Grundlagen des Völkerbundes[78].

Denn was sich bei dessen Aktivitäten im Bereich der „moralischen Abrüstung" zeigte, war ein interessanter Zirkelschluss, den der Völkerbund als Institution zeit seines Bestehens nicht durchbrechen konnte: Als internationale Organisation sollte er den Frieden garantieren, auf den er gleichzeitig angewiesen war[79]. Grundlage der Macht zur Bewahrung des Friedens waren nicht – wie z.B. von französischen Völkerbundentwürfen 1918/19 gefordert – eine eigene Armee[80], sondern die öffentliche Meinung. Basis dafür, diese im eigenen Sinne zu prägen, war die moralische Abrüstung, deren Kernbestandteil – trotz des multilateralen Ansatzes – die Aussöhnung zwischen Nachbarstaaten blieb[81].

---

[77] Getrud BÄUMER, Geschichtsunterricht als Mittel oder Hemmung der Völkerverständigung, in: Pädagogisches Zentralblatt 9 (1929), S. 575–583.

[78] Zur Betonung der Wahrheit als Grundlage der Aussöhnung über die „geistige Abrüstung" vgl. auch Mona SIEGEL, Kirsten HARJES, Disarming Hatred. History Education, National Memories, and Franco-German Reconciliation from World War I to the Cold War, in: History of Education Quarterly 52 (2012), S. 371–402.

[79] Eine ähnliche Erweiterung des klassischen Böckenförde-Diktums findet sich auch in Bezug auf die Weimarer Republik bei Tim B. MÜLLER, Demokratie, Kultur und Wirtschaft in der deutschen Republik, in: DERS., Adam TOOZE (Hg.), Normalität und Fragilität. Demokratie nach dem Ersten Weltkrieg, Hamburg 2015, S. 259–293, hier S. 267: „Gewissermaßen in Umkehrung der berühmten These des Verfassungsrichters Ernst-Wolfgang Böckenförde, wonach der freiheitliche Staat von Voraussetzung lebt, die er selbst nicht garantieren kann [...], herrschte unter führenden Protagonisten der Weimarer Republik die Überzeugung vor, dass die Demokratie ihre eigenen Voraussetzungen schaffen musste und sich eine politische Kultur der Demokratie durch die Demokratie selbst kultivieren ließ".

[80] Bei einem Vortragsabend am Internationalen Institut für geistige Zusammenarbeit forderte der französische Schriftsteller und Intellektuelle Jules Romains noch 1933 wieder auf die Idee einer eigenen Völkerbundarmee zurückzukommen, auch um diesem ein besseres Standing in der französischen Gesellschaft zu verschaffen. Vgl. Jules ROMAINS, Ce que „l'homme dans la rue" pense de la Société des Nations, in: DERS., Problèmes européens, Paris 1933, S. 63–92, hier S. 80.

[81] Ähnliche Versuche beobachtet Till van Rahden auch für Bundesrepublik: „Ein Gespür dafür, dass ein Staat seine kulturellen und sozialen Voraussetzungen zwar nicht garantieren, aber doch fördern, beschirmen und wiederbeleben kann"; Till VAN RAHDEN, Demokratie. Eine gefährdete Lebensform, Frankfurt/M. 2019, S. 41.

V. La Réconciliation : Les antidémocrates et l'extrême-droite des années 1930 à la collaboration / Versöhnung: Die Antidemokraten und die extreme Rechte von den 1930er Jahren bis zur Kollaboration

Kollaboration des Geistes?

Verständigungsgedanken im Werk deutscher und französischer Antidemokraten der 1930er Jahre

Sebastian LIEBOLD

1. Versöhnung oder Verständigung?

Es scheint paradox: Wie konnten sich Nationalisten auf beiden Seiten des Rheins – überzeugt von der mindestens kulturellen Überlegenheit ihres Vaterlands – versöhnlich mit dem Nachbarn beschäftigen, wie „verständigen" nach Dolchstoßlegende, Reparationsstreit und aufflammendem Konflikt um die Vorherrschaft auf dem Kontinent? Anhand von deutschen und französischen Autoren der 1930er Jahre will ich darlegen, wie der Systemgegensatz von Demokratie (in Frankreich) und Diktatur (im Deutschen Reich) die Intellektuellen polarisierte, wie Verständigung mit dem anderen Land als kollektive Form der Beziehung anstelle einer Versöhnung unter den Menschen dominierte. Auf dieser Ebene spielen Stereotype, Zerrbilder und teils ein gehöriges Maß an Realitätsverweigerung eine entscheidende Rolle. Dennoch gab es nicht nur die fadenscheinige Parade-Versöhnung, erkennbar etwa in Hitlers Friedensbeteuerungen gegenüber den französischen Frontkämpferverbänden. Unter Antidemokraten entstanden dauerhafte Freundschaftsbeziehungen, die oft über das Jahr 1945 hinausreichten. Die nach 1933 tongebenden Deutschen – darin willige Gehilfen der Politik – drängten linke und liberale Geister aus dem Diskurs, deren gelebten Bindungen entzogen sie die Basis. Selbst Deutsche im französischen Exil fanden oft nur schwer Gehör, die französischen Vorbehalte gegen sie sind Legion.

Wie lässt sich das Versöhnungsgeschehen der 1930er Jahre zeitgerecht, zugleich im Kontext der Brüche des 20. Jahrhunderts so beschreiben, dass keine Ex-post-Perspektive entsteht? Eingehende Blicke auf Versöhnungsinitiativen nach 1945, insbesondere von Corine Defrance und Ulrich Pfeil, verweisen in den meisten Feldern des Kulturaustauschs auf ein Problem: Das begriffliche und materielle Instrumentarium der Nachkriegszeit scheint nicht ohne Weiteres für die Zeit vor 1945 anwendbar[1]. Das „Lexikon der deutsch-französischen Kulturbeziehungen nach 1945" betont die Versöhnung („réconciliation"), wie diese Bestandsaufnahme des Wandels hin zu „Erbfreunden" belegt[2]. Im lexikalischen Teil wird „Versöhnung", nicht jedoch Verständigung beschrieben, was die Hierarchie beider Begriffe verdeutlicht, aber den rationalen Anteil des zweiten Begriffs – mit allen institutionellen Erfolgen – marginalisiert[3]. Vergangenheitsbewältigung erscheint indes als ein eng mit „Versöhnung" liierter Terminus mit hoher normativer Kraft, der vor 1945 ungebräuchlich war.

Merkwürdigerweise ist die Zwischenkriegszeit, von der sich ja die Epoche nach 1945 abheben sollte, als Negativfolie schwach vertreten, Versuche einer Verständigung nach 1933 bleiben unerwähnt. Texte von Hans Manfred Bock und Corine Defrance parallel gelesen ergeben – mit wenigen Differenzierungen – eine Fortschreibung der Erzählung des Weges von der „Konfrontation" (während der NS-Zeit) zur „Kooperation" (nach 1945). Bock weist – gestützt u.a. auf den wegweisenden Band „Entre Locarno et Vichy" – auf die Komitees und die Frontkämpferverständigung hin, doch sind die Wertungen von Misstrauen gegen die damaligen Initiativen durchsetzt[4]. Das Spektrum der 1993 präsentierten Felder gesellschaftlicher Kreise und Bünde, der Wissenschaftsbeziehungen, der Medienformen, der Literatur und des Exils zeigt andere Begriffe an: Da ist von „coopération" und „rapprochement" die Rede – die im Text vorgestellten Intellektuellen wollten (nach dem zähen Ringen der 1920er Jahre, der symbolträchtigen Einigung zwischen Briand und Stresemann, den Dekaden von Pontigny und durchaus lebhaften Jugendbegegnungen) nach 1933 eine nüchterne Annäherung und eine

---

[1] Corine DEFRANCE, Ulrich PFEIL (Hg.), Verständigung und Versöhnung nach dem „Zivilisationsbruch"? Deutschland in Europa nach 1945, Brüssel 2016.

[2] So Klaus-Dieter LEHMANN, Von „Erbfeinden" zu „Erbfreunden" – die Bestandsaufnahme einer europäischen Versöhnung, in: Nicole COLIN u.a. (Hg.), Lexikon der deutsch-französischen Kulturbeziehungen, Tübingen ²2015, S. 17 f.

[3] Christiane WIENAND, Versöhnung, in: Ebd., S. 474–476.

[4] Hans Manfred BOCK, Deutsch-französische Kulturbeziehungen der Zwischenkriegszeit, in: Ebd., S. 34–42. Gleichen Duktus hat – mit Blick auf zehn Initiativen bzw. Akteursfelder – DERS., Versöhnung oder Subversion? Deutsch-französische Verständigungs-Organisationen und -Netzwerke der Zwischenkriegszeit, Tübingen 2014.

Kollaboration des Geistes?

Kooperation unter Anerkennung der politischen Situation etablieren[5]. Nach Krieg und Judenvernichtung fiel der intellektuelle Austausch der 1930er Jahre mit diesem Vorzeichen jedoch in den Schatten der Unmöglichkeit – auch, weil es auf französischer Seite jahrzehntelang fast keine Kollaborateure „gab", erst in den 1980er Jahren konnte die Forschung den politischen Bann auflösen, erst nach 2000 kam der Umstand in Präsidentenreden vor.

Mein Ansatz ist konträr: Ich versuche zu zeigen, dass deutsche Intellektuelle das „deutsche Modell" selbst dann propagierten, wenn sie eigentlich französische Sachverhalte schilderten, und die Franzosen willfährig den als autoritär wahrgenommenen, teils als aufgelebte Ständeordnung missverstandenen NS-Staat als Vorbild für die „dekadente" Dritte Republik ansahen. Auf dieser inhaltlichen Übereinstimmung fußte die Verständigung rechter Antidemokraten der 1930er Jahre. Dabei ist der geistige Austausch nicht leicht zu charakterisieren, weil auf der literarischen Ebene vieles vage bleibt, politische Konsequenzen – auch die Möglichkeit eines neuen Krieges – und das schrittweise Wegbrechen der eigenen rechtlichen Schreibgrundlagen ausgeblendet wurden. Selbst Frankreichkenner wie Friedrich Sieburg – bei Bock unter „pacifisme" geführt – meinten, unter NS-Auspizien ihre Meinungsfreiheit, ja ihren Eigensinn wahren zu können[6] (Abb. 1).

Angesichts der inhaltlichen Übereinstimmung, die ich anhand der Positionen von vier Köpfen zeigen will, ist ein Vorbehalt anzufügen: Antidemokratische Intellektuelle entstammten unterschiedlicher Lager, teils kamen sie aus konservativ-restaurativem (André Germain und Alphonse de Châteaubriant), teils kamen sie aus einem links-reformerischen Milieu (so Friedrich Sieburg), einer war bündisch-antikapitalistisch eingestellt (Karl Epting). Waren sie sich darin einig, was sie ablehnten (die Demokratie), blieb das Wunschbild einer autoritären Neuordnung der Länder und des Kontinents wie die Mittel dazu disparat. Als die politische Kollaboration 1940 der geistigen Anbahnung der Jahre zuvor

---

[5] Hans Manfred BOCK u.a. (Hg.), Entre Locarno et Vichy. Les relations culturelles franco-allemandes dans les années 1930, 2 Bde., Paris 1993. Seither sind zwar Texte zu einzelnen Köpfen, Gruppierungen und Denkweisen erschienen, aber es fehlt eine Gesamtdarstellung der neueren Forschungen.

[6] Bock hat folgenden Beitrag im Abschnitt „pacifisme" eingeordnet: Margot TAURECK, „Esprit" und „Bonne volonté" bei Friedrich Sieburg und Paul Distelbarth, in: Ebd., S. 187–202.

folgte, wendeten sich etwa Sieburg und Germain (dieser ging ins Exil) von der kritiklosen Stützung des NS-Regimes ab. Unterschiedlich blieb in meinem Betrachtungszeitraum zwischen Deutschen und Franzosen die Frankreich als Nation zugebilligte Rolle – es ging letztlich um die Vorherrschaft in Europa. Einig waren sich die Antidemokraten indes darin, Macht als Einflussfaktor auf intellektuelle Wirkungsmöglichkeiten zu akzeptieren.

Ein Maßstab für nachhaltige Versöhnung ist Wahrhaftigkeit. Wenn Bock „Subversion" sieht, erscheint die beständige Möglichkeit der Revision als Misstrauensverdikt, wie es französische Germanisten oft bis lange nach 1945 pflegten[7]. Der Zug der Zeit verkehrte anders: Deutsche Intellektuelle warfen damals den Franzosen Misstrauen vor, wie sich anhand der Texte Karl Eptings, des späteren Leiters des Deutschen Instituts in Paris, zeigen lässt, die Vorhaben wie die Maginot-Linie und die negative Beurteilung der Deutschen in französischen Schulbüchern aufspießten[8]. Dem sekundierten auf französischer Seite etwa André Germain oder Alphonse de Châteaubriant. Vom strategischen Einsatz der Annäherung ließe sich beim Vergleich der intellektuellen und – von 1940 an – meist politisch aktiven Kollaborateure sprechen, die 1944 teils nach Sigmaringen kamen; die beidseits als Kulisse ironisierte Freundschaft habe Repressionen einkalkuliert[9]. Die hier vorgestellten Protagonisten schwankten zwischen dem Glauben an ihre Ideen und bewusstem, mitunter zynischem Fassadenbau.

---

[7] Zum Beispiel Katja MARMETSCHKE, Feindbeobachtung und Verständigung. Der Germanist Edmond Vermeil (1878-1964) in den deutsch-französischen Beziehungen, Köln u.a. 2008.

[8] Karl EPTING (unter Pseudonym Matthias SCHWABE), Die französische Auslandspropaganda. Ihre Grundlagen und Voraussetzungen, Berlin 1939; Die französische Schule im Dienste der Völkerverhetzung, Essen 1940.

[9] Vgl. Clemens KLÜNEMANN, Sigmaringen. Eine andere deutsch-französische Geschichte, Berlin 2019; Helmut MAYER fasst Klünemanns Thesen (FAZ vom 25.10.2019, S. 10) so zusammen: „Aus den deutsch-französischen Annäherungen, welche in der Zwischenkriegszeit von beiden Seiten betrieben worden waren, um die Gefahr eines neuen Krieges zu bannen – den den französischen Proponenten oft noch unter linkem Vorzeichen –, war da die Kollaboration geworden, welche die Deutschen strikt strategisch einsetzten".

Kollaboration des Geistes?

2. Bedingungen intellektuellen Wirkens

Wie konnte man zwischen den kulturell verschiedenen Nachbarn wirken? Ich stelle zwei Deutsche und zwei Franzosen näher vor, die sich mit dem Systemgegensatz arrangiert und damit den Konsens der Jahre bis 1933 aufgegeben hatten, wonach Gewalt, Mundtotmachen und die Vorgabe einer bestimmten Linie – zumindest durch einigermaßen liberale Denker – abgelehnt wurden. Die Auseinandersetzungen der Weimarer Zeit hatten viele Menschen so verbittert, dass man vom Fortbestehen der „Schlachtfelder in den Köpfen" spricht[10]. Selbst liberal-konservative Sozialwissenschaftler, die sich im Akademischen Austauschdienst engagierten, begrenzten den Willen zur Verständigung auf akzeptierte Revision; wer nicht darauf einging oder (deutsche) Forderungen ablehnte, musste damit rechnen, dass der Wille zur Verständigung abebbte – und neue Konfrontationen folgten (unausgesprochen sogar: Krieg)[11]. Hierin unterschieden sich die späten Weimarer Jahre kaum von der Zeit nach 1933. Zugleich ist eine deutliche Differenz zwischen den Mühen um Austausch vor der NS-Zeit und am Beginn der Hitlerzeit erkennbar, wie sich an Studentenzahlen und den Schwierigkeiten des Sohlbergkreises zeigen ließe, der als bündische Gruppe mit Teilnehmern von beidseits des Rheins für eine deutsch-französische Verständigung warb.

Ob die Äußerungen von Journalisten und Schriftstellern einer Verständigung dienlich sind, bestimmt sich nicht zuletzt danach, wie die Urheber von ihrem Umfeld betrachtet wurden. Dieser Kontext, den ich im Sinne einer Intellectual History[12] einbeziehe, zeigt etwa auf, inwieweit die Autoren randständig oder „vielgelesen" waren, ob sie Extrempositionen anhingen und welche Reaktionen auf ihre Texte zu verzeichnen sind. Bei den hier betrachteten Rechtsintellektuellen ist es entscheidend, ihr Wirken nicht von vornherein als kritiklose Ideologie im Sinne der Nationalsozialisten zu bewerten; vielmehr soll der eigene Anspruch aus den Auftritten und Texten so herausgeschält werden, dass die „Kollaboration des Geistes" ins Auge sticht. Während diese Verständigung dem

---

[10] Philipp BLOM, Die zerrissenen Jahre 1918-1938, München 2014, S. 460.
[11] Vgl. Arnold BERGSTRAESSER, Sinn und Grenzen der Verständigung zwischen Nationen, München 1930.
[12] Literatur dazu bei Sebastian LIEBOLD, Frank SCHALE, Intellectual History der Bundesrepublik. Ein Werkstattbericht, in: Denkströme – Journal der Sächsischen Akademie der Wissenschaften 16 (2016), S. 97–119.

Nationalismus und Ressentiments viel Platz gewährt, ihren reversiblen Charakter fast als Drohung begreift und einen eifersüchtigen Machtvergleich einschließt, ist sie auf fast sozialromantische Weise progressiv: Nicht zuletzt sollte das Plandenken in Deutschland die akuten Probleme der Bevölkerung lösen (Arbeitsplätze, Haushaltsgeräte, Mobilität), sie war – in Frankreich auch unter Demokraten bewundert – eine Antwort der Moderne auf die erste Krise der Moderne.

Wie bewirkte man Verständigung? Versöhnung war in der deutschen Debatte der Zwischenkriegszeit wenig gebräuchlich; zu sehr schien das Wort die Versailler Ordnung zu zementieren[13]. Das französische Pendant „réconciliation" war vielleicht aus ähnlichem Grund stärker präsent: Es ging um Ausgleich, man wollte für das Argument des anderen Landes werben – daher sprechen Hélène Miard-Delacroix und Andreas Wirsching nur von „Verständigungsversuchen"[14]. Eine bedingungslose[15] Versöhnung war im breiten Diskurs unbekannt, die wenigen – oft europäisch gesinnten – Friedensaktivisten blieben in der Minderzahl. Die nicht immer unabhängige, jedoch reflektierte Rolle des Intellektuellen bringt es mit sich, dass einige Autoren mit der politischen Vereinnahmung haderten, so Sieburg und Germain. Anhand des kleinen Tableaus will ich zeigen, wie sich deutsche und französische mit querliegenden Argumenten mischten, die teils überraschende geistige Koalitionen schufen (etwa in Fragen des Antisemitismus oder des Antiklerikalismus)[16]. Zwei Hypothesen stelle ich der Untersuchung voran: Zuerst scheint die Rationalität im Vergleich aufseiten der deutschen Autoren zu liegen – sie erkannten die Schwächen der französischen Demokratie treffsicher, während die Franzosen den Wandel zum Führerstaat (in Deutschland) mit geradezu irrationaler Begeisterung quittierten. Sodann mussten Publizisten in jener Zeit klar und neu Stellung beziehen, leidliche

---

[13] Der einzige in der Deutschen Nationalbibliothek unter den Stichworten „Versöhnung – Deutschland – Frankreich" aufgelistete Titel ist Franz J. Scheidl, Friede mit Frankreich. Gedanken zum Problem der Versöhnung Deutschland-Frankreich, Wien 1935 (119 S.).

[14] Hélène Miard-Delacroix, Andreas Wirsching, Von Erbfeinden zu guten Nachbarn. Ein deutsch-französischer Dialog, Ditzingen 2019, S. 91.

[15] Bedingungslos im Sinne einer unverbrüchlichen Freundschaft – ohne erneute Kriegsdrohung und parallele Kriegsrüstung wie in den 1930er Jahren.

[16] Dieser Beitrag fußt auf Überlegungen aus Sebastian Liebold, Kollaboration des Geistes. Deutsche und französische Rechtsintellektuelle 1933-1940, Berlin 2012.

Affirmation war nötig, alles andere galt implizit als Widerstand[17]. Und auch wenn äußere Anpassung auf deutscher Seite nicht zugleich Aufgabe jeder eigenen Form von Verständigung bedeutete, konnten sich Sieburg und Epting nach 1945 nicht aus der systemstützenden Rolle herausreden – auch wenn sie auf unklare politische Vorgaben verwiesen[18].

Es mag überraschen: Die NS-Diktatur als Modell – durch den Fokus auf deren repressiven Charakter heute oft nicht wahrgenommen – beflügelte Vordenker gerade nach dem gescheiterten Putsch vom 6. Februar 1934; die verbindende Idee einer autoritären Wende ermöglichte just in der Kulturpolitik offizielle Bünde – die Redaktion der Deutsch-Französischen Monatshefte (bzw. Cahiers franco-allemands) schrieb etwa: „L'idée que l'Allemagne d'après 1933 pourrait constituer un modèle pour les autres peuples"[19]. Bock bewertete diese Haltung so: „Das Organisationstandem [der Monatshefte] war ein politisch geführtes Instrument der Beschwichtigung"[20]. Indes habe die Tätigkeit einem sich ausbreitenden Hass entgegengewirkt. Für die Interferenzsphäre politischer Publizistik hieß das, gemäßigte Stimmen – wie Paul Distelbarth mit dem Band „Lebendiges Frankreich"[21] – hatten es immer schwerer. Sigmund Neumann gestand von Amerika aus missmutig zu Distelbarths Werk, faire Kenntnisse des Nachbarn trügen zur Aufwertung der Verständigungsmühen bei („understanding [...] becomes a pre-condition for a more than tactical reconciliation"[22]). Im „Zeitalter der Extreme"

---

[17] Vgl. Albrecht BETZ, Exil und Engagement. Deutsche Schriftsteller im Frankreich der dreißiger Jahre, München 1986, S. 7.

[18] Die Frankreichpolitik Hitlers und Ribbentrops ging dahin, einzelnen Vertretern des Geisteslebens weiten Spielraum zu belassen; vgl. Eckard MICHELS, Das Deutsche Institut in Paris 1940-1944. Ein Beitrag zu den deutsch-französischen Kulturbeziehungen und zur auswärtigen Kulturpolitik des Dritten Reiches, Stuttgart 1993.

[19] Michel GRUNEWALD, Le couple France-Allemagne vu par les nazis. L'idéologie du rapprochement franco-allemand dans les Deutsch-Französische Monatshefte/ Cahiers franco-allemands (1934-1939), in: BOCK u.a. (Hg.), Entre Locarno et Vichy (Anm. 5), S. 131–146, hier S. 143.

[20] Hans Manfred BOCK, Zwischen Locarno und Vichy. Die deutsch-französischen Kulturbeziehungen der dreißiger Jahre als Forschungsfeld, in: DERS. u.a. (Hg.), Entre Locarno et Vichy (Anm. 5), S. 25–61, hier S. 47.

[21] Berlin 1935 (2. Aufl. 1936), französische Übersetzung: France vivante, Paris 1937, rezensiert von Friedrich Sieburg, in: Frankfurter Zeitung vom 17.3.1936.

[22] Sigmund NEUMANN, Rezension zu Paul Distelbarth, Lebendiges Frankreich, Berlin 1936, in: American Sociological Review 4 (1939) 3, S. 415–418, hier S. 417.

(Eric Hobsbawm) gewannen die Scharfmacher, auch wenn sie wie ein Wolf im Schafspelz daherkamen.

3. Deutsche Sicht auf Frankreich

Im Werk von Friedrich Sieburg[23] und Karl Epting, Vertreter zweier Generationen von Mittlern, geboren 1893 bzw. 1905 und so getrennt durch das Erlebnis des Ersten Weltkriegs, lässt sich das strategische Ziel deutscher Verständigungsversuche anschaulich darlegen. Dabei geben bereits biographische Details Auskunft über den Ansatz. Ob Sieburg kulturelle Eigenarten übermitteln und Verständigung befördern oder nur nationale Charaktere gegenüberstellen wollte, lässt sich aus seinen Reportage-Reisen rekonstruieren: Im Spätherbst 1933 bereiste er das autoritäre Polen[24]; ein Aufenthalt in Portugal Anfang 1937 zeugt vom Schwanken zwischen lateinischer Kulturtradition und Faszination für verschiedene Spielarten autoritärer Regime.

Sieburg war ein Meister der Ambivalenz. Auch sein bekanntestes Werk „Gott in Frankreich?" urteilt vieldeutig[25]. Schon die Entstehungsgeschichte weist auf eine verständigungsbereite und gleichzeitig distanzierte Haltung Sieburgs hin[26]. Welche Illusion über das Ziel deutscher Aufrüstung bestand, zeigt ein Vortrag Sieburgs an der Nouvelle Ecole de la Paix vom 26. Januar 1933. Er erklärte den deutschen Militarismus zur „ehernen Gemeinschaftsidee" und schloss kriegerische Absichten deshalb aus[27].

---

[23] Zur Biographie u.a. Klaus DEINET, Friedrich Sieburg (1893 bis 1964). Ein Leben zwischen Frankreich und Deutschland, Berlin 2014.
[24] Zusammengefasst in Reportagen vom 26. November bis 31. Dezember 1933; Buchausgabe Friedrich SIEBURG, Polen. Legende und Wirklichkeit, Frankfurt/M. 1934.
[25] TAURECK, „Esprit" und „Bonne volonté" (Anm. 6), S. 190 f.
[26] Friedrich SIEBURG, Gott in Frankreich?, Frankfurt/M. 1929, 1935, 1940, erw. Neudruck 1954 – diesem folgt die neueste Ausgabe Frankfurt/M. und Berlin 1995; für Textbeispiele zur These siehe LIEBOLD, Kollaboration des Geistes (Anm. 16), S. 77–86.
[27] Cecilia VON BUDDENBROCK, Friedrich Sieburg (1893-1964). Ein deutscher Journalist vor der Herausforderung eines Jahrhunderts. Mit einer Einleitung von Jürg ALTWEGG, Frankfurt/M. 2007, S. 49.

Kollaboration des Geistes? 225

Paradigmatisch für Sieburgs eigene Wahrnehmung journalistischen Wirkens ist sein Text für den Band „Le rôle intellectuel de la presse"[28]. Diese Sammlung – im Auftrag der Versammlung des Völkerbunds vom Institut international de Coopération intellectuelle zur Analyse der Rolle der Presse herausgegeben – belegt die Internationalität des Intellektuellen, der sozialistische mit nationalen Ansichten auf elegante Weise zu verbinden vermochte. Hier traten die renommierten Autoren – samt Sieburg – für Verständigung und gegen die Verbreitung „feindseliger" Literatur ein.

Sieburg provozierte: Information des Lesers und Völkerverständigung seien zwei verschiedene Dinge. Er verstand die Presse nicht bloß als Wirtschaftszweig, sondern als Sparte mit dem intellektuellen Auftrag, Wissen zu verbreiten. „Il y eut des temps où l'évangile de Jean était une ‚information', telle qu'aujourd'hui la nouvelle d'un tremblement de terre ou d'une crise gouvernementale en Yougoslavie"[29]. Sieburg bekräftigt eine abgeschwächte Hoffnung der 1920er Jahre: Neue Kommunikationswege fördern die Völkerverständigung – „mais ils ont beaucoup moins qu'on ne l'avait tout d'abord présumé, servi la politique de réconciliation internationale"[30]. Er sprach dabei zugleich über seinen Beruf: In unterschiedlichen Ländern gebe es unterschiedlich gute Auslandskorrespondenten; dabei seien die Korrespondenten in den „großen Ländern" wie Frankreich oder den USA stark auf die Politik „eingeschossen", obwohl sie die ganze Öffentlichkeit abbilden müssten[31]. Kulturberichte etwa zu Theater, Mode oder Straßenleben gehörten dazu, denn sie übermittelten den Volkscharakter für Leser im Zielland. Sieburg illustrierte dies mit dem Einfall der „Times", auf der Politikseite einen Sportartikel abzudrucken, damit Sportleser die Politikseite wahrnehmen. Die Presse schließe sich vorgefertigten oder Mehrheitsmeinungen[32] an, wofür es genau ein Gegenmittel gebe: die Unabhängigkeit des Auslandskorrespondenten.

---

[28] Sanin CANO, Henry DE JOUVENEL, Kingsley MARTIN, Paul Scott MOWRER, Friedrich SIEBURG, Le rôle intellectuel de la presse, Paris 1933 (der 228 S. umfassende Band erschien beim Völkerbund).
[29] Ebd., S. 183 und S. 186.
[30] Ebd., S. 190–192.
[31] Ebd., S. 193. Sieburg gesteht gleichzeitig zu, dass der Leser den Überblick Spezialthemen vorzieht; vgl. Martin HERZER, Auslandskorrespondenten und auswärtige Pressepolitik im Dritten Reich, Köln 2012, S. 157.
[32] Vgl. Cano, Le rôle intellectuel de la presse (Anm. 28), S. 195–200.

Erreichen ließe sich dies (nur) durch Autorität – die sich Sieburg selbstredend zuschrieb[33].

In „Es werde Deutschland" spitzte Sieburg die These zu, reale Gegensätze in voller Schärfe darzulegen, ehe man sich verständigen könne. Frankreich betreibe eine „Tyrannei der eigenen Auffassung von Zivilisation"[34]. Progressiv aber gefährlich wirkt Sieburgs Idee der kulturellen „Auseinandersetzung"[35] zwischen Deutschland und Frankreich – wie sollte unter diesen Auspizien eine „neue" Zusammenarbeit reüssieren? Bereits 1932 hatte Sieburg das Scheitern der Verständigung im Sinne von Heinrich Manns „Locarno intellectuel" verkündet[36]. Den Kern des Scheiterns hätten die Annäherungsversuche bereits in sich getragen, da Aristide Briand gleichzeitig in Ostmitteleuropa einen „Cordon des Misstrauens" geschaffen habe[37]. Der Kern einer neuen Zusammenarbeit sollte im Anerkennen politischer Gegebenheiten liegen, also der Akzeptanz des Nationalsozialismus als Bezugspunkt und konkreter Verhandlungspartner, dazu der deutschen Forderungen einer revidierten europäischen Machtbalance. Damit stellte sich Sieburg eindeutig auf die Seite der Antidemokraten, und er hielt eine Verständigung für geboten, mithin eine Anerkennung auch der politischen Verbrechen, die damals nur zum Teil an die Öffentlichkeit gelangten. Durch historische Parallelen bekräftigte er die Legitimität von Maßnahmen zur Festigung eines autoritären Regimes. Und nicht nur das: Sieburg verfolgte mit journalistischem Interesse die auf nationale Erneuerung bedachten Franzosen, gab ihre Worte wieder, macht sie „hoffähig". Mit Sieburg fand die antidemokratische Rechte in Frankreich eine schillernde Echokammer.

Welche Positionen nahm Sieburg selbst ein? Während distanzierte Landeskundler wie Distelbarth die Frage nach der ethnischen Struktur Frankreichs in moderatem Ton referierten[38], beschränkte sich Sieburg auf den Hinweis, die innerfranzösische „sprachliche Verständigung"

---

[33] Ebd., S. 202 und S. 218.
[34] Ebd., S. 291. 1930 hieß es vorsichtiger „Export von Humanismus".
[35] Friedrich SIEBURG, Requête à des amis, in: Revue d'Allemagne 57 (1932), S. 561–564, hier S. 562, ähnlich BERGSTRAESSER, Sinn und Grenzen (Anm. 11).
[36] BUDDENBROCK, Friedrich Sieburg (Anm. 26), S. 55.
[37] Ebd., S. 53 – Misstrauen im Sinne aller politisch-ökonomischen und gesellschaftlichen Vorhaben Frankreichs, die gegen Deutschland gerichtet waren, etwa Handelsverträge und Aktionen der auswärtigen Kulturpolitik.
[38] DISTELBARTH, Lebendiges Frankreich (Anm. 21), S. 49 f.

schaffe auf einzigartige Weise Einigkeit[39]. Nicht zuletzt zeigte der „Front populaire" ein „Streben nach sozialem Gleichgewicht". Dies widerspreche aber der Einkommensverteilung, die „wenig beweglich"[40] sei – ein wichtiger Fakt für die Verständigung: Da Frankreichs Bevölkerung wenig Gemeinsinn aufbringe, ist die national-soziale Idee in Deutschland die „bessere" und damit auch würdig, Basis einer Verständigung mit dem Nachbarland zu sein, das eher bürgerlich-liberalen Alltagsregeln folgt. Sieburg konnte vor 1933 harsche Kritik etwa an ausufernden Parlamentsdebatten mit eleganten Worten beschreiben, zugleich das Raffinement der Kultur loben – und nach 1934 als Kritiker[41] gelten, der von anderen als Korrespondent in amtlicher Mission gesehen wurde – die ambivalente Rolle nutzte er geschickt aus: Die mehrheitliche Kritik in Deutschland teilte er, wonach Frankreich an den Auswüchsen des Liberalismus zugrunde ging, zugleich kaschierte er seine unklare eigene Haltung zwischen linken Ideen und Zustimmung zur NS-Politik. Diese Pole einte der Antiliberalismus, der wiederum Sieburgs großbürgerlichem – ohne liberale Regeln aufgeschmissenen – Auftritt entgegenstand. Sichtbar ist diese Ambivalenz auch im Werk „Blick durchs Fenster"[42], eine melancholische Revue der Jahre bis zum Krieg.

Sieburg wirkte bis 1939 für die „Frankfurter Zeitung", vom Herbst 1939 an in der praktischen Politik: im Gefolge der militärischen Besetzung im institutionellen Rahmen des Auswärtigen Dienstes. Dabei ist am versiegenden Publikationsfluss zu erkennen, dass er über Frankreich publizistisch nichts mehr zu sagen wusste. Die Verbindung zu Karl Epting, Gerhard Heller, Ernst Jünger (beim Kommandostab des MBF) und später zur „Groupe Collaboration" belegen jene Beziehungen, die die intellektuelle Kollaboration bereits vor 1940 erfolgreich machten. Doch geistige Verständigung war kaum mehr nötig, Politik und Militärs gaben den Takt vor, und das Deutsche Institut wachte genau über die „passfähigen" Schriftsteller. Verständigung als Vergangenheitswort

---

[39] Friedrich SIEBURG, Blick durchs Fenster. Aus zehn Jahren Frankreich und England, Frankfurt/M. 1939, S. 232.
[40] Ebd., S. 154.
[41] Etwa wegen der scharfen NS-Kritik an seinem Buch „Es werde Deutschland" (Frankfurt/M. 1933), das mit bildungsbürgerlicher Abscheu auf die NS-Bewegung schaute und zugleich die antiliberale Haltung hin zu einer Sozialisierung der nationalen Politik zu formen suchte.
[42] Vgl. ebd. – eine ausführliche Analyse findet sich bei LIEBOLD, Kollaboration des Geistes (Anm. 16).

haftete dabei stets der Geruch von „Verfallsliteratur" an, während die neue „volkhafte" Literatur westliche Werte ablehnte und nur mehr autoritäre Bücher als ebenbürtig in Frankreich ansah. Für eine Verständigung, wie sie dem NS-Regime vorschwebte, konnten in Frankreich also nur Autoren infrage kommen, die sich vom liberalen System abgewandt und – oft nicht sehr präzisen – Ideen einer autoritären Neuordnung zugewandt hatten.

Nachwehen nach 1945: In der Neuausgabe von „Gott in Frankreich?" sah Sieburg 1954 die deutsch-französische Frage weiterhin von Antagonismen[43] geprägt, Frankreich sei mit ungebrochenem Souveränitätsanspruch ein Hindernis auf dem Weg zu einer europäischen Verständigung. Sieburg beneidete die geglückte französische „Verbindung von freiheitlich-demokratischer Gesinnung und nationalem Denken"[44]. Die These des Journalisten Tilman Krause von der Übernahme französischer Einstellungen gegen das deutsche Sonderbewusstsein erscheint indes fraglich[45]. Es drängt sich eher der Eindruck auf, dass Sieburg der raschen Demokratisierung und im neuen Geist erfolgten Aussöhnung nicht traute.

Für Karl Epting[46], der mindestens so häufig von „Auseinandersetzung" wie von „Verständigung" sprach, war eine Verständigung über (gemeinsame) autoritäre Ideen lediglich mit der „Jeune Droite" möglich, mit der Gruppe um „Le Combat", die mit „Demain la France" von Robert Francis, Thierry Maulnier und Jean-Pierre Maxence 1934 eine Ideologieschrift vorgelegt hatte. Danach sollte ein König „Hüter der Verfassung" und damit wie bei Carl Schmitt ein autoritärer Schiedsrichter der Nation sein. Während Deutschland jedoch den „Befehlsruf der

---

[43] Ähnlich Paul DISTELBARTH, Franzosen und Deutsche. Bauern und Krieger, Stuttgart und Hamburg 1946.

[44] Vgl. TAURECK, „Esprit" und „Bonne volonté" (Anm. 6), S. 201.

[45] Vgl. Tilman KRAUSE, Mit Frankreich gegen das deutsche Sonderbewusstsein. Friedrich Sieburgs Wege und Wandlungen in diesem Jahrhundert, Berlin 1993.

[46] Zum Verständigungsgedanken bei Epting weiterhin LIEBOLD, Kollaboration des Geistes (Anm. 16), S. 96–129, u.a. zur Verwendung der Begriffe „Verständigung" und „Auseinandersetzung", oft gebraucht von Vertretern der zu Stereotypen neigenden Kulturkunde. Epting setzte etwa ein Fragezeichen hinter seinen Text: Internationale geistige Zusammenarbeit?, in: Hochschule und Ausland 12 (1934) 1, S. 30–37. Unter Pseudonym beschuldigte er das französische Bildungssystem, einseitig die demokratischen Staaten und Werte zu goutieren, vgl. SCHWABE (EPTING), Die französische Schule (Anm. 8).

Gemeinschaft" befolgt habe, glaubte die französische Jugendbewegung 1936 noch, dies unter dem Stichwort des Kollektivismus bzw. Personalismus „abtun" zu können und damit im Grunde die alte Ordnung zu retten[47]. Für Epting war Frankreich zu „satt", um einer wirklichen Reformbedürftigkeit kämpferisch abzuhelfen. Dies spiegelt sich am französischen Mittelalter- und Ständeinteresse, wodurch der rationalen Moderne eine romantische Ordnung – auch gegen die Ideen von 1789 – wie in einem Wunschbild gegenübergestellt werden sollte; dieses Bild meinten die Autoren wie Germain oder Châteaubriant auch im nationalsozialistischen Deutschland zu erkennen. Sie erlagen weithin dem Propagandabild, gestützt durch Besuche in Nürnberg, Berchtesgaden, im Berliner Olympiastadion und Hitlers Friedenslügen.

Mit unterschiedlichen Strategien schauten die beiden Deutschen auf die „Gegner". Während Sieburg sie überwiegend ignorierte, sprach Epting von der Gefahr, die etwa vom „Comité de vigilance des intellectuels antifascistes" ausging. Dieses lieferte „unter Führung linksgerichteter, hauptsächlich jüdischer Wissenschaftler und Publizisten dem Kampf der Volksfrontparteien das geistige Rüstzeug gegen den Nationalsozialismus und Faschismus"[48]. Klar war also: Man wollte nicht in einem freien Meer von Literaten die passenden besonders fördern, sondern bereits die Zugänge zum Markt so regulieren, dass die NS-affinen Autoren sich in Frankreich durchsetzen konnten.

Hier bewegte sich Epting im Mainstream der Publizistik. Da eine „Auseinandersetzung" mit Frankreich die Verständigung überwog, musste jedes öffentliche Wirken in den 1930er Jahren mit den Folgen von Hitlers Friedenslügen leben. Die Aufnahme nationaler deutscher Ideen in Frankreich lässt sich für das Epochenjahr 1933 an Rudolf Bindings Antwort auf Romain Rollands Aufsatz in der „Kölnischen Zeitung" über das „neue Deutschland" ablesen. In „Ein Deutscher antwortet der Welt" kommen viele der antidemokratischen Thesen Eptings vor: Frankreich sollte kein „zerstörtes Ideal" beklagen, sondern auf Deutschlands Leistungen schauen, daher treffe die (angepassten) Deutschen nicht der

---

[47] Vgl. Karl EPTING, Frankreich im Widerspruch, Hamburg 1943, S. 33; Einschätzung dazu siehe Hans-Wilhelm ECKERT, Konservative Revolution in Frankreich? Die Nonkonformisten der Jeune Droite und des Ordre Nouveau in der Krise der 30er Jahre, München 2000.

[48] Karl EPTING (unter Pseudonym Friedrich LANGMUTH), Politische Wissenschaft in Frankreich, in: Geist der Zeit 16 (1938), S. 577–590, hier S. 588 f.

von Rolland postulierte Bann („Glauben Sie denn nicht, dass der große Bannstrahl der Wissenschaft und Kunst schwerer wiegt auf der Waage der Weltmeinung als die lächerliche Exkommunikation Ihrer Inquisitoren?"). Bezeichnend ist der Satz: „Goethe, den [Rolland] als großen Weltbürger anführt, ist so deutsch wie jeder SA-Mann"[49]. Mit allen Initiativen suchte Epting, Annäherungen an das „braune" System in diesem Sinne zu fördern, Vorbehalte wegzuwischen.

Praktisch gelang das erst mit vollem Erfolg, als Paris besetzt war. Epting sorgte 1940 bis 1944 für einen regen Austausch unter NS-konformen Intellektuellen (es gab durchaus eine Spannbreite der Autoren und Künstler, die über die offiziell goutierten Personen hinausging). Auch hier blieben beide Seiten oft in einem Trugbild gefangen – das lag nicht nur an der Sprache, sondern an verzerrten Darstellungen der Situation im Nachbarland, an Ignoranz wider besseres Wissen.

Die Kulturmittlerschaft Eptings erlaubte es ihm, die Bekanntschaft mit Alphonse de Châteaubriant zu vertiefen, der als Protagonist der „Groupe Collaboration" häufiger Gast des Deutschen Instituts war. Übrigens blieb Epting bei aller Übereinstimmung so kühl, über ihn zu bemerken, dass Châteaubriants Kritik am bisherigen System Frankreichs zu seicht war, um den gewünschten Zündfunken zu liefern, mehr Franzosen für den autoritären Staat und damit das Pétain-Regime zu gewinnen. Hier zeigt sich eine intellektuelle Abgrenzungslinie von der politischen Kollaboration: Viele rechte Intellektuelle Frankreichs waren zu vergeistigt, zu zaghaft, zu sehr an das großbürgerliche Leben gewöhnt, als dass sie einer Revolution vergleichbar mit der NS-Bewegung in Deutschland praktisch zuarbeiten wollten. Dies lässt sich an Germain im folgenden Abschnitt gut nachzeichnen.

Gab es Reaktionen auf die deutschen Versuche, eine neue Verständigungsebene zu etablieren, oder geschah dies unbemerkt? Kritisch auf Eptings unter Pseudonym erschienene Schulschrift von 1939 war eine Reaktion aus den USA: „This book was apparently written on the eve of the Nazi conquest of France. In the light of developments since its publication, it evokes a response quite different from that intended by

---

[49] Rudolf BINDING, Ein Deutscher antwortet der Welt, abgedruckt in: Die Neue Literatur 34 (1933) 8, S. 472–475, hier S. 474; Binding war nicht Mitglied der NSDAP, hatte Hitler aber „Gefolgschaft gelobt".

Kollaboration des Geistes?

the author"⁵⁰. Nicht Frankreich habe durch antideutsche Schulbücher einen Konflikt statt der Verständigung mit NS-Deutschland heraufbeschworen, vielmehr habe Deutschland alle berechtigte Kritik an seinem neuen (zunächst als autoritär wahrgenommenen) totalitären Regime als „bad propaganda" abgetan. Childs' Urteil: „The book is not very convincing". Matthias Schwabe (Karl Epting) sei entschieden gegen den erstaunlichen französischen Realismus aufgetreten, nach dem ein starkes Deutschland eine Bedrohung für ganz Europa darstellte (im Übrigen habe gegolten: „German people lack those qualities which make them acceptable [for] the other peoples of Europe"). Für Child stand 1941 fest: „In fact this book, instead of proving a case against France, tends to strengthen the case against Germany"⁵¹.

Abb. 1. Ort der Verständigung auch von autoritär gesinnten Intellektuellen – Pariser Seine-Ufer (um 1927)

---

⁵⁰ Harwood L. CHILDS, Rezension in: Annals of the American Academy of Political and Social Science 213 (1941), S. 197.
⁵¹ Ebd., S. 197.

4. Französische Sicht auf Deutschland

Autoren und Gruppen der autoritären Neuordnung in Frankreich, wie sie die Deutschen mit kaltem Kalkül im Blick hatten, gab es zwar viele, doch sie waren untereinander nicht einig, teils kämpften sie gegeneinander[52]. Als entscheidendes Jahr für die Franzosen kann das Jahr 1938 gelten, in dem die Volksfrontregierung zurücktrat und Edouard Daladier als Befürworter einer Appeasement-Politik (erneut) Premierminister wurde. Doch bereits André Germains „Der Weg zur Verständigung"[53] von 1935 sucht nach einer neuen Position für Frankreich. Alphonse de Châteaubriants „La gerbe des forces"[54] von 1937 gibt ein Bild der gefestigten NS-Diktatur wieder, an der Frankreich sich orientieren sollte. Anhand der Lagebilder von Germain und Châteaubriant will ich Verständigungsgedanken auf französischer Seite nachspüren.

Auch wenn rechte Publizisten im Frankreich der 1930er Jahre viele Sympathisanten hatten und sich ihre Bücher in hohen Auflagen verkauften, ist deren Lage eine gänzlich andere als die deutscher Publizisten. Der demokratische Staat sicherte die Meinungspluralität, Texte linker und rechter Autoren konkurrierten frei auf dem Markt. Dennoch prägten drei Probleme die intellektuellen Ergüsse: die angespannte soziale Lage aufgrund der spät und tief über Frankreich hereingebrochenen Wirtschaftskrise, die starke Polarisierung der Gesellschaft durch die Politik (Notverordnungen, Intrigen) und die Sorge um die Zusammenarbeit in Europa – hier sprach etwa der Publizist Bertrand de Jouvenel den autoritären Staaten (Deutschland, Polen, Ungarn etc.) die Rolle von Trendsettern zu[55]. Diese ideologisch grundierte Bündnisfrage oberhalb der Nation diskutierten Germain und Châteaubriant nur am Rande – ihre

---

[52] Eine Gesamtschau auf prodeutsche Autoren fehlt, durch die Brille der „Nouvelle Droite" präsentiert sie Dominique VENNER, Histoire de la collaboration, Paris 2000. Das „antideutsche Alibi" entlarvt für den Fall Italiens Filippo FOCARDI, Falsche Freunde? Italiens Geschichtspolitik und die Frage der Mitschuld am Zweiten Weltkrieg, Paderborn 2015.

[53] Originalausgabe deutsch, erschienen im „Deutschen Verlag für Politik und Wirtschaft" in Berlin.

[54] Alphonse DE CHÂTEAUBRIANT, La gerbe des forces. Nouvelle Allemagne, Paris 1937 (deutsch: Geballte Kraft, Karlsruhe 1938).

[55] Eine autoritäre Neuordnung Europas propagierte er – nach deutschem und dem Vorbild etlicher osteuropäischer Staaten – in „Le Réveil de l'Europe", Paris 1938.

Begeisterung galt der alten Ordnung des Kaiserreichs bzw. sogar des Reiches vor 1806.

Die „Vereinigten Staaten von Europa" hat Germain[56] 1935 ausdrücklich als „Experiment", für das die Zeit noch nicht reif gewesen sei, verworfen – insofern stellte er sich deutlich gegen Jouvenel. Dazu sei die „wirkliche" Versöhnung zwischen Deutschland und Frankreich die (bis dato nicht erfüllte) conditio sine qua non – diese ist in meinem Tableau die einzige Passage, in der „Versöhnung" als Begriff vorkommt. Die Sprengkraft der kleineren südosteuropäischen Staaten waren für Germain Grund, das europäische Staatengefüge im „Versailler" Sinn als Negativfolie zu betrachten. In der als Aufbruch verstandenen deutschen Kultur der Weimarer Zeit (deren abruptes Ende 1933 er nicht wahrnahm), in Jugendbewegung, neuen Industrien und der für alle Schichten offenen Kultur steckten hingegen Werte, die ganz Europa erneuern konnten. Politisch verkannte er die Lage aufgrund französischer Prämissen: Bei einem Besuch in Schlobitten/Ostpreußen hatte er festgestellt, welche Oppositionshaltung der Adel gegen „Weimar" hegte – er hielt die Rückkehr zur aristokratischen Gesellschaftsform nach 1933 für einen Teil der NS-Idee. Im „Tag von Potsdam" und anderen Ereignissen vermochten es Hitlers Kalenderführer, den neuen Staat als Wahrer ständischer Interessen zu vermarkten. Dies kam Germain zu Pass, da er den Schulterschluss von Adel und Großbürgertum, den die Zeit bis 1914 prägte, für verloren und erneuernswert hielt.

In den Jahren 1934 bis 1936 ließ sich Germain so vom äußeren Schein des NS-Staates blenden, wofür „Der Weg zur Verständigung" steht. Bei politisch ernster Großwetterlage verzog sich Germain dann in ein Thema des 19. Jahrhunderts: den betagten Goethe[57]. Mit Beginn des Zweiten Weltkrieges blieb er ganz in der Schweiz, wo er 1944 „Pèlerinages savoyards" veröffentlichte[58]. Nach dem Krieg entfaltete er noch einmal rege publizistische Tätigkeit – etwa mit „Les grandes favorites

---

[56] In den 1920er Jahren war er Herausgeber der „Revue européenne", 1924 entstanden die „Pèlerinages européens".
[57] André GERMAIN, Goethe et Bettina. Le vieillard et la jeune, Paris 1939.
[58] DERS., Pèlerinages savoyards. Mit farbigen Holzstichen von Philippe Kaeppelin, Annecy 1944, zu sagenhaften 450 Francs (Inflation), und „Nouveaux pèlerinages savoyards", Annecy 1946.

1815–1940"⁵⁹, das an Sieburgs Griff ins 19. Jahrhundert (Biographie des Diplomaten Châteaubriand) erinnert.

Wofür lohnte sich – Germain zufolge – die Verständigung mit dem Deutschen Reich? Zuerst nannte der in vielen Berliner Salons verkehrende Erbe eines beträchtlichen Vermögens (der Vater gründete den Crédit Lyonnais und wurde Abgeordneter) die NS-Jugendarbeit, vermutlich auch, weil er den französischen Versuchen einer „Jugendbewegung" dieses institutionalisierte Erfolgsmodell entgegenstellen wollte. Nicht zu vergessen ist die Widmung „Den deutschen und französischen Müttern, deren Söhne im Weltkriege gefallen sind", neuerliches Indiz dafür, dass die Verständigung unter den Teilnehmern des Weltkriegs in jener Zeit für die „echteste" Möglichkeit einer individuellen Versöhnung bot. Ähnlich wie Epting hatte Germain die geistigen Gegner im Blick: Pierre Viénot und Robert d'Harcourt hätten ihr „Interesse an der Verständigung verloren"⁶⁰, weil sie den NS-Staat ablehnten. Laizismus und Liebe zu Parlamentsdebatten kritisierte Germain bei seinen Landsleuten, während er den antichristlich-paganen Zug der NS-Politik (trotz Konkordat mit dem Vatikan und Existenz der „Deutschen Christen") und die Missachtung vieler Interessengruppen durch das Führersystem nicht sah, nicht sehen wollte. Dafür brandmarkte er die bisherigen Verständigungsköpfe um so stärker, etwa Otto Grautoff, Herausgeber der „Deutsch-Französischen Rundschau": „Drohne des Generalstabs im Kriege, Drohne der Friedenspolitik später, aber jedenfalls immer Drohne – ununterbrochen plätscherte dort der deutsch-französische Dialog"⁶¹. Das wichtigste Ziel der Antidemokraten: die Delegitimierung der demokratischen Verständigungsmühen.

Wenn Germain über weite Strecken als irrationaler Geist erscheint, erkannte er doch in der Werbung für die Annäherung – ähnlich wie Sieburg – eine Verantwortlichkeit der Mittler, deren Wirkmöglichkeiten er mit Rekurs auf die bisherigen französischen Akteure so einschätzt:

> „Das Dritte Reich hatte noch keine Zeit, Propagandisten für das Ausland auszubilden. Teils fehlen Sprachkenntnisse, teils neue Organisationen. Die alten Einrichtungen, die Deutschland und Frankreich enger zueinander

---

[59] DERS., Les grandes favorites 1815-1940, l'amour et la politique, Paris 1948; La vie amoureuse de d'Annunzio, Paris 1954.
[60] DERS., Der Weg zur Verständigung, Berlin 1935, S. 29.
[61] Ebd., S. 25 f.

bringen sollten, waren fast alle auf Demokratie eingeschworen. Neue Organisationen sind erst im Werden. Bis sie sich eingearbeitet haben, bis der Einfluss der erbitterten Gründer der ehemaligen Organisationen verschwunden ist, klafft eine geistige Lücke"[62].

Geschäftsleute rief er zu Kooperation auf, die Rüstung wollte er auf französischer Seite beschränken, weil Deutschland nur wegen französischer „Kriegsrufe" mitrüste. Wie viele Rechtsintellektuelle sah er die versagte militärische Gleichberechtigung Deutschlands als legitimes Hindernis einer weiteren Verständigung an, so spießte er besonders den französisch-sowjetischen Beistandspakts 1935 als Provokation auf. Den Aufbau der Geheimpolizei, Ausgrenzung und Terror im NS-Staat nahm er zunächst nicht wahr – später schwieg er zu Deutschland. In dem Fall ein beredtes Zeugnis, wie stark sich Germain getäuscht hatte.

Châteaubriants Deutschlandbuch „La gerbe des forces. Nouvelle Allemagne" von 1937, verlegt von Bernard Grasset, trägt einen noch affirmativeren Charakter. 1941 nannte Châteaubriant einen Grund für die Schilderung des als „aufstrebenden" und „geordneten" Deutschlands – um ein Gegenbild zum von ihm abgelehnten „Front populaire" zu schaffen[63]. 1938 erschien die von Helene Adolf angefertigte deutsche Übertragung mit einem Vorwort von Hans Friedrich Blunck und mit mehreren biographischen Unwahrheiten (Châteaubriant habe die Offizierschule von Saint-Cyr besucht). Der Verlag von G. Braun in Karlsruhe gab dem Band den Untertitel „ein französischer Dichter erlebt das neue Deutschland"[64].

Hans Friedrich Blunck, Präsident der Reichsschrifttumskammer, sah durch das Werk die französische Voreingenommenheit gegen das „junge Deutschland" geschwunden. Er beschuldigte Frankreich, dass nur „wenige Kühne" die zeitgenössischen Mauern zwischen den Völkern überwinden konnten. Blunck hob das positive Bild des „Führers" für die

---

[62] Ebd., S. 177.
[63] DERS., Vorwort zu Jean Boissel, Mon discours de Nuremberg, Paris 1941, S. 3, zitiert nach Kay CHADWICK, Alphonse de Châteaubriant – Catholic Collaborator, Oxford 2002, S. 115.
[64] Als „Turmberg Verlag" druckte der Verleger die „Deutsch-Französischen Monatshefte". Châteaubriant dankt Friedrich Panzer, einem Heidelberger Germanisten, der über deutsche Heldensagen, „Richard Wagner und das Deutschtum" (1933) sowie „Deutsches Schicksal im Elsass" (1941) publizierte. Châteaubriants Text verteilte die NSDAP bei Propagandaveranstaltungen kostenlos.

französischen Leser heraus[65]. Französisches Misstrauen gegen Deutschland sei durch eigene Schuld zu begründen, da Frankreichs Politiker den „Vorfrieden" von 1917 in Versailles gebrochen hätten. Blunck versuchte Angst vor deutscher „Hinterhältigkeit" bei der „ausgestreckten Hand" eines neuen Ausgleichs zu zerstreuen. Wenn etwa Freiheiten des einzelnen eingeschränkt würden, geschehe dies, um im „Wirken der Schar" zu wachsen; die „Ideen von 1789" lehnte er vehement ab[66].

Châteaubriant selbst hatte sich zum Ziel gesetzt, seinen Landsleuten „das Deutschland des Hitlerschen Zeitalters besser verständlich zu machen – jenes Deutschland, das sich auf die bekannte Weise sozial neu geschaffen hat"[67]. Ein unerwarteter Brückenschlag, der sich kaum aus Châteaubriants bisherigem Schaffen ableiten lässt: Er interpretierte die Machtübernahme der Nationalsozialisten einerseits als nationale „Erweckung", andererseits aber als soziale Neuerungsbewegung, die sich gegen Kapitalismus und Sozialismus abgrenzt. Zum Aufkommen des „neuen" Reiches sagte er, es sei nicht mechanistisch oder durch „politische Manipulation" entstanden, sondern aus der Volksseele („germanischer Geist") heraus[68]. Wen dies an den Duktus Joseph Goebbels' erinnert, der kann sich bestätigt fühlen: Châteaubriant habe diesen Zugang zu Deutschland auch aus Gesprächen mit diesem und Alfred Rosenberg gewonnen – dies musste natürlich bei Vorträgen zu dem Buch auf Franzosen befremdlich wirken. Bis in die französische Provinz war Goebbels als Meister der Manipulation bekannt.

Womit wollte Châteaubriant die Verständigung befördern? Hatte er in Frankreich Erfolg? Einen nicht-liberalen Nationalismus erklärte er zur Basis, bestärkt durch ein Interview mit Hitler. Dass er durch neue Eindrücke (mit Kapiteln wie „Tiefer Wald") Feindseligkeiten zwischen beiden Ländern, die über den Ersten Weltkrieg hinaus bestanden, durch Verständigung ersetzen könnte, war für ihn realistisch – die Deutschen ließen ihn indes ins Messer laufen. Bis zum Krieg wusste er sich mit – vor allem fern von Paris geäußerter – Kritik an Börsenspekulation und Entchristlichung eins[69]. Leser im ländlichen Frankreich und – wie bei

---

[65] Hans Friedrich BLUNCK, Vorwort zu Châteaubriant, Geballte Kraft (Anm. 54), S. V.
[66] Ebd., S. VI–X.
[67] Ebd., S. XI.
[68] Ebd., S. XII.
[69] Bei ihm ging die Sorge um die christliche Tradition – wie bei Germain – mit ausgeprägtem Antisemitismus einher.

Germain – unter den Frontkämpfern brachten ihm Kriegsszenen ein, etwa von der Stationierung in Charleroi 1914: „Dort fand ich zwei Gewehre, die nebeneinander auf der Erde lagen, das eine war französischer, das andere deutscher Herkunft"[70]. Menschen auf beiden Seiten sollten ohne Waffe Umgang pflegen. Die Rüstung nach 1919 hielt er für eine Fehlentwicklung der westlichen Welt, der demokratischen Staaten (Kapitel „Eine Sackgasse"), „Loyalität und Sicherheit" seien in der „Volkserziehung" verloren gegangen[71]. Der Kapitalismus zwinge die „geschwärzte Menschheit" zu einem „Fabrikleben" – Châteaubriant besuchte wohl nicht das Ruhrgebiet, das Zentrum der Eisen- und Stahlindustrie. Mit der Erfahrung der weiten französischen Provinz sah er vor lauter „tiefem Wald" nicht die größere Enge des städtischen und Industrielebens in Deutschland – und daher auch nicht das ideologische Argument vom fehlenden Lebensraum.

Vielmehr glaubte er Hitlers wiederholten Friedensbeteuerungen; zum Beweis führt er dessen Reden vom 17. Mai 1933, 21. Mai 1935, 31. März 1936 und 30. Januar 1937 auf („Welchen Gewinn würden französische Bauern aus der schlechten Lage des deutschen Bauern ziehen und umgekehrt?"). Im Gegensatz zu Stresemann und Brüning habe Hitler das Volk hinter sich, so konnte er das Saargebiet per „Plebiszit" zurückfordern[72]. Frankreich könne „die ausgestreckte Hand" Deutschlands ergreifen, da Franz von Papen 1933 sagte: „Sie haben jetzt Hitler als Partner, gewöhnen Sie sich daran. Wenigstens haben Sie jemanden vor sich, mit dem Sie verhandeln können: Er hält Wort"[73]. Hitlers Veteranenstatus, das Eintreten für die Jugend (Châteaubriant begeisterten die „Ordensburgen") und der (vermeintliche) Abbau von Klassenschranken, das sollte Frankreich überzeugen. Ein Dolchstoß für die Friedenspolitik der Weimarer Republik!

---

[70] CHÂTEAUBRIANT, Geballte Kraft (Anm. 54), S. 2.
[71] Ebd., S. 6.
[72] Ebd., S. 24, 27 und 29. Er bezog sich auf Régis de Vibraye, der in „1935 – paix avec l'Allemagne?" (Paris 1934) die Bedeutung des deutschen Friedenswillens hervorhob.
[73] Ebd., S. 28. Henri Lichtenberger habe in „L'Allemagne nouvelle" Hitlers Aufrichtigkeit zu Unrecht in Zweifel gezogen.

5. Vergleich und Ausblick

Aus den Texten beider Franzosen, teils in Reden zuvor mündlich vorgetragen, lässt sich unverhohlene Begeisterung herauslesen. Die Schattenseiten der NS-Politik wurden ausgeblendet. Umso strahlender erschien die Disziplin der Jugend, beim Arbeitsdienst, in der Wirtschaft. Die Geltung des Führerprinzips jeweils von einer Ebene zur nächsten hielt insbesondere Châteaubriant für nachahmenswert in der krisengeschüttelten Wirtschaft Frankreichs, vor allem im Agrarsektor. Er sah im Nationalsozialismus eine quasi-religiöse Herrschaftsform[74]. Germain mochte in Hitler immerhin Züge erkennen, die ihn an Napoleon I. und III. erinnerten. Im Überschwang der sozialen Neuerungen und (exklusiven) Vereinheitlichungen war den Franzosen, zu denen auch Alfred Fabre-Luce, ein Vetter von Germain, oder André Maurois[75] zählen, jede Form der Zusammenarbeit recht.

Systemnahe Deutsche, deren Auffassungen ich anhand der Texte von Sieburg und Epting vorgestellt habe, behielten eine größere Kühle gegenüber französischen Ideen und möglichen Partnern einer neu arrangierten Verständigung. Anders als die Franzosen legten sie ihr Augenmerk auf die Schwächen des französischen Regierungssystems, der Wirtschaft, der Bildung und der kulturellen Lage. Ohne dass sie es vermuteten, hatten sie damit die Sollbruchstellen der Dritten Republik beschrieben, Epting kostete dies anschließend in der Tätigkeit als Leiter des Deutschen Instituts aus, während Sieburg sich in der offiziellen Rolle als Pressebeobachter im Auswärtigen Dienst zunehmend unwohl fühlte (und 1942 ausschied). Sieburg wie Epting hatten ihre Brandstifterrolle schon erfüllt: In den Jahren 1933 bis 1939 gaben sie einer Kollaboration des Geistes den Verzug; ihre Reden und Texte kreisten um die Kräfte, deren Ansinnen ein autoritärer Wandel in Frankreich war. Liberale Stimmen in Frankreich vermochten es in abnehmender Weise, mit Wahrhaftigkeit um Billigung ihrer Ansichten zu werben.

Lassen sich – nach den eingangs erwähnten Prägungen – Unterschiede in der Heftigkeit der Mittel ausmachen, mit denen eine Verständigung im Zuge einer autoritären Neuordnung erstrebt wurde? Während Epting, Germain und Châteaubriant sich antisemitisch äußerten, hielt

---

[74] Ebd., S. 62 und 65.
[75] 1938 durch Vermittlung von Philippe Pétain in die Académie française gewählt.

sich Sieburg in diesem Punkt bedeckt. Während Epting und Châteaubriant völkischen Ideen anhingen und jede Zusammenarbeit unter diesem Vorzeichen betrachteten, wirken die Texte der großbürgerlicheren Köpfe Sieburg und Germain abwägender und bezogen stärker internationale Folgen ein, in Summe klar mit Akzeptanz für das NS-Regime. Wer die Frage nach extremen Haltungen stellt, wird zuerst bei den Franzosen fündig: Sie schrieben teils kämpferisch gegen die bis 1940 bestehende Demokratie an. Die deutschen Autoren besaßen eine teils mit der NS-Propaganda konvergierende, teils eigensinnige Haltung – und beförderten dabei französische NS-Sympathisanten. In ihrer jeweiligen Stellung billigen sowohl Sieburg (bei der Frankfurter Zeitung) und Epting (beim Weltstudentenwerk, ab 1934 beim Akademischen Austauschdienst) Gewalt gegen Juden und Minderheiten bzw. schwiegen darüber. Gegen das System lehnten sie sich nicht auf.

Eine Lehre aus dieser Zeit kann nur sein: Wachsamkeit gegenüber den Befürwortern einer antidemokratischen Verständigung. Für die 1930er Jahre änderte sich das Feld auf so unglaubliche Weise hin zur offenen Unterstützung der Diktatur, da einige Publizisten zuvor in demokratischen Institutionen, die für die Verständigung eintraten, mitgearbeitet und meist sogar einer europäischen Einigung das Wort geredet hatten. Begriffe wurden dann umgedeutet, teils auch in ihrem Kulturkontext auf der anderen Rheinseite missverstanden. Nachdem die Rationalität im Vergleich der Demokratien (bis 1933) grosso modo auf der französischen Seite lag[76], können die französischen Rechtsintellektuellen ausweislich ihrer Publikationen und Kontakte als gegenrevolutionäre Illusionäre, hingegen ob der Sicht auf soziale Neuerungen schwerlich als französische Vertreter einer „konservativen Revolution" gelten. Der Typus des antidemokratischen Propagandisten bleibt eine Gefahr, weil die Gründe, die er für eine Verständigung anführt, zunächst verlockend klingen.

---

[76] Ablesbar am Vergleich zeitgenössischer länderkundlicher Berichte, dazu Sebastian LIEBOLD, Starkes Frankreich – instabiles Deutschland. Kulturstudien von Curtius/Bergstraesser und Vermeil zwischen Versailler Frieden und Berliner Notverordnungen, Münster 2008.

Internationalismus von rechts

„Deutsch-französische Versöhnung" unter nationalistischen Vorzeichen am Beispiel von Friedrich Grimm (1888-1959)*

Dominik RIGOLL

> Car je suis convaincu que la réconciliation franco-allemande est une nécessité qui domine tout; que la solution du problème franco-allemand, qui a préoccupé nos peuples pendant des siècles, est la tâche et la mission historique de notre génération, qui a reçu de la Providence la mission de triompher enfin une fois pour toutes de la théorie de l'ennemi héréditaire et de terminer pour jamais la guerre fratricide[1].

Unter denen, die den Begriff der deutsch-französischen Versöhnung bereits vor 1945 prägten, war ein deutscher Nazi-Propagandist, der die französische Bevölkerung von der Notwendigkeit einer Kollaboration mit Deutschland gegen die Sowjetunion, die USA, Großbritannien und die Juden zu überzeugen versuchte: Friedrich Grimm. Der Wirtschafts- und NSDAP-Anwalt reiste im Auftrag der deutschen Botschaft regelmäßig durch Frankreich und hielt auf Einladung der Gruppe „Collaboration" Vorträge, deren Titel im Kriegsverlauf variierten. Im Januar 1941 startete er mit einer Rede über „Les relations franco-allemandes, hier et aujourd'hui"[2]; „Faisons la paix franco-allemande" lautete die Losung im Juni 1941 in Bordeaux[3]; „La France européenne" war sein

---

* Für Peter Schöttler. Dank für ihre Kommentare an einer älteren Fassung geht an Jürgen Finger, Rüdiger Graf, Alexandra Oberländer und Yves Müller.
[1] Friedrich GRIMM, Faisons la réconciliation franco-allemande, Paris 1942.
[2] Une conférence du professeur Grimm sur les relations franco-allemandes; AFIP, 18.1.1941.
[3] Friedrich GRIMM, Faisons la paix franco-allemande, Paris, Clermont-Ferrand 1941.

Thema im November 1941, als in Paris eine gleichnamige Ausstellung gezeigt wurde[4]. Im Sommer 1942 folgte eine Tournee, die ihn von Paris über Lyon, Avignon, Cannes, Marseilles, Nîmes, Alès, Montpellier, Narbonne, Perpignan, Carcassonne und Toulouse bis nach Vichy führte, und die unter dem Motto „Faisons la réconciliation franco-allemande" stand.

Den gleichgeschalteten Medien des Vichy-Regimes zufolge waren die Vorträge außerordentlich gut besucht: Grimm habe auf seiner Reise nicht weniger als 50 000 Menschen angezogen[5]. In der Tat zeigt ein im Juni 1942 von „Paris Soir" veröffentlichtes Foto (Abb. 1) einen vollbesetzten Saal im Grand Palais, was nahelegt, dass Grimms Worten durchaus Bedeutung beigemessen wurde – auch unabhängig davon, wie viel Wahrheitsgehalt man ihnen zumaß[6].

Abb. 1. *Paris-Soir,* 22 juin 1942, © gallica.bnf.fr / BnF

---

[4] L'Europe ne sera pas sans la France, mais la France sera européenne ou ne sera pas; AFIP, 29.11.1941.
[5] Le professeur Grimm va reprendre ses conférences dans plusieurs villes françaises; AFIP, 9.9.1942.
[6] Une triomphale croisade pour la réconciliation, in: Paris Soir, 22.6.1942.

Grimms politisches Wirken erlebte während des Vichy-Regimes zwar einen Höhepunkt, es hatte aber bereits im Ersten Weltkrieg eingesetzt und war auch 1945 nicht zu Ende. Untersucht wurde es bisher vor allem aus zwei Perspektiven, die bislang weitgehend getrennt voneinander existieren. Auf der einen Seite gibt es eine ganze Reihe von Studien, die Grimms politisches Engagement in der Nach-/Geschichte der deutsch-französischen Kollaboration verorten[7]. Auf der anderen Seite findet Grimm in Forschungen Erwähnung, die sich mit der Rechten in der Weimarer und/oder Bonner Republik beschäftigen[8]. In einer Analyse zusammengefasst wurden beide Aspekte in Kristian Buchnas Dissertation über den Versuch des FDP-Politikers Friedrich Middelhauve, aus dem nordrhein-westfälischen Landesverband seiner Partei eine nationalistische Sammlungsbewegung zu formen, was 1953 jedoch eine Kommandoaktion der britischen Besatzungsmacht verhinderte[9].

Im Folgenden werden ebenfalls beide Seiten von Grimms politischen Aktivitäten in den Blick genommen, jedoch mit dem Fokus auf die internationale, die deutsch-französische Dimension. Damit knüpft der Beitrag erstens an Peter Schöttler an, der am Beispiel der Europa-Konzepte und deutsch-französischen Aktivitäten des „realpolitisch' denkenden Nationalisten" Gustav Krukenberg von „dreierlei Kollaboration" gesprochen hat: in der Weimarer Republik, in der Hitlerdiktatur und in der Bundesrepublik[10]. Zweitens schreibe ich mich in von Johannes Dafinger

---

[7] Vgl. u.a. Fritz TAUBERT, Friedrich Grimm – patriote allemand, européen convaincu, in: Hans Manfred BOCK, Reinhart MEYER-KALKUS, Michel TREBITSCH (Hg.), Entre Locarno et Vichy. Les relations culturelles franco-allemandes dans les années 1930, 2 Bde., Paris 1993, S. 107–120; Roland RAY, Annäherung an Frankreich im Dienste Hitlers? Otto Abetz und die deutsche Frankreichpolitik 1930-1942, München 2000; Barbara LAMBAUER, Otto Abetz et les Français ou l'envers de la collaboration. Paris 2001.

[8] Vgl. u.a. Ulrike Claudia HOFMANN, „Verräter verfallen der Feme!" Femmorde in Bayern in den zwanziger Jahren, Köln u.a. 2000; Henning GRUNWALD, Courtroom to Revolutionary Stage. Performance and Ideology in Weimar Political Trials, Oxford 2012; Norbert FREI, Vergangenheitspolitik. Die Anfänge der Bundesrepublik und die NS-Vergangenheit, München 1996.

[9] Kristian BUCHNA, Nationale Sammlung an Rhein und Ruhr. Friedrich Middelhauve und die nordrhein-westfälische FDP 1945-1953, München 2010.

[10] Peter SCHÖTTLER, Dreierlei Kollaboration. Europa-Konzepte und „deutsch-französische Verständigung" – am Beispiel der Karriere von SS-Brigadeführer Gustav Krukenberg, in: Zeithistorische Forschungen 9 (2012), S. 365–386, hier S. 386.

und Dieter Pohl zusammengeführte Forschungen ein, die sich mit der Vernetzung und den Europa-Vorstellungen nationalistischer Bewegungen im Einflussbereich des Naziregimes beschäftigen[11]. Hier ist diese Herangehensweise zielführender als eine Verortung des Gegenstandes in der Forschung, die sich dem Internationalismus von rechts mithilfe eines Faschismus- oder Radikalismusansatzes nähert, wie dies etwa Olivier Dard und Arndt Bauerkämper respektive Ulrich Herbert tun[12]. Tatsächlich wäre die Bezeichnung Grimms als „Faschist" oder „Rechtsradikaler" ungenau, denn vor 1933 war er Mitglied in Gustav Stresemanns nationalliberaler Deutscher Volkspartei (DVP) und nach 1945 war er im Umfeld des rechten FDP-Flügels aktiv. Treffender ist es, auch Grimm als einen Nationalisten zu bezeichnen, der die Interessen seiner Mandanten aus Militär und Industrie mal bei der DVP, mal bei der NSDAP und mal bei einer rechtsgewendeten FDP aufgehoben sah[13].

Nutzt man Grimms politische Biografie als personelle Sonde in den nationalistischen Internationalismus, so zeigt sich erstens, dass zwei der Hauptträger des politischen Nationalismus in Deutschland, die Militärführung und die Großindustrie, bereits seit dem Ersten Weltkrieg internationalistische Praktiken und Diskurse vom politischen Liberalismus und Sozialismus übernahmen, um beide nationalistisch, also den eigenen Überzeugungen und Interessen entsprechend, auszubuchstabieren. Bestandteil dieses politischen Aneignungsprozesses war die

---

[11] Johannes DAFINGER, Dieter POHL (Hg.), A new nationalist Europe under Hitler. Concepts of Europe and transnational networks in the National Socialist sphere of influence, 1933-1945, London u.a. 2019; vgl. außerdem Dominik RIGOLL, Yves MÜLLER, Zeitgeschichte des Nationalismus. Für eine Historisierung von Nationalsozialismus und Rechtsradikalismus als politische Nationalismen, in: Archiv für Sozialgeschichte 60 (2020), S. 323–351. Propagiert wurde Internationalismus von rechts sehr früh von Werner Best, dem späteren Vordenker der Gestapo. Vgl. dessen Artikel „Internationale Politik der Nationalisten" in: Gewissen, 06.12.1926.

[12] Olivier DARD, L'internationale noire au XXe siècle. Entre fantasmes et réalités, in: Éric ANCEAU u.a. (Hg.), Histoire des internationales. Europe, XIXe-XXe siècles, Paris 2017, S. 123–156; Arnd BAUERKÄMPER, Grzegorz ROSSOLINSKI (Hg.), Fascism without borders. Transnational connections and cooperation between movements and regimes in Europe from 1918 to 1945, New York 2017; Ulrich HERBERT, Best. Biographische Studien über Radikalismus, Weltanschauung und Vernunft 1903-1989, Bonn 1996.

[13] Insofern untersucht dieser Beitrag aus nationalismusgeschichtlicher Perspektive, was dieser Beitrag Philipp MÜLLER, Zeit der Unterhändler. Koordinierter Kapitalismus in Deutschland und Frankreich zwischen 1920 und 1950, Hamburg 2019 aus kapitalismusgeschichtlicher Perspektive betrachtet.

Entstehung eines nationalistischen Europäismus und Rekonziliarismus, also die Beschwörung eines „Europa" und einer „deutsch-französischen Versöhnung" von rechts, die gegen Linke und Juden gerichtet war. Zweitens wird deutlich, dass dieser nationalistische Internationalismus nicht – wie Olivier Dard im Anschluss an Ernst Nolte argumentiert – in Reaktion auf die Oktoberrevolution von 1917 entstand, sondern bereits um 1915, aus der Interessenlage der Militärführung und von Teilen der Industrie im Deutschen Reich heraus. Drittens basierte dieser Europäismus und Rekonziliarismus von rechts im Gegensatz zu seinen demokratischen Pendants weder auf Vergessen noch auf Aufklärung, sondern auf politischer Subversion und systematischer Irreführung. Klassische ideengeschichtliche Ansätze stoßen hier deshalb an ihre Grenzen. Vielmehr muss die nationalistische Propaganda durch intensive Quellenkritik dechiffriert werden.

1. Nationalistischer Internationalismus für die Reichswehr, deutsche Großunternehmer und die Weimarer Republik (1915-1925)

Glaubt man der Pseudobiografie des Nazi-Propagandisten Helmut Sündermann, begann Grimms Wirken für die deutsch-französische Annäherung und für eine Politik der „Versöhnung" damit, dass er im Ersten Weltkrieg, an dem er wegen eines Augenleidens nicht als Soldat teilnahm, freundlich zu den französischen Gefangenen war, deren Post er in einem Kriegsgefangenenlager bei Münster zu zensieren hatte. Auf seine „ganz private Initiative" hin habe Grimm den internierten Ärzten, Professoren, Anwälten und so weiter. deutschen Sprachunterricht erteilt, Bücher besorgt, für sie Vorträge und Theaterstücke organisiert. Ab 1915 habe er ebenfalls aus eigenem Antrieb inhaftierte Franzosen und Belgier vor deutschen Militärgerichten verteidigt und erreicht, dass Verurteilungen aufgehoben oder abgemildert wurden. Die Kontakte, die er so mit französischen Militärs, Unternehmern und Politikern knüpfte, habe er dann nach dem Krieg nutzen können, als er deutsche Großunternehmer vor französischen Militärtribunalen verteidigte, die wegen Vergehen während der deutschen Besatzung Frankreichs im Krieg beziehungsweise. während der Ruhrbesetzung angeklagt waren. In beiden Fällen habe Grimm seinen Mandanten immer wieder nicht nur durch seine juristische Brillanz helfen können, sondern auch durch sein diplomatisches Geschick im Umgang mit französischen Militärs und

Spitzenpolitikern. Gefährdet worden seien diese deutsch-französischen Absprachen allenfalls durch pazifistische Propaganda[14].

Liest man diese in einem rechtsextremen Verlag erschienene Propaganda gegen den Strich, zieht weitere Quellen und Sekundärliteratur hinzu, wird eine spezifische Form der deutsch-französischen Annäherung sichtbar, die deutsche Militärs und Industrielle mithilfe von Grimm anbahnten: ein Internationalismus von rechts. Dieser basierte jedoch noch nicht auf Europäismus und Rekonziliarismus, sondern auf einem nationalistisch ausbuchstabierten Völkerrecht des Stärkeren.

Was Grimms Tätigkeit als Zensor und Pflichtanwalt im Krieg angeht, so stand dahinter wohl keine Privatinitiative, sondern schlicht das Militär. Die Reichswehr, der Grimm als Landsturmmann angehörte, stand seit 1914 vor dem Problem, dass ihr die Propaganda der Entente-Mächte unablässig Völkerrechtsbrüche und Kriegsverbrechen vorhielt, darunter der Bruch der belgischen Souveränität, die Exekution von über 6 000 Zivilpersonen als Repressalie wegen vermutlich inexistenter Freischärler-Angriffe, die Rekrutierung von Arbeitskräften für kriegsbezogene Zwecke sowie die Requirierung und Zerstörung von Industrieanlagen[15]. Grimms Engagement, von dem vor allem belgische Unternehmer profitierten, denen man Verstöße gegen Besatzungsauflagen vorwarf, waren vermutlich Teil einer propagandistischen Gegenoffensive: Die Deutschen agierten demonstrativ „korrekt", wenn es die militärische Situation erlaubte, und inszenierten dies als „friedliche Besatzung" und deutsche „Wacht an der Somme"[16]. Zudem wirkte Grimm an Versuchen des deutschen Militärs mit, ein nationalistisches Völkerrecht zu etablieren, das als Alternative zum liberalen Völkerrecht gedacht war, auf das sich nicht nur die Feindpropaganda oft bezog, sondern das durchaus auch in Deutschland seine Anhänger hatte. Nun, unter den Zwängen des

---

[14] Friedrich GRIMM, Mit offenem Visier. Aus den Lebenserinnerungen eines deutschen Rechtsanwalts. Als Biographie bearbeitet von Hermann Schild, Leoni 1961, insb. S. 7–99, hier S. 8. „Hermann Schild" ist ein Pseudonym Sündermanns.

[15] Jean-Jacques BECKER, Gerd KRUMREICH, Der große Krieg. Deutschland und Frankreich im Ersten Weltkrieg 1914-1918, Essen 2010, S. 175–195.

[16] Ebd., S. 189.

„Burgfriedens", waren diese liberalen Stimmen isoliert[17], während linker und pazifistischer Internationalismus kriminalisiert wurde[18].

Das nationalistische Völkerrecht, für das die von Grimm bearbeiteten Fälle stehen, fußte auf der (falschen) Behauptung, die 1899/1907 auf internationalen Konferenzen verabschiedete Haager Landkriegsordnung sei im Reich nie ratifiziert worden, besitze also keine Geltung[19]. Die Botschaft, die diese Fälle vor diesem Hintergrund aussendeten, lautete, dass ein fairer Umgang mit Zivilisten und gefangenen Soldaten nicht durch das liberale Völkerrecht, sondern nur durch das jeweils Herrschaft ausübende Militär, garantiert werden konnte[20]. Gleich der erste Gefangene, der (angeblich) wegen Grimms Revision auf freien Fuß gesetzt wurde, soll ein französischer Sergent gewesen sein, der auf dem Schlachtfeld deutsche Verletzte misshandelt und sich dessen in einem Tagebuch gebrüstet hatte[21]. Das Argument, mit dem das Reichsmilitärgericht der Revision stattgab, lautete, dass die von dem Mann begangenen Kriegsverbrechen nur von französischen Militärs zu ahnden waren, weil sie vor der Gefangennahme, also unter französischer Herrschaft begangen worden waren[22]. Ein zweiter Fall betraf einen belgischen Bürgermeister und Fabrikdirektor, der freigelassen wurde, weil er auf Befehl seiner Regierung gegen deutsche Besatzungsauflagen verstoßen habe[23]. Wie die Entente-Mächte auf solche Botschaften reagierten, kann hier nicht

---

[17] Isabell V. HULL, A Scrap of Paper: Breaking and Making International Law during the Great War, Ithaca 2014, S. 96–140; Marcus M. PAYK. Frieden durch Recht? Der Aufstieg des modernen Völkerrechts und der Friedensschluss nach dem Ersten Weltkrieg, Berlin, Boston 2018, S. 123–127; Annette WEINKE, Law, History, and Justice. Debating German State Crimes in the Long Twentieth Century, New York 2019, S. 27–37.

[18] David WELCH, Germany, propaganda and total war, 1914-1918. The sins of omission, London 2000, S. 135–160.

[19] Vor dem Krieg hatte der Generalstab noch die Ansicht vertreten, dass die Zustimmung des Kaisers und eine Publikation im *Reichsgesetzblatt* dem Text Gesetzeskraft verleihe. Vgl. HULL, A Scrap of Paper (Anm. 17), S. 87.

[20] Vgl. auch den Briefwechsel zwischen Grimm und seinem ehemaligen Lehrer, der Völkerrechtler Franz von Liszt, der den verschobenen „Schwerpunkt" registriert; 19.6. und 5.7.1916; Bundesarchiv Koblenz [BAKo], N 1120/136.

[21] Der angebliche Name der Person, „Sergeant Courjon", taucht nur in Grimms diversen Berichten auf, nicht jedoch in einer im Nachlass überlieferten Übersicht der von. Grimm verteidigten Belgier und Franzosen (ca. 1920), BAKo, N 1120/136.

[22] Entscheidungen des Reichsmilitärgerichts 19, Nr. 65, 23.8.1915, S. 239–246.

[23] Grimm an von Liszt, 19.6.1916; BAKo, N 1120/136.

geklärt werden. Es erscheint aber plausibel, dass zumindest die Militärführungen der Entente-Mächte derlei goutierten. So war auch französischen Offizieren unterrichtet worden, dass im Krieg „alles dem Erfolg der Operation untergeordnet werden" müsse und „jede Gefühlsduselei", die „den Erfolg gefährden könnte, ein Landesverrat" sei[24].

Eine zweite Funktion, die den 61 Prozessen zukam, an denen Grimm im Krieg beteiligt war, bestand darin, Gefangenenaustausche vorzubereiten. Jedenfalls gibt es in seinem Nachlass eine Liste, die einen französischen Capitaine Delhaye erwähnt, der „unter [Grimms] Mitwirkung nach der Schweiz ausgetauscht" werden sei[25]. Eine Möglichkeit wäre, dass Grimm bereits hier nicht nur im Auftrag des Militärs, sondern auch deutscher Industrieller agierte. Eigenen Angaben zufolge stand er ab 1916 nicht mehr im Dienst der Reichswehr, sondern war nur Sozius in der Essener Kanzlei von Adolf Kempkes. Letzterer war als Anwalt von Hugo Stinnes, ein führender Großindustrieller, nationalliberaler Politiker und enger Vertrauter Gustav Stresemanns, bestens in der westdeutschen Großindustrie vernetzt[26]. Grimm könnte an den Traktationen beteiligt gewesen sein, in deren Folge französisches Erz aus dem besetzten Becken von Briey über die Schweiz nach Frankreich geliefert wurde, damit französische Waffenschmieden nicht auf britisches Erz zurückgreifen brauchten[27]. Wie das Beispiel Stinnes zeigt, lag privaten Absprachen wie diesen auf deutscher Seite die Voraussicht zugrunde, dass die deutsch-französische Verflechtung der Wirtschaft nach dem Sieg unter deutscher Regie bestehen bleiben würde, aber auch der Wille, unabhängig der eigenen Regierung zu agieren[28]. Pazifistische Aktivisten sprachen daher von einer „blutigen Internationalen"[29].

---

[24] So jedenfalls ein ehemaliger Direktor der Kriegsakademie zit. n. BECKER, KRUMREICH, Krieg (Anm. 15), S. 178.
[25] Übersicht der verteidigten Belgier und Franzosen, ca. 1920; BAKo, N 1120/136.
[26] Ludwig RICHTER, Die Deutsche Volkspartei 1918-1933, Düsseldorf 2002, S. 57, S. 81.
[27] Vgl. die Hinweise in der Broschüre des Pazifisten Otto LEHMANN-RUSSBÜLDT, Die Blutige Internationale der Rüstungsindustrie, Berlin 1933 [EA 1929], S. 36 f.
[28] Etwa Gerald D. FELDMAN, The French Policies of Hugo Stinnes, in: Stephen A. SCHUKER (Hg.), Deutschland und Frankreich: Vom Konflikt zur Aussöhnung. Die Gestaltung der westeuropäischen Sicherheit 1914-1963, München 2000, S. 43–64, hier S. 45 f.
[29] LEHMANN-RUSSBÜLDT, Die blutige Internationale (Anm. 27).

Die für Stinnes, Stresemann und Grimm erschütternde Niederlage von 1918 erlaubte es französischen Militärs und Unternehmern, den Spieß umzudrehen. So hatte Grimm 1919/20 den Industriellen Robert Röchling zu verteidigen, der wegen seines Verhaltens als Besatzungsoffizier vor einem Militärtribunal in Nancy als Kriegsverbrecher angeklagt war[30]. Später, während der Ruhrbesetzung 1923, verteidigte er rechtsstehende Unternehmer und Bürgermeister wie Fritz Thyssen, Gustav Krupp und Karl Jarres, die angeklagt waren, weil sie sich den Besatzungsauflagen widersetzt hatten, aber auch Personen, die sich wegen Sabotageakten zu verantworten hatten. Wie schon im Krieg verfolgte Grimm dabei eine Doppelstrategie. Vor Gericht brachte er das Argument, wonach der „passive Widerstand" von Industriellen und Staatsdienern im Auftrag der Reichsregierung und aus Vaterlandsliebe geschehen sei, was kein Gericht der Welt bestrafen könne[31]. Im Hintergrund wirkte er beim Einfädeln (wirtschafts-)politischer Abschlüsse mit, an Deals, die seine Mandanten früher oder später auf freien Fuß kommen ließen. Röchling etwa wurde entlassen, weil er dem französischen Unternehmer Alexandre Dreux, der in Nancy als Zeuge aufgetreten war, einen Mehrheitsanteil an seiner Völklinger Hütte gewährte[32]. Glaubt man Grimms eigenen Angaben, nutzte er hierbei nicht nur katholische Netzwerke, sondern auch Wirtschaftskontakte, die teils auf seiner Tätigkeit im Weltkrieg basierten, teils auf Bekanntschaften, die er als Anwalt vor Schiedsgerichtshöfen machte, die eingerichtet worden waren, um den im Krieg unterbrochenen Handel wieder in Gang zu bringen[33].

Nach der Ruhrbesatzung nahm Grimm im Auftrag der nunmehr von Gustav Stresemann geführten Reichsregierung an Verhandlungen

---

[30] In absentia angeklagt war außerdem Hermann Röchling, der sich einer Festnahme hatte entziehen können. Friedrich GRIMM, Der Röchlingprozeß, Essen 1920; DERS., L'Affaire Röchling, Essen 1920.

[31] Friedrich GRIMM, Der Mainzer Kriegsgerichtsprozeß gegen die rheinisch-westfälischen Bergwerksvertreter, Berlin 1923; August FINGER, Friedrich GRIMM, Johannes NAGLER, Friedrich OETKER, Der Prozess Krupp vor dem französischen Kriegsgericht nach dem einzigen vorhandenen Stenogramm, München 1923.

[32] Wolfgang VON HIPPEL, Hermann Röchling 1872-1955. Ein deutscher Großindustrieller zwischen Wirtschaft und Politik. Facetten eines Lebens in bewegter Zeit, Göttingen 2018, S. 167–182.

[33] Zu den Netzwerken vgl. etwa Grimm an Hermann Röchling, 27.1.1920; BAKo, N 1120/136 und Friedrich GRIMM, Vom Ruhrkrieg zur Rheinlandräumung. Erinnerungen eines deutschen Verteidigers vor französischen und belgischen Kriegsgerichten, Hamburg u.a. 1930, S. 173.

um eine Amnestie für inhaftierte Deutsche teil, darunter Nationalisten, die Anschläge auf Separatisten und französische Soldaten verübt hatten. Dass die Betreffenden nach und nach freigelassen wurden, lag aber nicht nur daran, dass Grimm so „hartnäckig" für sie antichambriert und die Politiker in Paris, London und Genf mit Worten überzeugt hatte, wie seine Pseudobiografie suggeriert[34]. Eine realistischere Darstellung ist in einer Broschüre aus dem Jahr 1930 enthalten, als Grimm noch der DVP angehörte und als Anhänger der Politik Stresemanns galt, mithin also der „deutsch-französischen Verständigung". In der Veröffentlichung wird deutlich, dass die Amnestie vor allem deshalb möglich war, weil in Frankreich seit Mai 1924 ein Linksbündnis unter Philippe Herriot regierte – und „Herriot wollte die Amnestie"[35]. Allerdings verschweigt Grimm auch hier einiges. So erwähnt er zwar, dass sich im Umfeld Herriots vor allem Marius Moutet und Gaston Bergery für die Amnestie einsetzten, nicht jedoch, dass es sich bei den beiden um linke Menschenrechtsaktivisten handelte, denen eine ganz andere Entspannung spolitik vorschwebte als den deutschen Nationalisten – eine unter demokratischen Vorzeichen nämlich[36]. Grimm, der auch mit der Landauer (!) Sektion der französischen Menschenrechtsliga und dem Sozialisten Eugène Frot in Kontakt stand, machte sich hier geschickt den Antimilitarismus der französischen Linken zunutze[37].

Ein zweiter Aspekt, der in Grimms Pseudoerinnerungen fehlt, ist der Umstand, dass Frankreich und Deutschland im Londoner Abkommen (1924) und in Locarno (1925) auch deshalb zu einer Einigung inklusive Amnestie kamen, weil vor allem amerikanische und britische Banken, aber auch französische Unternehmen ein Interesse an einer Normalisierung der Beziehungen hatten[38]. Ebenfalls keine Erwähnung findet, dass

---

[34] GRIMM, Mit offenem Visier (Anm. 14), S. 72–79, S. 95–100, hier S. 99.
[35] GRIMM, Vom Ruhrkrieg zur Rheinlandräumung (Anm. 33), S. 226–241, hier S. 238.
[36] Emmanuel NAQUET, Pour l'humanité. La Ligue des droits de l'homme, de l'affaire Dreyfus à la défaite de 1940, Rennes 2014, S. 311–325. Moutet wurde deshalb von französischen Nationalisten tätlich angegriffen. Vgl. Françoise BASCH, Victor Basch ou la passion de la justice. De l'affaire Dreyfus au crime de la milice, Paris 1994, S. 182 passim.
[37] Vgl. die kurzen Briefwechsel hierzu in BAKo, N 1120/140.
[38] Werner BÜHRER, Die Reorganisation der deutsch-französischen Wirtschaftsbeziehungen nach 1918 und nach 1945, in: Ilja MIECK, Pierre GUILLEN (Hg.), Nachkriegsgesellschaften in Deutschland und Frankreich im 20. Jahrhundert, München 1998, S. 67–81; Ralph BLESSING, Der mögliche Frieden. Die Modernisierung der

Stresemann auch deshalb einen Ausgleich mit dem Westen suchte, weil er darin die Voraussetzung für eine Revision der Grenzen im Osten sah, wo sich das Reich zum Protektor „volksdeutscher" Minderheiten aufschwang[39]. In der zweiten Hälfte der 1920er Jahre blieb diese Ambivalenz der deutschen Annäherungspolitik bestehen. Nach Grimms eigenen Angaben von 1930 hatten ihm französische Militärs bereits während der Ruhrbesetzung vorgeworfen, die „Seele des Widerstandes" gegen die Besatzungstruppen zu sein, also ein „Komplott" zwischen nationalistischen Industriellen, Beamten und Arbeitern zu schmieden[40]. Jetzt, nachdem die Franzosen nur noch auf wenigen Brückenköpfen wie Germersheim präsent waren, sollte er wiederum vieles daran setzen, Konflikte zwischen Deutschen und Franzosen zu befeuern, während sein Parteifreund Stresemann den Friedensnobelpreis bekam. Ob Grimm hier mit Billigung Stresemanns agierte, muss offenbleiben[41]. Entscheidend ist, dass er mit seiner Tätigkeit die offizielle Annäherungspolitik konterkarierte.

2. Nationalistischer Internationalismus für die Weimarer Rechte, die Schwarze Reichswehr und die Hitler-Diktatur (1925-1944)

Folgt man der Darstellung von Grimm und Sündermann, hätte mit der Londoner Amnestie von 1924 alles gut sein können. Nur leider habe der französische Militarismus auch nach Ende der Ruhrbesetzung schlimmen Schaden angerichtet, so etwa als der in Germersheim stationierte Leutnant Pierre Rouzier auf „Deutschenjagd" gegangen sei. Später, ab 1933, habe der französische Nationalismus eine Friedensregelung unmöglich gemacht, indem er sich Hitlers legitimer Politik der „nationalen Selbstbestimmung" so lang es irgend ging widersetzte, namentlich der Remilitarisierung des Rheinlandes sowie der Einverleibung des Saarlandes, Österreichs, des Sudetenlandes und zuletzt des „Danziger

---

Außenpolitik und die deutsch-französischen Beziehungen 1923-1929, München 2008, S. 256–262.

[39] Nicolas BEAUPRÉ, Le traumatisme de la Grande Guerre, 1918-1933, Villeneuve-d'Ascq 2012, S. 95–105.

[40] GRIMM, Vom Ruhrkrieg zur Rheinlandräumung (Anm. 33); DERS., Frankreich am Rhein. Rheinlandbesetzung und Separatismus im Lichte der historischen französischen Rheinpolitik, Hamburg 1931, S. 237, 235.

[41] Zu den geheimen Kontakten Stresemanns mit einem anderen umtriebigen rechten Netzwerker vgl. Klaus GIETINGER, Der Konterrevolutionär. Waldemar Pabst – eine deutsche Karriere, Berlin 2009, S. 257–263.

Korridors". Indem Frankreich der Rückkehr Danzigs an Deutschland nicht zugestimmt habe, habe es – angefeuert von deutschen Emigranten und der französischen, jüdisch dominierten Presse – den Zweiten Weltkrieg verschuldet und Grimms zeitgleiche Bemühungen um einen Ausgleich zwischen beiden Ländern zunichtegemacht. Ein neuer Versuch der „deutsch-französischen Versöhnung" im „geeinten Europa" habe so erst nach dem Sieg des Reiches unternommen werden können, der dann aber durch ein Bündnis aus Kommunismus, Kapitalismus und Judentum ebenfalls vereitelt worden sei[42]. Betrachtet man Grimms Tätigkeit von 1925 bis 1945 etwas genauer, wird offensichtlich, dass er vor allem Propaganda und Netzwerkbildung betrieb, die beide nicht dem Frieden dienten, sondern dem Sturz der Republik in Deutschland und der Vorbereitung eines Eroberungskrieges in Europa.

Mit Geschick nutzte Grimm den real existierenden französischen Nationalismus und Militarismus, um damit in Deutschland den Hass auf Frankreich zu schüren, während er den ebenso realen französischen Europäismus und Rekonziliarismus für den Nazismus zu instrumentalisieren vermochte. Als ein französisches Militärgericht 1926 in Landau einen Besatzungssoldaten freisprach, der bei einer Handgreiflichkeit einen Deutschen getötet und einen weiteren verletzt hatte, half Grimm als Anwalt, dies als Verrat am „Geist von Locarno" zu skandalisieren – zu Recht. Nur unterschlug er dabei, dass die Opfer, darunter ein NSDAP-Sympathisant, den Täter vermutlich zuvor antifranzösisch beleidigt hatten, hier also zwei Nationalismen aufeinandergeprallt waren[43]. Außenminister Stresemann gegenüber rechtfertigte Grimm die Kampagne damit, dass „der Franzose" nur eine Politik der Stärke verstehe:

„Ich bin ein aufrichtiger Anhänger der Verständigungspolitik mit Frankreich, weiß aber aus zahlreichen Erfahrungen, dass man diesen Zielen am besten dient, wenn man im richtigen Augenblick auch sehr stark auftritt"[44].

---

[42] GRIMM, Mit offenem Visier (Anm. 14), S. 100–239. Einer weichgespülten Variante dieses nationalistischen Narrativs bedient sich heute der Historiker und AfD-Politiker Stefan Scheil, Abschreckungspläne. Der Hauptbericht Joachim von Ribbentrops als deutscher Botschafter in London vom Dezember 1937, Aachen 2020.

[43] Friedrich GRIMM, Der Prozeß Rouzier. Eine Anklageschrift gegen das Unrecht der Besatzung, Berlin 1927; DERS., Der Prozeß Rouzier, Landau 1927.

[44] Grimm an Stresemann, 8.1.1927; Procès Rozier, Service Historique de la Défense (SHD), GR 1 K 4 3 1. Zum ambivalenten Umgang staatlicher Stellen mit der Kampagne, die ihr zugleich skeptisch gegenüberstanden, sie aber am Ende

Allerdings kann an Grimms Aufrichtigkeit gezweifelt werden – zum einen innenpolitisch: Zur gleichen Zeit nämlich, als seine Kampagne gegen den französischen Militarismus lief, plädierte er bei Angehörigen der Schwarzen Reichswehr (sprich: bei deutschen Militaristen), die angebliche „Verräter" ermordet hatten, auf Freispruch. Sie hätten aus Vaterlandsliebe und Staatsnotwehr gehandelt und davon abgesehen sei das Gerede über „Fememorde" nur die Gräuelpropaganda politischer Gegner[45]. Zudem spricht einiges dafür, dass Grimm zu jenen zählte, die auf ein Zusammengehen rechter Industrieller, die bislang die DVP unterstützt hatten, mit der NSDAP hinarbeiteten. Bereits Grimms früher Förderer Adolf Kempkes, der bis kurz vor seinem Tod 1931 für die Finanzen der weitgehend großindustriefinanzierten DVP zuständig war, hatte den Kapp-Ludendorff-Putsch unterstützen wollen[46]. Nun, da die DVP nach Stresemanns Tod 1929 abstürzte und die NSDAP auf über 30 Prozent der Stimmen kletterte, starteten Verhandlungen um eine Machtbeteiligung der Nazis. Grimm selbst hat suggeriert, dass er an diesen Gesprächen beteiligt war – gemeinsam mit Walther Funk, einem Mittler zwischen NSDAP und DVP-naher Ruhrindustrie[47].

Grimms Wirken lag aber auch in außenpolitischer Hinsicht quer zum „Geist von Locarno". So veröffentlichte er zwischen 1931 und 1940 mindestens eine Propagandaschrift pro Jahr über Gefahren, die von Frankreich ausgingen. Er zeichnete es als Land von Nationalisten, das den Deutschen einen Krieg aufzwinge[48]. In anderen Schriften prangerte er

---

doch unterstützten, vgl. Julia RÖTTJER, Der Fall Rouzier, Germersheim 2009, S. 40 f.

[45] Friedrich GRIMM, Oberleutnant Schulz, Femeprozesse und Schwarze Reichswehr, München 1929.

[46] RICHTER, Volkspartei (Anm. 26), S. 88–106, S. 194–214.

[47] GRIMM, Mit offenem Visier (Anm. 14), S. 116–123; Ludolf HERBST, Walter Funk – Vom Journalisten zum Reichswirtschaftsminister, in: Ronald SMELSER, Enrico SYRING, Rainer ZITELMANN (Hg.), Die braune Elite, Teil II, Darmstadt 1993, S. 91–102.

[48] GRIMM, Vom Ruhrkrieg zur Rheinlandräumung (Anm. 33); Frankreich am Rhein. Rheinlandbesetzung und Separatismus im Lichte der historischen französischen Rheinpolitik, Hamburg 1931; Das deutsche Nein. Schluß mit der Reparation. Ein letzter Appel, Hamburg 1932; Reichsreform und Außenpolitik, Hamburg 1933; Das deutsch-französische Verhältnis von Versailles bis zum heutigen Tage, Wilhelmshaven 1933; Hitlers deutsche Sendung. Berlin 1934; Frankreich an der Saar. Der Kampf um die Saar im Lichte der historischen französischen Rheinpolitik, Hamburg 1934; Wir sind im Recht! Deutschlands Kampf um Wehrfreiheit und Gleichberechtigung, Berlin 1935. Um Rhein, Ruhr und Saar, Leipzig 1937; Hitlers

linke und jüdische „Kriegshetze" an[49]. Die 1936 und 1938 von David Frankfurter und Herschel Grynspan begangenen Morde an Repräsentanten des Naziregimes in Davos und Paris rahmte er als konzertierte Angriffe des „Weltjudentums", den Staatsantisemitismus des Reiches und das Novemberpogrom von 1938 als logische Abwehrmaßnahmen[50]. Derweil erschienen in Frankreich Grimm-Bücher, die Hitler als Friedensengel präsentierten und alle deutschen Formen des Nationalismus zu Reaktionen auf äußere Provokationen verklärten[51]. Hinzu kamen Aktivitäten Grimms in der Deutsch-französischen Gesellschaft (DFG) und im Comité France Allemagne (CFA), wo Grimm fortsetzte, was er seit dem Ersten Weltkrieg immer wieder erprobt hatte: Er unterhielt Kontakte in die bessere französische Gesellschaft und versuchte, sich dort mit Personen zu verbünden, die aus den unterschiedlichsten Gründen – von wirtschaftlichem Interesse über Pazifismus bis hin zu konservativer Germanophilie und antisemitischem Rassismus – für einen Ausgleich zwischen Frankreich und

---

deutsche Sendung: Österreich kehrt heim Berlin 1938; Die historischen Grundlagen unserer Beziehungen zu Frankreich, Berlin 1938; Frankreich und der Korridor, Hamburg 1939; Poincaré am Rhein, Berlin 1940; Die neue Kriegsschuldlüge, Berlin 1940; Das französische Gelbbuch: Eine Selbstanklage, Berlin 1940; Das Testament Richelieus, Berlin 1941; Jacques BAINVILLE, Frankreichs Kriegsziel. Les conséquences politiques de la paix. Mit einer Einleitung von Friedrich GRIMM, Hamburg 1939; Jacques BAINVILLE, Geschichte zweier Völker: Frankreichs Kampf gegen die deutsche Einheit. Mit einer Einleitung von Friedrich GRIMM, Hamburg 1939.

[49] Friedrich Grimm, Der Fall Gustloff vor dem Kantonsgericht zu Chur. Schlusswort der deutschen Prozessvertretung, gesprochen im Namen der Zivilklägerin, Frau Wilhelm Gustloff, Essen 1936; Der Grünspan Prozess, Nürnberg 1942.

[50] Corinne CHAPONNIÈRE, Les Quatre coups de la nuit de cristal. L'affaire Grynzpanvom Rath, 7 novembre 1938, Paris 2015; Armin FUHRER, Der Tod in Davos. David Frankfurter und das Attentat auf Wilhelm Gustloff, Berlin 2012. Auch am sog. Berner Prozess nahm Grimm Teil: Michael HAGEMEISTER, Die „Protokolle der Weisen von Zion" vor Gericht. Der Berner Prozess 1933-1937 und die „antisemitische Internationale", Zürich 2017. Zum geplanten Vorgehen gegen Journalisten, die Abetz und seiner Entourage in den Monaten vor Kriegsbeginn vorwarfen, deutsche Agenten zu sein, vgl. RAY, Annäherung an Frankreich (Anm. 11), S. 271–282.

[51] Friedrich GRIMM, Le procès Rouzier devant le conseil de guerre de Landau. Exposé de la défense allemande, Landau 1927; La Mission allemande d'Hitler, Berlin 1934; Frédéric GRIMM, Hitler et la France. Préface Joachim VON RIBBENTROP, Paris 1938; DERS., Le Livre jaune français accuse ses auteurs, Berlin 1940; La France et le corridor polonais. Préface de Marcel DÉAT. Introduction de René MARTEL, Paris 1941 und 1943; Pierre DUMOULIN, L'affaire Grynspan, un attentat contre France, Paris 1942; Friedrich GRIMM, Europe, réveille-toi, Paris 1943; L'Allemagne et la France devant l'Europe, Paris 1944.

Deutschland waren[52]. Auch mit Marcel Moutet und Eugène Frot blieb er in Kontakt. Als Moutet Kolonialminister der Volksfrontregierung war, traf er sich mehrfach mit ihm. Den Berichten zufolge, die Grimm von diesen Treffen verfasste, scheint er so etwas wie ein inoffizieller Draht des Naziregimes nach Frankreich gewesen zu sein: Grimm versicherte seinem Gegenüber mehrfach, nur „als Privatmann" zu sprechen, aber es wird auch deutlich, dass Moutet und Frot in ihm einen Emissär sahen, der Informationen von der Reichsregierung übermitteln und Botschaften aus Frankreich transportieren konnte[53]. Hinweise dahin gehend, dass Grimm auch mit Bergery in Kontakt blieb, den er seit 1925 kannte, sind spärlicher. Philippe Burrin zufolge steht Bergerys Name auf einer Liste mit 59 Abgeordneten, mit denen Otto Abetz 1937 angeblich in Kontakt stand – gemeinsam mit Herriot, Moutet und Marcel Déat[54]. Überhaupt finden sich zu Déat und Bergery, zu den wichtigsten Kollaborateuren zählen sollten, nur wenige Unterlagen in Grimms Nachlass. Hatte er tatsächlich so wenig mit ihnen die im Zweiten Weltkrieg zu tun oder gab er entsprechende Dokumente nicht an das Bundesarchiv ab? Andererseits macht Grimm keinen Hehl daraus, dass er sich während der Besatzung weiterhin mit seinem „Freund" Eugène Frot traf, der ebenfalls kollaborierte[55]. Moutet hingegen ging 1940 ins Exil, Herriot stand unter Hausarrest.

Grimm wiederum trug nunmehr das, was er bis dahin auf Veranstaltungen der DFG und des CFA vorgetragen hatte, auf Einladung kooperationsbereiter Gruppierungen vor. Bereits 1937 hatte er in Lyon einen Vortrag über „Die deutsch-französische Verständigung" gehalten – ein Begriff, der, genau wie „Versöhnung" und „Annäherung", in den 1920er Jahren ein pazifistisch und demokratisch aufgeladener Begriff gewesen war[56]. 1941 und 1942 folgten dann die eingangs zitierten Vorträge, in deren Titel von „Versöhnung" und „Europa" die Rede war[57]. Nun,

---

[52] Diese Tätigkeit ist gut erforscht, vgl. Anm. 7.
[53] Aussprachen mit Moutet und Frot; BAKo, N 1120/2 und N 1120/3.
[54] Philippe BURRIN, La dérive fasciste. Doriot, Déat, Bergery 1933-1945, Paris 2003 (EA 1986), S. 288 f.
[55] Aussprache mit Eugène Frot, 23.7.1943; Politisches Archiv des Auswärtigen Amtes [PA/AA], Paris 1330.
[56] Friedrich GRIMM, Die deutsch-französische Verständigung, in: Zeitschrift für Politik 28 (1938), S. 45–49.
[57] GRIMM, Faisons la réconciliation (Anm. 1); DERS., Faisons la paix (Anm. 3); DERS., L'Europe ne sera pas sans la France, mais la France sera européenne ou ne sera pas; AFIP, 29.11.1941.

nachdem jegliche Opposition ausgeschaltet worden war und sich Pétain in Montoire zur Zusammenarbeit – und damit faktisch zur Unterordnung – bereit erklärt hatte, war das Ziel von Grimms rekonziliatorischen Propaganda nicht mehr die Sicherung des Friedens, sondern eines gemeinsamen Sieges gegen den „jüdischen Bolschewismus". Antikommunismus und Antisemitismus dienten dabei als europäische Integrationsideologien, mit deren Hilfe der Kontinent geeint und dem Reich untergeordnet werden sollte. Walther Funk, der inzwischen zum Reichswirtschaftsminister avanciert war, hielt zur selben Zeit Vorträge über eine künftige „Europäische Wirtschaftsgemeinschaft"[58].

Allein, wie schon in der ersten Phase des transnationalen Nationalismus, waren Grimms Bücher und Propagandareden auch in den Jahren nach Locarno nur die Schauseite. Dem, was er wirklich dachte, kamen vermutlich jene Vorträge näher, die er nicht vor Leuten hielt, die er überzeugen wollte, sondern vor Überzeugungstätern. Ein Beispiel dafür ist sein Vortrag auf einem internationalen Nationalistenkongress, auf dem er sich nicht wie sonst nur als „patriotisch" oder „national" bezeichnete, sondern offen als „nationalistisch"[59]. Für die breite Öffentlichkeit unsichtbar blieb auch, dass Grimm in den Netzwerken, in denen er sich bewegte, nicht nur seine Ideologie verbreitete, sondern auch Subversion betrieb. So übernahmen französische Medien der „pazifistischen" Rechten und „neosozialistischen" Linken, zu denen Grimm gute Kontakte unterhielt, dessen Rhetorik, wonach von Hitler keinerlei Gefahr ausgehe, umso mehr aber von der Sowjetunion, den „Angelsachsen" und „Juden", zum Teil eins zu eins. Deutlich ist dies der Fall bei der antisemitischen Zeitung „L'Intransigeant", die unter anderem von Marcel Ribardière geleitet wurde, einem wohlhabenden Wirtschaftsanwalt, in dessen Pariser Wohnsitz sich Grimm vor und nach 1940 mit Angehörigen des französischen Establishments traf[60]. Auch Marcel Déat, der 1941 das nationalsozialistische Rassemblement national populaire

---

[58] Walther FUNK, Europäische Wirtschaftsgemeinschaft, Berlin 1942; DERS., Die Länder des Südostens und die europäische Wirtschaftsgemeinschaft, Wien 1944.
[59] GRIMM, Hitler und Europa (Anm. 8), S. 20.
[60] Grimm streut Hinweise auf diese Treffen in den Berichten an da Außenministerium, z.B. vom 28.8.1940; PA/AA, Botschaft Paris 1270. Aber auch Spitzelberichte bestätigen die Existenz dieser Treffen; Service des Affaires de Sûreté générale, 1er Bureau, A.B. du professeur Grimm, 5.12.1938; Archives de la Préfecture de Police, Paris, dossier Friedrich Grimm, sans côte.

(RNP) gründete, hatte davor in der sozialistischen Zeitschrift „L'Œuvre" das von Grimm entwickelte Framing popularisiert, dem zufolge ein französisches Nachgeben in der Danzig-Frage einen Krieg verhindern konnte – beziehungsweise den Zweiten Weltkrieg hätte verhindern können („Mourir pour Dantzig")[61]. Es spricht einiges dafür, dass der vielzitierte Déat-Artikel vom 4. Mai 1939 und das kurz darauf erschienene Grimm-Buch „Frankreich und der Korridor" Teil ein und derselben Propagandakampagne waren[62]; zumal Finanzmittel dem RNP durch die Deutsche Botschaft bereitgestellt wurden. Gelder kamen aber auch von der Firma L'Oréal, deren Chef RNP-Mitglied war und vor dem Krieg mit der „Cagoule" eine rechtsterroristische Gruppe unterstützt hatte, die – wie die von Grimm verteidigte Schwarze Reichswehr – „Verräter" ermordete und mit Waffen handelte[63].

Wie schon im Ersten Weltkrieg umfassten die deutsch-französischen Tätigkeiten Grimms nicht nur Zersetzung, sondern auch die Vernetzung zwischen Unternehmern beider Länder – nur dieses Mal zuungunsten „jüdischer" Firmen. So finden sich in den Akten des Militärbefehlshabers in Frankreich (MBF) Hinweise, dass Grimm an der „Arisierung" der Galeries Lafayette durch französische Unternehmen und die (ebenfalls aus einem „arisierten" Betrieb hervorgegangene) Kaufhof AG beteiligt war[64]. Ribardière wirkte an der Requisition und (letztlich gescheiterten) „Arisierung" des Rosengart-Unternehmens mit, das Luxusautos und Munition herstellte[65]. Es ist möglich, dass es sich bei diesen Hinweisen, die auf einer unsystematischen Konsultation der Sekundärliteratur

---

[61] GRIMM, France et le corridor polonais (Anm. 48); Marcel DÉAT, Mourir pour Dantzig, in: L'Œuvre, 4.5.1939.

[62] Zur Korridor-Kampagne vgl. Jutta SYWOTTEK, Mobilmachung für den totalen Krieg. Die propagandistische Vorbereitung der deutschen Bevölkerung auf den Zweiten Weltkrieg, Opladen 1976, S. 214–225.

[63] Reinhold BRENDER, Kollaboration in Frankreich im Zweiten Weltkrieg. Marcel Déat und das Rassemblement national populaire, München 1992, S. 236–238, S. 264–267; Gayle K. BRUNELLE, Annette FINLEY-CROSWHITE, Murder in the Metro. Laetitia Toureaux and the Cagoule in 1930s France, Baton Rouge 2016, S. 140–194.

[64] Annie LACROIX-RIZ, Industriels et banquiers français sous l'occupation. Préface d'Alexandre JARDIN, Paris 2013, S. 893 f.

[65] Philippe, VERHEYDE, Les Mauvais Comptes de Vichy. L'aryanisation des entreprises juives, Paris 1999, S. 244–254.

basieren, nur um die Spitze des Eisbergs handelte. Grimm war mutmaßlich noch involvierter in den organisierten Diebstahl, zum einen deshalb, weil viele der deutschen Firmen, deren Interessen Grimm seit 1914 immer wieder vertreten hatte, nun in Frankreich von „Kollaboration" und „Arisierung" profitierten – allen voran Röchling und Krupp[66]. Zum anderen aber auch, weil Grimm selbst in einer unveröffentlicht gebliebenen Passage seiner „Lebenserinnerungen" schreibt, in Anknüpfung an den Ersten Weltkrieg habe er auch 1940-1944 als juristischer Berater von Franzosen gewirkt. Grimm spricht von „Hunderten von Fällen", die ihm insbesondere von Maurice Loncle vermittelt worden seien[67] – einem Wirtschaftsanwalt, der auch „Arisierungen" betreute[68].

Als die Alliierten im Juni 1944 in der Normandie landeten, gehörte Grimm gemeinsam mit Abetz, Déat und Marchal Pétain zu dem kleinen Grüppchen an Kollaborateuren, das mit der Wehrmacht abzog und sich in dem malerischen Schloss von Sigmaringen verschanzte[69]. Einen letzten „Stimmungsbericht aus den ersten Tagen nach der Invasion" schickte er am 26. Juni an Abetz[70]. Als Sigmaringen im April 1945 geräumt wurde und sich die Gruppe in alle Winde zerstreute, setzten sich die beiden in den Südschwarzwald ab[71]. Grimm landete in Tiengen an der Schweizer Grenze[72]. Robert Gutmann, der Bürgermeister der Kleinstadt, hatte diese zu einem antisemitischen Vorzeigeort ausgebaut und im Krieg als Agent des Amtes Abwehr Geldgeschäfte und Spionage organisiert, die über die Schweiz liefen. Außerdem war er in Werwolf-Aktivitäten involviert und leistete im „Endkampf" erbittert Widerstand[73]. Grimm

---

[66] LACROIX-RIZ, Industriels et banquiers (Anm. 65), S. 783–799; VERHEYDE, Les mauvais comptes (Anm. 66), S. 124–126, S. 270 f.
[67] Friedrich GRIMM, Lebenserinnerungen, Kap. 22; BAKo, N 1122/15.
[68] LACROIX-RIZ, Industriels et banquiers (Anm. 69), S. 571–576 passim. Auch mit Loncle hatte sich Grimm schon vor dem Krieg getroffen; Surveillance exercée à l'égard de M. Grimm, 18.8.1939; Archives de la Préfecture de Police, Paris, dossier Friedrich Grimm, sans côte.
[69] LAMBAUER, Otto Abetz (Anm. 7), S. 666.
[70] Stimmungsbericht, 24.6.1944; PA/AA, Paris 1330.
[71] Zu Abetz vgl. LAMBAUER, Otto Abetz (Anm. 7), S. 666–673.
[72] Einer von Grimm handschriftlich erstellten Chronologie („Daten") zufolge, befand er sich in Tiengen, als der Ort am 25.4.1945 von französischen Truppen besetzt wurde; BAKo, N 1122/56.
[73] Uwe HOFFMANN, Die NPD. Entwicklung, Ideologie und Struktur, Frankfurt/M. u.a. 1999, S. 75, Fn. 6; Marc PERRENOUD, La place financière et les banques

hatte in den Monaten vor seinem Rückzug an die Schweizer Grenze den Unterlagen in seinem Nachlass zufolge als Anwalt vor allem altgediente Nationalsozialisten verteidigt, der sich bereits in den 1920er Jahren der NS-Bewegung angeschlossen hatten und die sich nun in den kriegswichtigen Unternehmen, die sie inzwischen leiteten, Korruptionsvorwürfen ausgesetzt sahen. Grimm verteidigte das inkriminierte Verhalten mit Verve: Entscheidend sei letztlich die Effizienz der Betriebe im Überlebenskampf des deutschen Volkes, die Justiz habe sich hier nicht einzumischen. Und er scheint auch mit diesen Kriegsplädoyers erfolgreich gewesen zu sein. Der letzte erhaltene Fall wurde im März 1944 vor dem Reichsmilitärgericht verhandelt, wo Grimm drei Jahrzehnte zuvor seine Karriere als Netzwerker und Propagandist begonnen hatte[74].

Ausblick

Als sich Gerhard Ritter im März 1952 als Vorsitzender des Verbandes der Historiker Deutschlands an einen der Staatssekretäre im Bundesinnenministerium wandte, um Friedrich Grimms Bitte „wärmstens zu unterstützen", dass sich das Ressort für die Rückgabe seiner von den Franzosen beschlagnahmten Akten einsetzen sollte, stellte der Historiker den Anwalt als „den bekannten Verteidiger der Ruhrprozesse, 1923" vor[75]. Davon, dass Grimms Archiv einen „ausgesprochenen Kampfcharakter in Bezug auf die französische Besatzungsmacht" hatte und viele „Propagandavorträge" enthielt, „die Herr Professor Grimm während der deutschen Besatzungszeit in Frankreich gehalten hat", war dann aber in einer Einschätzung des Auswärtigen Amtes die Rede, das es „nicht für zweckmäßig" hielt, wegen der Rückgabe der Akten an die Alliierten heranzutreten[76]. Während Grimms eigene Deutungen seines Wirkens, das von der Weimarer Republik über die Hitler-Diktatur und das Vichy-Regime bis in die frühe Bundesrepublik reicht, in der westdeutschen Öffentlichkeit trotz politischer Rückschläge durchaus präsent blieb, war eine ernsthafte zeithistorische Aufarbeitung also zunächst kaum

---

    suisses à l'époque du national-socialisme. Les relations des grandes banques avec l'Allemagne (1931-1946), Paris 2002, S. 480.
[74] Strafsache Pötz, 19.3.1944; BAKo, N 1122/81.
[75] Ritter an Wende, 25.03, 1952; BAKo, B 198/3714.
[76] Klassen an Bundesarchiv Koblenz, 23.03.1955; BAKo, B 198/3714.

möglich. Eine Folge dieser Konstellation war, dass noch 1993 ein Sammelband über die Zwischenkriegszeit erscheinen konnte, in dem Grimm als „patriote allemand, européen convaincu" porträtiert wurde – durchaus mit kritischem Blick, gerade auf Grimms Antisemitismus, aber im Ganzen doch noch sehr nah an dem, wie Grimm sich selbst präsentiert hatte[77]. Aber auch in den wichtigen Überblicksdarstellungen zum Vichy-Regime wird Grimm als verlässliche Quelle zitiert – unter anderem darüber, was Laval ihm anvertraut habe[78]. Angesichts dessen, dass Grimm ein professioneller Propagandist war, der immer wieder gezielt Falschangaben machte, scheint ein vorsichtigerer Gebrauch angebracht.

In diesem Beitrag wurde ein weiterer Historisierungsanlauf unternommen und für einen politikgeschichtlichen Paradigmenwechsel plädiert: Grimms politisches Wirken in Deutschland und Frankreich wurde nicht wie bisher als „rechter Radikalismus" oder als „Kollaboration im Zweiten Weltkrieg" mitsamt Vor- und Nachgeschichte historisiert, sondern als Zusammenspiel von politischem Nationalismus und organisiertem Kapitalismus – zwischen liberaler Demokratie und nationalistischer Diktatur. Grimm erscheint aus dieser Perspektive als Repräsentant eines integralen und organisierten Nationalismus, der im 19. Jahrhundert auf der rechten Seite des politischen Spektrums entstanden war. Wie Grimms Beispiel zeigt, bemühten sich die wichtigsten Träger dieses Nationalismus im Deutschen Reich – die Militärführung, rechte Großindustrielle und ab den 1920ern politisch organisierte Nationalisten – in Feindnationen wie Frankreich um Partner, mit denen Bündnisse oder zumindest Geschäfte ausgehandelt werden konnten. Grimm fungierte hier zum einen als ein Ideologieproduzent, der die Propaganda lieferte, mit der dieser neuartige transnationale Nationalismus legitimiert oder auch kaschiert werden konnte, wobei er sich den Rekonziliarismus und Europäismus des liberalen und sozialistischen Internationalismus aneignete. Zum anderen war er ein Netzwerker, der Akteure der politischen und der wirtschaftlichen Sphäre miteinander bekannt machte. Er war auch am Anbahnen von deutsch-französischen Abkommen beteiligt, in denen die Interessen seiner Mandanten und die der Regierungen zusammenflossen. Da Grimm hier zumeist als Privatmann auftrat, faktisch

---

[77] TAUBERT, Friedrich Grimm (Anm. 7).
[78] Robert O. PAXTON, La France de Vichy 1940-1944, Paris 1997 (engl. 1972), S. 71; BURRIN, La dérive fasciste (Anm. 54), S. 237, 263, 385.

aber als Unterhändler der Militärführung, wichtiger Unternehmen und schließlich der Regierung (Stresemann und Hitler), war er nicht nur mit der französischen Rechten vernetzt, sondern auch mit Linken, die ebenfalls offiziöse Kommunikationskanäle wie diesen nutzen wollten.

Gewaltsam unterbrochen und mehrere Jahre lang in der Entwicklung eingeschränkt wurde der Internationalismus von rechts durch die Niederlage des Naziregimes und die darauffolgende Besetzung des Reiches. Einen transnationalen Nationalismus, wie ihn Grimm mit Unterstützung wirtschaftlicher Eliten seit dem Ersten Weltkrieg ausbuchstabiert hatte, ließ sich unter diesen neuen Bedingungen kaum erfolgreich realisieren. Anders als nach 1918 verbündeten sich nationalistische Industrielle nach 1945/49 in der Regel nicht mit dem organisierten Nationalismus, sondern mit den christ- und liberaldemokratischen Parteien. Das Militär, das in der Weimarer Republik eng mit der „nationalen Opposition" verflochten gewesen war, suchte nun zumeist die Kooperation mit den Westmächten. Als Grimm und andere ehemalige Funktionseliten der Hitler-Diktatur in den 1950er Jahren einen Anlauf zur Unterwanderung der nordrhein-westfälischen FDP unternahmen, konnten sie dabei nur auf die Unterstützung einzelner Industrieller zurückgreifen, darunter Hugo Stinnes junior. Der Versuch wurde durch die britische Besatzungsmacht vereitelt, die die Verschwörung auffliegen ließ und einige Hauptbeteiligte verhaftete. Grimm blieb verschont, obwohl er auch hier wieder als Verbindungsglied zwischen FDP-Parteipolitik, Ruhrindustrie und organisiertem Nationalismus fungiert hatte[79]. Als er 1959 starb, war er zwar innerhalb der nationalistischen Rechten der Bundesrepublik eine feste Größe, über dieses Milieu hinaus waren er und seine frühere Tätigkeit jedoch weitgehend in Vergessenheit geraten oder tabuisiert worden. Als in den westdeutsch-französischen Beziehungen nun wieder von „Versöhnung" und „Europa" die Rede war, schien es daher ganz so, als habe es die Grimm'sche Propaganda von der Überwindung der „Erbfeindschaft" im Geiste der europäischen Einigung gegen den „jüdischen Bolschewismus", der nun Kommunismus hieß, nie gegeben[80].

---

[79] BUCHNA, Sammlung (Anm. 9); FREI, Vergangenheitspolitik (Anm. 8); HERBERT, Best (Anm. 12).

[80] Fritz TAUBERT, La mémoire d'une autre réconciliation. Le récit des anciens collaborationnistes au lendemain de la Seconde Guerre mondiale, in: Cahiers d'histoire. Revue d'histoire critique 100 (2007), S. 51–65.

VI. La réconciliation au lendemain de 1945 / Versöhnung nach 1945

Das Unversöhnbare versöhnen?

Hermann Hoffmann und Bolesław Kominek über die Gestaltung des deutsch-polnischen Verhältnisses

Urszula Pękala

Der Deutsche Hermann Hoffmann (1878-1972) und der Pole Bolesław Kominek (1903-1974) waren katholische Geistliche aus Schlesien, beide geboren in der Zeit, als dieses Gebiet zu Preußen gehörte, die sich intensiv für eine deutsch-polnische Versöhnung einsetzten. Dies war ein Anliegen, das sie beide sehr konkret persönlich betraf. Hoffmann und Kominek sind nämlich auf dem Gebiet geboren und aufgewachsen, das jahrhundertelang von Deutschen und Polen bewohnt war, während es seine staatliche Zugehörigkeit im Laufe der Geschichte einige Male wechselte. Die beiden letzten Wechsel erfolgten zu Lebzeiten Hoffmanns und Komineks: Schlesien wurde teilweise nach 1918 und teilweise nach 1945 an das polnische Staatsterritorium angeschlossen. Hoffmann und Kominek machten die Erfahrung von sowohl einem friedlichen Zusammenleben der beiden Völker auf diesem Gebiet als auch von blutigen Konflikten zwischen ihnen. Sie kannten sich persönlich und unterhielten Kontakte miteinander.

Was waren nun die unversöhnbaren Umstände zwischen Deutschen und Polen, mit denen sich Hoffmann und Kominek konfrontiert sahen? Das Verhältnis zwischen den beiden Völkern war vor allem durch die Vergangenheit belastet: Aus der polnischen Perspektive galt Deutschland in den letzten zwei Jahrhunderten als ständige Bedrohung für die Existenz Polens in staatlicher, kultureller und ethnischer Hinsicht – eine Auffassung, die aus der deutschen Beteiligung an den Teilungen Polens, der antipolnischen Politik Bismarcks und der fast sechs Jahre andauernden zerstörerischen Besatzung im Zweiten Weltkrieg resultierte. Hinzu kamen noch spezifische Umstände, die sich jeweils mit dem Ausgang der beiden Weltkriege ergaben. Nach dem Ersten Weltkrieg, im Zusammenhang mit den Beschlüssen des Versailler Vertrags, belastete das deutsch-polnische Verhältnis die Tatsache, dass die Weimarer Republik und später das „Dritte Reich" die Existenz eines unabhängigen polnischen Staates immer wieder programmatisch bestritt. Weitere Konflikte verbanden sich mit der Frage nach der Stellung der Freien Stadt Danzig und dem sogenannten Korridor sowie mit der Lage der deutschen Minderheit in Polen. Nach dem Zweiten Weltkrieg wurde die auf den Konferenzen in Jalta und Potsdam beschlossene Grenzverschiebung, mit dem daraus resultierenden Verlust deutscher Gebiete an Polen und der Vertreibung der Deutschen, für Jahrzehnte zum Dauerbrenner der deutsch-polnischen Spannungen. Dieselbe Grenzverschiebung bedeutete zugleich für Polen den Verlust seiner Ostgebiete an die Sowjetunion und massive Umsiedlungen polnischer Bevölkerung, zum großen Teil in die bis dahin deutschen Gebiete[1].

Sowohl in der Zwischenkriegszeit als auch nach 1945 bestanden auf der deutschen und polnischen Seite Ansprüche, die sich gegenseitig ausschlossen. Die Lage war zwar zum Teil mit internationalen Verträgen geregelt, gesellschaftlich und politisch aber bei Weitem noch nicht akzeptiert. Somit war in den beiden Fällen die Gefahr eines neuen blutigen Konflikts noch nicht endgültig gebannt – auch wenn direkte Kriegshandlungen und Kriegsverbrechen aufgehört hatten. Unter solchen Umständen schienen Versöhnung, Vergessen und Abschließen mit der Vergangenheit unmöglich. Vor diesem Hintergrund kann das Engagement von Hoffmann und Kominek für eine deutsch-polnische Annäherung als ein Versuch gelesen werden, auf der Grundlage des christlichen Versöhnungskonzepts den Ausweg aus einer Situation zu finden, in der es eigentlich keine Lösung gab, die alle betroffenen Seiten zufriedenstellen würde.

Dieser Beitrag fragt danach, wie Hermann Hoffmann und Bolesław Kominek mit dieser anhaltenden Konfliktsituation umgingen. Was verstanden die beiden unter Versöhnung und wie wandten sie dieses Konzept auf den konkreten deutsch-polnischen Kontext an? Die Analyse

---

[1] Zur Geschichte der deutsch-polnischen Beziehungen im ausgehenden 19. und im 20. Jahrhundert vgl. bspw.: Dieter BINGEN u.a. (Hg.), Die Deutschen und die Polen. Geschichte einer Nachbarschaft, Darmstadt 2016; Włodzimierz BORODZIEJ, Klaus ZIEMER (Hg.), Deutsch-polnische Beziehungen 1939 – 1945 – 1949. Eine Einführung, Osnabrück 2000; Krzysztof RUCHNIEWICZ, Zögernde Annäherung. Studien zur Geschichte der deutsch-polnischen Beziehungen im 20. Jahrhundert, Dresden 2005.

bezieht sich auf Aussagen Hoffmanns vornehmlich aus der Zwischenkriegszeit und Komineks aus dem Zeitraum von 1945 bis Anfang der 1960er Jahre. Sowohl Hoffmann als auch Kominek waren mehr am praktischen Handeln als an einer systematischen Erörterung des theologischen Versöhnungskonzepts interessiert. Deswegen sind auch ihre Texte über Versöhnung vor allem als Aufruf zum Handeln zu verstehen.

Zwei begriffliche Vorbemerkungen sind an der Stelle noch nötig. Erstens erläuterten Hoffmann und Kominek solche zentralen Begriffe wie „Versöhnung", „Vergebung" oder „Schuld" nicht. Dies lässt sich teilweise damit erklären, dass sie ihre Texte an Katholiken richteten, bei denen sie offenbar bestimmte Kenntnisse der christlichen Glaubensinhalte voraussetzten. Ebenso beließen sie Anspielungen an Bibelstellen und liturgische Texte ohne weitere Ausführung oder präzisere Angaben, weil sie vermutlich davon ausgingen, dass ihre Adressaten den Zusammenhang direkt erkennen können. Zweitens kommt das Wort „Versöhnung" selbst in Texten Hoffmanns und Komineks selten vor. Wie lässt sich also unter diesen Umständen ihr Versöhnungsverständnis ermitteln? Über ihre Intention, die Hoffmann und Kominek deutlich vermittelten: Sie waren darum bemüht, dass nach der Zeit blutiger Konflikte und trotz der weiterhin bestehenden Spannungen eine Gemeinschaft zwischen Deutschen und Polen hergestellt und eine gemeinsame friedliche Zukunft der beiden Völker ermöglicht wird. Genau das entspricht aber dem allgemeinen Verständnis von Versöhnung – eine zerbrochene Gemeinschaft nachhaltig wiederaufzubauen.

1. Wer waren Hermann Hoffmann und Bolesław Kominek?

Für eine Kontextualisierung des Verständnisses von Versöhnung bei Hoffmann und Kominek ist ein kurzer biografischer Abriss über die beiden notwendig, denn dieses Verständnis speist sich nicht nur aus ihrer theologischen Ausbildung und dem Bekenntnis zum christlichen Glauben, sondern auch aus konkreten persönlichen Erfahrungen im Schlesien des ausgehenden 19. und der ersten Hälfte des 20. Jahrhunderts.

Hermann Hoffmann, geboren am 14. Juli 1878 in Glogau, war Theologe und Priester. Sein Leben lang hatte er Kontakte mit Polen, vor 1918 überwiegend mit denjenigen, die preußische Staatsbürger waren. Hoffmann lernte Polnisch, um die polnischen Saisonarbeiter in der Region von Liegnitz betreuen zu können – das war am Anfang des 20. Jahrhunderts. 1906 kam Hoffmann nach Breslau und sollte hier 42 weitere Jahre seines Lebens verbringen. Er arbeitete als Gymnasiallehrer, war Mitbegründer der katholischen Jugendbewegung „Quickborn"[2], forschte zur Kirchengeschichte Schlesiens, engagierte sich in der ökumenischen Bewegung, schließlich war er in dem 1914 gegründeten „Internationalen Versöhnungsbund" aktiv, in dem er sich für die deutsch-polnische Versöhnung einsetzte. Noch vor dem Zweiten Weltkrieg unternahm Hoffmann mehrere Reisen nach Polen, wo er den höchsten Vertretern der katholischen Kirche, einschließlich des Primas, begegnete. Als 1945 Breslau an Polen angeschlossen wurde, konnte Hoffmann dank Interventionen der polnischen kirchlichen Verwaltung vorerst in der Stadt bleiben, 1948 wurde er jedoch von den polnischen Behörden endgültig ausgewiesen. Seitdem wohnte er überwiegend in Leipzig, unterhielt aber weiterhin Kontakte zu seiner alten Heimat – nicht zuletzt über Bolesław Kominek. Durch seine Publizistik und Vortragstätigkeit, auch in Westdeutschland, arbeitete er bis ans Ende seines Lebens weiterhin an der deutsch-polnischen Annäherung. Er starb im Leipzig am 12. Januar 1972 im Alter von 94 Jahren.

Bolesław Kominek war um eine ganze Generation jünger als Hoffmann. Er kam am 20. Dezember 1903 im schlesischen Radlin in einer polnischen Familie zur Welt. Unter den Bedingungen des preußischen Schulsystems ist er zweisprachig – Deutsch und Polnisch – aufgewachsen. In der Zwischenkriegszeit studierte Kominek in Krakau und Paris. 1945 wurde er zum Apostolischen Administrator von Oppeln, 1951 jedoch durch die kommunistischen Behörden seines Amtes verwiesen und aus Oppeln verbannt. 1954 wurde er zum Bischof geweiht und als Apostolischer Administrator in Breslau eingesetzt, wo er von nun an bis zu seinem Lebensende arbeiten sollte. Seit 1971 beteiligte sich Kominek an dem Rat der Bischofskonferenzen Europas (Concilium Conferentiarum Episcoporum Europae, CCEE) als dessen Vizepräsident. Nach der

---

[2] „Quickborn" war der einflussreichste Bund der katholischen Jugendbewegung im Deutschland und Österreich der ersten Hälfte des 20. Jahrhunderts. Zu dessen Zielen gehörte, neben der Vertiefung des religiösen Lebens, auch die Vorbereitung der Jugend auf eine selbstbestimmte Lebensgestaltung nach christlichen Prinzipien. Zur Geschichte von „Quickborn" vgl.: Godehard RUPPERT, Quickborn – katholisch und jugendbewegt. Ein Beitrag zur Wirkungsgeschichte der katholischen Jugendbewegung, Bamberg 2016, URL: https://opus4.kobv.de/opus4-bamberg/frontdoor/index/index/docId/47077 [17.4.2020].

Das Unversöhnbare versöhnen?

Etablierung 1972 polnischer Diözesen in den ehemals deutschen Gebieten durch den Vatikan wurde er zum ersten Metropoliten von Breslau seit Kriegsende. 1973 erfolgte die Erhebung zum Kardinal. Kominek starb in Breslau am 10. März 1974. In die Geschichte ist er vor allem als Autor der Versöhnungsbotschaft der polnischen Bischöfe an ihre deutschen Amtsbrüder eingegangen, die am 18. November 1965, während der letzten Sitzungsperiode des Zweiten Vatikanischen Konzils dem deutschen Episkopat überreicht wurde[3]. Dieses Dokument gilt heute als Meilenstein der deutsch-polnischen Versöhnung nach dem Zweiten Weltkrieg und wird als Modell für Versöhnungsprozesse im internationalen Bereich betrachtet, zeitgenössisch war es jedoch stark umstritten[4].

Hoffmann und Kominek wurden beide von dem besonderen Charakter ihrer Heimat geprägt. Schlesien war nämlich, unabhängig von der staatlichen Zugehörigkeit dieser Region, von deutscher, jüdischer, polnischer und tschechischer Bevölkerung bewohnt. Dieses Zusammenleben von unterschiedlichen Ethnien und Konfessionen – mal friedlich, mal spannungsvoll – inspirierte Hoffmann und Kominek auch in ihrem Umgang mit der Frage nach Versöhnung im politisch-gesellschaftlichen Kontext.

2. Versöhnungsverständnis Hermann Hoffmanns

Der zentrale Begriff im Denken Hermann Hoffmanns war Frieden. Damit verband Hoffmann mehrere Aspekte: die soziale Frage, die Ökumene und schließlich den Frieden unter den Völkern. Im

---

[3] Botschaft der polnischen Bischöfe an die deutschen Bischöfe vom 18. November 1965, in: Sekretariat der Deutschen Bischofskonferenz (Hg.), Dokumentation der Predigten und Ansprachen bei der Begegnung des Primas von Polen, Kardinal Stefan Wyszynski und einer Delegation der Polnischen Bischofskonferenz mit dem Vorsitzenden der Deutschen Bischofskonferenz, Kardinal Joseph Höffner und der Deutschen Bischofskonferenz in Deutschland im September 1978, Bonn 1978, S. 76–87.

[4] Herzu bspw. Severin GAWLITTA, „Aus dem Geist des Konzils! Aus der Sorge der Nachbarn!". Der Briefwechsel der polnischen und deutschen Bischöfe von 1965 und seine Kontexte, Marburg 2016, S. 189–223; Basil KERSKI, Robert ŻUREK, Der Briefwechsel zwischen den polnischen und deutschen Bischöfen von 1965. Entstehungsgeschichte, historischer Kontext und unmittelbare Wirkung, in: Basil KERSKI u.a. (Hg.), „Wir vergeben und bitten um Vergebung". Der Briefwechsel der polnischen und deutschen Bischöfe von 1965 und seine Wirkung, Osnabrück 2006, S. 7–53.

deutsch-polnischen Kontext betrachtete Hoffmann den gemeinsamen christlichen Glauben als wichtige Basis für den Frieden; wegen der mehrheitlichen Zugehörigkeit der polnischen Bevölkerung zur katholischen Kirche maß er dem Katholizismus eine besondere Relevanz für den Frieden bei[5].

Hoffmann betrachtete Frieden und Krieg in theologischen Kategorien – den Ersteren als Geschenk Gottes, den Letzteren als Ablehnung der göttlichen Ordnung. In Bezug auf die Erfahrungen des Ersten Weltkriegs und angesichts der immer noch unruhigen Lage in Europa schrieb Hoffmann 1933: „Der Krieg hatte die Gebote Gottes suspendiert; so hat Entkirchlichung, Entchristlichung, Entsittlichung unerhörte Fortschritte gemacht"[6]. Zugleich betonte Hofmann, dass der Frieden den Menschen nicht nur gegeben, sondern auch aufgegeben sei, was heißt, dass man an dem Frieden stets arbeiten müsse, selbst wenn ein unmittelbarer Erfolg lange auf sich warten ließe[7].

Der Friedensgedanke war bei Hoffmann biblisch und christologisch verankert. Er berief sich unter anderem auf den Satz aus der Bergpredigt Jesu (Mt 5, 9): „Selig die Friedfertigen, denn sie werden Kinder Gottes genannt werden". Dabei bemängelte er, dass die Sprengkraft dieses Satzes oftmals nicht richtig erkannt und seine Bedeutung reduziert würden:

„Er [der Satz, U.P.] beschränkt sich nicht auf meine Beziehungen zum Nächsten, zum Nachbar, auf das Ich-Du-Verhältnis, er gilt für alle menschliche Gemeinschaft, für Familie, Gemeinde, Volk, Staat, Völker und Staaten. Er fordert nicht passives Stillsein, schwächlich Sichallesgefallenlassen, tatenlos Sichtreibenlassen, er ruft unseren Mut und unsere Kraft und unsere Gestaltungskunst auf, er verlangt <u>Frieden machen, Frieden stiften, Frieden festigen, er verlangt Ordnung und Gestaltung mit dem Ziel des Friedens</u>"[8].

Diese Verpflichtung der Christen zum Frieden koppelte Hoffmann an das Gebot Christi zur Feindesliebe und an das sogenannte Hochpriesterliche Gebet Jesu beim letzten Abendmahl (Joh 17), in dem Jesus

---

[5] Evelyne A. ADENAUER, „In elfter Stunde". Hermann Hoffmann und sein Engagement für eine deutsch-polnische Verständigung und die Ökumene in der Zwischenkriegszeit, Münster 2008, S. 54–56.

[6] Hermann HOFFMANN, Die Kirche und der Friede. Von der Friedenskirche zur Friedenswelt, Wien, Leipzig 1933, S. 22.

[7] Ebd., S. 36 f.

[8] Ebd., S. 36 [Hervorhebung im Original].

Gott darum bittet, dass alle seine Jünger eins seien[9]. Hoffmann war sich jedoch bewusst, dass Christen sehr wohl auch zum Krieg beitragen oder den Krieg rechtfertigen:

> „Es gibt heute keinen isolierten Krieg mehr. Es geht heute um viel Ernsteres, Entscheidenderes, nämlich darum, ob wir alle, seien wir Deutsche oder Franzosen, Engländer oder Amerikaner, Polen oder Tschechen, ob wir es weiterhin verantworten können und wollen, daß in der Christenheit ein System von Staats wegen sanktioniert, instruiert, exerziert und praktiziert wird, das den elementarsten christlichen Lebensordnungen ins Gesicht schlägt! Wer soll denn zuerst diese neue und doch uralte Botschaft vom Friedenswillen Gottes in die Welt hinausrufen? Wer anders als die Kirche, wer anders als die Christen?"[10]

Neben der theologischen Untermauerung der Friedensidee schlug Hoffmann konkrete Mittel auf unterschiedlichen Ebenen zur Aufrechterhaltung des Friedens vor: Abrüstung, Abschaffung der allgemeinen Wehrpflicht und jeglicher vormilitärischer Erziehung der Jugend, stärkere Verkoppelung von Politik und Moral, was mit der Ablehnung des totalitären Staates verbunden wäre, Befreiung der Begriffe „Nation" und „Vaterland" von Nationalismus, Schutz der Rechte von Minderheiten, Erziehung zum Frieden. All das sollte die Erschaffung einer wahren Völkergemeinschaft ermöglichen[11].

Mit dem Besagten ist schon angedeutet, dass für Hoffmann der Frieden mehr als bloß eine Zeit ohne Krieg bedeutete. Frieden betrachtete er nämlich als Grundlage für die Einheit der gesamten Menschheit. Dabei betonte er in Anlehnung an den Brief des Apostels Paulus an die Epheser[12], dass die wahre und dauerhafte Einheit aller Menschen nur durch den Kreuzestod Jesu hergestellt werden könne: „Das Kreuz ist das einigende Zeichen. Nicht Politik und Diplomatie können die Zwietracht, die Feindschaft überwinden. Allein Christus, der Befreier, kann es."[13]

---

[9] Ebd., S. 39–42.
[10] Ebd., S. 98 f. [Hervorhebungen im Original].
[11] Ebd., S. 117–141.
[12] „Jetzt aber seid ihr, die ihr einst in der Ferne wart, in Christus Jesus, nämlich durch sein Blut, in die Nähe gekommen. Denn er ist unser Friede." (Eph 2, 13–14a). Alle biblischen Zitate in diesem Beitrag stammen aus der *Einheitsübersetzung* (revidierte Ausgabe von 2016), https://www.die-bibel.de/bibeln/online-bibeln/einheitsuebersetzung/bibeltext/ [17.2.2020].
[13] Ebd., S. 44.

Eine wichtige Voraussetzung für den Frieden und für die wahre Völkerverständigung erblickte Hoffmann in der Kenntnis des Anderen. 1927 schrieb er in Bezug auf das deutsch-polnische Verhältnis:

> „Wir sollten Polen ernst nehmen und Land und Leute, Geschichte und Aussichten, Literatur und Kultur kennen zu lernen suchen. Wir sollten uns frei machen von der kleinen deutschen, preußischen Geschichtsdeutung, und von der Werkverkörperung des Erfolges in der Politik und der Nichtachtung des Rechtes (...). Wie viele Schwierigkeiten kommen daher, dass wir uns nicht kennen. Wobei allerdings zu sagen ist, daß der Pole uns, unsere Kultur, unseren Katholizismus viel besser kennt, als es umgekehrt der Fall ist"[14].

Mit der Kenntnis der jeweils anderen Seite verband Hoffmann auch das Verständnis für ihre Haltung gegenüber dem Konfliktgegenstand. So forderte er schon nach dem Ersten Weltkrieg von Deutschen ein Verständnis dafür, dass die Polen auf den eigenen unabhängigen Staat und auf die Wiedergutmachung der erlittenen Kriegsschäden bestehen:

> „Ich möchte glauben, dass im katholischen Teile Deutschlands immer ein Verständnis und ein Mitgefühl für das an die fremden Staaten zerteilte polnische Volk geblieben ist. Ich möchte glauben, dass im katholischen Teile Deutschlands auch ein Verständnis für Restitution, für Wiedergutmachung des angerichteten Schadens vorhanden ist, dass also hier am ehesten der Gedanke siegt, dass die Wiederherstellung Polens durch den Krieg ganz einfach ein Ausdruck der Gerechtigkeit ist, die im geschichtlichen Verlauf der Dinge sich auswirkt, dass die Weltgeschichte das Weltgericht ist"[15].

3. Versöhnungsverständnis Bolesław Komineks

Im Denken Bolesław Komineks über Versöhnung lassen sich teilweise dieselben Elemente identifizieren, die bei Hermann Hoffmann vorkamen. Das Engagement Komineks für Versöhnung hatte jedoch teilweise einen anderen Bezugsrahmen als bei Hoffmann. Kominek bemühte sich nämlich nicht nur um Versöhnung im deutsch-polnischen

---

[14] Hermann HOFFMANN, Deutsch-polnische Verständigung, in: Allgemeine Rundschau 36 (1927), S. 562 f., hier S. 562; zit. nach: ADENAUER, „In elfter Stunde" (Anm. 5), S. 149.

[15] Hermann HOFFMANN, Die Aufgabe des Katholizismus und die deutsch-polnische Verständigung, in: Die Menschheit 36, 9. September 1927, S. 265 f., hier S. 266; zitiert nach: ADENAUER, „In elfter Stunde" (Anm. 5), S. 54.

Verhältnis, sondern er betrachtete sie zugleich als ein Modus des gesellschaftlichen Zusammenlebens im Schlesien in den ersten Jahren nach dem Kriegsende. Die Bevölkerung dort setzte sich zu dieser Zeit aus sehr unterschiedlichen Gruppen zusammen: den einheimischen Schlesiern, den Polen aus den Gebieten, die nun an die Sowjetunion gefallen waren, den Polen aus dem ruinierten Warschau und anderen Teilen des Landes, die sich eine neue Existenz aufzubauen versuchten sowie den Rückkehrern aus der Zwangsarbeit und den Konzentrationslagern. Es bestanden kulturelle und sprachliche Unterschiede, selbst zwischen den polnischen Gruppen. Hinzu kamen Ressentiments, gegenseitige Anschuldigungen, ständige innere Anspannung aufgrund des erlittenen Traumas, der prekären Lebensbedingungen und der allgemeinen aus der Nachkriegsnot resultierenden Unsicherheit[16].

Als Apostolischer Administrator dieser Gebiete versuchte Kominek, zur Integration der unterschiedlichen, zum großen Teil aus anderen Regionen Polens eingetroffenen Bevölkerungsgruppen, auf der Grundlage des gemeinsamen christlichen Glaubens beizutragen[17]. Deswegen appellierte er an die Geistlichen und Gemeinden:

„Man darf die neu Angekommenen nicht ausschließen – nicht nur aus dem Gesichtspunkt der Einheitlichkeit der Pfarrgemeinde, aber wegen des höchsten Gebots Christi, das uns gegenüber allen verpflichtet, auch gegenüber Heiden und Verbrechern"[18].

Das gemeinsame Ziel der nun so heterogenen Bevölkerung erblickte Kominek in dem Wiederaufbau nach den Kriegszerstörungen, wobei gegenseitige Hilfe und Vergebung Schlüsselelemente dieses Prozesses darstellen sollten, nur so könne man nämlich den von allen ersehnten Frieden etablieren[19].

---

[16] Jan KRUCINA (Hg.), Szkice do portretu. Kardynał Bolesław Kominek, Wrocław 2005, S. 199–201.

[17] Bolesław KOMINEK, Der erste Hirtenbrief als Apostolischer Administrator in Oppeln, 14.09.1945, abgedruckt in: Andrzej HANICH, Ksiądz infułat Bolesław Kominek, pierwszy administrator apostolski Śląska Opolskiego (1945-1951), Opole 2012 S. 140–155, hier S. 154.

[18] Bolesław KOMINEK, Vortrag über die Gestaltung einer einheitlichen Pfarrgemeinde aus Gemeindemitgliedern unterschiedlicher Traditionen und Bräuche, 2.4.1946, abgedruckt in: HANICH, Ksiądz infułat Bolesław Kominek, S. 241–248, hier S. 247 [Übersetzung aus dem Polnischen, U.P.] .

[19] Bolesław KOMINEK, Hirtenbrief an die Gläubigen anlässlich des zweiten Jahrestages der Etablierung der Apostolischen Administratur des Oppelner Schlesiens,

Die besondere Rolle der Vergebung in der Integration der Gesellschaft im Schlesien der direkten Nachkriegszeit betonte Kominek noch rückblickend im Juli 1965, in seiner Predigt auf dem Annaberg (einem der wichtigsten schlesischen Wallfahrtsorte) anlässlich des 20. Jahrestags der Errichtung der polnischen kirchlichen Verwaltung in diesen Gebieten:

> „Es verband uns der gemeinsame Beichtstuhl, wo wir unsere nicht nur gegen Gott, sondern auch gegen Nachbarn begangenen Sünden gestanden. Von diesen Sünden gab es damals sehr viel. Dort in unseren Kirchen vergaben wir uns gegenseitig unsere Schuld, sowie der Heiland dies im Gebet des Herrn will – dort empfingen wir gemeinsam den Leib Christi und sagten: ‚Herr, ich bin nicht würdig...', ich vergebe und bitte um Vergebung..."[20].

Auch im internationalen Kontext, also über die Lage im Nachkriegsschlesien hinaus, verband Kominek Frieden mit Einheit. Im Spätsommer 1957 begrüßte Kominek in Breslau eine Delegation ehemaliger französischer Zwangsarbeiter und Kriegsgefangener, die im Zweiten Weltkrieg nach Niederschlesien deportiert worden waren. Vor dieser Gruppe hielt er eine Ansprache, in der er in radikaler Weise eine im christlichen Glauben begründete Einheit Europas postulierte. Dabei berief sich Kominek auf den Gedanken des Apostels Paulus, der Glaube an Christus führe Menschen zur Einheit, die alle Unterschiede und Spaltungen unter ihnen – würden sie aus der Herkunft, dem Stand oder dem Geschlecht resultieren – überwinde:

> „Ich habe Angst vor großen Worten – aber während der Messe hatte ich die Idee, wie schön es wäre: ein Europa, eine Menschheit ohne Grenzen, die manchmal unüberwindbar sind, eine Menschheit, wo es nach dem

---

15.8.1947, abgedruckt in: HANICH, Ksiądz infułat Bolesław Kominek, S. 335–340, hier S. 338 [Übersetzung aus dem Polnischen, U.P.].

[20] Bolesław Kominek, Droga pokoju społecznego [Predigt auf dem Annaberg anlässlich des 20. Jahrestags der polnischen kirchlichen Verwaltung in den Westgebieten am 25.7.1965], in: Tygodnik Powszechny, Nr. 32, 8.08.1965, S. 2 f., hier S. 2 [Übersetzung aus dem Polnischen – U.P.]. Das Zitat in dem letzten Satz bezieht sich auf die römisch-katholische Eucharistiefeier. Vor dem Empfang der Kommunion beten die Gläubigen mit den Worten: „Herr, ich bin nicht würdig, dass du eingehst unter mein Dach; aber sprich nur ein Wort, so wird meine Seele gesund". Ihren Ursprung haben diese Worte in der im Neuen Testament beschriebenen Begegnung zwischen Jesus und dem römischen Hauptmann von Kafarnaum, dessen Diener Jesus geheilt hat (Mt 8, 5-13 und Lk 7, 1-10).

Ausdruck des hl. Paulus ,weder Griechen noch Juden', sondern nur Christen geben würde.... ja: Franzosen auch, und Polen, aber vor allem Christen! Menschen, und erst dann Franzosen und Polen..."[21].

In Bezug auf das Verhältnis zwischen Deutschen und Polen war für Kominek das gegenseitige Kennenlernen und Verstehen, ähnlich wie bei Hoffmann, eine Bedingung für Versöhnung und Frieden. In einem Referat von 1960 reflektierte Kominek die Belastungen und den aktuellen Stand des deutsch-polnischen Verhältnisses[22]. Dabei stellte er fest, dass sich Deutsche und Polen besser kennenlernen sollten, weil sie sich

---

[21] „J'ai peur des grands mots –, mais pendant la messe il me venaient des idées comme ce serait beau: une Europe, une humanité sans frontières parfois insurmontables, une humanité, où [sic!] selon l'expression de Saint Paul il n[']y aurait « ni Grec ni Juif » mais seulement des chrétiens... oui: des Français aussi, des Polonais, mais d'abord des chrétiens! Des homes [sic!], et puis des Français et Polonais..." Bolesław KOMINEK, Mes très chers frères Français, Dokumentacja Ziem Zachodnich 1957–59, Bl. 512, 515–517 [deutsche Übersetzung – U.P.]. Mit der Berufung auf den Apostel Paulus sind die zwei folgenden Stellen aus den Briefen an die Galater und die Kolosser gemeint: „Denn alle seid ihr durch den Glauben Söhne Gottes in Christus Jesus. Denn ihr alle, die ihr auf Christus getauft seid, habt Christus angezogen. Es gibt nicht mehr Juden und Griechen, nicht Sklaven und Freie, nicht männlich und weiblich; denn ihr alle seid einer in Christus Jesus." (Gal 3, 26–28); „[Ihr] habt den neuen Menschen angezogen, der nach dem Bild seines Schöpfers erneuert wird, um ihn zu erkennen. Da gibt es dann nicht mehr Griechen und Juden, Beschnittene und Unbeschnittene, Barbaren, Skythen, Sklaven, Freie, sondern Christus ist alles und in allen." (Kol 3, 10–11). Kominek erwähnte zwar nur die „Griechen und Juden", aus dem Zusammenhang der Paulinischen Theologie und dem Gesamtkontext der Rede Komineks geht jedoch hervor, dass es sich hier nicht um das jüdisch-christliche Verhältnis handelt, sondern um eine neue Qualität der Beziehungen unter den Gläubigen, wo nun sogar die bisher unüberwindbaren Unterschiede zwischen ihnen überbrückt werden. Dass Kominek hier die Texte von Paulus nicht vollständig zitierte, weicht von seiner Praxis in anderen Ansprachen nicht ab. Wie bereits in der Einleitung zu diesem Beitrag bemerkt, verwendete er häufiger nur kurze Anspielungen an biblische oder liturgische Texte, bei denen er voraussetzte, dass sie für seine Zuhörer sofort erkennbar sind.

[22] Bolesław KOMINEK, Die geschichtliche Belastung der deutsch-polnischen Beziehungen, DAB V/5-11-1-1, Nachlass Alfred Kardinal Bengsch. Polen (1962-1966); derselbe Text in: DADM (Diözesanarchiv des Bistums Dresden-Meißen) 103.09/05, Bd. X. Kominek bereitete dieses Referat für eine Delegation deutscher und österreichischer Katholiken vor, die Polen besuchen sollte. Der Besuch wurde von polnischen Behörden verhindert, das Referat kursierte aber in Abschriften unter deutschen Bischöfen und Katholiken, die an der Versöhnung mit Polen interessiert waren. Einige Gedanken aus diesem Referat übernahm Kominek später in dem bahnbrechenden Versöhnungsbrief an die deutschen Bischöfe vom 18. November 1965.

trotz der Jahrhunderte währenden Nachbarschaft in gewisser Hinsicht immer noch fremd seien. Dazu sei auch notwendig, dass beide Völker die Ansprüche und Ängste der jeweils anderen Seite zu verstehen versuchen. Kominek rief zu einer „Entgiftung" der deutsch-polnischen Beziehungen auf und nannte Mittel hierzu: Einheit im gemeinsamen christlichen Glauben und in der gemeinsamen Kirche, die wichtiger als nationale Zugehörigkeiten sei; gegenseitiges Vertrauen, aufgebaut auf den positiven historischen Erfahrungen der deutsch-polnischen Nachbarschaft; schließlich Austausch des katholischen Gedankenguts, beispielsweise durch den Import deutscher theologischer Literatur nach Polen und gleichzeitige Rezeption polnischer Bücher im deutschen Sprachraum[23]. Das gegenseitige Kennenlernen sollte sich auch auf die jüngste Vergangenheit beziehen. So schrieb Franz Wosnitza, ein weiterer schlesischer Geistlicher, der sich für die deutsch-polnische Versöhnung einsetzte, Kominek die folgende Ansicht zu: Für eine geistige Annäherung von Deutschen und Polen wäre es von Vorteil, wenn in Polen der kirchliche Widerstand gegen den Nationalsozialismus bekannter wäre, in dem offiziellen kommunistischen Deutschlandbild werde das nämlich kaum berücksichtigt[24]. Komineks Bemühungen um die Kenntnis der jeweils anderen Seite, um das Verständnis für ihre Gefühlslage, für die Haltungen und Motivationen, für unterschiedliche Mentalitäten, kamen dem nahe, was man heute als Abbau von Vorurteilen und Stereotypen bezeichnet – selbst wenn Kominek diese Begriffe nicht verwendete.

Frieden verband Kominek allerdings noch mit einem weiteren Element – nämlich mit Vergebung. Dies drückte er eindeutig in der bereits zitierten Ansprache an die Delegation der ehemaligen französischen Zwangsarbeiter und Kriegsgefangenen von 1957 aus:

„(...) wir beten für diejenigen, die ihr Leben auf dem Altar des Vaterlandes und der Menschlichkeit geopfert haben. Gleichzeitig versuchen wir auch, für diejenigen zu beten, die so viel Böses angerichtet und den Tod von Millionen verursacht haben...; gemäß dem Gebot unseres Herrn ‚sicut et nos dimittimus debitoribus nostris'... [Wir tun dies] weil wir nicht nur die Gerechtigkeit als gesellschaftliche Macht betrachten, sondern auch die Barmherzigkeit... (...) Man soll vergeben und man soll auf christliche

---

[23] Ebd., S. 2, 9.
[24] Gespräch mit Bischof Dr. Kominek, Paris, 15.5.1960, Notiz von Prälat Wosnitza, DADM 103.09/05 Band X.

Weise vergessen, sonst ‚abyssus abyssum invocat', ein Abgrund wird dem anderen ohne Ende zurufen"[25].

Aus dem Gesamtkontext der Ansprache ergibt sich, dass Kominek Vergebung für eine unerlässliche Bedingung des Friedens hielt, denn Vergebung erschien ihm als der einzige Weg dazu, den Teufelskreis der Gewalt zu unterbrechen.

In Verbindung mit Vergebung tauchte in dem zitierten Absatz ein weiteres Element einer friedlichen Gestaltung des gesellschaftlichen Lebens auf: das Vergessen. Vom Vergessen sprach Kominek auch in einem Referat für den vatikanischen Radiosender im Frühjahr 1963, das dem Aufbau der polnischen kirchlichen und gesellschaftlichen Strukturen in den ehemals deutschen Gebieten gewidmet war. Kominek schilderte darin die besondere Atmosphäre der direkten Nachkriegszeit in Oberschlesien, die nicht nur durch Spannungen unter der Bevölkerung, sondern auch dadurch geprägt war, dass die Kriegserlebnisse und -verluste die dort neu angesiedelten Menschen jahrelang schwer belasteten. Vergebung und Vergessen erschienen dabei nicht nur als Abschluss mit der Vergangenheit, sondern auch als ein Schritt, der eine neue Zukunft ermöglicht:

„Es ist nicht einfach, die Wunden des eigenen Leibes und der eigenen Seele zu vergessen, um die Wunden des Landes zu heilen. Sie haben jedoch vergessen… Es ist nicht einfach bereit zu sein, in Armut zu leben, um das Land anzureichern, und doch waren sie bereit… Es ist nicht einfach, das erlittene

---

[25] „(…) nous prions pour ceux qui ont sacrifié leur vie sur l'autel de la patrie et de l'humanité. En même temps nous essayons aussi de prier pour ceux qui ont causé tant de mal pour le monde et la mort des millions… ; selon le commandement de Notre Seigneur ‚sicut et nos dimittimus debitoribus nostris'… C'est parce que nous regardons non pas seulement la justice comme une puissance sociale mais aussi la miséricorde… (…) Il faut pardonner, il nous faut chrétiennement oublier. Sans cela ‚abyssus abyssum invocat', un abîme évoquera l'autre sans fin". Kominek, Mes très chers frères Français, Bl. 515 f. [deutsche Übersetzung – U.P.]. Der letzte Satz ist eine Anspielung auf den Psalm 42,8 in der Fassung der *Vulgata*: „Abyssus abyssum invocat in voce cataractarum tuarum; omnes gurgites tui et fluctus tui super me transierunt.", http://www.vatican.va/archive/bible/nova_vulgata/docume nts/nova-vulgata_vt_psalmorum_lt.html#LIBER%20II%20(Psalmi%2042-72) [17.4.2020]. In der *Einheitsübersetzung* wird der Vers wiedergegeben als: „Flut ruft der Flut zu beim Tosen deiner stürzenden Wasser, all deine Wellen und Wogen zogen über mich hin."

Unrecht zu vergeben, um das Unrecht gegen das Volk und das Land wieder gutzumachen, sie aber haben vergeben..."[26].

Im Allgemeinen besaß das Vergessen bei Kominek nicht so sehr einen kognitiven Charakter, sondern vielmehr einen moralischen: Vergessen erschien bei ihm nicht als Schlussstrich, Verdrängung oder Ignoranz, sondern vielmehr als ein Willensakt in der Auseinandersetzung mit der Vergangenheit. Kominek sprach sehr viel von der Vergangenheit, er erinnerte an sie. In der Optik Komineks kann sich Versöhnung nämlich erst dann vollziehen, wenn sich die involvierten Parteien zunächst mit der Vergangenheit in ihrer ganzen Brutalität konfrontiert hatten. In dem bereits zitierten Referat von 1960 zählte Kominek schonungslos die Konflikte zwischen Deutschen und Polen aus den vergangenen zwei Jahrhunderten auf, einschließlich der Schilderung der NS-deutschen Besatzung im Zweiten Weltkrieg und der Vertreibung der Deutschen nach Kriegsende, um anschließend die beiden Völker zu einer gemeinsamen Überwindung dieser geschichtlichen Belastungen aufzufordern:

> „Wir sehen, wieviel trennender Schutt sich seit Jahrhunderten zwischen deutschem und polnischem Volkstum angehäuft hat. Es scheint mir, daß diese Schutthaufen viel grösser sind als die zwischen Deutschland und Frankreich, wo sie zu einem Großteil schon abgebaut sind. Auch wir müssen anfangen abzubauen, wenn auch ein langer Weg vor uns liegt und es viele gibt, die eine Annäherung zwischen deutschen und polnischen Christen für unmöglich und zwecklos halten. So darf man aber nicht denken. Das wäre kein christliches Denken"[27].

Zu vergeben und zu vergessen hieß also für Kominek, im vollen Bewusstsein dessen, was geschah, mit der Aufrechnung von Schuld aufzuhören und, in die Zukunft schauend, die zerbrochene Gemeinschaft wiederherzustellen. Dabei gingen bei Kominek Vergebung und Vergessen meistens nahtlos übereinander, sodass sich ein Verhältnis zwischen den beiden Begriffen in seinem Denken schwer bestimmen lässt. Er selbst unternahm keine präzisen Unterscheidungen und verwendete die beiden Worte oft in einem Atemzug. Auffallend ist in der zitierten Passage die Anknüpfung an die deutsch-französische Aussöhnung.

---

[26] Bolesław Kominek, Referat für das vatikanische Radio, 23.3.1963, abgedruckt in: Ders., Jan Krucina, W służbie ‚Ziem Zachodnich', Wrocław 1977, S. 121–150, hier S. 126 [Übersetzung aus dem Polnischen, U.P.].

[27] Kominek, Die geschichtliche Belastung (Anm. 22), S. 8 f.

Das Unversöhnbare versöhnen?

Kominek deutete diesen Prozess als Zeichen der Hoffnung für Deutsche und Polen – gleichwohl mit dem Vorbehalt, dass Deutsche und Franzosen in ihrem gegenseitigen Verhältnis niedrigere Hürden zu überwinden hätten als Deutsche und Polen. Eine solche Zusammenstellung der deutsch-polnischen Annäherung mit der deutsch-französischen durch einen Bischof aus dem „Ostblock" war zu diesem Zeitpunkt nicht selbstverständlich. Kominek verfolgte aber offenbar, trotz aller Kommunikationsschwierigkeiten in der Ära des Kalten Krieges, die Entwicklung der deutsch-französischen Annäherung und dachte über deren Übertragung auf den deutsch-polnischen Kontext nach.

Im Kontext der Wiederherstellung der zerbrochenen Gemeinschaft sprach Kominek vom Brückenbauen zwischen Menschen, was er als eine besondere Aufgabe der Christen aufgrund des gemeinsamen geteilten Glaubens und der Taufe betrachtete. Eine einschlägige Passage hierzu findet sich ebenfalls in dem Referat von 1960 über die geschichtliche Belastung des deutsch-polnischen Verhältnisses:

„Den geistigen Untergrund dessen, was schon heute und morgen und übermorgen getan werden soll und getan werden muß, soll das gemeinsame Bewußtsein bilden: Christ sein im Glauben und in der Lebenspraxis heißt Brücken bauen von Mensch zu Mensch, von Herz zu Herz. Der Heilige Geist, den wir schon bei der Taufe erhielten und mehr noch als Vollchristen bei der hl. Firmung, ist ein Brückenbauer in jeder Hinsicht. Dessen müssen wir uns als moderne Christen voll und ganz bewußt werden und beim Brückenbauen mithelfen. Nur so entsteht christliche und universale völkerverbindende Kultur – aus dem Hl. Geist heraus und aus unserem vollen Christentum heraus. Zu gleicher Zeit müssen wir immer wieder den Ungeist verscheuchen, vertreiben, aus uns heraustreiben, aus unseren Völkern, den *diabolos*, den Durcheinanderwerfer, den ‚Geist, der stets verneint' und Brücken entreißt, auch wenn er dabei noch so viel gleisnerisch gute Worte macht"[28].

In dieser Passage bewegte sich Kominek auf der Ebene einer allgemein theologischen Reflexion über die Gestaltung der Verhältnisse zwischen den Völkern. Das Brückenbauen bestand jedoch für Kominek vor allem in konkreten persönlichen Begegnungen und Gesten. Im Dankesbrief für eine Büchersendung, die er im Frühjahr 1962 von dem Meißener Bischof Otto Spülbeck erhielt, schrieb er:

---

[28] KOMINEK, Die geschichtliche Belastung (Anm. 22), S. 10.

„(...) wir freuen uns hier – in polnischen katholischen Kreisen über jede christliche Geste, die von hüben und drüben über die Grenze geht. Sie ist brückenbauend – und das brauchen wir heute mehr denn je – im Sinne des Reiches Christi auf Erden, das immer universaler wird – im besten und christlichen Sinne dieses Wortes"[29].

4. Kontakte zwischen Hoffmann und Kominek

Hermann Hoffmann und Bolesław Kominek waren nicht bloß Theoretiker der Versöhnung, sondern setzten ihre Postulate in ihren persönlichen deutsch-polnischen Kontakten um – auch untereinander, unterhielten sie doch jahrelang ein freundschaftliches Verhältnis. Ihre Korrespondenz verrät Vertrautheit und Herzlichkeit. Trotzdem verzichteten sie nie auf die offiziellen Umgangsformen; Hoffmann würdigte immer Kominek mit entsprechenden Anreden als Bischof und später Erzbischof, Kominek sprach Hoffmann als „Herr Professor" an.

Kominek spielte eine wichtige Rolle bei der Verbindung Hoffmanns zur alten Heimat. Er empfing Hoffmann bei seinen Polenreisen[30], und wenn dies bisweilen durch die staatlichen Behörden verhindert wurde[31], erhielt er diese Verbindung durch Korrespondenz aufrecht, beispielsweise durch Zusendung aktueller Fotos von Breslau[32].

In mehreren Briefen an Kominek bezeichnete Hoffmann sich selbst als Bote oder Zeuge des Kennenlernens und der Verständigung zwischen Deutschen und Polen. Er berichtete von seinen Vortragsreisen innerhalb der DDR und in die Bundesrepublik, bei denen er seine Eindrücke aus Polen schilderte und seine Zuhörer zur Solidarität mit Polen auf der Grundlage des gemeinsamen Glaubens aufforderte[33]. Selbst als

---

[29] B. Kominek an O. Spülbeck, 13.4.1962, DADM 103.09/05 Band X.

[30] H. Hoffmann an B. Kominek, 13.2.1962, OPiP, ABK, (Ośrodek „Pamięć i Przyszłość", Archiwum kardynała Bolesława Kominka), Stabilizacja organizacji kościelnej 1957-1966, Bl. 199a.

[31] H. Hoffmann an B. Kominek, 23.8.1958, OPiP, ABK, Kościół w dobie współczesnej cz. 4, Bl. 270.

[32] B. Kominek an H. Hoffmann, 31.10.1959, OPiP, ABK, Stabilizacja organizacji kościelnej 1957-1966, Bl. 275–276.

[33] H. Hoffmann an B. Kominek, Am hl. Weihnachtsfest 1960, OPiP, ABK, Stabilizacja organizacji kościelnej 1957-1966, Bl. 219–220a; H. Hoffmann an B. Kominek, 3.7.1961, ebd., Bl. 203; H. Hoffmann an B. Kominek, 4.9.1961, ebd., Bl. 204; H. Hoffmann an B. Kominek, 30.12.1962, ebd., Bl. 182.

Hoffmann in seinen letzten Lebensjahren aufgrund gesundheitlicher Probleme nicht mehr reisen konnte, blieb er weiterhin in geistiger Verbundenheit zu Kominek[34]. Als sich sein Sehvermögen so verschlechterte, dass er nicht mehr imstande war zu schreiben, diktierte er Briefe an Kominek. Einen Brief vom Mai 1969 schloss er mit der rührenden zweisprachigen Formel: „Zaw[s]ze Ihr im Herrn ergebener Hermann Hoffmann"[35]; „zawsze" bedeutet auf Polnisch „immer".

Über Hoffmann hielt später Kominek in seinen autobiographischen Notizen fest:

„Sein ganzes langes Leben hatte er sich darum bemüht, in einem ehrlich ökumenischen Geiste christliche Konfessionen und Völker zu vereinen (...). Noch vor der Auferstehung Polens [d.h. der Wiederherstellung des polnischen Staates in 1918, U.P.] besuchte er Krakau und Jasna Góra, dann arbeitete er unaufhörlich an der deutsch-polnischen Versöhnung (...). Nach dem Zweiten Weltkrieg diente jede seiner neuen Unternehmung der deutsch-polnischen Annäherung"[36].

Fazit

In den Texten von Hermann Hoffmann und Bolesław Kominek lassen sich, wie eingangs angemerkt, relativ wenige Stellen identifizieren, an denen sie konkret von „Versöhnung" sprechen. Den Sinn von Versöhnung – als Wiederherstellung einer zerbrochenen Gemeinschaft zwischen den Völkern und Ermöglichung einer gemeinsamen friedlichen Zukunft trotz der Belastungen der Vergangenheit – brachten sie jedoch mehrfach unmissverständlich zum Ausdruck. Sie beide nannten dabei Mittel, die dazu führen sollten, das Unversöhnbare im Verhältnis zwischen Deutschen und Polen zu überwinden und den dauerhaften Frieden unter den beiden Völkern zu etablieren.

Versöhnung erscheint in der Auffassung Hoffmanns und Komineks in erster Linie als Annäherung zwischen konkreten Menschen, bevor sie

---

[34] H. Hoffmann an B. Kominek, 30.4.1969, OPiP, ABK, Stabilizacja organizacji kościelnej 1967-1972, Bl. 342.

[35] H. Hoffmann an B. Kominek, 16.5.1969, OPiP, ABK, Stabilizacja organizacji kościelnej 1967-1972, Bl. 343.

[36] KOMINEK, KRUCINA, W służbie „Ziem Zachodnich" (Anm. 26), S. 91 f [Übersetzung aus dem Polnischen, U.P.].

zu einer Tatsache auf der Ebene der Staaten wird. In dieser zwischenmenschlichen Annäherung schrieben sie dem gegenseitigen Kennenlernen und dem Verständnis für die Befindlichkeiten der jeweils anderen Seite eine entscheidende Bedeutung zu. Des Weiteren besitzt Versöhnung bei Hoffmann und Kominek mehrere Dimensionen – sie erscheint als moralische Haltung des Menschen, als seine persönliche Entscheidung und schließlich als konkrete Handlung. All das praktizierten die beiden Geistlichen selbst, woran auch erkennbar wird, dass individuelle Biografie und Persönlichkeit für Versöhnung eine Schlüsselrolle spielen.

Aus theologischem Gesichtspunkt waren die Reflexionen Hoffmanns und Komineks über Versöhnung an sich nicht sehr originell, definierten sie doch das christliche Versöhnungskonzept nicht etwa neu. Wesentlich ist hier aber die feste Überzeugung der beiden Geistlichen, dass dieses Konzept seine Wirksamkeit nicht nur im Rahmen der persönlichen Spiritualität des einzelnen Gläubigen, innerhalb der kirchlichen Gemeinschaft oder im ökumenischen Kontext, sondern auch auf der Ebene der Gesellschaft und sogar in Beziehungen zwischen Staaten entfalten kann. Hoffmann und Kominek zeigten konsequent auf, wo und in welcher Weise dieses Konzept auf die deutsch-polnischen Beziehungen angewandt werden könne. Angesichts des dramatischen Zustandes dieser Beziehungen in den ersten zwei Jahrzehnten nach dem Zweiten Weltkrieg musste eine solche Anwendung des theologisch begründeten christlichen Versöhnungskonzepts sowohl auf der gesellschaftlich-politischen Ebene als auch unter den Katholiken selbst mehr als gewagt erscheinen. Erst in den Jahren 1964-1965 begannen organisierte Versöhnungsinitiativen im deutsch-polnischen Verhältnis, hauptsächlich als Handlungen von „Aktion Sühnezeichen" und „Pax Christi"; 1965 war auch das Jahr der bahnbrechenden Dokumente der deutsch-polnischen Versöhnung – der „Ostdenkschrift"[37] der Evangelischen Kirche in Deutschland und der Botschaft der polnischen Bischöfe an ihre deutschen Amtsbrüder, deren Autor Kominek war. Zur deutsch-polnischen Annäherung trugen seitdem auch viele andere christliche Akteure – evangelisch und

---

[37] Die Lage der Vertriebenen und das Verhältnis des deutschen Volkes zu seinen östlichen Nachbarn. Eine evangelische Denkschrift, hrsg. von der Kirchenkanzlei der Evangelischen Kirche, Hannover 1965. Hierzu vgl. Piotr MADAJCZYK, Die Denkschrift der EKD über die Lage der Vertriebenen und das Verhältnis des deutschen Volkes zu seinen östlichen Nachbarn, in: Kirchliche Zeitgeschichte 24 (2011), 2, S. 415–435.

katholisch – erheblich bei. Hermann Hoffmann und Bolesław Kominek, die in der ersten Hälfte der 1970er Jahre starben, konnten die nachhaltigen Ergebnisse dieser Versöhnungsbemühungen in ihrer vollen Reichweite, die sich erst heute aus der Perspektive mehrerer Jahrzehnte einschätzen lässt, nicht mehr beobachten. Die Fortschritte auf dem Weg der deutsch-polnischen Versöhnung zeigten aber, dass Hoffmann und Kominek mit ihrer Überzeugung von der Wirksamkeit des theologisch begründeten Versöhnungskonzepts in gesellschaftlich-politischen Kontexten richtig lagen.

Traits d'union

La promotion visuelle du rapprochement franco-sarrois ou l'iconographie de la réconciliation (1945-1955)

Marie-Alexandra SCHNEIDER

Au lendemain de la Seconde Guerre mondiale, l'occupant français voit dans la transformation des mentalités allemandes et le dépassement de l'antagonisme entre « ennemis héréditaires » la condition de sa sécurité et du maintien de la paix en Europe[1]. Si l'éradication du nazisme et du militarisme de la société allemande est certes nécessaire, elle ne suffit pas. Le rapprochement avec l'Allemagne est indispensable pour éviter que les affrontements ne recommencent. Sur le plan économique également, Paris mise sur la reconstruction plus que sur la spoliation. C'est le cas en Sarre particulièrement, où la France entend exercer une influence durable et privilégie par conséquent la mise en œuvre d'une politique de coopération[2]. Dans le discours qu'il prononce à Sarrebruck le 3 octobre 1945, le général de Gaulle s'adresse ainsi à la population occupée :

---

[1] Cf. Stefan ZAUNER, *Erziehung und Kulturmission. Frankreichs Bildungspolitik in Deutschland 1945-1949*, Munich, De Gruyter Oldenbourg, 1994 ; Corine DEFRANCE, *La politique culturelle de la France sur la rive gauche du Rhin, 1945-1955*, Strasbourg, Presses Universitaires de Strasbourg, 1994 ; Dietmar HÜSER, *Frankreichs doppelte Deutschlandpolitik « Dynamik aus der Defensive – Planen, Entscheiden, Umsetzen in gesellschaftlichen und wirtschaftlichen, innen- und außenpolitischen Krisenzeiten 1944-1950*, Berlin, Duncker & Humblot, 1996 ; Corine DEFRANCE, Ulrich PFEIL, *Entre guerre froide et intégration européenne. Reconstruction et rapprochement 1945-1963* (Histoire franco-allemande, vol. 10), Villeneuve d'Ascq, Septentrion, 2012.

[2] Cf. Armin HEINEN, *Saarjahre. Politik und Wirtschaft im Saarland 1945-1955*, Stuttgart, Franz Steiner, 1996 ; Armin HEINEN, Rainer HUDEMANN, *Das Saarland zwischen Frankreich, Deutschland und Europa 1945-1957. Ein Quellen- und Arbeitsbuch*, Sarrebruck, Kommission für saarländische Landesgeschichte, 2007.

« Nous sommes à vos côtés. Le gouvernement français est prêt à vous aider. En tant qu'Européens de l'Ouest, en dépit de ce qui a pu surgir entre nous, nous devons travailler de concert et nous comprendre mutuellement »[3].

Pour établir un lien avec les Sarrois et rompre avec des représentations négatives héritées d'une histoire conflictuelle, entraves au rapprochement désiré, les autorités sur place misent sur les médias qui, selon elles, jouent un rôle important pour stimuler et consolider la paix. Car, on le sait, la paix n'apparaît pas lorsque s'interrompt une guerre. L'arrêt des hostilités ne fait qu'ouvrir une phase critique de transition dans laquelle, quand bien même les combats ont cessé et qu'un accord formel a été négocié, chacun des protagonistes ressent la fragilité du moment[4]. Or, de l'avis des responsables français, les médias peuvent contribuer à faire évoluer l'opinion publique et participer à l'entreprise de démobilisation psychologique et culturelle. Ils tirent là les leçons du revers du référendum de 1935, lors duquel les Sarrois, après avoir été détachés dix ans de l'Empire allemand, avaient voté à plus de 90 % en faveur du retour au *Reich*. Cet échec est imputé aux insuffisances de l'action culturelle française. Le gouvernement militaire français écrit ainsi en 1947 :

> « En 1918 [...] l'utilisation économique n'était pas suivie d'une action politique et culturelle. [...] C'est là le principal enseignement à tirer de ce que l'on peut appeler "l'expérience sarroise" de 1919 à 1935. L'action économique ne peut mener à rien de durable si elle n'est suivie par une pénétration culturelle »[5].

Dix ans seulement après en être partis, les Français sont de retour en Sarre. D'abord occupé, le territoire est détaché de la zone d'occupation française dès décembre 1946 pour bénéficier d'un régime spécifique et devenir « un territoire organisé de manière autonome et économiquement rattaché à la France », en vertu de la Constitution sarroise adoptée en décembre 1947. Pour Gilbert Grandval, qui représente les intérêts français à Sarrebruck, d'abord en qualité de gouverneur militaire, puis de haut-commissaire et enfin d'ambassadeur, l'union avec la Sarre ne

---

[3] Gouvernement militaire de la Sarre, *Renaissance de la Sarre*, Sarrebruck, 1947, p. 45.
[4] Cf. Aurélien COLSON, Alain PEKAR LEMPEREUR, « Un pont vers une paix durable. Réconciliation et médiation post-conflit au Burundi et en République démocratique du Congo », *Négociations*, 2008/1 (n° 9), p. 13–28.
[5] Gouvernement militaire de la Sarre, *Renaissance de la Sarre*, Sarrebruck, 1947, p. 6–7.

doit cependant pas se limiter à une alliance économique, l'enjeu étant de gagner cette fois-ci la partie perdue en 1935. Selon lui, la France ne saurait s'attacher les Sarrois sans qu'une politique de coopération, entre autres culturelle, ne les englobe dans un projet plus global qui les touche directement. D'autant que les Français se heurtent d'emblée à la méfiance de la population. Elle s'inquiète des conditions de sa survie dans un pays en ruines mais également du sort qui sera réservé à la Sarre[6]. Car comme à l'issue de la Première Guerre mondiale, les Français prennent à leur arrivée le contrôle des mines sarroises. L'histoire semble se répéter. On s'interroge : La France ne va-t-elle pas exiger à nouveau la séparation de la Sarre, comme en 1918 ? Dans les rues, les Sarrois évitent ces soldats dont ils se méfient. D'autant qu'ils ne gardent pas un bon souvenir de la première *Franzosenzeit*, de cette première période française dont ils ont fait l'expérience dans l'entre-deux-guerres.

Pour infléchir cette perception négative de la France qui constitue un véritable handicap pour les responsables français, les autorités d'occupation mobilisent le pouvoir de l'image. Sur les différents supports de communication destinés aux Sarrois se dessinent peu à peu les traits d'une réconciliation qui ne dit pas son nom. En effet, on ne parle pas encore de « réconciliation ». Dans le discours qu'il tient à Sarrebruck le 3 octobre 1945, et dans lequel il propose que Français et Allemands prennent un nouveau départ[7], le général de Gaulle parle de « compréhension » et non de réconciliation. On ne trouve aucune occurrence du terme dans les archives consultées, qu'il s'agisse des discours officiels ou de la presse. Sans doute parce que l'offre de réconciliation sur la scène internationale à l'adresse d'un adversaire ou d'un ennemi doit être faite avec prudence, selon le théoricien des relations internationales Arnold Wolfers (1892-1968)[8], dans la mesure où elle peut toujours apparaître à l'Autre comme un signe de faiblesse[9]. Surtout face aux Allemands, alors perçus

---

[6] Hans-Walter HERRMANN, « Das Saarland in der frühen Nachkriegszeit », in : Doris SECK (éd.), *Nachkriegsjahre an der Saar. Aufbruch in eine neue Zeit. Das Saarland von 1945 bis 1950,* Sarrebruck, Saarbrücker Zeitung, 1981, p. 6–18.

[7] Horst MÖLLER, « Charles de Gaulle et la question allemande, remarques sur les éléments traditionnels et l'évolution d'une pensée géostratégique », *Espoir* 76 (1991), p. 53–61.

[8] Cf. Arnold WOLFERS, *Discord and Collaboration. Essays on International Politics,* Baltimore, The Johns Hopkins Press, 1962.

[9] Yves VILTARD, « Que faire de la rhétorique de l'amitié en Relations Internationales ? », *Raisons politiques,* 2009/1 (n° 33), p. 127–147.

comme militaristes et antidémocratiques. « Les Allemands méprisent la faiblesse » écrit Émile Laffon, le secrétaire général du gouvernement militaire français en Allemagne, en 1945[10]. Quelques années plus tard, le haut-commissaire français en Allemagne, André François-Poncet, résume cette idée en des termes imagés et encore plus éloquents : « L'Allemand est comme un cheval. S'il s'aperçoit que son cavalier a la main molle et n'a pas d'éperons, il s'enhardit et ne guette plus que l'occasion de le désarçonner »[11].

Ce n'est de toute façon pas un idéal d'amitié entre les peuples qui motive l'action française en Sarre et plus généralement en Allemagne. En 1945, le rapprochement, terme plus modeste entendu ici comme la transformation progressive des relations entre anciens belligérants, est envisagé par les autorités françaises comme un préalable au rétablissement du rang et de la grandeur de la France :

> « Nous ne sommes pas en Allemagne simplement pour occuper un pays que nous ouvre la victoire de nos armes […]. L'administration du gouvernement militaire visera à autre chose. […] Elle justifiera notre présence, aujourd'hui et dans l'avenir, en jetant les bases d'une grande œuvre administrative et politique. […] Notre première préoccupation est l'intérêt français, nous devons avoir une politique qui nous rapporte. Mais nous devons aussi aider ce pays à relever ses ruines. Déjà nous lui avons redonné des ponts, des chemins de fer, un début d'organisation économique ; cette œuvre doit être poursuivie inlassablement car la prospérité de ces provinces contribuera à la nôtre »[12].

Par ailleurs, l'opinion publique est plus soucieuse de réparations que de réconciliation. Les vieilles rancunes, les suspicions, les ressentiments et les jalousies continuent à prévaloir dans de larges parts de la population, française comme allemande. Dans ce cas, comme le rappelle Arnold Wolfers, les gouvernants ne peuvent attendre passivement

---

[10] Directive d'Émile Laffon, 20 août 1945, reproduite in : Armin HEINEN, Rainer HUDEMANN (éd.), *Das Saarland zwischen Frankreich, Deutschland und Europa, 1945-1957. Ein Quellen- und Arbeitsbuch*, Kommission für Saarländische Landesgeschichte und Volksforschung, Sarrebruck, 2007, ici p. 231.

[11] Rapport mensuel du 28 mai 1951, in : Hans Manfred BOCK, *Les rapports mensuels d'André-François Poncet, Haut-commissaire en Allemagne, 1949-1955*, Paris, Imprimerie Nationale, 1996, p. 473. Cité d'après Hélène MIARD-DELACROIX, *Question nationale allemande et nationalisme. Perceptions françaises d'une problématique allemande au début des années cinquante*, Villeneuve-d'Ascq, Septentrion, 2004, p. 7.

[12] Directive d'Émile Laffon du 20 août 1945 (note 8), ici p. 229–230.

l'éclosion spontanée d'une amitié dans l'opinion publique pour avancer dans leurs politiques et doivent s'efforcer de développer une image favorable de l'autre nation.

Le langage iconographique précisément, « constitué par l'ensemble des éléments et des relations dont les combinaisons permettent de créer des images en donnant aux représentations des significations perceptibles et intelligibles »[13], permet d'exprimer ce que l'on peut difficilement formuler verbalement. La principale caractéristique du matériel visuel est sa faculté de susciter des émotions[14]. Par émotions, nous entendons ces bouleversements affectifs plutôt intenses, ponctuels, provoqués par un événement déclencheur. Ces poussées émotionnelles (de colère, d'indignation, de peur, de tristesse ou de joie par exemple) peuvent évidemment être signes ou facteurs d'affects plus durables comme l'espoir, le désespoir, l'amour, la solidarité ou la haine[15]. La distinction la plus frappante entre les effets produits par le visuel, par comparaison avec les messages textuels, relève de l'impact émotif. On considère que les images sont davantage capables de nous entraîner dans une voie émotive. Cela tient notamment au fait que les images sont instantanément absorbées sans aucune médiation car les destinataires ne sont généralement pas appelés à les analyser ou à les déconstruire comme c'est davantage le cas lorsqu'il s'agit d'un message textuel. En outre, les images s'imprègnent profondément dans la mémoire. Cette particularité est liée à l'intensité du matériel visuel et lui confère toute sa puissance. La capacité intrinsèque d'émotion dont les images sont porteuses va ainsi de pair avec leur pouvoir de suggestion et d'évocation. Elles génèrent des résonances qui viennent du passé, de la culture ou des imaginaires collectifs. Les images, comme les émotions, font ainsi affleurer les phénomènes culturels les plus profonds, que le langage et les multiples filtres des codes sociaux ne sont pas parvenus à contenir[16].

---

[13] François GARNIER, *Le langage de l'image au Moyen-Âge. Signification et symbolisme*, Paris, Le léopard d'or, 1982, p. 13.

[14] Helene JOFFE, « Le pouvoir de l'image : persuasion, émotion et identification », *Diogène*, 2007/1 (n° 217), p. 102–115.

[15] Robert FRANK, « Émotions mondiales, internationales et transnationales, 1822-1932 », *Monde(s)*, 2012/1 (n° 1), p. 47–70, ici p. 49.

[16] Cf. Damien BOQUET, Piroska NAGY, *Sensible Moyen-Âge : une histoire des émotions dans l'Occident médiéval*, Paris, Le Seuil, 2015, p. 12. Difficile à penser il y a encore une vingtaine d'années, l'histoire des émotions semble s'être imposée comme une nécessité. Sur cette question qui fait désormais l'objet d'une abondante littérature,

Ainsi l'opposition irrédentiste sarroise, engagée dans une lutte de plus en plus âpre contre l'union avec Paris et pour le retour de la Sarre à l'Allemagne, véhicule-t-elle des représentations innervées de ressentiments qui rouvrent les plaies du passé. Les Français à l'inverse font circuler des images de réconciliation dès leur arrivée à Sarrebruck en 1945. Qu'est ce qui nous autorise à parler de réconciliation, alors même qu'il n'en est pas question dans les sources ? C'est ce que nous aimerions développer dans cette contribution à partir d'un corpus d'affiches, de cartes postales et de timbres diffusés par le pouvoir français en Sarre.

Nous n'aborderons pas ici la question de la réception de ces représentations faute de sources permettant de mesurer l'impact des images retenues sur les publics auxquels elles étaient destinées. L'analyse des messages visuels nous renseignera avant tout sur ce qu'ils donnèrent à percevoir[17].

L'exemple sarrois nous amènera à un essai de définition de la grammaire du langage iconographique de la réconciliation durant la première décennie d'après-guerre. Car l'iconographie de la réconciliation est un objet d'étude encore peu exploré. Si les publications sur l'iconographie du conflit et de la guerre ne manquent pas, les images de la paix et de la réconciliation souffrent au contraire d'un relatif manque d'intérêt. Sans doute moins sulfureuses, elles ont la réputation d'être « fade[s], incolore[s] et ennuyeuse[s] »[18]. Nous souhaiterions montrer au contraire qu'elles prennent les couleurs d'un nuancier subtil, selon une palette allant de la coopération à l'amitié, en passant par la fraternisation et la concorde.

---

on pourra notamment se référer à l'Histoire des émotions en trois volumes dirigée par Alain Corbin, Jean-Jacques Courtine et Georges Vigarello. Parmi les travaux les plus récents, on pourra également citer Hélène MIARD-DELACROIX, Andreas WIRSCHING (éd.), *Emotionen und internationale Beziehungen im Kalten Krieg*, Berlin, Munich, Boston, de Gruyter, 2020 ; Ute FREVERT, *Mächtige Gefühle. Von A wie Angst bis Z wie Zuneigung. Deutsche Geschichte seit 1900*, Francfort/M., Fischer, 2020.

[17] Cf. Martine JOLY, *L'image et son interprétation*, Paris, Armand Colin, 2005 [2002].
[18] Cf. Bernd WEGNER, *Wie Kriege enden. Wege zum Frieden von der Antike bis zur Gegenwart*, Paderborn, Schöningh, 2002, p. 19.

1. Entre « compréhension » et « rapprochement » : le rétablissement de la confiance

Pour répondre à la question qui guide notre réflexion, il convient de préciser ce que l'on entend par réconciliation : la réconciliation peut être définie comme un processus global qui doit permettre d'assurer la transition d'un passé divisé à un avenir commun[19]. Parvenir à cet objectif implique des changements dans les attitudes, les aspirations, les émotions, les sentiments voire les croyances. Dans les représentations de l'Autre également, car elles déterminent les modalités, et parfois même la possibilité, d'un rapprochement entre parties en présence. La démobilisation mentale et la déconstruction des images de l'ennemi constituent des missions importantes pour établir une coexistence pacifique après la guerre[20].

En effet, lorsque les combats s'arrêtent, le premier pas est la coexistence non violente, c'est le vivre et laisser vivre, accompagné de la reprise d'une communication rudimentaire[21]. Ceci requiert de chaque partie qu'elles retrouvent confiance en l'autre et qu'elles reconnaissent l'humanité de l'autre. Il s'agit d'établir les bases d'une confiance mutuelle. La carte de vœux envoyée par Gilbert Grandval fin 1945 participe de cette entreprise.

Dès la première année de sa mission en Sarre, le gouverneur militaire prend l'habitude de faire imprimer des cartes de vœux à l'occasion des fêtes de fin d'année, à destination des principaux acteurs de la vie politique, économique et culturelle locale, « partenaires » de l'action française en Sarre pour Grandval, « complices » du colonialisme français pour l'opposition irrédentiste qui ne manque pas de fustiger dans ses publications longtemps clandestines une propagande qu'elle qualifie de « séparatiste » et le gouffre financier qu'elle représente[22]. Réalisées par

---

[19] Cf. Yvan CONOIR, Gérard VERNA (éd.), *Faire la paix : concepts et pratiques de la consolidation de la paix*, Laval, Presses de l'Université, 2005.

[20] Cf. Corine DEFRANCE, Ulrich PFEIL (éd.), *Verständigung und Versöhnung nach dem „Zivilisationsbruch"? Deutschland in Europa nach 1945*, Bruxelles, Peter Lang, 2016.

[21] Cf. International institute for democracy and international Assistance, « La réconciliation après un conflit violent », in : CONOIR, VERNA (éd.), *Faire la paix* (note 15), p. 43–86.

[22] Voir par exemple l'édition du 1er janvier 1954 de la *Deutsche Saar-Zeitung* : « Man will den Saarländern das Bewusstsein der Eigenständigkeit ihres missgeborenen Ländchens in den Schädel hämmern. Solche Aktionen kosten eine Menge Geld.

l'artiste français Jean Chièze sur commande de Grandval[23], ces cartes constituent des sources précieuses, car elles visent à faire la promotion du message officiel que le représentant français s'efforce de faire passer en Sarre. Transposition allégorique des relations économiques franco-sarroises, la carte de vœux imaginée pour l'année 1946 montre Marianne en train d'échanger avec un mineur, personnification de la Sarre, une gerbe de blé contre un fer à cheval[24]. Cette illustration souligne la complémentarité qui caractérise les rapports franco-sarrois et tend à démentir le sentiment qui prédomine alors dans l'opinion publique sarroise selon lequel la France serait mue par la seule volonté d'exploiter les ressources du territoire. La France rappelle que son action en Sarre n'est pas guidée par des considérations égoïstes. Elle prend certes, notamment par le contrôle des mines sarroises, mais elle donne aussi en concédant un effort important en matière de ravitaillement. C'est l'image d'une coopération. La Sarre étant largement déficitaire au point de vue agricole, l'aide de la France, et en particulier de la Lorraine, comme le rappelle le blason à gauche, orné de trois alérions, est indispensable au territoire.

Il est cependant permis d'aller au-delà de cette seule lecture économique. Car les œuvres visuelles ne sont pas « de simples habillages de discours ou de doctrines pré-élaborées »[25], et il convient de ne pas les réduire à l'énoncé politique qu'elles sont censées illustrer. Le caractère utilitaire des images de propagande n'explique pas tout. Les images font affleurer des thèmes qui agissent de façon souterraine dans les imaginations.

Notons que Français et Sarrois sont placés ici sur un pied d'égalité. Pendant la guerre, de part et d'autre, on a volontiers diabolisé et dénigré l'adversaire notamment à travers la figure de l'animal. L'animalisation

---

Man weiß nicht recht, wer es bezahlt ». Ou celle de la *Deutsche Saar* du 6 janvier 1956 : « Mr. Grandval hat seinen saarländischen Kolonialkomplizen zum Jahreswechsel eine schöne Karte geschickt ».

[23] C'est par l'intermédiaire de son fils, Bertrand, élève au lycée de Saint Cloud que Gilbert Grandval entre en relation avec Jean Chièze (1898-1975) qui y enseigne le dessin. La relation entre les deux hommes se poursuivra après le départ de Grandval de Sarrebruck en 1955, comme en témoigne une carte de vœux réalisée par Jean Chièze pour l'année 1960 alors que Grandval est devenu secrétaire général de la marine marchande.

[24] Carte reproduite sur le site suivant : https://www.saar-nostalgie.de/Grandval_enFrancais2.htm [consulté le 4.11.2021], carte n° 1.

[25] Jerôme BASCHET, « Inventivité et sérialité des images médiévales. Pour une approche iconographique élargie », *Annales*, 51 (1996) 1, p. 93–133, ici p. 97.

constitue l'un des modes privilégiés de dégradation de l'adversaire. Instaurant une régression de l'humain vers le stade animal, elle destitue physiquement et infériorise aux yeux de tous[26]. Il s'agit d'une mise à distance de l'Autre. Ici, au contraire, Marianne et le mineur sarrois adoptent un comportement en miroir qui souligne leur parenté et leur proximité. C'est la reconnaissance de l'humanité de l'autre, l'une des étapes de la réconciliation. Comme l'écrit le pasteur Geïko Müller-Fahrenholz : « Le processus de rupture de l'inimitié commence quand, à la place de l'image de l'ennemi, naît le sentiment d'empathie en raison de la parenté essentielle entre les êtres humains »[27]. Par ailleurs, si le fer à cheval peut être interprété comme un rappel de l'industrie sidérurgique, le choix du symbole n'est cependant pas anodin. Il place en effet le renouveau des relations franco-sarroises sous le signe de la chance et du bonheur. Ainsi, la portée de cette image va au-delà du message officiel qu'elle est censée véhiculer – la promotion des échanges économiques entre la France et la Sarre. Elle montre la restauration de relations entre elles après la rupture constituée par la guerre et illustre une interdépendance qui dessine l'horizon d'un retour à la concorde. Ce sont autant d'éléments constitutifs de la réconciliation.

L'idée de paix qui est suggérée est également portée par le bleu qui domine l'image. Il s'agit en effet d'une couleur qui apaise en évoquant l'infini, le rêve et le lointain. Elle sécurise et rassemble aussi[28]. Le bleu est ainsi devenu une couleur chargée de promouvoir la paix internationale et l'entente entre les peuples, comme en témoignent par exemple les logos de l'ancienne SDN puis de l'ONU. Ce qui amène l'historien Michel Pastoureau à affirmer que le bleu est « la plus pacifique des couleurs »[29].

2. Consolider la paix sur les ruines du passé

Ce n'est pas un hasard si le bleu domine sur cette autre image diffusée par la France à la même époque.

---

[26] Eric BARATAY, *Et l'homme créa l'animal. Histoire d'une condition*, Paris, Odile Jacob, 2003, p. 242.
[27] Cité d'après Ulrich PFEIL, « Pour une historicisation des processus de réconciliation. Quelques réflexions de conclusion », *Les Cahiers Sirice*, 2016/1 (n° 15), p. 99–105, ici p. 101.
[28] Michel PASTOUREAU, *Bleu. Histoire d'une couleur*, Paris, Seuil, 2000.
[29] *Ibid.*, p. 180.

Fig. 1. Affiche de Paul Colin. Droits inconnus. Document consulté par l'auteure au Stadtarchiv Saarbrücken. Merci de bien vouloir transmettre toute information relative à ce document à l'éditeur et aux directeurs de la publication.

Quelques mois seulement après l'édition de la carte de vœux de Grandval, une affiche réalisée par Paul Colin[30] est diffusée pour annoncer

---

[30] Paul Colin (1892-1985) est un affichiste français considéré comme l'un des maîtres des affiches Art Déco. On lui doit l'affiche, restée célèbre, de La Revue nègre. Il signe également, dans un tout autre registre, l'affiche *Silence, l'ennemi... guette vos*

les « Journées françaises » de Sarrelouis. Les 18 et 19 mai 1946, l'ancienne ville-forteresse fondée par Louis XIV est le théâtre de festivités qui célèbrent la culture française et tentent de faire oublier la dureté du quotidien : feux d'artifice, spectacles et chansons françaises sont au programme. Surtout, chaque participant reçoit à l'entrée un bon pour l'achat de deux petits pains, 100 grammes de saucisse et, pour les plus de 18 ans, quatre bières[31]. L'affiche recourt au célèbre motif de la Semeuse. Coiffée du bonnet phrygien, Marianne tient un sac de graines dans la main gauche et sème de l'autre main. Que sème-t-elle ? Plusieurs niveaux de lecture sont possibles. Prosaïquement, elle sème du blé et l'on peut voir alors dans cette représentation, comme c'était le cas pour l'image précédente, une allusion à l'aide alimentaire octroyée par la France. Mais le paysage de ruines au-dessus duquel s'élève la Semeuse invite là encore à une lecture métaphorique. Dans le contexte morose de l'après-guerre, la République française diffuse le bien et sème les graines d'un avenir meilleur. En consentant une politique généreuse vis-à-vis de la Sarre, elle ne cède pas à l'esprit de revanche et dépasse l'antagonisme historique avec l'« ennemi héréditaire », allant ainsi contre l'air du temps et contre le vent de l'Histoire, comme semble l'indiquer le mouvement de ses cheveux. Semer, c'est espérer. La graine est une promesse, comme la réconciliation qui, on le sait, est bien moins un état qu'un horizon. La Semeuse, « effigie de la République progressiste »[32] selon l'expression de l'historien Maurice Agulhon, devient ainsi, en ces années d'immédiat après-guerre, l'allégorie de la France qui œuvre à la réconciliation franco-allemande. La France se présente comme porteuse d'une mission historique.

---

confidences éditée en février 1940 par le gouvernement de la Troisième République pour mettre en garde la population contre la Cinquième colonne. Ayant refusé de travailler pour l'occupant allemand et le gouvernement de Vichy, il reprend son activité d'affichiste en 1944, notamment pour l'affiche *Hommage aux libérateurs de Paris*. Pour plus de détails, voir : Alain WEILL, Jack RENNERT, *Paul Colin affichiste*, Paris, Denoël, 1989.

[31] Cf. Armin FLENDER, « Identitätswechsel einer Grenzregion. Öffentliche Erinnerungskultur im Saarland nach dem Zweiten Weltkrieg », in : Habbo KNOCH (éd.), *Das Erbe der Provinz. Heimatkultur und Geschichtspolitik nach 1945*, Göttingen, Wallstein, 2001, p. 143–171, ici p. 154.

[32] Maurice AGULHON, *Marianne au pouvoir. L'imagerie et la symbolique républicaines de 1880 à 1914*, Paris, Flammarion, 1989, p. 30.

3. Construire l'avenir et la coopération franco-sarroise

Cette idée sous-tend également une affiche de 1948 sur laquelle on lit : « *Gemeinsam wollen wir eine Zukunft des Friedens bauen* »/« Ensemble, construisons un avenir de paix »[33].

Fig. 2. Affiche de Bernard Villemot. Droits inconnus. Document consulté par l'auteure au Stadtarchiv Saarbrücken. Merci de bien vouloir transmettre toute information relative à ce document à l'éditeur et aux directeurs de la publication.

---

[33] Cf. Gerhard AMES, Ludwig LINSMAYER (éd.), *Ja und Nein. Das Saarreferendum von 1955, Katalog zur gleichnamigen Ausstellung im Historischen Museum Saar*, Sarrebruck, Historisches Museum Saar/Landesarchiv Saarbrücken, 2005, p. 18.

Conçue par l'affichiste français Bernard Villemot[34], elle fait la promotion des expositions à l'école d'art et d'artisanat de Sarrebruck. C'est du moins le prétexte avancé. Mais le message qu'elle véhicule va bien au-delà. On voit au premier plan un échafaudage sur lequel est posé un bac à mortier avec une truelle et, à l'intersection des deux poutres en bois formant l'échafaudage, des cordelettes bleues et rouges. Avec le beige des poutres, c'est un rappel des couleurs des drapeaux français et sarrois. À l'arrière-plan de l'image, une ruine évoque la forme d'une croix gammée. Sur les décombres laissés par le régime hitlérien, Français et Sarrois s'attachent à rebâtir le pays et à édifier un monde meilleur, placé sous le signe de la concorde, de la paix et des valeurs chrétiennes. Il n'est évidemment pas dû au hasard que la partie de l'échafaudage visible sur l'affiche évoque la forme d'une croix. Ceci rappelle la dimension religieuse de la réconciliation. La France entend éliminer le spectre du nazisme pour laisser entrevoir un horizon rayonnant. Cette affiche délivre ainsi un message d'avenir, non seulement par son énonciation *expressis verbis*, mais également à travers les signes iconiques qui composent l'image. L'avenir est compris ici comme une rupture avec le passé. Si le nazisme était synonyme de destruction et de ruine, l'autonomie et l'union avec la France sont présentées sous le signe de la reconstruction. Il ne s'agit pas d'un avenir utopique mais d'un futur proche, l'entreprise de reconstruction ayant été amorcée : la truelle est dans le mortier et un pan de mur a déjà été achevé.

A l'instar de l'affiche précédente, la symbolique des couleurs renforce le message. L'opposition entre le passé et le présent s'adosse en effet à une opposition chromatique entre le noir de la croix gammée et le jaune de l'horizon esquissé par les Français. Le noir, couleur de la nuit, des

---

[34] Bernard Villemot (1911-1990) est un élève de Paul Colin, auteur de l'affiche pour les journées françaises de Sarrelouis. Il réalise d'abord des affiches pour le cinéma. Pendant l'occupation, il reçoit des commandes du régime de Vichy. Il illustre la devise de l'État français « Travail – Famille – Patrie » et conçoit d'autres affiches pour des organismes du régime tels que le commissariat général à l'Éducation générale et sportive ou le service de propagande du secrétariat général à la Jeunesse. À la Libération, il n'est pas inquiété pour ces affiches. Sa carrière connaît un essor rapide après 1945 et il devient l'un des noms les plus reconnus de sa profession. Il illustre les grandes causes de l'après-guerre et travaille pour la Croix-Rouge, l'Entraide française ou Victoire, organisme national de solidarité combattante. Cf. Thierry DEVYNCK, Marie-Catherine GRICHOIS, *Villemot, peintre en affiches*, Paris, Paris Bibliothèques, 2012. Voir également Jean-François BAZIN, *Les affiches de Villemot*, Paris, Denoël, 1986.

ténèbres et de la mort[35], forme un contraste fort avec le jaune qui évoque ici à l'inverse la chaleur, la lumière et la prospérité.

On observe ainsi que cette représentation ne gomme pas le passé qui a vu s'affronter Français et Allemands. « Ni occultation du passé, ni oubli des violences », la réconciliation qu'elle esquisse doit permettre « d'affronter une histoire faite de violences et, surtout, de la surmonter »[36]. Par cette affiche les Français invitent ainsi les Sarrois à envisager l'avenir, un avenir ensemble. Il a été avancé qu'« il y a réconciliation lorsque s'est suffisamment diffusée la conviction selon laquelle un futur commun revêt plus d'importance qu'un passé divisé »[37]. C'est précisément ce que cherche à exprimer cette affiche, tout comme la carte postale envoyée par Gilbert Grandval fin 1946. Intitulée « la France aide à reconstruire la Sarre », elle illustre la double dimension de la reconstruction, tant matérielle que morale, entreprise par la France en Sarre[38].

Sur un champ de décombres, Marianne, reconnaissable au bonnet phrygien et à la cocarde, foule du pied un masque grimaçant dont la chevelure de serpents semble indiquer qu'il s'agit de la tête décapitée de Méduse, métaphore du visage monstrueux de l'Allemagne nazie, de la séduction fatale qu'elle a exercée sur de nombreux Allemands et de la terreur qu'elle a inspirée. Ceci fait écho à une directive du gouvernement militaire français de novembre 1945, précisant qu'il fallait « faire comprendre aux Allemands que le régime hitlérien n'a été qu'une monstrueuse duperie »[39]. La superposition du masque effrayant et des ruines en constitue l'une des tentatives, en établissant sans équivoque le lien entre la dévastation de l'Allemagne et le nazisme.

La France fait ici la courte échelle à la représentation allégorique de la Sarre, au sens propre comme au sens figuré : la France soutient la petite

---

[35] Michel PASTOUREAU, *Noir. Histoire d'une couleur*, Paris, Seuil, 2008.
[36] Cf. Stephan MARTENS, Michel DE WAELE (éd.), *Vivre ensemble, vivre avec les autres : Conflits et résolution de conflits à travers les âges*, Villeneuve d'Ascq, Septentrion, 2012, p. 67.
[37] COLSON, PEKAR LEMPEREUR, « Un pont vers une paix durable » (note 3), p. 14.
[38] Carte reproduite sur le site suivant : https://www.saar-nostalgie.de/Grandval_enFrancais2.htm [consulté le 4.11.2021], carte n° 2.
[39] Émile Laffon aux délégués supérieurs, instructions confidentielles pour les commissaires-censeurs auprès des journaux allemands, 4 novembre 1945, Archives de l'occupation française en Allemagne et en Autriche, MAE/La Courneuve, AP 136/2.

Sarre de toutes ses forces pour l'aider à se relever. En prêtant son aide à la reconstruction, elle entend « bâtir une Sarre nouvelle ». Sur le fondement constitué par la France, la Sarre construit son avenir et l'avenir des relations franco-allemandes, placées désormais sous le signe de la coopération. Comme le suggère le rayonnement à l'arrière-plan de l'image, cette coopération promet à la Sarre un avenir radieux et le retour à la lumière. La reconstruction revêt donc ici un double sens : elle renvoie à la fois au relèvement matériel des villes détruites et au renouveau démocratique que vise l'entreprise de dénazification. Cette carte porte ainsi un message d'espoir, en véhiculant l'idée que l'union avec la France offre aux Sarrois la possibilité d'un nouveau départ. Il est intéressant de noter que l'allégorie de la Sarre prend ici les traits d'une jeune fille, évoquant l'innocence. En saisissant la main qui leur est tendue, et donc en votant pour le rattachement économique à la France, les Sarrois peuvent acquérir une nouvelle virginité et s'affranchir de l'héritage de l'Allemagne nazie.

Pendant la période de l'occupation militaire, la communication visuelle est donc axée sur les bienfaits de la présence française en Sarre. La France met en exergue l'aide et le soutien qu'elle apporte aux Sarrois pour la reconstruction ou le ravitaillement alimentaire. Elle tend la main à la Sarre. À partir de 1948, avec l'entrée en vigueur de la constitution et la mise en œuvre de l'union économique avec la France, c'est davantage une dynamique bilatérale que met en avant l'iconographie, développant le paradigme de la fraternité. Moins de trois ans après la fin de la guerre, l'ennemi d'hier se présente comme l'ami d'aujourd'hui.

Une fois encore, la carte de vœux envoyée par Gilbert Grandval à la fin de l'année 1947 donne le ton. Sur cette image, un mineur Sarrois, identifiable au drapeau au-dessus duquel il se tient ainsi qu'à la lampe de sûreté qu'il porte, tient par l'épaule un sidérurgiste français, muni d'une masse et d'une pince[40]. Les deux dates qui figurent à l'arrière-plan, le 5 octobre et le 8 novembre 1947, invitent à penser cette image comme une représentation allégorique de l'union franco-sarroise. En effet, les élections législatives sarroises qui voient la victoire des partis favorables à l'union économique avec la France et l'adoption de la constitution sarroise par l'assemblée constituante sont les deux étapes préalables à la mise en œuvre de l'union économique entre la Sarre et la France.

---

[40] Carte reproduite sur le site suivant : https://www.saar-nostalgie.de/Grandval_enFrancais2.htm [consulté le 4.11.2021], carte n° 3.

La comparaison avec la carte de vœux envoyée par Grandval en 1945 met au jour un changement de paradigme et montre que le message a sensiblement évolué en l'espace de deux années. La logique de donnant-donnant, au cœur de la première image, a été supplantée par une camaraderie franche et virile. La dimension économique des rapports franco-sarrois n'est certes pas absente de la carte de 1947 qui rappelle la complémentarité des ressources naturelles françaises et sarroises en évoquant les échanges du minerai de fer lorrain contre la houille sarroise, mais les relations franco-sarroises ne sont pas réduites à ces transactions commerciales. C'est bien la relation humaine qui prime sur cette représentation qui célèbre la fraternité entre Français et Sarrois, à travers le geste amical de l'accolade. L'altérité, marquée sur la carte de 1945 par la différence de sexes des allégories française et sarroise, est désormais gommée. On est frappé par la ressemblance des visages, des corps et des postures. Français et Sarrois sont présentés comme des jumeaux. Par ailleurs, on note que la distance entre les deux allégories s'est considérablement réduite en comparaison avec l'image de 1945. Le rapprochement que promeut la France est ici représenté au sens littéral. Rapprocher, au sens le plus simple du terme, signifie « réduire la distance » entre des protagonistes. Mais surtout, l'image tend à montrer que l'Autre est un semblable. Français et Sarrois sont représentés comme des peuples frères. Ils font désormais corps, unis par un destin commun. En effet, les deux figures regardent dans la même direction. Alors qu'en temps de guerre, l'iconographie de propagande vise à créer de la différence, à construire la figure d'un Autre inassimilable et irréductible, cet ennemi qu'il convient dès lors d'identifier pour mieux le neutraliser, l'iconographie de la réconciliation tend au contraire au décloisonnement, elle joue sur les effets de parallélisme et de symétrie pour mettre en exergue l'idée d'une communauté de destin. La réconciliation est aussi un exercice de déconstruction des images héritées.

On retrouve encore le message d'entente et d'union décliné sur d'autres supports, tels que les timbres. En 1948, le Français Albert Decaris[41] réalise ainsi pour la poste sarroise un timbre représentant une poignée de mains[42]. Au demeurant simple, ce geste du quotidien, accompli lorsque

---

[41] Albert Decaris (1901-1988) est un peintre et graveur français qui a réalisé entre 1935 et 1985 de très nombreux timbres-poste pour la France et ses colonies.

[42] Voir le timbre sur le site suivant : https://commons.wikimedia.org/wiki/File:Saar_1948_239_H%C3%A4ndedruck.jpg [consulté le 4.11.2021].

l'on fait la connaissance de quelqu'un ou en guise de salutation, est porteur d'une riche symbolique[43]. Le choix de ce motif dans le contexte de 1948 peut être source d'interprétations diverses mais à l'évidence complémentaires.

Tout d'abord, la poignée de mains évoque la rencontre et le contact, au sens propre comme au sens figuré. Elle suggère un lien qui unit et peut ainsi devenir le symbole d'un pacte que l'on scelle ou d'une affaire commerciale que l'on conclut. Geste d'accord et d'entente, la poignée de mains symbolise l'amitié et la fraternité et peut ainsi apparaître comme la marque du rapprochement voire de la réconciliation entre deux parties adverses. Longtemps, le serrement de mains était au centre du rituel de conclusion de la paix[44]. Déjà représentée sur les monnaies romaines, elle symbolisait la concorde[45]. Ainsi diffusée dans tout l'empire, elle était le signe d'une volonté de pacification. De nos jours encore, « tendre la main » est un signe d'apaisement.

Ces différents usages de la poignée de mains sont autant de strates de signification qui se superposent et s'interpénètrent pour conférer une épaisseur symbolique au motif représenté sur le timbre sarrois de 1948 qui évoque tout à la fois l'union entre la France et la Sarre, la réconciliation entre les ennemis d'hier, l'entente et la solidarité qui désormais les unissent ainsi que la réciprocité de leurs relations. Elle marque une reconnaissance mutuelle. Notons que dans cette poignée de mains qui consacre l'union, il est impossible de distinguer le Français du Sarrois, on franchit ici une étape supplémentaire dans l'évolution esquissée jusqu'à présent : les signes de l'altérité, gommés au fur et à mesure des représentations, sont désormais complètement effacés[46].

---

[43] Sur le motif de la poignée de mains dans l'iconographie politique, voir Marion Müller, « Die Ikonographie des politischen Händedrucks », in : Sybille Appuhn-Radtke, Ester Wipfler (éd.), *Freundschaft. Motive und Bedeutungen*, Munich, Zentralinstitut für Kunstgeschichte, 2006, p. 205–215 ; voir également Thomas Ahbe, « Der Handschlag als Symbol in der politischen Kommunikation Deutschlands », in : Mariacarla Gadebusch Bondio (éd.), *Die Hand. Elemente einer Medizin- und Kulturgeschichte*, Berlin, LIT, 2010, p. 357–367.

[44] Albert K. Baïbourine, Andreï L. Toporkov, *Aux sources de l'étiquette. Études ethnographiques*, Clermont-Ferrand, Presses Universitaires Blaise Pascal, 2004.

[45] Sylvia Estienne, « Temples et figures divines sur les monnaies romaines », *Hypothèses*, 2002/1 (n° 5), p. 115–124.

[46] Il convient d'ajouter que le motif de la poignée de mains est investi d'un tout autre sens dans la presse irrédentiste sarroise. Sans doute corrompu par la poignée de mains de Montoire, les poignées de mains entre responsables politiques français

Certes la réconciliation n'est pas la finalité explicite du programme iconographique mis en œuvre par la France – on l'a dit, on ne trouve aucune occurrence du terme dans les archives de l'époque. Sans doute un tel affichage aurait-il été contre-productif, tant « dans la réconciliation, certains verraient une occasion de salut et d'autres une capitulation », comme le notait, dans un autre contexte, Uri Savir, un des principaux négociateurs israéliens lors du processus d'Oslo (1991-1995) avec les Palestiniens[47].

Pour autant, les images diffusées par la France visent à changer le regard sur l'Autre, invitent à surmonter un passé conflictuel, à envisager l'avenir ensemble… – en d'autres termes, à se réconcilier. Sans chercher à gommer les événements du passé, les représentations tentent d'agir sur le ressentiment et la haine qui y sont liés. Elles poursuivent un double objectif : remémorer le passé en apaisant son sens initial (l'affrontement d'*ennemis héréditaires*) et en intégrant un sens nouveau (le déchirement de *peuples frères*)[48].

Quoiqu'elles ne se présentent pas comme telles – on a pu noter à chaque fois le décalage entre le message officiel qu'elles sont censés diffuser et la teneur du langage mis en œuvre – ces représentations constituent des images de réconciliation, définies en ces termes par le philosophe Paul Ricœur (1913-2005) dans *Histoire et vérité* : « les images de réconciliation sont mythes, non pas au sens […] de légende ou de fable mais au sens […] d'un récit significatif de la destinée humaine toute entière […] ; l'imagination […] est aussi le siège d'un travail en profondeur qui commande les changements décisifs de nos visions du monde ; toute conversion *réelle* est d'abord une révolution au niveau de nos images directrices ; en changeant son imagination, l'homme change son existence »[49]. Au lendemain de la Deuxième Guerre mondiale, le langage iconographique évolue, entraînant l'émergence progressive d'une nouvelle grammaire de l'image. Celle-ci refonde les règles et les codes présidant

---

et sarrois immortalisées par les photographes et publiées dans la presse clandestine d'opposition deviennent le symbole d'une collaboration sulfureuse et répréhensible, la preuve de l'inféodation du pouvoir sarrois.

[47] Cité par COLSON, PEKAR LEMPEREUR, « Un pont vers une paix durable » (note 3), p. 26.

[48] Voir également Valérie ROSOUX, « Réconciliation post conflit : à la recherche d'une typologie », *Revue internationale de politique comparée*, 22 (2015) 4, p. 557–577.

[49] Paul RICŒUR, *Histoire et vérité*, Paris, Seuil, 1964, p. 130.

à la représentation des relations franco-allemandes. Parmi les images de réconciliation, qui y occupent une place non négligeable, se dégagent certains invariants, observés ici à partir de l'exemple sarrois : la couleur bleue, le motif de l'accolade ou de la poignée de main et les effets de symétrie et de parallélisme. Ces éléments de réflexion ne constituent que les prémices d'une recherche qu'il faudrait mener à plus grande échelle pour permettre la comparaison de différentes situations post-conflictuelles, et ainsi en confirmer la pertinence.

De New York à Coventry

Un courant contemporain de réconciliation

Anne Raulin

Deux villes, New York et Coventry, eurent à subir des destructions majeures et d'importantes pertes humaines, bien qu'à des époques et dans des contextes différents. Ces épreuves sont ici perçues à travers des institutions religieuses qui en furent témoins et/ou victimes, ayant entre elles des affiliations historiques fortes et réactivées au lendemain de la catastrophe que connut New York le 11 septembre 2001. Ici la capacité de résilience a pu s'appuyer sur une mémoire transnationale remontant à la Seconde Guerre mondiale qui vit nombre de villes européennes anéanties par des raids aériens, dont Coventry fut un exemple paradigmatique. Cette ville d'Angleterre importe particulièrement en ce qu'elle devint dès cette époque le centre d'un mouvement de réconciliation avec l'Allemagne, se déployant tant sur le terrain moral que matériel.

Cette approche considère donc l'événement, les événements et leurs répercussions, ce qui est une préoccupation récente en anthropologie, et le fait en outre dans un sens rétroactif : comment l'épreuve marquant l'actualité mondiale du début du XXIe siècle, vécue sur le territoire états-unien, a-t-elle pu solliciter le passé européen, y puiser des ressources pour surmonter le traumatisme des attentats ? Ce texte introduit par ailleurs le point de vue de l'observatrice, précise ses motivations et les évolutions de la recherche, éléments qui viennent s'ajouter à la distance culturelle qui fonde le regard anthropologique et à sa méthode empirique d'observation participante.

1. De la destruction urbaine

C'est en tant que spécialiste d'anthropologie urbaine que mes travaux ont porté sur les grandes métropoles cosmopolites que sont Paris et New York. Mais c'est à la suite des attentats du 11 septembre 2001 que mon attention s'est tournée vers la vulnérabilité des villes – dimension rarement perçue par la sociologie et l'anthropologie urbaines, des disciplines qui se sont développées essentiellement dans des périodes d'expansion (aux États-Unis) et de Reconstruction (en Europe et tout particulièrement en France pendant les Trente Glorieuses). Étudier leur destruction, écrire sur ce sujet, fut longtemps hors de propos, comme l'a remarqué l'écrivain Winfried Georg Sebald dans le cas de l'Allemagne d'après Seconde Guerre mondiale, dans son ouvrage *De la destruction*[1], dont le titre original est *Guerre aérienne et littérature* – ce qui n'est pas sans connexion avec ce qui va suivre.

Les anthropologues américaines Jane Schneider et Ida Susser avaient cependant initié ce tournant avec un ouvrage collectif publié sous le titre *Wounded Cities*[2], les villes blessées, rendant compte de toutes les menaces de désagrégation que les villes connaissaient à la fin du XXe siècle, et dont le titre fut repris après le 11 septembre 2001 par Nancy Foner pour qualifier le choc des attentats à New York, *Wounded City*[3], la ville blessée. Personnellement, je me suis intéressée à la façon dont les institutions locales, proches du site du *World Trade Center*, ont participé à la réparation physique et morale des personnes touchées par ces attentats, et à celle de la ville prise comme personne physique et morale[4].

2. New York, dans le sillage du 11 septembre 2001

Les attentats du 11 septembre 2001 ont été suivis par une riposte militaire mobilisant de nombreux pays en Afghanistan puis en Irak. Cependant, une Église historique, dite épiscopale aux États-Unis, a mis en

---

[1] Winfried Georg Sebald, *De la destruction comme élément de l'histoire naturelle*, Arles, Actes Sud, 2004 (édition d'origine : 1999).

[2] Jane Schneider, Ida Susser (éd.), *Wounded Cities. Destruction and Reconstruction in a Globalized World*, Oxford, New York, Berg, 2003 ; voir aussi : Mike Davis, *Dead Cities*, Paris, Les prairies ordinaires, 2009 (traduit en français par M. Boldy et S. Roth, édition d'origine : 2002).

[3] Nancy Foner (éd.), *Wounded City. The Social Impact of 9/11*, New York, Russell Sage Foundation, 2005.

[4] Sur les institutions muséales, voir Anne Raulin, « Résilience urbaine à Lower Manhattan : raccords mémoriels et déni dans l'après 11 septembre 2001 », in : Denis Peschanski (éd.), *Mémoire et mémorialisation. De l'absence à la représentation*, Paris, Hermann, 2013, p. 75–93.

œuvre un processus œcuménique de réconciliation entre les confessions et d'incitation à une démarche de pardon, dans le but déclaré de briser le cycle de la violence en s'opposant à des agressions en retour. C'est dans cette église située dans l'immédiate proximité du site du *World Trade Center* que j'ai réalisé une observation durant les années 2005-2009, car c'était un lieu ouvert au public, et qui témoignait de ces lendemains d'attentats où, pendant neuf mois, la chapelle Saint Paul, *St. Paul's Chapel*, fut transformée en refuge pour les policiers, pompiers, secouristes et déblayeurs de *Ground Zero* (Fig. 1)[5]. Elle en avait gardé les traces, par exemple celles laissées par les équipements de protection sur les bancs d'église où pouvaient se reposer les hommes entre deux tâches, mais aussi dans l'usage des loges (*pews*) de personnalités historiques, en particulier celle de George Washington, où podologues et masseurs venaient soigner les pieds blessés sur les décombres brûlants des tours jumelles.

Fig. 1. New York, St. Paul's Chapel © Anne Raulin

---

[5] Voir Gregory SMITHSIMON, *September 12. Community and Neighborhood Recovery at Ground Zero*, New York London, New York University Press, 2011, pour saisir l'évolution au fil du temps des réactions des habitants de quartiers proches du désastre du 11 septembre 2001.

Cette chapelle, plus ancien monument religieux en activité à Manhattan, remarquable par sa grâce architecturale tant à l'extérieur qu'à l'intérieur, fut construite en 1766 à une époque où New York se concentrait à la pointe de l'île de Manhattan. L'église mère de la paroisse, *Trinity Church*, ayant subi les ravages des incendies lors de la Révolution américaine, George Washington y prit part à une cérémonie d'action de grâce après son investiture comme premier président des États-Unis en 1789 et se fit paroissien de cette chapelle. Ce brutal télescopage de l'histoire révélait tout à la fois le statut de capitale des États-Unis que New York avait eu de 1789 à 1790, et une réelle continuité religieuse : l'Église épiscopale prit la suite l'Église anglicane, dite de la Couronne d'Angleterre, devenant ainsi l'Église de l'élite étatsunienne et des présidents du nouvel État pendant le XIXe siècle et la première moitié du XXe. Ainsi, dès ce moment, elle assuma une double identité, celle d'être le prolongement de l'establishment et la congrégation des puissants, et celle de porter l'héritage révolutionnaire ayant mené à l'Indépendance[6].

Sa filiation avec l'Église d'Angleterre fut de nouveau affichée au lendemain des attentats, en particulier à travers les gestes de solidarité que celle-ci lui manifesta. Parmi les plus symboliques il y eut le don de la cloche de l'espoir, *The Bell of Hope* spécialement fondue pour l'occasion par la *Whitechapel Foundry*. Comme l'indique la dédicace gravée dans son bronze, elle fut « forgée dans l'adversité » [« Forged in Adversity »], et présentée conjointement par le maire de Londres et l'archevêque de Canterbury en 2002, au jour anniversaire du 11 septembre 2001 ; elle célèbre la force des liens, [« enduring links »], entre les deux villes et symbolise « le triomphe de l'espoir sur la tragédie » [« the Triumph of Hope over Tragedy »]. Dominant le cimetière historique de la chapelle Saint Paul, elle résonne tous les 11 septembre depuis bientôt vingt ans, ainsi qu'après chacun des massacres de masse terroristes perpétrés depuis lors.

---

[6] Ceci n'alla pas sans schismes intérieurs puisqu'une partie du clergé resta loyal à la Couronne. Inversement, l'Église épiscopale prit des positions dissidentes par rapport à l'Église d'Angleterre dont la dernière en date, concernant la consécration des mariages homosexuels, lui valut en 2016 une suspension temporaire hors de la Communion anglicane.

[7] C'est-à-dire en Angleterre, dans l'atelier qui fabriqua la *Liberty Bell* (symbolisant l'Indépendance américaine) et la fameuse *Big Ben*.

De New York à Coventry

3. Observer des pratiques de réconciliation

Quand j'entreprends d'y réaliser un terrain, selon une observation systématique réitérée les mois d'août et septembre de 2005 à 2009, c'est le caractère de mémorial des lieux qui me frappe, car à l'époque aucun musée du 11 septembre 2001 n'a encore vu le jour. *St. Paul's Chapel* semble avoir été un des vortex de cette tragédie, recevant des messages de soutien du monde entier sous des formes imaginatives très diverses, peluches offertes pour le réconfort des travailleurs de *Ground Zero*, insignes de compagnies de pompiers envoyés de nombreux pays, tapisseries gages de réparation, exposant de gigantesques rouleaux d'écrits et de signatures laissés par les visiteurs qui comptèrent plusieurs milliers par jour, etc. Mais la prise de contact avec le clergé des lieux m'a révélé une tout autre dimension. Nous étions, à cette époque, en pleine guerre d'Afghanistan, déclenchée en octobre 2001 en représailles aux attentats par la coalition occidentale (États-Unis, Royaume-Uni, France, Allemagne, Canada), plus largement les forces de l'OTAN et l'Alliance du nord islamique ; et depuis 2003, en pleine guerre d'Irak déclarée par l'administration George W. Bush au titre de « guerre préventive », où l'armée américaine et une vaste coalition (la France et l'Allemagne adoptant alors une politique non-interventionniste) se sont enlisées jusqu'en 2011.

C'est dans ce contexte de guerre et de représailles que je découvre les professions de foi de *St. Paul's Chapel*, qui avait été aux premières loges face aux destructions humaines et urbaines du 11 septembre 2001. Plusieurs dimensions pouvaient surprendre. Tout d'abord l'œcuménisme affiché de la paroisse qui, le 11 septembre 2006, organisa une cérémonie pluriconfessionnelle où se joignirent des représentants de multiples religions (Fig. 2) : chrétienne, bahaï, bouddhiste, hindou, jaïniste, juive, musulmane, native africaine, native américaine, shinto, sikh, et zoroastrienne. Et c'est quotidiennement, à midi, que sont lues dans le livret *Prayers for Peace* (avoisinant *The Book of Common Prayer*[8]) des prières « pour la paix » éditées à cet effet et issues de cet ensemble de traditions religieuses. La paix est donc entendue dans ses versions plurivocales, par conviction mais aussi pour rendre hommage à la diversité religieuse des personnes disparues dans les attentats.

---

[8] Avec des variantes, le *Livre de la prière commune* est utilisé depuis le XVIe siècle par l'ensemble de la communauté anglicane à travers le monde.

Fig. 2. Cérémonie commémorative à la St. Paul's Chapel le 11 septembre 2006 © Anne Raulin

Mais c'est sans aucun doute la référence à la terminologie du « healing » qui m'est apparue dans toute sa force. Cette notion se rapproche de celle de « cure » en français, la forme progressive « healing » du verbe « to heal » renforçant le sens de la guérison comme processus. Elle s'appuie sur un ensemble de rituels qui prennent en considération la personne dans toutes ses dimensions physiques et psychiques [« body, mind, and spirit »[9]]. Après le traumatisme des attentats, la réparation s'adressait tant au corps qu'à l'esprit, dans leurs déclinaisons émotionnelles, psychiques et spirituelles. *St. Paul's Chapel* offrit à ses occupants les meilleures nourritures terrestres, de la cuisine à la musique, ainsi que les services de son centre psychothérapeutique dit « Psychotherapy and Spirituality Institute ». Elle réactiva également des rituels religieux spécifiques comme celui de l'onction et de l'imposition des mains, personnalisant le rapport

---

[9] *Body, mind and spirit*, cette conception trinitaire, très courante aux États-Unis dans le vocabulaire séculier comme religieux, distingue la dimension mentale de la dimension spirituelle de la personne.

entre fidèles et officiants avec ce qui pourrait se nommer « *a contact prayer* », une prière contact.

La découverte dans ces lieux et ce contexte du vocabulaire de la guérison peut être étendue de façon plus générale à la vie sociale et politique aux États-Unis. Face aux divisions et épreuves majeures de la société américaine, tels les crimes racistes qui engrenèrent le mouvement *Black Lives Matter*, le mot d'ordre « Heal the Nation », [Guérissons la nation] se fit entendre comme un appel à surmonter la déchirure interne traversant toute l'histoire de la société américaine[10]. Autrement dit, cette notion apparaît aussi fortement identitaire de la nation étatsunienne que peut l'être la laïcité en France, pays où la guérison appartient au vocabulaire médical ou religieux, mais en aucun cas au vocabulaire politique. Ce décalage dans les références culturelles et politiques fut au centre de mon attention dans le premier temps de cette recherche[11].

Dans le milieu spécifique de *St. Paul's Chapel*, la « guérison » se conjuguait étroitement avec d'autres positionnements qui n'allaient manifestement pas dans le sens patriotique américain mais plutôt « against the American grain », à contre-courant de l'opinion dominante américaine en ces temps de guerre, en prônant le pardon et la réconciliation. Dans un premier temps, ils s'exprimèrent par la voix de mouvements de la société civile accueillis dans la chapelle. Ainsi une association de proches parents des victimes avait en novembre 2001 organisé une marche de Washington à New York, du Pentagone à *Ground Zero*, dite « Walk for Healing and Peace » [Marche pour la Guérison et la Paix]. Elle prit la parole pour faire état de son opposition aux guerres de représailles qui ne pouvaient être menées au nom des leurs « *not in their names* », (pas en leur nom). Son plan d'action était de ne pas répondre à l'agression par la vengeance, de briser le cycle de la violence, [« to break the cycle of violence »], de donner la parole aux victimes du terrorisme dans le monde entier, et d'engager des actions de solidarité avec les populations civiles

---

[10] Après sa victoire électorale en 2020, Joe Biden a exprimé le vœu que sa présidence des États-Unis soit « the time to heal in America ». Ce terme fut alors repris en France à la une par *Le Nouvel Obs* « Joe Biden peut-il guérir l'Amérique ? » (9 novembre 2020) *Heal the World* est aussi une chanson enregistrée en 1991 par Michael Jackson.

[11] Anne RAULIN, « *Healing* au pied des Twin Towers. Au-delà du traumatisme du 11 septembre 2001 », in : ID., Susan Carol ROGERS (éd.), *Parallaxes Transatlantiques. Vers une anthropologie réciproque*, Paris, CNRS Éditions, 2012, p. 205-236.

des pays agressés, comme participer à la reconstruction d'écoles, de mosquées, d'hôpitaux et de maternités en Afghanistan.

Des démarches individuelles de pardon, engagées de même hors de toute église, trouvèrent un écho et un accueil en ces lieux. L'histoire exemplaire et fortement médiatisée de l'amitié qui se noua entre deux femmes, la mère d'un des terroristes incriminés et la mère d'une des victimes du 11 septembre, respectivement Aïcha El-Wafi et Phyllis Rodriguez, en fournit un exemple. Ce rapprochement exceptionnel, mené de leur propre initiative et a priori incompréhensible, prend tout son sens et sa puissance à l'écoute des motivations de ces deux personnes que tout opposait, et qui se sont reconnues l'une dans l'autre à travers le chagrin, le remords, et la culpabilité partagés. Elles accomplirent ainsi un cheminement commun et cultivèrent une solidarité de plusieurs années[12].

Ces deux exemples traduisent la porosité entre l'institution religieuse et la société civile. De concert, les responsables de la paroisse, comme ceux d'autres églises épiscopales de Manhattan, en particulier la cathédrale St. John-the-Divine, revendiquèrent leur foi dans les démarches de pardon et de réconciliation. Ainsi le révérend Stuart Hoke, attaché à St. Paul's Chapel mais alors en charge de l'office qui se tenait à Trinity Church au moment où les avions percutèrent les tours, poursuivit la lecture des Béatitudes : « Prions pour ceux qui nous persécutent. Ne rendons pas le mal pour le mal. Tendons l'autre joue »[13], s'étonnant lui-même de son propos.

Ces convictions trouvèrent à se formaliser institutionnellement par le rattachement en 2005 de *St. Paul's Chapel* au réseau des églises chrétiennes de la *Community of the Cross of Nails*, la Communauté de la Croix des Clous qui se donne pour tâche de relier entre elles les forces de réconciliation de par le monde – comme on le verra dans la deuxième partie de cet article, Cette adhésion fut marquée par une cérémonie en présence de l'évêque de Warwick (diocèse de Coventry) et de Oliver Schuegraf, pasteur de l'Église luthérienne bavaroise en résidence à la cathédrale de Coventry, à qui il revint de dire le sermon, lui « un Allemand racontant

---

[12] Le Prix Quadriga 2007 leur fut décerné à Berlin. Pour plus de détails sur ce cheminement, voir RAULIN, « *Healing* au pied des Twin Towers » (note 11).
[13] « *Pray for those who persecute you. Never exchange evil for evil. Turn the other cheek* ».

l'histoire de Coventry et exposant le projet de réconciliation avec Dresde » entrepris dès l'époque où Dresde était une ville de RDA[14].

Ce fut Stuart Hoke qui retraça en ces mots la genèse de ce mouvement dans une version d'une concision qui laissait sans voix :

> « En 1940, la cathédrale de Coventry fut bombardée par les Allemands. Le lendemain, dans les ruines encore fumantes, les fidèles et le prêtre écrivirent sur les murs de l'autel : "Père, pardonne". Ils se mirent au travail de la réconciliation et du pardon à un moment où en Angleterre, c'était terriblement impopulaire car les gens n'avaient qu'une idée, abattre les bombardiers. Mais le mouvement a survécu, et Coventry est devenu le premier centre de réconciliation, et en a inspiré d'autres, à Dresde, à Berlin. Puis, ils ont trouvé des grands clous qui maintenaient ensemble les poutres de la cathédrale et ils en ont fait une croix qui est devenue leur symbole »[15]. (Entretien AR avec Stuart Hoke, 25 août 2005).

L'histoire de la destruction de la cathédrale de Coventry et sa conversion immédiate au pardon, racontée sous forme quasi miraculeuse par le représentant de *St. Paul's Chapel*, de même que son ralliement à un réseau européen en plein conflit mondial projetaient dans une grande perplexité et avaient de quoi surprendre une anthropologue française pour laquelle la vertu du pardon et de la réconciliation n'était pas courante dans les sphères politiques et activistes de l'époque. Se tourner vers l'Europe et ses guerres mondiales pour envisager l'avenir d'un XXIe siècle naissant, pour donner un horizon d'espoir après des catastrophes portant atteinte de façon massive à des civils (environ 2 700 morts), visés en temps de paix, ne pouvait qu'intriguer. Cela indiquait que les tragédies de l'Ancien monde avaient rattrapé le Nouveau, mais laissait entière la question de la

---

[14] Oliver SCHUEGRAF, *The Cross of Nails. Joining in God's mission of reconciliation*, Norwich, Canterbury Press, 2012, p. 210. Il fut de 2002 à 2006 responsable de la coordination de la *Community of the Cross of Nails* (*International Centre for Reconciliation*) à la cathédrale de Coventry.

[15] « In 1940, Coventry Cathedral was bombed by the Germans. The next day, the congregation and the priest of the Cathedral came out, and in the shell of the Cathedral, in the smouldering ruins, they wrote the word on the high altar: "Father, forgive", and they began doing the work of reconciliation and forgiveness at that moment, at a time when, in England, it was horribly unpopular because people wanted to chase down the bombers. But the movement lived, and it became the first centre of reconciliation, and it inspired the second and the third: one is in Dresden, the other one is in Berlin... The day after the bombing, they found great big nails that had held the cathedral together and they put them up in the shape of a cross and that became their symbol ».

filiation et de la solidarité entre des situations apparemment sans liens. Comment les États-Unis victimes d'attentats qu'on découvrait islamistes pouvaient-ils s'inspirer de l'Europe des guerres mondiales, de cette histoire séculaire saturée de conflits entre nations ? Comment l'événement américain pouvait-il se faire puissant levier de remémoration d'autres catastrophes, sur un autre continent qui se trouvait être le mien, dont je partageais l'histoire ?

4. Coventry, 61 ans avant le 11 septembre 2001

C'est à la fin de ma première visite de la cathédrale de Coventry que je me suis jointe à la « *Litany of Reconciliation* », telle qu'elle se récite tous les vendredis à midi depuis 1958. Une petite assemblée de visiteurs venus de tous pays faisait cercle autour du pasteur derrière son autel de pierres, dans les ruines de l'ancienne cathédrale détruite par les raids aériens de 1940 et laissées en l'état. Derrière une haute croix de poutres calcinées par l'incendie qui ravagea la cathédrale, s'étalait une inscription : FATHER, FORGIVE, lourde d'une interrogation : Père, pardonne, mais à qui ? La réponse sera donnée plus loin. Chacun s'étant présenté, la récitation collective de la litanie se déroula puis le groupe fut invité à l'eucharistie dans la *Chapel of Unity*, la chapelle de l'unité conçue comme lieu d'accueil de toutes les confessions chrétiennes, attenante à la nouvelle cathédrale reconstruite en 1962. Ainsi j'assistai d'emblée à une cérémonie condensant toutes les valeurs de ce mouvement dont j'avais pris connaissance quelques années auparavant, à quelques milliers de kilomètres de là.

Coventry ? Il est significatif que le nom de cette ville soit connu par ce terme dérivé qu'est le mot de « coventrisation », synonyme de destruction systématique d'une ville (*to coventrate* en anglais, *coventrieren* en allemand). Comment cette ville anglaise des Midlands, située à l'est de Birmingham, eut-elle à connaître une telle destinée de ville martyre ? Ville médiévale devenue centre de l'industrie automobile en Angleterre, puis dans les années 1930 de matériels militaires (munitions et avions), elle fut une des cibles du *Blitz*, guerre aérienne menée entre 1940 et 1941 par l'aviation allemande sur les villes composant la ceinture industrialo-militaire de la Grande-Bretagne[16].

---

[16] David McGregory, *Coventry Blitz*, Stroud, Amberley Publishing, 2015.

De New York à Coventry

Le 14 novembre 1940 sur Coventry, la Luftwaffe mena une opération par une nuit de pleine lune, dénommée *Moonlight Sonata* ou *Mondscheinsonate* : ce n'était pas la première agression mais ce fut la plus importante. Elle visa les industries militaires situées dans le maillage urbain de la vieille ville et dans les environs. L'opération fit environ 600 victimes, un millier de blessés, la vieille ville médiévale fut entièrement détruite, de nombreux quartiers d'habitation également. La cathédrale St. Michaël ne survécut pas à cet assaut.

Fig. 3. Coventry : ancienne et nouvelle cathédrales © Anne Raulin

5. « Give Hitler hell for this » ou « Déchaînons l'enfer sur Hitler pour ce qu'il a fait »

La presse nationale et la BBC déclarèrent que les habitants de Coventry seraient « reconnaissants » si des bombardements s'abattaient sur Hambourg (comparable par sa production militaro-industrielle à la ville de Coventry). À Coventry, des cris d'appel à la vengeance « Give

Hitler hell for this »[17] accueillirent le roi George VI accouru sur les lieux, mais une autre réaction locale parut dans le *Midland Daily Telegraph* : ce n'était pas à la presse nationale d'instrumentaliser le *Coventry Blitz*, et l'évêque de Coventry perçut cette manœuvre comme une offense.

La presse locale exprima aussi l'incompréhension de la population quant à l'absence presque complète de défense aérienne cette nuit-là, alors que pas loin de 500 bombardiers croisaient dans le ciel de la ville. Coventry ne se plaint pas, son moral reste intact : il n'y eut jamais de panique ou de désordre, pas même de signe de nervosité (mais les habituelles scènes de pillage) : « Hitler a montré le pire de ce qu'il pouvait faire, et Coventry a montré qu'elle pouvait tenir face à cela »[18]. Il y eu donc une réaction de fierté locale et citadine, voire de colère envers la propagande militaire britannique qui affichait sa puissance défensive sans en être à la hauteur. L'aide humanitaire afflua : Young Men's Christian Association (YMC), Armée du Salut, Salvation Army, Church Army[19], Worldwide Veterinary Service, etc. En cette fin de 1940, le bombardement de Coventry s'inscrit dans une série d'agressions réciproques entre l'Allemagne et la Grande-Bretagne, instrumentalisant les populations civiles et détruisant leurs villes, ciblant tant leurs activités industrialo-militaires que leurs centres historiques afin d'atteindre le moral des parties belligérantes.

6. Un narratif épique : la Cathédrale est en feu

L'incendie de la cathédrale provoqué par les bombardements eut un formidable retentissement, à la hauteur de la dimension emblématique de cet édifice religieux. L'histoire de la destruction de la cathédrale St. Michaël fit l'objet d'un récit édifiant, raconté par son principal protagoniste, le recteur de la cathédrale, Richard Howard[20]. Celui-ci prit une part active à la défense de l'édifice, assurant avec sa femme la protection

---

[17] *Idem*, p. 94.
[18] « Coventry feels that Hitler has done his worst, and Coventry knows now that it can "take it" ».
[19] Institution de l'Église anglicane intervenant depuis 1882 auprès des criminels et des *outcasts* et ayant adopté un modèle d'organisation quasi militaire.
[20] Richard HOWARD, *Ruined and Rebuilt. The Story of Coventry Cathedral 1939-1962*, Coventry Cathedral, 1962 (réédition 2019). Son titre est à cette époque celui de « Provost », prévôt, qui sera ultérieurement remplacé par celui de « Dean », doyen. On choisit comme traduction le titre de « recteur » qui correspond à cette fonction en français.

de son toit les nuits de bombardements, déjà le 14 octobre 1940, date de la première atteinte, puis lors de la nuit du 14 novembre 1940.

Son récit raconte heure par heure sa lutte contre les bombes incendiaires lâchées en grande quantité par la *Luftwaffe* sur les toits plats et particulièrement vulnérables des églises d'Angleterre, celui de la cathédrale St. Michael datant de la fin XIVe-début XVe siècle (avant le schisme anglican de 1534). L'effondrement du toit entraîna l'écrasement des piliers de la cathédrale, laissant seuls quelques murs extérieurs debout. Dick Howard savait que ses compagnons et lui ne pouvaient venir à bout de la pluie de bombes incendiaires qui dura onze heures alors que les équipes de pompiers étaient mobilisées auprès des usines d'armement et que les ressources en eau avaient vite été épuisées. Il assista impuissant à son écroulement. Seuls le clocher et la flèche de la cathédrale restèrent debout, la ville de Coventry méritant ainsi toujours le nom de *Three Spires City*, la ville aux trois flèches (avec celle de *Trinity Church* et celle de *Greyfriars*).

Cette contextualisation donne sens à la vision de Richard Howard, d'une grande fulgurance symbolique :

« Comme je voyais la cathédrale en feu, il me semblait que j'assistais à la Crucifixion de Jésus sur la Croix. Car la cathédrale n'est pas seulement une église qui appartient aux hommes, c'est l'église de Jésus-Christ. Qu'un édifice si glorieux et si magnifique qui abrita le culte de chrétiens pendant des siècles, soit détruit en une nuit par la malfaisance des hommes, était certainement un mal monstrueux et incommensurable. De façon mystérieuse, c'était une forme de participation au sacrifice infini de la crucifixion du Christ ».

Le lendemain dans la cathédrale en ruine, comme ces pensées me hantaient, il me vint à l'esprit avec la plus profonde évidence que comme la cathédrale avait été crucifiée avec le Christ, elle se relèverait à nouveau avec Lui. Comment et quand, on ne pouvait le dire, et cela n'avait pas grande importance. Mais la cathédrale se dresserait à nouveau[21].

---

[21] « As I watched the Cathedral burning, it seemed to me as though I were watching the crucifixion of Jesus upon His Cross. After all, the Cathedral was not primarily a church belonging to man; it was the church of Jesus Christ. That such a glorious and beautiful building, which had been the place where Christian people had worshipped God for five hundred years, should now be destroyed in one night by the wickedness of man, was surely a monstrous evil that nothing could measure. It was in some mysterious way a participation in the infinite sacrifice of the crucifixion of Christ. As I went with this thought in my mind into the ruined Cathedral on the

7. La déclaration au monde : résister à la vengeance

Coventry devint synonyme de l'esprit de résistance des populations civiles, en offrant le terrible spectacle des sacrifices nécessaires à l'effort de guerre : « "Coventry" fut soudain célèbre comme symbole mondial du sacrifice que les peuples du monde libre devraient supporter jusqu'à la victoire, et de l'esprit dans lequel seraient vécues ces souffrances »[22]. Du monde entier affluèrent des lettres de soutien, la ville et la cathédrale recevant la visite du roi George VI qui est aussi le chef de l'Église d'Angleterre.

Le 25 décembre 1940, jour de Noël, la cathédrale de Coventry fut choisie pour prendre part aux allocutions de l'*Empire Broadcast*, soit de la *British Broadcast Corporation's Empire Service*, touchant tout le Commonwealth (aujourd'hui *BBC World Service*). C'est le jour du *Royal Christmas message* inauguré par George V, message royal de Noël auquel sont invitées diverses personnalités. Le recteur Howard, planté dans les ruines en présence de quelques enfants de chœur qui n'avaient pas été évacués hors de la ville afin de les protéger, délivra son message « à l'Empire » en terminant sur ces mots :

> « Ce que nous avons à dire au monde est cela : avec Christ vivant en nos cœurs, nous essayons, quoique cela soit très difficile, de *bannir tout sentiment de vengeance*. Nous nous efforcerons de poursuivre ce travail colossal de sauver le monde de la tyrannie et de la cruauté. Nous allons essayer, après ce conflit, de faire un monde plus tendre, plus simple, plus proche de celui de l'Enfant-Jésus »[23].

---

morning after the destruction, there flashed into my mind the deep certainty that as the Cathedral had been crucified with Christ, so it would rise again with Him. How or when, we could not tell; nor did it matter. The Cathedral would rise again »; Howard, *Ruined and Rebuilt* (note 20), p. 16–17.

[22] « "Coventry" sprang into fame as a world-wide symbol of the sacrifices which the peoples of the free world would have to endure before victory could be won, and of the spirit in which those sufferings would be endured » ; Howard, *Ruined and Rebuilt* (note 20), p. 18.

[23] « What we want to tell the world is this: that with Christ born again in our hearts today, we are trying, hard as it may be, *to banish all thoughts of revenge*; we are bracing ourselves to finish the tremendous job of saving the world from tyranny and cruelty; we are going to try to make a kinder, simpler – a more Christ-Child-like sort of world in the days beyond this strife. We are in brave spirits and can wish the Empire a courageous Christmas » ; HOWARD, *Ruined and Rebuilt* (note 20), p. 22.

Ce discours de Noël à la nation et à l'Empire fut ainsi l'occasion pour le recteur Howard de prendre publiquement position et d'affirmer une posture qui annonce celle des familles de victimes évoquées à New York : ce n'était pas au nom de Coventry, de ses victimes et de son désastre urbain, que les bombardements sur l'Allemagne se poursuivraient.

Quoique ce geste présente une force symbolique exceptionnelle, Howard n'était pas unique opposant à *l'area bombing* [bombardement de zone] dit aussi *morale bombing* [bombardement moral] car ayant pour but de démoraliser les civils. L'*Anglican Pacifist Fellowship* vit le jour en 1937 (conjointement avec la branche américaine *Episcopal Peace Fellowship*) devant la menace d'une Seconde Guerre mondiale[24], et eut des représentants à la Chambre des Lords et dans le *Labour Party*. Et dès la Première Guerre mondiale, un fort courant pacifiste s'était affirmé en Angleterre, lequel se réactiva à la fin des années 1930[25].

8. L'efficacité symbolique et ses artefacts

En janvier 1941, Jock Forbes, tailleur de pierre à la cathédrale, construisit cet autel fait des pierres éparses dans les ruines, et y plaça la croix de poutres calcinées. Mais c'est seulement en 1948 que l'inscription « FATHER, FORGIVE » [PÈRE, PARDONNE] fut gravée sur le mur gothique émergeant des ruines. Sans complément d'adresse, la formule dit par élision qu'il s'agit d'implorer un pardon général pour ces massacres de civils tant du côté anglais que du côté allemand. Elle ne manqua pas de troubler et d'irriter le patriotisme britannique de beaucoup, y compris des fidèles : sous cette formule laconique, le pardon de Dieu aux hommes, à une humanité faillible quelle que soit sa nationalité, est invoqué. Quant à la croix de clous, elle fut initialement formée par le vicaire d'une église

---

[24] Vera Brittain fut une des grandes figures de ce pacifisme qui milita aussi pour l'objection de conscience : elle mena tout à la fois le combat contre le nazisme et la stratégie de « bombardements par saturation » sur les villes allemandes, cf. Vera BRITTAIN, *One Voice. Pacifist Writings from the Second World War*, New York, Continuum International Publishing, 1944 (réédition 2005).

[25] À l'occasion de *Remembrance Day* [Journée du souvenir] célébré tous les ans depuis 1918, soit le 11 novembre 1940, le recteur Howard prononça une prière de pardon envers les ennemis afin de ne pas faire de cette cérémonie une célébration militaire.

de Coventry, en croisant trois clous de fer forgé, un dans le sens vertical, deux tête-bêche dans le sens horizontal. Devenue le symbole tout à la fois de la Crucifixion et, une fois chromée, de la Résurrection, elle fut dès lors offerte à toute nouvelle affiliation à la *Community of the Cross of Nails*, et donna son nom à ce réseau d'églises pour la réconciliation.

Dès 1941, les termes de « *Sacrificial City* », cité sacrificielle, s'imposèrent. Ce narratif viendra alimenter la décision architecturale de conserver les ruines de l'ancienne cathédrale préservées comme « lieu de mémoire », et de construire une cathédrale moderne dans leur prolongement[26]. Bien avant l'érection de ce nouvel édifice qui transforma la ville martyre en ville phœnix, dès les années 1950, les visiteurs allemands affluèrent à Coventry, tandis que les représentants de la Couronne d'Angleterre s'y manifestaient régulièrement. À partir des années 1960 qui virent l'achèvement des travaux, la puissance esthétique et dramatique du site, née du contraste et de l'alliance des ruines mémorielles et d'une modernité inspirée, n'a cessé d'attirer des touristes du Commonwealth comme du monde entier : familles, groupes, pèlerins, visiteurs solitaires, et personnalités d'Europe, Afrique, Inde, Amériques… (Fig. 2)

9. La réconciliation avec les villes allemandes

C'est immédiatement après la fin de la guerre, célébrée dans le Royaume-Uni comme V.E. DAY, *Victory in Europe Day*, le 8 mai 1945, puis comme *Victory over Japan Day*, le 15 août 1945, que les démarches de réconciliation furent mises en route. Elles commencèrent avec des échanges de vœux à Coventry dans une *Chapel of Unity* provisoire, entre le recteur Howard et le prêtre catholique Mecklenburg de Hambourg, entourés d'enfants de chœur. Lors d'une nouvelle allocution du *Christmas Empire Broadcast* à la BBC, en 1946, Howard dit : « Vous savez ce qui nous est arrivé à Coventry. Nous savons ce qui vous est arrivé à Hambourg. Je n'ai que deux mots à vous dire. Le premier est "Pardon". Le second est "Renaissance" »[27].

---

[26] Basil SPENCE, *Phoenix at Coventry. The Building of a Cathedral – by its Architect*, Londres, Glasgow, Fontana Books, 1962.

[27] « You know what happened to us here in Coventry… We know what happened to you in Hamburg…Two words spring to my lips to say to you. The first word is "Forgiveness". The second word is this – "New Birth" ».

Puis sur le sol allemand, c'est en 1947 à Kiel, base militaire de la guerre sous-marine et ville détruite par les bombardements britanniques, que conduisirent les premiers pas – à l'initiative de son maire, Andreas Gayk, fondateur d'une association des Amis de Coventry – en vue de la réconciliation. Le don d'une croix de clous suivi du contre-don d'une pierre des ruines de l'église St. Nikolai inaugura le geste symbolique qui est devenu le signe de ralliement à la *Community of the Cross of Nails*. Dans les années 1960, un groupe de jeunes volontaires allemands (*Aktion Sühnezeichen* [Action d'expiation]) vint à Coventry aider à la reconstruction de la sacristie de l'ancienne cathédrale St. Michaël. Réciproquement, en 1965, de jeunes Anglais se portèrent volontaires pour participer à Dresde à la reconstruction de l'hôpital des Diaconesses. Cet hôpital « chrétien » en grande partie détruit par les bombardements de la Royal Air Force rejoignit dès cette époque la *Community of the Cross of Nails*[28]. Après la réunification de l'Allemagne, la reconstruction de la *Frauenkirche* dans cette même ville mit à nouveau en œuvre une coopération anglo-allemande d'envergure. Cette reproduction à l'identique d'un chef-d'œuvre architectural datant de 1743 dura de 1994 à 2005, et fut en partie financée par un fonds britannique pour la confection de la croix qui surmonte le dôme de l'église – laquelle fut pendant deux ans l'objet d'une exposition itinérante en Grande-Bretagne passant par le château royal de Windsor et la cathédrale de Coventry. Les offices adoptèrent la lecture de la « *Litany of Reconciliation* » chaque vendredi à midi.

Cette expansion du réseau de la *Community of the Cross of Nails* est considérable, puisqu'on peut compter en Allemagne jusqu'à une soixantaine d'églises (de toutes confessions chrétiennes, protestantes et catholiques) dont une dizaine à Berlin, et il continue de croître tant en Europe qu'en Amérique du nord, au Moyen-Orient, en Afrique du Sud.

10. Les similitudes entre New York et Coventry

En se fondant sur la filiation entre Coventry et New York, on peut repérer par comparaison plusieurs éléments performatifs de ces processus de réconciliation. En premier lieu, le narratif insiste sur l'immédiateté

---

[28] Sur les complexités politiques de cette initiative menée en plein régime RDA, voir Merrilyn THOMAS, *Communing with the Enemy. Covert Operations, Christianity and Cold War Politics in Britain and the GDR*, Francfort/M., Peter Lang, 2005.

de la réaction de pardon, qui intervient en pleine agression, sans délai, et inscrit le dépassement du conflit et du traumatisme dans une continuité évangélique assumée : « La réconciliation est au cœur des Évangiles. Elle doit être la principale mission de la cathédrale »[29], qui fait dévier la riposte vers un geste de haute teneur morale, basé sur la reconnaissance de l'autre dans son humanité, malgré l'adversité qui l'assigne à la catégorie de l'ennemi.

Cette démarche s'est tout d'abord adressée à la communauté des chrétiens de toute obédience, anglicans, catholiques, et protestants dans leur diversité. Mais à New York, cet œcuménisme s'est élargi à toutes les confessions des victimes, déployant des cérémonies et offrant à lire des prières de paix de type multiconfessionnel. La performativité rituelle se soutient en effet de ces prières de paix quotidiennes, et chaque vendredi à midi, est lue dans tout le réseau de la *Community of the Cross of Nails* la « *Litany of Reconciliation* » composée en 1958. Le signe d'alliance conçu dès 1941 avec la Croix des Clous s'arbore toujours en bonne place dans les églises qui rejoignent aujourd'hui le réseau, même si celle-ci est maintenant produite à la demande. En 1940, la presse internationale, et en particulier américaine, avait dénoncé cet « acte de barbarie » que fut la destruction de la cathédrale de Coventry. Du *New York Herald Tribune* au *Daily Mirror*, la photo des deux poutres de bois calciné formant une croix fut largement diffusée, comme le fut en 2001 celle des poutres métalliques croisées s'élevant des décombres de *Ground Zero* qui faisait face à *St. Paul's Chapel*.

Le souci de sauvegarde des populations civiles semble constituer le levier même de ces convictions de pardon et de réconciliation qui s'opposent à une vengeance brandie au nom des victimes d'une guerre ou d'un attentat. S'identifiant à une société civile endurant par-delà les frontières les épreuves provoquées par ces conflits, ces prises de position vont à contre-courant des stratégies militaires des gouvernements. Elles s'expriment positivement par une solidarité entre victimes et par une entraide morale et matérielle (aide à la reconstruction des édifices, en particulier hôpitaux et lieux de culte). Elles s'engagent par une démarche de réparation dans la durée, subversive du point de vue de certaines

---

[29] « Reconciliation is at the heart of the Christian Gospel; it should be the chief mission of the Cathedral » ; HOWARD, *Ruined and Rebuilt* (note 20), p. 123.

valeurs collectives, en particulier patriotiques. Si la notion de réconciliation peut être repérée comme notion centrale, celles de pardon (dont les termes restent volontairement flous, « Father, Forgive »), de réparation, de reconstruction sont associées en fonction des actions qui les concrétisent, des contextes qui les suscitent.

Un tel geste de réconciliation véhicule une forte charge émotionnelle soulevée par la dimension dramatique des événements et entretenue par la mise en œuvre de rituels qui, en permettant le partage, font ainsi communion. Le caractère itératif de ces pratiques dit aussi combien fragile est le processus qui ne peut être tenu définitivement pour acquis, qui requiert une volonté tenace, une vigilance individuelle et collective. L'engagement peut fléchir – comme le constata avec regret l'actuel recteur de Coventry lors d'une visite à *St. Paul's Chapel* au milieu des années 2010. Mais il se relance en fonction des événements dramatiques qui éclatent de par le monde et viennent s'agréger à ces calendriers liturgiques en prise avec l'actualité.

Les témoignages individuels recueillis sur ces deux sites, à New York et à Coventry, font ressortir à quel point ces démarches de réconciliation travaillent les affects (colère, tristesse, désarroi, remords, haine, culpabilité, honte, amour), ravivés, exacerbés par la destruction (humaine comme matérielle). Elles permettent leur élaboration, et pour se rallier au vocabulaire psychanalytique leur perlaboration (*Durcharbeitung*), c'est-à-dire leur transformation psychique.

Une dernière remarque d'ordre circonstanciel conduira à élargir le propos. Ce sont bien des avions qui percutèrent les plus hautes tours de Manhattan, et ce rapprochement avec les bombardements aériens de la Seconde Guerre mondiale souligne le degré d'implication malgré eux des civils y compris en temps de paix, puisque ce sont des passagers d'avions de ligne qui furent projetés contre d'autres civils. Ce nouveau déplacement de positions entre civils et belligérants incite à poursuivre la réflexion sur la notion de « société civile internationale ». Cette terminologie, qui s'est imposée dans le contexte contemporain depuis la fin de la guerre froide, a vu ces formes d'action prendre un essor inédit grâce à la multiplication des ONG. Antérieurement, les périodes suivant ou précédant les guerres mondiales connurent de fortes mobilisations de la société civile rendue d'autant plus nécessaire au plan international que celle-ci se fracturait en camps ennemis. Les observations exposées ici rappellent combien ces dynamiques sont imprégnées d'une conception (médiévale) de la communauté chrétienne établissant « une société civilisée par la poursuite des intentions divines »[30].

Épilogue : Concordance des dates et des lieux

En présence de la reine Élizabeth II, de l'archevêque de Canterbury ainsi que de nombreux dignitaires étrangers, c'est le 25 mai 1962 qu'eut lieu la consécration de la nouvelle cathédrale de Coventry[31]. Pour cet événement international, Benjamin Britten composa le *War Requiem* qui intègre à la *Messe des morts* (en latin) les poèmes de Wilfred Owen[32] écrits dans les tranchées et sur le champ de bataille de la Première Guerre mondiale, relatant le sacrifice de toute une génération de jeunes Européens... Profondément pacifiste, Britten considérait ce requiem comme une « sorte de réparation » à leur intention, et après Coventry, l'œuvre, qui rencontra un immense succès, fut rejouée à Berlin le 11 novembre 1962[33].

C'est entre-temps, le 8 juillet 1962, que se déroula la cérémonie de réconciliation franco-allemande en la cathédrale de Reims. Elle mit sur le devant de la scène les président et chancelier, De Gaulle et Adenauer, avant même la signature du traité de l'Élysée en janvier 1963 qui devait en fixer les clauses[34]. La signification de ce lieu renvoyait aux mêmes périodes conflictuelles, puisque la cathédrale de Reims fut détruite en septembre 1914 et inaugurée dans son nouvel état restauré en 1938, et que cette ville abrita la première signature de la capitulation allemande dite du 8 mai 1945. C'était promouvoir une politique en lui donnant un cadre symbolique adéquat, mise en scène gaullienne que d'aucuns ont

---

[30] Gauthier PIROTTE, *La société civile*, Paris, La Découverte, 2018, p. 11.

[31] Les président et chancelier allemands (Theodor Heuss et Konrad Adenauer, catholique romain pour ce dernier, « as a German and as a Christian ») firent chacun un don personnel pour la reconstruction de la cathédrale de Coventry – qui fut reçu par le recteur Howard « as an Englishman and as a Christian ».

[32] Wilfred Owen, poète anglais mort en 1918 une semaine avant l'Armistice, à Ors près de Cateau-Cambrésis dans le nord de la France. Son œuvre écrite en grande partie sur le champ de bataille, qui interroge la fureur sacrificielle de l'Europe chrétienne, est devenue un classique de la littérature anglaise.

[33] Voir Xavier DE GAULLE, *Benjamin Britten ou l'impossible quiétude*, Paris, Actes Sud, 2013, p. 369–378.

[34] Maurice VAÏSSE, « La réconciliation franco-allemande : le dialogue de Gaulle–Adenauer », *Politique étrangère*, 58 (1993) 4, p. 963–972.

qualifié de géniale et qui en tout état de cause s'est avérée mémorable. Elle correspondait en outre aux convictions de deux hommes d'État catholiques afin d'inscrire cette réconciliation entre nations dans les valeurs de l'Occident chrétien. Cependant, c'est un sens asymétrique du pardon qui s'exprimé par la voix de De Gaulle : la France occupée puis libérée était « la seule à pouvoir faire le geste du pardon »[35]. Tout en procédant à la « consécration religieuse » de cette réconciliation, une autre asymétrie fut respectée : si Adenauer communia en la cathédrale comme dirigeant de la CDU, un parti politique ouvertement chrétien, De Gaulle ne le fit pas, comme représentant d'une république laïque fondée sur la séparation de l'Église et de l'État[36].

Malgré les convergences de scénarii entre Grande-Bretagne et France en cette saison de 1962[37], ces célébrations restent différentes quant à leur dynamique sociale et politique, car il s'agit dans ce dernier cas d'un rapprochement effectué au plus haut sommet des États. Sur le long terme, le rôle des engagements confessionnels, catholiques et protestants, les jumelages entre villes ou la mise en place d'organismes comme l'Office franco-allemand pour la Jeunesse (OFAJ), ont aussi compté en France parmi les forces de réconciliation. Le réseau de la *Community of the Cross of Nails* donne cependant à voir une autre forme de mobilisation, qui se construit en associant la société civile par la médiation de ses institutions religieuses, avec comme objectif la réconciliation entre populations également victimes de destruction massive en termes de vies humaines mais aussi de villes, milieux symbiotiques de longue date. Ce sens de la reconstruction incluant lieux de vie et de culte et constituant un patrimoine historique urbain commun est une des caractéristiques de ce mouvement qui va dans le sens d'une restauration à la fois matérielle et morale, promue comme réparation mutuelle. Un tel projet, certes minoritaire, mérite l'attention d'une anthropologie urbaine soucieuse d'interroger les rapports profondément affectifs qu'entretiennent sur la durée les citadins avec leur ville et ses lieux, ordinaires ou monumentaux[38], au-delà

---

[35] Alain Peyrefitte, cité in : Corine DEFRANCE, Ulrich PFEIL (éd.) *La France, l'Allemagne et le traité de l'Élysée*, Paris, CNRS Éditions, 2012, p. 48.

[36] Comme Thomas W. GAEHTGENS l'a souligné dans son ouvrage *La Cathédrale incendiée, Reims, septembre 1914*, Paris, Gallimard, 2018, p. 245-246.

[37] De Gaulle s'inspira-t-il de Coventry ? On peut se poser la question…

[38] Lyn LOFLAND, *The Public Realm. Exploring the City's Quintessential Social Territory*, New York, Routledge, 1998 ; Anne RAULIN, « Les espaces-temps des

même de leur appartenance nationale et de leur statut de citoyen. Dans la mesure où ce mouvement continue à faire école dans des situations de conflits sans commune mesure, à des époques et dans des contextes éloignés les uns des autres, il importe aussi d'en comprendre, sans les idéaliser, les ressorts essentiels qui pourraient être rapportés à d'autres situations d'actualité.

---

anthropologues. De la colonisation temporelle au confinement mondial », *Espaces et Sociétés*, 180/181 (2020), p. 97–116.

La réconciliation : Entre mémoire et oubli, entre passé et avenir

Un essai de conclusion

Corine DEFRANCE

Dans sa résolution du 19 septembre 2019 sur « l'importance de la mémoire européenne pour l'avenir de l'Europe », le Parlement européen affirme « qu'il convient d'entretenir la mémoire du passé tragique de l'Europe, afin d'honorer les victimes, de condamner les auteurs de crimes et de jeter les bases d'une réconciliation fondée sur la vérité et l'œuvre de mémoire »[1]. Presque quatre siècles plus tôt, le traité de Münster signé le 24 octobre 1648 entre la France et le Saint-Empire stipulait :

> « Qu'il y ait de part et d'autre un oubli et une amnistie perpétuelle de tout ce qui a été fait depuis le commencement de ces troubles en quelque lieu ou en quelque manière que les hostilitez ayent été exercées par l'une ou par l'autre partie ». Il prescrivait encore « que l'amitié réciproque entre l'Empereur et le Roi très-chrétien, les Électeurs, les Princes, et les États de l'Empire se conserve [...] ferme et sincère [...] »[2].

Entre l'époque moderne et le temps présent, la conception de la réconciliation dans les relations internationales, telle que la reflète la langue diplomatique et juridique, s'est radicalement transformée : l'exigence mémorielle a désormais supplanté l'injonction d'oubli comme condition d'établissement de l'amitié et de la réconciliation. Les contributions rassemblées dans ce volume interrogent cette longue durée et permettent de dégager des constantes et de multiples évolutions de la réconciliation. Il

---

[1] Résolution du Parlement européen du 19 septembre 2019 sur l'importance de la mémoire européenne pour l'avenir de l'Europe ; https://www.europarl.europa.eu/doceo/document/TA-9-2019-0021_FR.html [consulté le 3 mai 2021].

[2] Traité de paix signé à Münster entre la France et le Saint-Empire, 24 octobre 1648 ; https://mjp.univ-perp.fr/traites/1648westphalie.htm [consulté le 3 mai 2021].

y a d'abord celles qui caractérisent l'usage même du terme ou de vocables proches à travers les époques, avec des phases de flux et de reflux, et des acteurs différents qui s'en emparent et les portent. Il y a ensuite les mutations de la notion proprement dite. Considérée dans la longue durée, elle fluctue. Relevant du domaine religieux et politique, elle donne lieu à des pratiques très ritualisées. Selon les contextes et les temps, elle unit ou sépare, passe du registre lexical des élites à celui du peuple et toujours soulève la question du rapport des temporalités, de l'oubli et de la mémoire, du passé et de l'avenir.

1. Les évolutions de l'usage du terme « réconciliation » : un aperçu diachronique

La réconciliation est une notion importante de la diplomatie au moins depuis les traités de Westphalie, même si le terme n'est pas employé en 1648 : il est alors question de « paix » et d'« amitié » pour assurer le vivre ensemble de peuples qui s'étaient entredéchirés trente ans durant. Le principe de la réconciliation est alors considéré comme la condition d'une « paix durable ». Cette conception s'impose pendant toute la période moderne et perdure jusqu'à aujourd'hui.

À partir du XVIIe siècle, le terme « réconciliation » fait ponctuellement son apparition dans le langage politico-diplomatique et juridique. Il est mentionné une première fois dans les lettres de ratification du traité des Pyrénées de 1659, entre la France et l'Espagne, qualifié de « traité de paix et de réconciliation ». Dans les décennies suivantes, la « réconciliation » est parfois précisée par des qualificatifs tels que « réciproque » ou « parfaite ». Ainsi, jusqu'au mitan du XIXe siècle sont signés des « traités de paix » ou « traité de paix et d'amitié », réglant ce qui relève de la réconciliation, avec parfois, mais parfois seulement, sa mention explicite. Dans la seconde moitié du XIXe siècle, l'usage du terme se raréfie dans les traités internationaux avant de disparaître un siècle durant. C'est sans doute avec le traité de Francfort (1871), mettant fin à la guerre franco-allemande, que le droit international bascule dans une conception de la paix sans amitié ou réconciliation[3]. Le paiement d'indemnités de guerre

---

[3] « Das war weder ein Versöhnungs- noch ein Karthagofriede » [« Ce n'était ni une paix de réconciliation ni une paix carthaginoise »], Thomas NIPPERDEY, *Deutsche Geschichte 1866-1918*, vol. 2, *Machtstaat vor der Demokratie*, Munich, Beck, 1993, p. 74.

est en quelque sorte le « prix de la paix », le tribut, dont le vaincu doit s'acquitter. Quant au traité de Versailles (1919) entre l'Allemagne et ses vainqueurs, s'il introduit la notion de « réparations » comme dédommagement ou « prix de la guerre », il établit une paix désignant des « responsables » voire coupables (article 231), obérant sérieusement les chances de réconciliation après le conflit. L'écrivain et journaliste allemand Kurt Tucholsky, socialiste et pacifiste, a déploré une *Vernichtungsfrieden* (« paix d'anéantissement ») et en août 1924, le gouvernement de la République de Weimar a rappelé que cet article était un obstacle à la « wahre Verständigung und Versöhnung zwischen den Völkern » [« à la véritable compréhension et réconciliation entre les peuples »[4]].

Au moment où elles sortent du champ lexical de la diplomatie traditionnelle, « conciliation » et « réconciliation » deviennent cependant des marqueurs de la diplomatie humanitaire émergente. En effet, la codification des règles de la guerre s'est accélérée après la bataille de Solferino (1859). Sous l'impulsion d'Henri Dunant, fondateur de la Croix-Rouge, la première convention de Genève de 1864 et les conférences de La Haye de 1899 et 1907 marquent la naissance de ce nouveau droit international[5]. Le diplomate français Paul Henri d'Estournelles de Constant en est un acteur important qui plaide la cause de l'arbitrage international et la « conciliation internationale ». En 1905, il crée l'association éponyme[6]. Au seuil des XIXe et XXe siècles, les mots de la réconciliation, de la concorde, du vivre ensemble trouvent un écho et un usage plus large dans la société civile, surtout dans les milieux pacifistes, socialistes, féministes et confessionnels qui s'en font les porte-paroles. À la veille de la Grande Guerre, la fondation de l'association chrétienne *International Fellowship of Reconciliation* (IFOR) témoigne d'un vain mais symbolique effort pour éviter la guerre[7].

---

[4] Cf. Gerd KRUMEICH, *Die unbewältigte Niederlage. Das Trauma des Ersten Weltkrieges und die Weimarer Republik*, Fribourg/Br., Herder, 2018, p. 178 et 182 respectivement.

[5] Cf. Maartje ABBENHUIS, Christopher Ernest BARBER, Annalise R. HIGGINS (éd.), *War, Peace and International Order? The Legacies of the Hague Conferences of 1899 and 1907*, Londres, Routledge, 2017.

[6] Cf. Stéphane TISON (éd.), *Paul d'Estournelles de Constant. Concilier les nations pour éviter la guerre (1878-1924)*, Rennes, PUR, 2015.

[7] Cf. Lilian STEVENSON, *Towards a Christian international. The story of the International Fellowship of Reconciliation*, Paris, International Fellowship of Reconciliation, 1929 (traduit en français sous le titre : *Réconciliation : une Internationale chrétienne*, Pantin éd. de La Réconciliation, 1929).

Si le temps du conflit n'est pas celui de la réconciliation, si celle-ci entre en contradiction avec les appels au patriotisme et les flambées de nationalisme qui se nourrissent de tous les stéréotypes sur « l'ennemi héréditaire », la réflexion sur la réconciliation perdure et l'usage du mot parfois résiste : ainsi Nicolas Moll a retrouvé la trace d'une revue longtemps oubliée, nommée *Versöhnung* (« réconciliation ») et fondée en Suisse en août 1917 par des militants pacifistes de différentes nationalités.

Le mot de « réconciliation », avec d'autres vocables proches tels que « désarmement moral » ou « entente internationale », reste très présent durant l'entre-deux-guerres, portée par des milieux divers de la société civile, des ONG avant la lettre comme la Fondation américaine Carnegie, par des États (la France et l'Allemagne dans la seconde moitié des années 1920) et par la Société des Nations. Au fil des années 1930, le terme se retrouve progressivement phagocyté par les « antidémocrates », les nationalistes et les fascistes. Le mot est aussi au cœur d'une stratégie de séduction et de subversion déployée à l'égard de la France par des proches de Hitler, ce que Dominik Rigoll a analysé pour le cas du juriste et propagandiste nazi Friedrich Grimm. Dès la défaite française de 1940, la réconciliation devient le *leitmotiv* de la collaboration du régime de Vichy avec l'Allemagne nazie, ce qu'illustre la devise des intellectuels membres du groupe « Collaboration » : « Rénovation française – Réconciliation franco-allemande – Solidarité européenne »[8].

La « réconciliation » a été tellement instrumentalisée par la collaboration d'une part, la violence et la nature des crimes commis pendant ce conflit ont été telles de l'autre que le terme devient tabou dans l'immédiat après-guerre. S'il est exceptionnellement employé, c'est souvent dans un sens négatif. Ainsi, une affiche de l'armée britannique d'avril 1945 met les soldats de l'Empire en garde contre les « dangers de la fraternisation » et de la « réconciliation » avec l'Allemagne. D'un point de vue politique, le langage de l'amitié et davantage encore de la réconciliation a sans doute aussi été écarté parce qu'associé à une attitude de faiblesse dans les relations internationales quand il s'agissait de montrer sa force au vaincu.

Seuls ou presque les milieux confessionnels, en référence au sens chrétien centré sur le pardon, évoquent encore la « réconciliation ». Il

---

[8] Cf. François Broche (éd.), *Dictionnaire de la Collaboration : collaborations, compromissions contradictions*, Paris, Belin, 2014, p. 6.

faut d'ailleurs noter que, même pendant la guerre, quelques hommes d'Église de diverses nationalités avaient continué de plaider et pratiquer la réconciliation chrétienne. Après 1945, des chrétiens, religieux ou laïcs, reviennent aux sources théologiques de la réconciliation précisément parce que l'état des tensions paraît sans issue d'un point de vue politique. Urszula Pękala l'a mis en lumière à l'exemple des relations entre les deux prêtres catholiques silésiens, l'Allemand Hermann Hoffmann et le Polonais Bolesław Kominek. Le titre de sa contribution, « Das Unversöhnbare versöhnen? » (« Réconcilier l'irréconciliable ? »), résume les enjeux de l'époque.

Le terme « réconciliation » se diffuse au-delà des cercles religieux et confessionnels, les sociétés civiles s'en emparent progressivement dans les années 1950 et, lors des rencontres de jeunesse ou dans le cadre des jumelages par exemple, il est à nouveau question de « compréhension internationale », d'« entente » et de « réconciliation ». Si les responsables politiques l'ont banni de leur langage, l'idée a néanmoins survécu dans certains cas particuliers. Ainsi, Marie-Alexandra Schneider a montré que, dans les relations franco-sarroises, ce qui ne pouvait être dit par des mots a été suggéré par l'iconographie : les lettres de vœux, les timbres et les affiches édités par le gouvernement militaire français portent le message de réconciliation par l'évocation visuelle de la reconstruction et de la fraternité, de la complémentarité et de la similarité. C'est ici un message unilatéral, lancé par une puissance occupante à la population occupée, ce qui est tout à fait différent du dialogue entre les prêtres Hoffmann et Kominek précédemment évoqué.

Quelques années plus tard, les diplomates et les responsables politiques se réapproprient eux-mêmes le terme. La messe dans la cathédrale de Reims, à laquelle le général De Gaulle et le chancelier allemand Konrad Adenauer assistent le 8 juillet 1962 est l'une des premières mises en scène de la réconciliation mutuelle au niveau officiel dans les relations internationales de l'après-guerre (Fig. 1). À partir des années 1960 et 1970 et encore davantage dans les décennies suivantes, le vocable « réconciliation » connaît un développement fulgurant, d'abord dans la pensée et le langage théologiques – la réconciliation étant le « mot magique » selon le pape Paul VI – mais aussi dans la langue politique et juridique. Il est devenu un item et un thème central du droit et des relations internationales. Comme l'a montré Romain Le Bœuf, le règlement de la paix, surtout à l'issue de guerres civiles, ne s'envisage pratiquement plus sans « réconciliation », transformant ainsi la conception de la paix.

Fig. 1. Le chancelier allemand Konrad Adenauer et le président de la République française Charles De Gaulle assistant à un office dans la cathédrale de Reims, 8 juillet 1962 © OFAJ.

Ce bref aperçu diachronique conduit à mettre en exergue quelques points fondamentaux : la dimension religieuse du terme de « réconciliation », son usage d'abord ponctuel et marginal, puis plus fréquent, mais particulièrement instable dans le langage politique et diplomatique, son passage tardif dans les sphères sociétales, son usage exponentiel et parfois abusif depuis le dernier tiers du XXe siècle par tous types d'agents des relations internationales, à tel point que certains observateurs ont dénoncé le « kitch de la réconciliation »[9]. Cependant la fréquence des occurrences, l'identification des milieux et des circonstances de son emploi renseignent incomplètement sur le ou les sens que le terme recouvre pour ceux qui y recourent. Aussi faut-il essayer de repérer quelques-unes des constantes et des principales mutations du concept pour mieux l'approcher.

2. La réconciliation entre théologie et politique : la question du pardon

Indubitablement, la réconciliation est un terme d'essence religieuse. Elle est définie par les théologiens du moyen âge comme « la réparation de l'amitié », impliquant le pardon, la justice et la pénitence. La Bible est avant tout le récit de la réconciliation entre Dieu et les hommes et entre les hommes.

Le religieux et le politique étant étroitement entremêlés dans l'histoire de l'Europe, la conception chrétienne de la réconciliation a longtemps caractérisé le champ politique. Les traités de Westphalie font même référence à la « paix chrétienne » : il s'agit non seulement de rétablir la paix après un conflit ayant opposé des chrétiens de différentes confessions, mais aussi de restaurer l'unité et la confiance dans l'Europe chrétienne face à la l'Empire ottoman. Trois siècles plus tard, dans le contexte de construction européenne et de guerre froide naissante, un certain nombre d'acteurs politiques et sociétaux conçoivent toujours l'Europe comme un *Abendland*, un Occident chrétien, qui doit s'unir contre la menace soviétique[10].

---

[9] Cf. Hans Henning HAHN, Heidi HEIN-KIRCHER, Anna KOCHANOWSKA-NIEBORAK (éd.), *Erinnerungskultur und Versöhnungskitsch*, Marburg, Herder-Institut Verlag, 2008.

[10] Cf. Vanessa CONZE, *Das Europa der Deutschen. Ideen von Europa in Deutschland zwischen Reichstradition und Westorientierung (1920-1970)*, Munich, Oldenbourg, 2009.

Au sein de la conception théologique de la réconciliation se trouve la question du pardon[11] – un pardon réciproque et parfait qui « remet à neuf la relation » comme l'écrit Florian Michel. Le pardon est le symbole du refus de la vengeance et le reste pour les chrétiens du XXe et du XXIe siècles. Ainsi, en 1940, au lendemain de la destruction de la cathédrale de Coventry par l'aviation allemande, son recteur rejette l'appel aux représailles et encore plus l'argument moral que d'aucuns mettent en avant (le « morale bombing »/« le bombardement moral »). La communauté chrétienne de Coventry sollicite le pardon : « Father forgive » (« Père, pardonne »). Un quart de siècle plus tard, les évêques polonais adressent à leurs confrères allemands, le 18 novembre 1965[12], une lettre célèbre, centrée sur le pardon réciproque – « nous pardonnons et nous demandons pardon » – alors même que la Seconde Guerre mondiale avait été fondamentalement dissymétrique par l'ampleur des crimes commis. En 2001 encore, au lendemain des attentats et de l'effondrement des *Twin Towers* à New York, l'Église épiscopale américaine lance un processus œcuménique de réconciliation et d'incitation au pardon. Anne Raulin a mis en évidence à quel point l'expérience de Coventry en est la source d'inspiration. On le voit, la demande de pardon peut aller à contre-courant de l'opinion dominante et de la politique des gouvernements.

Le pardon et davantage encore le « pardon réciproque » paraissent être sortis du champ politique à mesure que le sacré et le profane se séparaient l'un de l'autre. Certes le général De Gaulle, un chrétien pratiquant, avait déclaré à son ministre Alain Peyrefitte en sortant de la cathédrale de Reims en juillet 1962 : « Personne d'autre que moi ne peut réconcilier la France et l'Allemagne, car je suis le seul à pouvoir pardonner à l'Allemagne »[13]. Mais cette conception unilatérale du pardon reflète une réalité

---

[11] Cf. Frédéric Rognon, Expiation, repentance, pardon et réconciliation : concepts religieux et valeurs des sociétés européennes contemporaines, *Les Cahiers SIRICE* 15 (2016), p. 15–23 ; Hans-Richard Reuter, « Ethik und Politik der Versöhnung », in : Gerhard Beestermöller, Hans-Richard Reuter (éd.), *Politik der Versöhnung*, Stuttgart, Kohlhammer, 2002, p. 15–36.

[12] Urszula Pękala, « Deutsch-polnische Versöhnung an der Schnittstelle von Religion und Politik », in : Urszula Pękala, Irene Dingel (éd.), *Ringen um Versöhnung. Religion und Politik im Verhältnis zwischen Deutschland und Polen seit 1945*, Göttingen, V&R, 2018, p. 9–48.

[13] Alain Peyrefitte, *C'était de Gaulle*, vol. 1 : *La France redevient la France*, Paris, Fayard, 1994, p. 83.

La réconciliation

politique : les situations sont toujours déséquilibrées et les responsabilités rarement partagées également. Le pardon parfait et réciproque est peut-être un horizon d'attente, mais il n'est pas adapté aux réalités politiques et historiques. En revanche, depuis le dernier tiers du XXe siècle se sont multipliés des gestes et des paroles fortes de repentance – on pense ici au chancelier de la RFA, Willy Brandt, s'agenouillant devant le monument à la mémoire des insurgés et des victimes du ghetto de Varsovie le 7 décembre 1970.

Force est de constater que la demande de pardon, en tant que telle, est rarement formulée verbalement, sans aucun doute parce qu'elle imposerait de la part des anciennes victimes ou de leurs descendants une réponse, que ceux-ci ne sont pas en mesure d'apporter. Afin d'éviter une pression morale inappropriée, les représentants des États jadis criminels peuvent opter pour une repentance politique qui se caractérise par la pleine reconnaissance de la faute commise comme de la souffrance des victimes et de leurs héritiers[14]. Le discours prononcé le 4 septembre 2013 à Oradour-sur-Glane par le président de la RFA Joachim Gauck, un ancien pasteur, est à cet égard emblématique : il s'adresse aux survivants et aux familles des victimes, il prononce douze fois le terme de crime (*Verbrechen*), treize fois celui de culpabilité (*Schuld*), parle de barbarie (*Barbarei*), mais jamais de pardon. À neuf reprises, il mentionne la réconciliation (*Versöhnung*)[15]. La réconciliation politique semble aujourd'hui se distinguer de la réconciliation religieuse en ce qu'elle contourne la catégorie du pardon[16]. Elles ont cependant en commun la recherche de

---

[14] Corine DEFRANCE, « Faire face au passé. Gestes et discours officiels en RFA depuis les années 1970 », *Francia, Forschungen zur Westeuropäischen Geschichte*, (45) 2018, p. 431–440 ; Lily GARDNER FELDMAN, *Germany's Foreign Policy of Reconciliation. From Enmity to Amity*, Lanham, Rowman & Littlefield, 2012.

[15] Discours de Joachim Gauck à Oradour-sur-Glane, 4 septembre 2013 ; http://www.bundespraesident.de/SharedDocs/Reden/DE/Joachim-Gauck/Reden/2013/09/130904-Oradour-sur-Glane-Frankreich.html [consulté le 3 mai 2021]. Voir aussi Andrea ERKENBRECHER, « A right to irreconciliability: Oradour-sur-Glane, German-French Relations and the limits of Reconciliation after World War II », in : Birgit SCHWELLING (éd.), *Reconciliation, Civil Society, and the Politics of Memory*, Bielefeld, Transcript, 2012, p. 167–199 ; ID., « Oradour-sur-Glane. Ort einer später Versöhnung », in : Corine DEFRANCE, Ulrich PFEIL (éd.), *Verständigung und Versöhnung nach dem 'Zivilisationsbruch'? Deutschland in Europa nach 1945*, Bruxelles, Peter Lang, 2016, p. 329–347.

[16] Sandrine LEFRANC, *Politiques du pardon*, Paris, PUF, 2002 ; Christopher DAASE, Stefan ENGERT, Michel-André HORELT, Judith RENNER, Renate STRASSNER (éd.),

vérité, la reconnaissance des crimes et celle de la souffrance endurée par les victimes.

3. Paix et réconciliation : entre intégration et dissociation

Le terme de réconciliation étant presque systématiquement lié au retour ou au maintien de la paix, il convient de s'interroger sur le type particulier de paix qu'il caractérise. Dans le discours contemporain, la réconciliation renvoie à un vivre ensemble harmonieux qui se démarque d'une simple coexistence, souvent associée quant à elle au terme de « conciliation » – une notion qui, du point de vue théologique, ne « suppose pas l'amitié », ainsi que le relève Florian Michel. Dans le champ des relations internationales, les traités de paix et les instruments de ratification constituent une source de premier plan pour saisir les mots de la sortie de guerre et les conceptions qu'ils recouvrent.

Depuis le XIXe siècle au moins, juristes et experts distinguent différents types de paix, plus ou moins consolidées. Depuis le milieu des années 1960, Johan Galtung a approfondi et conceptualisé une typologie de la paix, allant d'une conception minimaliste ou « négative » – l'absence de violence ou la « non guerre » – à une paix « positive » fondée sur le vivre ensemble des anciens ennemis[17]. Or, un regard rétrospectif montre que la « paix dissociative », la séparation, qui paraît aujourd'hui incompatible avec un processus de réconciliation, a pu être considérée jadis comme la condition et la garante de ce qui était nommé « réconciliation » dans le langage diplomatique, à savoir un compromis par concessions mutuelles.

Déjà, la paix de Westphalie avait cherché à parvenir à la concorde politique par la démarcation religieuse avec acceptation du pluralisme confessionnel. Cependant, gouvernants et sociétés se sont alors approprié les règles de la paix civile, si bien qu'« on ne peut qualifier la réconciliation par la seule séparation » comme le notent Claire Gantet et Marie-Thérèse Mourey. En revanche, le traité de Londres de 1827 entre

---

Apology and Reconciliation in International Relations. The Importance of Being Sorry, Londres, New York, Routledge, 2016.

[17] Johan GALTUNG, « Three Approaches to Peace: Peacekeeping, Peacemaking, and Peacebuilding », in : ID. (éd.), *Peace, war and defense: essays in peace research*, vol. 2, Copenhague, Ejlers, 1976, p. 282–304. Sur ces questions, voir la contribution de Romain LE BŒUF dans ce volume.

les Grandes Puissances européennes d'une part et la Sublime Porte de l'autre, a prescrit la « séparation » des Grecs du reste des Ottomans pour assurer la paix. Cependant, comme Anne Couderc l'a souligné, la séparation des individus, fondamentalement confessionnelle entre chrétiens et musulmans, n'entraînait pas, dans l'esprit des signataires européens, de séparation politique dans le sens d'une remise en cause de la souveraineté ottomane sur les territoires peuplés de Grecs.

À la même époque, dans l'espace centre-européen qu'analyse ici Hélène Leclerc, l'idée de « conciliation » a été développée par des intellectuels de Bohême, Allemands surtout et Tchèques dans une moindre mesure, afin de conjurer la dissociation politique et culturelle en train de se profiler dans un contexte de recomposition des Empires.

Ainsi, en un même temps, dans deux espaces différents de l'Europe et dans des constellations politiques à chaque fois particulières, conciliation ou réconciliation ont été invoquées tantôt pour dissocier afin de maintenir la paix, tantôt pour tenter d'éviter cette dissociation. L'injonction de réconciliation émane d'acteurs différents, dans un cas d'États qui se présentent en médiateurs assumant leur ingérence dans les affaires intérieures de l'Empire ottoman, dans l'autre d'intellectuels qui sont directement concernés par les tensions en cours. Dans ces deux exemples, la question du vivre ensemble ou de la disjonction s'articule de manière spécifique à la croisée des plans culturel, religieux et politique.

4. La démocratisation de la réconciliation et les rapports de la réconciliation à la démocratie

À l'époque moderne, la réconciliation signifie le « recouvrement de l'amitié », le renoncement à la vengeance et elle est avant tout l'affaire des princes, pas celle des peuples. Au début du XIXe siècle encore, les Européens (Britanniques, Français et Russes) ont imposé à la Sublime Porte un règlement du conflit contraire aux attentes des peuples, en particulier des Grecs qui estimaient impossible la réconciliation avec les Ottomans, comme des sociétés européennes largement philhellènes. Il s'agissait même de tirer profit du conflit gréco-turc pour « réconcilier l'Europe elle-même », à savoir les Puissances, après les tensions des années 1820. Cependant, dans le mouvement bohémiste, ce sont des intellectuels qui se sont emparés de la « conciliation » et, dans une moindre mesure, de la « réconciliation ». Au cours du dernier tiers du

XIXᵉ siècle, des intellectuels encore, des hommes et des femmes engagés, journalistes, juristes, universitaires, continuent, hors du champ politique et diplomatique traditionnel, à nourrir la réflexion sur la conciliation et la réconciliation.

Sur la longue durée, le langage de la réconciliation, qui a d'abord été celui des élites politiques et religieuses, sociétales ensuite, s'est progressivement démocratisé. C'est le principal enseignement qui se dégage de la comparaison entre le premier et le second rapprochement franco-allemand du XXᵉ siècle. Le premier, dans la deuxième moitié des années 1920, souvent qualifié de « Locarno intellectuel » en raison des accords signés en 1925 dans la ville suisse, a été caractérisé par l'engagement des élites politiques, économiques et intellectuelles[18]. Celui de l'après Seconde Guerre mondiale s'est présenté lui-même comme un « Locarno par en bas », favorisant la « compréhension mutuelle » et le « rapprochement » entre citoyens, quel que soit l'âge, le milieu social et culturel ou la catégorie socio-professionnelle. Les jumelages de villes sont le symbole de cette démocratisation et de cette ouverture dans les relations internationales et intersociétales[19]. En corrélation avec cette évolution, la réconciliation se charge en émotion.

Que la réconciliation soit devenue plus largement l'affaire des sociétés ne doit pourtant pas conduire à penser qu'elle serait nécessairement un facteur ou une manifestation de la démocratie. Contrairement sans doute à ce que suggère le projet contemporain de justice transitionnelle, qui place la notion au cœur du processus de transformation démocratique et de stabilisation des pays en sortie de conflit[20], la réconciliation n'a pas toujours impliqué le respect de la démocratie et de la tolérance.

---

[18] Cf. Jean-Michel GUIEU, « Le rapprochement franco-allemand dans les années 1920 : esquisse d'une véritable réconciliation ou entente illusoire ? », *Les Cahiers Sirice* 2016/1 (n° 15), p. 25–40.

[19] Cf. Corine DEFRANCE, Tanja HERRMANN, « Städtepartnerschaften als Spiegel der europäischen Geschichte im 20. Jahrhundert. Eine Einleitung », in : Corine DEFRANCE, Tanja HERRMANN, Pia NORDBLOM (éd.), *Städtepartnerschaften in Europa im 20. Jahrhundert*, Göttingen, Wallstein, 2020, p. 11–44.

[20] Cf. Étienne JAUDEL, *Justice sans châtiment. Les commissions Vérité-Réconciliation*, Paris, Odile Jacob, 2009 ; Barbara CASSIN, Olivier CAYLA, Philippe-Joseph SALAZAR (éd.), *Vérité, réconciliation, réparation*, Paris, Seuil, 2004 ; Anne K. KRÜGER, « Transitional Justice », Version : 1.0, in : *Docupedia-Zeitgeschichte*, 25.1.2013, http://docupedia.de/zg/krueger_transitional_justice_v1_de_2013 [consulté le 3 mai 2021].

Dans l'Europe des années 1930, on l'a dit, elle est devenue le projet d'une internationale nationaliste et antilibérale prétendant défendre la paix que les démocraties auraient mise en péril comme Sebastian Liebold nous le rappelle. Ceux qui, tel Gustave Hervé, s'autoproclament partisans de la « vraie réconciliation » dénigrent violemment « la miteuse politique de rapprochement » incarnée par Aristide Briand et Gustav Stresemann[21]. C'est dans le fil direct de ces évolutions que la réconciliation devient le cœur du projet de collaboration entre les vaincus et leurs vainqueurs dans l'Europe nazie de la première moitié des années 1940. Avec la guerre, cette réconciliation nationaliste voire fasciste prend des accents antisémites et antisoviétiques toujours plus marqués. La revue antisémite *Notre combat pour la Nouvelle France Socialiste*, éditée par le Comité d'action antibolchevique, où publient de conserve partisans français et allemands de la Collaboration, titre en une et en lettres rouges la « réconciliation franco-allemande », avec en arrière-fond, dessinés au crayon, deux casques de soldats français et allemands tournés l'un vers l'autre, reliés par une couronne de laurier ouvrant sur un horizon lumineux (Fig. 2)[22].

---

[21] Gustave HERVÉ, *France–Allemagne. La Réconciliation ou la Guerre*, Paris, La Victoire, 1931, p. 14, 185, 229. Hervé avait déjà prôné la « réconciliation » dans le cadre de l'Internationale socialiste en 1912. Il faut aussi rappeler que, malgré ses prises de position fascisantes, Hervé a toujours refusé la collaboration et dénoncé la politique antisémite des nazis et de Vichy, Corine DEFRANCE, « Gustave Hervé et l'Allemagne : La réconciliation ou la guerre ? », in : Olivier DARD, Michel GRUNEWALD, Uwe PUSCHNER (éd.), *Confrontations au national-socialisme en Europe francophone et germanophone/Auseinandersetzungen mit dem Nationalsozialismus im deutsch- und französischsprachigen Europa, 1919-1949*, vol. 4, Francfort/M., Peter Lang, 2020, p. 79–93.

[22] Cf. *Notre combat pour la Nouvelle France Socialiste*, n° 8-9, décembre 1941.

Fig 2. Couverture de la revue collaborationniste et antisémite *Notre combat pour la Nouvelle France Socialiste*, publiée par le Comité d'action antibolchevique, décembre 1941.

5. Réconciliation, « compréhension mutuelle » et « Humanité »

Des contributions ici réunies, il ressort que la réconciliation, conçue comme le rétablissement ou l'espérance d'un vivre ensemble harmonieux, repose avant tout sur la « compréhension mutuelle », une expression abondamment utilisée après les deux guerres mondiales, mais déjà employée au début du XIXe siècle. Il s'agit d'empathie et de capacité à s'abstraire de ses propres catégories pour tenter de penser selon celles de l'Autre. Cette aptitude s'ancre concrètement dans la connaissance de la langue du protagoniste. Celle-ci est considérée comme la clé d'accès à la culture et constitue un outil essentiel de communication. Pour la commission de coopération intellectuelle de la SDN, la langue – ou plutôt son ignorance – est une barrière entre les peuples, au même titre que les clichés autour de la « race », comme le souligne Jonathan Voges. Au début du XIXe siècle, le mouvement bohémiste accorde une place cruciale au bilinguisme (allemand et tchèque) et à l'éducation, convaincu que le vivre ensemble peut s'apprendre et se transmettre. C'est une vision emprunte d'humanisme (chrétien) qui prône l'égalité de statut des « nationalités » mais se heurte inévitablement aux inégalités sociales de fait. L'apprentissage de la langue de l'autre, l'empathie et le désir de retrouver « l'unité » chrétienne sont aussi au cœur de la pratique des prêtres Hermann Hoffmann et Bolesław Kominek pour tenter de dépasser les nationalismes et les déchirements intra-nationaux dans la région frontière de Silésie et plus généralement dans les relations germano-polonaises. Au XXIe siècle, la réconciliation à laquelle aspire l'Église évangélique au lendemain des attentats du 11 septembre est fondamentalement interconfessionnelle et transnationale. C'est un appel à l'Humanité, en tant que communauté de tous les hommes par-delà les États, les nations et les religions, contre la spirale de la violence.

Même en dehors des milieux confessionnels, la réconciliation est étroitement liée à l'idée d'Humanité et de progrès des droits de l'Homme. Nicolas Moll l'a montré à l'exemple de l'Autrichien Rudolf Broda (1880-1932), proche des socialistes et fondateur des revues *Die Menschheit* et *Die Versöhnung*. La subsumation consécutive des deux titres l'un à l'autre est particulièrement éloquente : dès après la fin de la Grande Guerre, *Die Menschheit* – « L'Humanité » – redevient le message principal. C'est aussi parce qu'ils se considèrent comme « l'avant-garde de l'humanité », que les francs-maçons français et allemands, au nom de la « fraternité », se saisissent de la question du rapprochement et de la réconciliation bilatérale. Dans les années 1920, la Fondation Carnegie, qu'Helga Rausch qualifie de « Versöhner » (réconciliateur) américain, apporte sa pierre à la réconciliation franco-allemande en tant que médiateur et acteur majeur d'un mouvement transnational « humanitaire ». Au fil du second XXe siècle, l'attente voire l'exigence de réconciliation s'intensifie en même temps que les droits de l'Homme s'étoffent et que se multiplient les organisations humanitaires. Ensemble, ils transforment fondamentalement le droit international. Si la « compréhension mutuelle » et le souci de « l'Humanité » sont des éléments hérités des origines religieuses de la réconciliation, ils sont aussi des exigences qui s'amplifient au fur et à mesure que la réconciliation devient toujours plus l'affaire des peuples et des citoyens.

6. La réconciliation : un processus fortement ritualisé

À l'époque des traités de Westphalie comme aujourd'hui, la réconciliation reste une affaire très ritualisée. Pour reprendre la définition de Barbara Stollberg-Rillinger, « un rituel désigne, au sens étroit du terme, une suite d'actions humaines caractérisée par la standardisation des formes extérieures, la répétition, la mise en scène, la performativité et la symbolique, ayant un impact social élémentaire et structurant »[23].

La ritualisation passe par des paroles, des métaphores, des gestes ou des images, des couleurs et des sons. Les éléments du rituel prennent une valeur performative : ainsi, après la paix de Westphalie, le ballet est la représentation de l'harmonie retrouvée entre les anciens ennemis. Depuis l'époque moderne, il semble que la palette de ces gestes se soit resserrée. L'acte symbolique violent, même purificateur, comme la destruction des symboles de la guerre, ne semble plus avoir sa place dans les rituels contemporains.

Sans surprise, dans ces rituels de réconciliation, l'emprunt au religieux est considérable. Au sein de l'Église (pour les catholiques, elle est même un sacrement), la réconciliation a été et reste profondément ritualisée. Dans le champ politique et sociétal, des chefs d'État ou de gouvernement, des maires et des membres des associations de la société civile empruntent au religieux directement ou indirectement : qu'on pense au *Kniefall* (agenouillement) de Willy Brandt à Varsovie, aux messes avec *Te Deum* qui ont suivi la signature des accords de Westphalie ou précédé la signature du traité de l'Élysée de janvier 1963 (Reims, 1962)[24], aux offices religieux et échanges de serments lors de la conclusion de jumelages : tout cela contribue à marquer le caractère sacré de la réconciliation dans la Cité. D'autres gestes finissent par s'émanciper de leur origine religieuse, comme le baiser de paix ou l'accolade et la poignée de main fraternelles. Même la couleur bleue, si souvent associée à la paix et à l'iconographie de la réconciliation, est aussi, traditionnellement celle du manteau de la Vierge. C'est sans doute le lieu dans lequel ils sont produits qui contribue à donner aux gestes de réconciliation une valeur religieuse ou laïque plus ou moins marquée : d'un côté les manifestations organisées dans un lieu de culte ou au pied d'une « croix de réconciliation », de l'autre le choix de lieux 'civils', très souvent chargés d'histoire.

---

[23] « Als *Ritual* im engeren Sinne wird hier eine menschliche Handlungsabfolge bezeichnet, die durch Standardisierung der äußeren Form, Wiederholung, Aufführungscharakter, Performativität und Symbolizität gekennzeichnet ist und eine elementare sozial strukturbildende Wirkung besitzt », Barbara STOLLBERG-RILINGER, *Rituale*, Francfort/M., New York, Campus, ²2019, p. 9.

[24] Cf. Andreas LINSENMANN, « Das „Te Deum": Konrad Adenauer und Charles de Gaulle in Reims 1962 », in : DEFRANCE, PFEIL (éd.), *Verständigung und Versöhnung* (note 15), p. 65–81.

La réconciliation 343

La place de la mémoire dans les rituels de réconciliation constitue un trait d'union entre hier et aujourd'hui : « Les fêtes institutionnalisées commémorent, à travers la paix, des événements traumatiques de la guerre : c'est la mémoire de la guerre que l'on entend institutionnaliser en célébrant la paix » écrivent Claire Gantet et Marie-Thérèse Mourey. Selon les temps et les régimes mémoriels[25], la référence au passé douloureux peut ne pas être ou être peu verbalisée, mais s'exprimer de manière symbolique. Ainsi, en 1962, quand De Gaulle et Adenauer se retrouvent à Reims, ils se contentent d'évocations allusives au passé douloureux, préférant parler d'union et de coopération. Mais le choix d'une ville martyre de la Première Guerre mondiale, de la cathédrale détruite à l'automne 1914 et de la ville où a été signée la capitulation allemande le 7 mai 1945 est en soi un message puissant[26]. Dans l'Europe d'aujourd'hui, et au-delà, la réconciliation est en général célébrée dans les lieux les plus emblématiques de la violence de guerre (anciens champs de bataille, lieux d'extermination, de massacres etc.), comme s'il s'agissait d'en transcender la valeur mémorielle.

Nouvelle sans doute est l'autocélébration de la réconciliation. Ainsi, en 2003, à l'occasion du 40ᵉ anniversaire de la signature du traité de l'Élysée, gouvernements et parlements français et allemands ont mis en scène leur réconciliation dans un décor éminemment symbolique, en se réunissant au château de Versailles. Lieu de mémoire partagé, il évoque une double humiliation historique : celle de la France en janvier 1871 quand le *Reich* fut proclamé dans la galerie des Glaces et celle de l'Allemagne en juin 1919 quand fut signé dans cette même galerie le traité de Versailles. Par cette commémoration de la réconciliation, le lieu de mémoire deux fois négatif est métamorphosé en lieu partagé de mémoire positive[27]. Cette célébration de la réconciliation n'est pas seulement le fait

---

[25] Cf. Michel JOHANN, *Gouverner les mémoires. Les politiques mémorielles en France*, Paris, PUF, 2010.

[26] Cf. Thomas W. GAEHTGENS, *La cathédrale incendiée, Reims septembre 1914*, Paris, Gallimard, 2019 ; Valérie-Barbara ROSOUX, *Les usages de la mémoire dans les relations internationales. Le recours au passé dans la politique étrangère de la France à l'égard de l'Allemagne et de l'Algérie de 1962 à nos jours*, Bruxelles, Bruylant, 2001.

[27] Cf. Robert FRANK, « Le traité de l'Élysée : un lieu de mémoire franco-allemand ? » in : Corine DEFRANCE, Ulrich PFEIL (éd.), *Le traité de l'Élysée et les relations franco-allemandes, 1963-2013*, Paris, CNRS Éditions, 2012, p. 397–413, ici p. 219–220 ; Corine DEFRANCE, « Construction et déconstruction du mythe de la réconciliation franco-allemande au XXᵉ siècle », in : Ulrich PFEIL (éd.), *Mythes et tabous des relations franco-allemandes au XXᵉ siècle*, Berne, Peter Lang, 2012, p. 69–85 ; Ulrich

des États ou des responsables politiques. Depuis 2003, le 22 janvier est la « journée franco-allemande », largement fêtée dans le cadre des jumelages ou des établissements d'enseignement comme par les associations franco-allemandes. La réconciliation est devenue le nouveau narratif, voire le récit mythique des relations bilatérales. Ses mises en scène célèbrent la *success story* et la réconciliation est désormais présentée comme une « valeur », non seulement dans les relations franco-allemandes, mais plus généralement en Europe[28]. Depuis la fin de la guerre froide et les guerres en ex-Yougoslavie, l'Union européenne, qui peine parfois à trouver son unité, reprend à son compte ce grand récit de la réconciliation[29].

7. Entre retour sur le passé et promesse d'avenir : la réconciliation au croisement des temporalités

La principale mutation du concept de réconciliation au fil des siècles est sans doute à rechercher dans son rapport aux temporalités. Il y a une constante : il est toujours question de réconciliation quand il s'agit de rétablir un lien dans le présent et pour l'avenir au sortir d'un conflit. Par conséquent se pose la question de la gestion du passé douloureux sur l'échelle mémorielle, entre oubli, silence et hypermnésie.

Comme le rappelle Romain Le Bœuf, traditionnellement « le droit s'attache précisément à terminer [les événements violents du passé], de sorte qu'ils ne puissent plus produire d'effet dans l'avenir ». Le traité de Londres de 1827, visant à étouffer les velléités révolutionnaires des Grecs montrent que la paix a souvent été conçue comme la restauration de la

---

PFEIL, « Versailles und der Deutsch-Französische Krieg von 1870-1871 », *Aus Politik und Zeitgeschichte*, 1–2/2021, https://www.bpb.de/apuz/reichsgruendung-2021/325047/versailles-und-der-deutsch-franzoesische-krieg-von-1870-71 [consulté le 10 septembre 2021].

[28] Lors des cérémonies commémoratives du centenaire de la Grande Guerre, le 10 novembre 2018, le président Emmanuel Macron et la chancelière Angela Merkel se sont retrouvés dans la clairière de Rethondes et ont dévoilé une plaque indiquant qu'ils « ont réaffirmé ici la valeur de la réconciliation franco-allemande au service de l'Europe et de la paix ».

[29] Voir notamment les deux résolutions du Parlement européen du 2 avril 2009 sur la « conscience européenne et le totalitarisme » et du 19 septembre 2019 sur l'« importance de la mémoire européenne pour l'avenir de l'Europe » (résolution de 2019 citée note 1).

situation antérieure à la guerre. La paix a donc longtemps été appréhendée dans un esprit conservateur.

Dans les traités, les clauses d'amnistie et celles de réparations ont pour but d'effacer les atteintes passées. Dans la tradition westphalienne, « l'oubli » a constitué l'un des principaux instruments de la fabrique de la paix et du (re)-vivre ensemble. Cependant, il ne s'agit pas de perte des souvenirs ou d'effacement de la mémoire, mais d'un silence imposé, dans un cadre défini, afin de consolider la paix. La réconciliation westphalienne n'est fondée que sur un oubli apparent, de nature politique et juridique, contrebalancé par d'intenses pratiques mémorielles. Bien sûr, les horreurs de la guerre restent gravées dans la mémoire collective et individuelle. L'éducation doit même reposer sur la transmission du « souvenir des malheurs » afin d'éviter leur réitération.

Cette conception westphalienne est restée le modèle dominant pendant une très longue période, tant pour les acteurs politiques que sociétaux. Joachim Berger rappelle qu'en 1908, les francs-maçons déclaraient à leur congrès : « Il faut jeter un voile sur le passé. La réconciliation ne doit humilier aucune des parties en cause. [...] Revenir sur les vieilles histoires serait un sûr moyen de rouvrir les blessures d'amour propre et de réveiller les antagonismes ». En 1924, ils en appelaient de nouveau à une réconciliation taisant le passé. Et c'est précisément dans les phases de tension qu'ils ont convoqué la mémoire du passé, pour « démontrer » que la réconciliation était impossible. Dans les années 1930, le nationaliste Gustave Hervé en appelait à une réconciliation faisant table rase du passé : « un bon coup d'éponge sur le passé ancien et récent »[30]. Même au lendemain de la Seconde Guerre mondiale, des chefs d'État ou de gouvernement restent convaincus que les « clauses d'oubli » de l'Europe moderne ont des vertus pacificatrices. Ainsi, le Premier britannique, Winston Churchill, dans son discours de Zurich du 19 septembre 1946, parle du « blessed act of oblivion » (« l'acte béni de l'oubli ») pour permettre le relèvement du continent[31]. Au niveau sociétal aussi, cette approche reste très répandue jusque dans les années 1960. Lucien Tharradin, ancien résistant et survivant de Buchenwald, initiateur des jumelages

---

[30] Hervé, *La Réconcilaition ou la Guerre* (note 21), p. 126.
[31] Discours de Winston Churchill, Zurich, 19 septembre 1946, https://rm.coe.int/168 06981f3 [consulté le 10 septembre 2021].

franco-allemands, écrit à l'été 1950 : « Le passé est trop sombre, essayons de voir ensemble vers l'avenir »[32].

Ce silence consenti pour ne pas raviver les plaies du passé est caractéristique de la première phase de l'Europe de l'après 1945, mais il est transitoire. Il correspond à un temps de latence. La nature particulière des crimes commis pendant la Seconde Guerre mondiale – les crimes contre l'humanité et en particulier la Shoah – et la mobilisation des victimes qui, au-delà du châtiment des coupables et des réparations, ont exigé la reconnaissance de leur statut de « victimes », ont profondément transformé la relation au passé et à la mémoire.

La conception d'une réconciliation qui assume la confrontation avec l'épineuse question de la responsabilité du conflit voire de la culpabilité pour les crimes commis ne naît pourtant pas au cours du second XXe siècle. Le cas des pacifistes de toutes nationalités réunis en Suisse autour de la revue *Die Versöhnung* pendant la Première Guerre mondiale le démontre. Ils ne pensent pas la réconciliation entre les nations, mais mettent en cause les impérialismes des belligérants. Cette perspective transnationale, ouverte par le partage relatif des responsabilités dans ce conflit, devait nourrir les réflexions des plus audacieux, malgré l'asymétrie fondamentale de la Deuxième Guerre mondiale. Ainsi par exemple, Joseph Rovan, l'un des principaux médiateurs franco-allemands de la seconde moitié du XXe siècle, ancien résistant d'origine allemande et juive, déporté à Dachau, a-t-il souvent rappelé qu'il ne s'agissait pas pour lui d'une « réconciliation franco-allemande ». Il n'avait nul besoin de se réconcilier avec les démocrates allemands rencontrés dans les camps de concentration, victimes comme lui du nazisme[33]. La prise en compte du passé dans sa complexité pour mieux préparer l'avenir a sans doute ébranlé le cadre national dans lequel la réconciliation avait été majoritairement perçue depuis le XIXe siècle.

Comme Romain Le Bœuf l'a mis en évidence dans sa perspective de juriste, la question de la réconciliation « malgré le passé » est désormais

---

[32] Lucien THARRADIN, « Rencontres de maires français et allemands à Stuttgart », *Allemagne* (bulletin du Comité français d'Échanges avec l'Allemagne nouvelle), n° 8 (août–septembre 1950), p. 4.

[33] Cf. Joseph ROVAN, « France–Allemagne 1945. Bâtir un avenir commun » (2000) ; http://www.abhatoo.net.ma/maalama-textuelle/developpement-economique-et-social/developpement-social/histoire/histoire-generalites/france-allemagne-1945-batir-un-avenir-commun [consulté le 10 septembre 2021].

La réconciliation 347

en voie d'être supplantée par celle de la réconciliation « grâce à l'avenir ». Le traité de paix israélo-jordanien de 1994 ou la Commission de consolidation de la paix des Nations-Unies montrent que l'approche fonctionnaliste de la paix du Britannique David Mitrany (1943) a trouvé sa traduction dans la pratique diplomatique. Rappelons cependant que la SDN ou la Fondation Carnegie, dans l'entre-deux-guerres, s'étaient déjà engagées dans la voie de coopérations concrètes tournées vers l'avenir (coopération scientifique, éducative, etc.). Sans doute aussi le traité de l'Élysée de janvier 1963, qui est un « traité de coopération », a-t-il lui aussi emprunté la voix fonctionnaliste en développant des coopérations sectorielles et en créant un office bilatéral pour la Jeunesse (l'OFAJ). C'est sans doute à ce jour l'instrument de la « boîte à outils » franco-allemande qui a été le plus « emprunté » par d'autres pays européens en sortie de conflit pour faciliter le processus de rapprochement et réconciliation : on pense ici à l'Office germano-polonais pour la Jeunesse (1992), à l'Office pour les Balkans occidentaux (*Regional Youth Cooperation* Office – RYCO – fondé en 2016), ou plus récemment encore (2018) à l'Office germano-grec pour la Jeunesse[34]. Dans le rapport qu'il vient de remettre à la présidence de la République, l'historien Benjamin Stora en appelle à la création d'un Office franco-algérien pour la Jeunesse[35]. Comme le montrent encore les divers projets de révision des manuels scolaires ou de publication de manuels communs[36] qui se sont multipliés depuis la fin du XXᵉ siècle mais ont une préhistoire presque centenaire, les processus de réconciliation européens ont pensé l'avenir en accordant une attention spécifique à la place et au rôle de la nouvelle génération[37].

---

[34] Cf. Stefan SEIDENDORF (éd.), *Le modèle franco-allemand : les clés d'une paix perpétuelle ? Analyse des mécanismes de coopération*, Villeneuve d'Ascq, Presses du Septentrion, 2013 ; Claire DEMESMAY, Nicole COLIN (éd.), *Franco-German Relations seen from Abroad. Post-war Reconciliation in International Perspectives*, Stuttgart, Springer Verlag, 2020.

[35] Cf. Benjamin STORA, « Rapport sur les questions mémorielles portant sur la colonisation et la guerre d'Algérie », janvier 2021, p. 99, https://www.vie-publique.fr/sites/default/files/rapport/pdf/278186.pdf [consulté le 3 mai 2021].

[36] Cf. Simone LÄSSIG, Karolina KOROSTELINA (éd.), *History Education and Post-Conflict Reconciliation. Reconsidering Joint Textbook Projects*, Londres, Routledge, 2013 ; Christina Koulouri, « Clio chez elle : l'histoire des Balkans revisitée », *Histoire@Politique*, 2 (2007), https://doi.org/10.3917/hp.002.0006 [consulté le 3 mai 2021].

[37] Cf. Mathias DELORI, *La réconciliation franco-allemande par la jeunesse. La généalogie, l'événement, l'histoire (1871-2015)*, Bruxelles, Peter Lang, 2015.

Le défi de la réconciliation, vu d'aujourd'hui, nous paraît résider dans l'articulation entre les temporalités : comment se saisir du passé traumatique et en gérer la mémoire sans travestir l'histoire ni compromettre le futur ? Comment vivre ensemble et développer des projets d'avenir, en intégrant voire en tirant profit de l'histoire partageante et partagée ? La question de la réconciliation, posée par les « villes blessées » qu'a analysée Anne Raulin, est particulièrement emblématique : pour « guérir » (processus de *healing*), que faut-il conserver, patrimonialiser, mémorialiser et que faut-il effacer pour reconstruire ? L'équilibre entre les temps est particulièrement difficile à trouver en raison de la multiplicité des acteurs en jeu, officiels et sociétaux, inter ou trans-nationaux, nationaux et locaux, et de leurs attentes : Quand estimer que telle mémoire est suffisamment prise en compte ou pourquoi elle ne l'est pas assez par rapport à d'autres ? Que tel geste de réconciliation est adapté et suffisant ou non ? Quand et pourquoi prendre l'initiative d'un geste ou d'une parole ou décider de les éviter ? La réconciliation reste avant tout une affaire de dialogue et d'empathie.

Les autrices et les auteurs /
Die Autoren und Autorinnen

Joachim Berger ist Forschungskoordinator am Leibniz-Institut für Europäische Geschichte (IEG) in Mainz. Publikationen: Mit Gott, für Vaterland und Menschheit? Eine europäische Geschichte des freimaurerischen Internationalismus (1845–1935), Göttingen, Vandenhoeck & Ruprecht, 2020; (Hg.), Vom Kalten Krieg zum europäischen Umbruch. Das Institut für Europäische Geschichte 1950–1990, Berlin-Mainz 2020-09-12, https://ausstellungen.deutsche-digitale-bibliothek.de/ieg2020; mit Irene Dingel und Johannes Paulmann (Hg.), Ortstermine. Umgang mit Differenz in Europa, Mainz 2016–2023, https://www.ieg-differences.eu.

Anne Couderc est maître de conférences en histoire contemporaine des relations internationales à l'Université Paris 1 Panthéon-Sorbonne et membre de l'UMR SIRICE. Publications : « 1878. Guerre russo-turque », in : Pierre Singaravélou, Sylvain Venayre (éd.), *Histoire du monde au XIXe siècle*, Paris, Fayard, 2017, p. 327–330 ; avec Nikos Sigalas, « Navarin, 20 octobre 1827. Les paradoxes d'une défaite sans guerre », in : Corine Defrance, Catherine Horel, François-Xavier Nérard (éd.), *Vaincus ! Histoires de défaites. Europe, XIXe-XXe siècles*, Paris, Nouveau Monde éditions, 2016, p. 106–129 ; « Qui sont les Grecs? Traces de guerre, vestiges d'Empire et mémoires en conflit », *Histoire@Politique*, n° 29, mai-août 2016.

Corine Defrance est historienne, directrice de recherche au CNRS et directrice adjointe de l'UMR Sirice, Paris. Publications : avec Tanja Herrmann et Pia Nordblom (éd.), *Städtepartnerschaften in Europa im 20. Jahrhundert*, Göttingen, Wallstein, 2020 ; avec Ulrich Pfeil, *Histoire franco-allemande*, vol. 10. *Entre Guerre froide et Intégration européenne. Reconstruction et Rapprochement, 1945–1963*, Villeneuve d'Ascq, Presses du Septentrion, 2012 ; « Debating the History of Franco-German Reconciliation with Third-Party Countries. A Review », in : Claire Demesmay, Nicole Colin (éd.), *Franco-German Relations seen from Abroad: Post-war*

Reconciliation in International Perspectives, Cham, Springer, 2021, p. 223–236.

Claire Gantet est historienne, professeure d'histoire moderne à l'université de Fribourg (Suisse) et présidente de la Société suisse pour l'étude du XVIIIe siècle. Publications: « Guerre de Trente ans et paix de Westphalie : un bilan historiographique », *Dix-Septième Siècle*, 69/4, 277 (2017), p. 645–666; « Politique et activité visionnaire : le traumatisme de la guerre de Trente ans », in : Bertrand Forclaz, Philippe Martin (éd.), *Religion et piété au défi de la guerre de Trente Ans*, Rennes, Presses universitaires de Rennes, 2015, p. 299–311; « Une mémoire du conflit après la guerre de Trente ans (XVIIe-XVIIIe siècle) », in: Reiner Marcowitz, Werner Paravicini (éd.), *Vergeben und Vergessen? Vergangenheitsdiskurse nach Besatzung, Bürgerkrieg und Revolution. Pardonner et oublier ? Les discours sur le passé après l'occupation, la guerre civile et la révolution*, Munich, Oldenbourg, 2009, p. 57–72 ; *La paix de Westphalie (1648). Une histoire sociale, XVIIe-XVIIIe siècle*, Paris, Belin, 2001.

Romain Le Bœuf est professeur de droit public à l'Université d'Aix-Marseille, directeur adjoint du Céric et membre de l'UMR DICE. Publications : *Le traité de paix – Contribution à l'étude juridique du règlement conventionnel des différends internationaux*, Paris, Pedone, 2018 ; « Le cessez-le-feu entre l'Arménie et l'Azerbaïdjan », *Annuaire français de droit international*, 2020, p. 271–291 ; « En finir avec l'article 231 », in : Emanuel Castellarin, Andrea Hamann, *Le traité de Versailles. Regards franco-allemands en droit international à l'occasion du centenaire*, Paris, Pedone, 2020, p. 75–100.

Hélène Leclerc est maître de conférences habilitée à diriger des recherches en Études germaniques à l'Université Toulouse-Jean Jaurès et directrice du Centre de Recherches et d'Études Germaniques (CREG). Publications : *Lenka Reinerová und die Zeitschrift* Im Herzen Europas. *Internationale Kulturbeziehungen während des Prager Frühlings*, Cologne, Böhlau, 2022 ; « La 'déclaration de réconciliation' germano-tchèque du 21 janvier 1997, un tournant dans les relations germano-tchèques ? », *Revue d'Allemagne et des pays de langue allemande*, t. 43, 2–2011, p. 265–275; « La tradition bohémiste et le discours de la réconciliation germano-tchèque depuis 1989 », *Allemagne d'aujourd'hui*, n° 182, nov.-déc. 2007, p. 64–70.

Sebastian Liebold arbeitet als Politikwissenschaftler in Chemnitz. Publikationen: Starkes Frankreich, instabiles Deutschland. Kulturstudien von Curtius/Bergstraesser und Vermeil zwischen Versailler Frieden und Berliner Notverordnungen, Münster, Lit, 2008; Kollaboration des Geistes. Deutsche und französische Rechtsintellektuelle 1933–1940, Berlin, Duncker & Humblot, 2012; Transformationen des Konservativismus im deutsch-französischen Vergleich. Helmut Schelsky und Bertrand de Jouvenel zwischen Planeifer und Skepsis, in: Alexander Gallus (Hg.), Helmut Schelsky – der politische Anti-Soziologe. Eine Neurezeption, Göttingen, Wallstein, 2013, S. 50–65; mit Alexander Gallus, Frank Schale (Hg.), Vermessungen einer Intellectual History der frühen Bundesrepublik, Göttingen, Wallstein, 2020.

Florian Michel est maître de conférences en histoire contemporaine à l'Université Paris 1 Panthéon-Sorbonne et membre de l'UMR SIRICE. Publications : *La pensée catholique en Amérique du Nord. Réseaux intellectuels et échanges culturels entre l'Europe, les États-Unis et le Canada*, Paris, DDB, 2010 ; *Traduire la liturgie*, Paris, CLD, 2013 ; *Étienne Gilson, une biographie intellectuelle et politique*, Paris, Vrin, 2018 ; *Le neutralisme au seuil de la Guerre froide*, Paris, Vrin, 2018 ; avec Yann Raison du Cleuziou (éd.), *A la droite du Père. Les catholiques et les droites en France depuis 1945*, Paris, Seuil, 2022.

Nicolas Moll ist freischaffender Historiker und lebt in Paris und in Sarajevo, Bosnien und Herzegowina. Publikationen: Lässt sich Versöhnung exportieren? Deutsch-französische Aktivitäten auf dem Balkan, in: Corine Defrance, Ulrich Pfeil (Hg.), Verständigung und Versöhnung nach dem „Zivilisationsbruch"? Deutschland in Europa nach 1945, Brüssel, Peter Lang, 2016, S. 681–699; Promoting „Positive Stories" of Help and Rescue from the 1992–1995 War in Bosnia and Herzegovina. An Alternative to the Dichotomy of Guilt and Victimhood?, in: Südosteuropa. Journal of Politics and Society 67 (2019) 4, S. 447–475; Solidarity is more than a slogan – International Workers Aid during and after the 1992–1995 war in Bosnia and Herzegovina, Brüssel, Rosa Luxemburg Stiftung Büro Brüssel, 2021.

Marie-Thérèse Mourey est germaniste, professeur émérite à Sorbonne Université, Paris. Publications : « Les corps politiques : mises en scène et performances dansées de la résistance sous la République de Weimar », in : Marc Lacheny & al. (éd.), *Figurations de la dictature dans les arts de la* *scène*, PUR, Rennes (sous presse) ; « L'art du ballet de cour, ou performer le pouvoir dans l'espace germanique au XVIIe siècle », in : Paloma Bravo, Charlotte Coffin, Séverine Delahaye-Grelois (éd.), *Le sens des formes dans l'Europe d'Ancien Régime : expressions et instruments du politique*, Epistémé 39, 2021 ; https://doi.org/10.4000/episteme.10240 ; « Entre pratiques, techniques et esthétiques : politiques et imaginaires de la danse dans l'espace germanique », *Allemagne d'aujourd'hui*, n° 220, 2017, p. 121–130.

Urszula Pękala, Theologin und Kirchenhistorikerin, ist Privatdozentin an der Katholisch-Theologischen Fakultät der Johannes-Gutenberg-Universität in Mainz. Sie vertritt die Professur für Kirchengeschichte an der Universität des Saarlandes, Saarbrücken. Publikationen: mit Irene Dingel (Hg.), Ringen um Versöhnung. Religion und Politik im Verhältnis zwischen Deutschland und Polen seit 1945, Göttingen, Vandenhoeck & Ruprecht, 2018; (Hg.), Ringen um Versöhnung II. Versöhnungsprozesse zwischen Religion, Politik und Gesellschaft, Göttingen, Vandenhoeck & Ruprecht, 2019; Versöhnungsasymmetrien. Die deutsch-polnische und die deutsch-französische Versöhnung nach dem Zweiten Weltkrieg, in: Aleksandra Chylewska-Tölle (Hg.), Perspektiven eines Dialogs. Studien zu deutsch-polnischen Transferprozessen im religiösen Raum, Berlin, Logos, 2016, S. 83–99.

Ulrich Pfeil ist Professor für Deutschlandstudien an der Université de Lorraine (CEGIL-Metz). Publikationen: mit Corine Defrance, Deutschland und Frankreich, Bd. 10: Eine Nachkriegsgeschichte in Europa (1945–1963), Darmstadt, WBG, 2011; mit Corine Defrance (Hg.), Verständigung und Versöhnung nach dem „Zivilisationsbruch"? Deutschland in Europa nach 1945, Brüssel, Peter Lang, 2016; Reconciliation: A Definitory Approach, in: Nicole Colin, Claire Demesmay (Hg.), Franco-German Relations Seen from Abroad. Post-war Reconciliation in International Perspectives, Cham, Springer, 2021, S. 9–21.

Anne Raulin est anthropologue, professeure émérite de l'Université Paris-Nanterre et Senior Fellow du Internationales Forschungszentrum Kulturwissenschaften (Université de Linz à Vienne). Publications : « Résilience urbaine à Lower Manhattan. Raccords mémoriels et déni dans l'après-11 septembre 2011 » in : Denis Peschanski (éd.), *Mémoire et mémorialisation. De l'absence à la représentation*, Paris, Hermann, Paris, 2013, p. 75–94 ; « *Healing* au pied des Twin Towers. Au-delà du traumatisme du 11 septembre 2001 », in : Anne Raulin, Susan

Carol Rogers (éd.), *Parallaxes transatlantiques: vers une anthropologie réciproque*, Paris, CNRS Editions, 2012, p. 205–236 [«Healing at the foot of the Twin Towers. In the aftermath of 9/11» in : Anne Raulin, Susan Carol Rogers (éd.), *Transatlantic Parallaxes. Toward Reciprocal Anthropology*, New York, Oxford, Berghahn, 2015, p. 162–187] ; « Les espaces-temps des anthropologues. De la colonisation temporelle au confinement mondial », *Espaces et Sociétés,* 2020, n° 180–181, p. 97–116.

Helke Rausch ist Wissenschaftliche Mitarbeiterin am Historischen Seminar der Universität Freiburg/Br. Publikationen: mit John Krige (Hg.) American Foundations and the Coproduction of World Order in the 20th Century, Göttingen, Vandenhoeck & Ruprecht, 2012; International Law and Conciliation under Pressure: Political Profiles of the Carnegie Men behind the Balkan Report c.1910–1919, in: Dietmar Müller, Stefan Troebst (Hg.), The Carnegie Report on the Causes and Conduct of the Balkan Wars 1912/13, CEU Press, Budapest 2022, S. 27–59; The Birth of Transnational US-Philanthropy from the Spirit of War: Rockefeller Philanthropists in World War I, in: Journal of the Gilded Age and Progressive Era 17.3 (2018), S. 650–662.

Dominik Rigoll ist Wissenschaftlicher Mitarbeiter am Leibniz-Zentrum für Zeithistorische Forschung Potsdam (ZZF). Publikationen: mit Yves Müller, Zeitgeschichte des Nationalismus. Für eine Historisierung von Nationalsozialismus und Rechtsradikalismus als politische Nationalismen, in: Archiv für Sozialgeschichte 60 (2020), S. 323–351; mit Laura Haßler, Forschungen und Quellen zur deutschen Rechten, Teil 1: Ansätze und Akteur: innen, in: ebd. 61 (2021), S. 569–611; Public History von links nach rechts. Zur De: Nationalisierung des Zeithistorischen in Besatzungszeit und Bundesrepublik, in: Frank Bösch, Stefanie Eisenhuth, Hanno Hochmuth (Hg.), Public Historians. Zeithistorische Interventionen seit 1945, Göttingen 2021, S. 87–105.

Marie-Alexandra Schneider est maître de conférences en Études germaniques à l'Université Paris-Est Créteil (UPEC) et membre du laboratoire IMAGER. Publications : « Le conflit sarrois à la lumière de l'histoire visuelle », in : Rainer Hudemann, Raymond Poidevin (†), Armin Heinen (éd.), *Die Saar 1945–1955. Ein Problem der europäischen Geschichte*, 3ᵉ édition augmentée, Munich / Berlin, De Gruyter-Oldenbourg, 2022 (sous presse); « Bilder im Wandel. Ein Vergleich der Abstimmungskämpfe von 1935 und 1955 », in : Gabriele Clemens (éd.), *Die politischen*

Entscheidungsjahre 1815, 1935 und 1955 an der Saar. Zäsuren und Kontinuitäten in der Landesgeschichte, Sarrebruck, Kommission für Saarländische Landesgeschichte und Volksforschung, 2017, p. 103–122 ; « Les jeux de l'amour et de la Sarre : la Sarre et le couple franco-allemand dans la caricature ouest-allemande des années 1950 », in : Claire Aslangul-Rallo, Stéphanie Krapoth (éd.), *Les relations franco-allemandes en perspective: sources, méthodes et temporalités pour une approche des représentations depuis 1870,* Besançon, Presses Universitaires de Franche-Comté, 2016, p. 319–362.

Jonathan Voges ist Privatdozent am Historischen Seminar der Leibniz Universität Hannover. Publikationen: The International Institute für Intellectual Co-operation at the World Fair 1937 in Paris. Profiling Internationalism in a 'Hyper-nationalistic Context'?, in: Joep Leerssen, Eric Storm (Hg.), World Fairs and the Global Moulding of National Identities, Leiden, Brill, 2022, S. 356–374; Scientific Internationalism in a Time of Crisis. The Month of Intellectual Cooperation at the 1937 Paris World Fair, in: Stephen Legg, Mike Heffernan, Jake Hodder, Benjamin J. Thorpe (Hg.), Placing Internationalism. International Conferences and the Making of the Modern World, London, Bloomsbury, 2022, S. 104–117; Wissenschaftler als Diplomaten. Der Völkerbund und die internationale geistige Zusammenarbeit in den 1920er Jahren, in: Acta Historica Leopoldina 78 (2021), S. 121–138.

L'Allemagne dans les relations internationales

Située au cœur de l'Europe, l'Allemagne occupe une position clé sur la scène internationale et représente un enjeu majeur pour ses voisins. C'est pourquoi cette collection entend rassembler des études portant sur la ou les Allemagnes dans ses rapports aux Autres du début du XXe siècle à aujourd'hui. Collection d'histoire et de relations internationales ouvertes aux disciplines proches à démarche historique, elle rassemble des ouvrages analysant les évolutions inter- et transnationales entre les États et les sociétés. Elle est ouverte aux approches comparées, croisées, connectées et aux processus d'échanges dans les champs politique, culturel, économique, scientifique, sociétal ou mémoriel. La collection s'articule principalement autour de monographies et d'ouvrages collectifs, éventuellement de l'édition scientifique de documents. Une attention spéciale sera accordée aux travaux des jeunes chercheurs et aux projets menés dans le cadre de coopérations franco-allemandes ou multilatérales. Les ouvrages s'adressent aux enseignants, chercheurs et étudiants, mais aussi à toutes celles et ceux qui s'intéressent à l'Allemagne contemporaine.

Directeurs de la collection

Corine Defrance (CNRS, UMR Sirice, Paris)

Bernard Ludwig (Université Paris 1 Panthéon-Sorbonne, UMR Sirice, Paris)

Ulrich Pfeil (Université de Lorraine, Metz)

Comité scientifique / Wissenschaftlicher Beirat

Nicolas Beaupré (Ecole nationale supérieure des sciences de l'information et des bibliothèques, Lyon)

Jean-Paul Cahn (Sorbonne Université)

Christoph Cornelißen (Goethe-Universität Frankfurt/M.)

Claire Demesmay (Office franco-allemand pour la jeunesse)
Jörg Echternkamp (Zentrum für Militärgeschichte und Sozialwissenschaften der Bundeswehr, Potsdam)
Jean-François Eck (Université de Lille III)
Gaël Eismann (Université de Caen)
Élise Julien (Institut d'études politiques de Lille)
Olivier Hanse (Université de Lorraine, Metz)
Michael Kißener (Johannes Gutenberg-Universität, Mainz)
Anne Kwaschik (Universität Konstanz)
Gabriele Metzler (Humboldt-Universität, Berlin)
Caroline Moine (Université de Versailles-Saint-Quentin en Yvelines)
Akiyoshi Nishiyama (Kyoritsu Women's University, Tokyo)
Steffen Prauser (University of Birmingham)
Anne-Marie Saint-Gille (Université de Lyon II)
Mark Spoerer (Universität zu Regensburg)
Jakob Vogel (Institut d'études politiques de Paris)
Andreas Wilkens (Université de Lorraine, Metz)

Titres parus dans la collection

Vol. 18. Anne Couderc, Corine Defrance, Ulrich Pfeil (éd./Hg.), *La réconciliation. Histoire d'un concept entre oubli et mémoire / Versöhnung. Geschichte eines Begriffs zwischen Vergessen und Erinnern*, 2022.

Vol. 17. Patrick Farges, *Le Muscle et l'Esprit. Masculinités germano-juives dans la post-migration : Le cas des yekkes en Palestine / Israël après 1933*, 2020.

Vol. 16. Sébastien Chauffour, Corine Defrance, Stefan Martens, Marie-Bénédicte Vincent (éd.), *La France et la dénazification de l'Allemagne après 1945*, 2019.

Vol. 15. Anne Bazin, Catherine Perron (eds.), *How to address the Loss? Forced Migrations, Lost Territories, and the Politics of History. A Comparative Approach in Europe and at its Margins in the XXth century*, 2018.

Vol. 14. Mathieu Dubois, *Les conséquences économiques de mai 68. Du désordre social français à l'ordre monétaire franco-allemand*, 2018.

Vol. 13. Axelle Fariat (dir.), *La vie artistique en Allemagne après 1945. Analyses et réflexions sur l'enseignement et ses répercussions dans l'art*, 2018.

Vol. 12. Fabien Théofilakis (dir.), *Die Höhe 108 bei Berry-au-Bac im Ersten Weltkrieg. Die Front an der Aisne aus deutscher und französischer Sicht*, 2018.

Vol. 11. Fabien Théofilakis (dir.), *Cote à côte : Berry-au-Bac dans la Première Guerre mondiale. Perspectives franco-allemandes sur les fronts de l'Aisne*, 2017.

Vol. 10. Nicole Colin, Corine Defrance, Ulrich Pfeil, Joachim Umlauf (dir.), *Le Mur de Berlin. Histoire, mémoires, représentations*, 2016.

Vol. 9. Corine Defrance, Ulrich Pfeil (Hg.), *Verständigung und Versöhnung nach dem « Zivilisationsbruch »? Deutschland in Europa nach 1945*, 2016.

Vol. 8. Corine Defrance, Romain Faure, Eckhardt Fuchs (Hg.), *Bildung in Deutschland nach 1945. Transnationale Perspektiven*, 2015.

Vol. 7. Corine Defrance, Juliette Denis, Julia Maspero (dir.), *Personnes déplacées et guerre froide en Allemagne occupée*, 2015.

Vol. 6. Corine Defrance, Michael Kißener, Jan Kusber, Pia Nordblom (Hg.), *Deutschland – Frankreich – Polen seit 1945. Transfer und Zivilization*, 2014.

Vol. 5. Christin Niemeyer, Ulrich Pfeil (Hg.), *Der deutsche Film im Kalten Krieg. Mit einem Vorwort von Hans Helmut Prinzler*, 2014.

Vol. 4. Anne Kwaschik, Ulrich Pfeil (Hg.), *Die DDR in den deutsch-französischen Beziehungen*, 2013.

Vol. 3. Corine Defrance, Ulrich Pfeil (dir.), *La construction d'un espace scientifique commun ? La France, la RFA et l'Europe après le « choc du Spoutnik »*, 2012.

Vol. 2. Andreas Wilkens (dir.), *Willy Brandt et l'unité de l'Europe. De l'objectif de la paix aux solidarités nécessaires*, 2011.

Vol. 1. Bernard Ludwig, Andreas Linsenmann (dir./Hg.), *Frontières et réconciliation / Grenzen und Aussöhnung. L'Allemagne et ses voisins depuis 1945 / Deutschland und seine Nachbarn seit 1945*, 2011.

www.ingramcontent.com/pod-product-compliance
Lightning Source LLC
Chambersburg PA
CBHW061705300426
44115CB00014B/2571